盘点与探索

中国拍卖制度研究

刘双舟 著

中国财政经济出版社

图书在版编目（CIP）数据

中国拍卖制度研究：盘点与探索/刘双舟著．—北京：中国财政经济出版社，2009.6
ISBN 978 – 7 – 5095 – 1422 – 1

Ⅰ．中… Ⅱ．刘… Ⅲ．拍卖–经济制度–研究–中国 Ⅳ．F724.59

中国版本图书馆 CIP 数据核字（2009）第 163812 号

责任编辑：李　冰　　　　责任校对：胡永立
封面设计：郁　佳　　　　版式设计：董生萍

中国财政经济出版社 出版
URL：http：//www.cfeph.cn
E – mail：cfeph @ cfeph.cn
（版权所有　翻印必究）
社址：北京市海淀区阜成路甲28号　邮政编码：100142
发行处电话：88190406　财经书店电话：64033436
北京财经印刷厂印刷　各地新华书店经销
787×1092 毫米　16 开　19.00 印张　484 000 字
2009 年 6 月第 1 版　2009 年 6 月北京第 1 次印刷
印数：1—3 000　定价：35.00 元
ISBN 978 – 7 – 5095 – 1422 – 1/F·1217
（图书出现印装问题，本社负责调换）
本社质量投诉电话：010 – 88190744

序 一

双舟老师的《中国拍卖制度研究》一书就要出版了。他在第一时间把出版专著的消息告诉了我,并希望我为该书写个序。起初我是想推辞的,因为我没有把序写好的把握。但在阅读了书中一些主要文章之后,我突然又有了想写点什么的冲动。

新中国的拍卖业是伴随着我国改革开放的不断深入而恢复和发展的。随着我国市场经济体制的逐步确立和完善,拍卖这种特殊的交易方式也得以快速发展、由弱渐强、并初具规模,在我国经济生活中扮演着越来越重要的角色。但是拍卖作为一个新兴的行业,还没有被更多的人所认识,尚有许多政策和理论方面的问题需要研究和探讨。随着拍卖活动领域的不断扩大,拍卖业遇到的新情况、新问题也越来越多。理论基础薄弱和专业人才匮乏成了阻滞拍卖业继续向前发展的主要障碍。寻找新的学者,把国内研究拍卖的专家组织起来,加强拍卖理论研究,形成较为完整的拍卖理论体系,提升行业整体素质,成了行业发展的急需。

2004年,双舟老师受聘担任中国拍卖行业协会拍卖师资格考试辅导主讲教师,2005年,中国拍卖行业协会首次安排他为拍卖师培训班讲授"拍卖案例分析"课程。他敏捷的思路和清晰的阐述博得了学员们的好评;他渊博的知识和过人的才能得到了行业的肯定。自此,双舟老师成为拍卖业各种培训、教育的必选老师。作为一名长期以来潜心研究拍卖法律和拍卖理论的学者,他进入中国拍卖业可谓恰逢其时。

在市场经济条件下,拍卖企业不可避免地要遇到各式各样的法律问题。随着我国拍卖企业数量的不断增多和拍卖业务的不断扩大,拍卖活动中也时有法律纠纷和诉讼案件出现。为了给拍卖企业以相应的法律支持与援助,经中华人民共和国民政部审查同意,中国拍卖行业协会专门成立了法律咨询与理论研究专业委员会,负责受理拍卖企业与相关部门的法律咨询。2006年2月,中国拍卖行业协会专门增聘双舟老师为该委员会的委员,他的工作中又增添了新的内容。

我本人认识双舟老师是在2004年，是拍卖把我们连在了一起。虽说他进入拍卖这个行业的时间并不是很长，但他的探索与研究却都可圈可点。2006年，他创办了中央财经大学首届拍卖法研究生班，开始了国内高校系统培养高级拍卖人才的试点工作。2007年1月，他主撰完成了《拍卖法案例分析教程》，对拍卖活动中发生的经典拍卖案例进行了系统地分析和研究，改变了我国拍卖师资格考试教学中案例分析课程长期没有指导教材的状况。2008年1月，他主撰的《拍卖经济学基础》问世。该书对相关经济学理论如何与我国拍卖实践相结合、如何构建适合我国国情的拍卖经济学理论体系进行了有益地探索。2008年，他又发起并成立了中央财经大学拍卖研究中心，对中国拍卖业遇到的新情况、新问题进行了广泛、系统、深入地研究。由此奠定了他在中国拍卖业中的地位，我也从中感受到了他的勤奋、努力与才能。

双舟老师的《中国拍卖制度研究》一书就要出版了。我非常赞同他将本书的副标题定为"盘点与探索"。探索之后有盘点，盘点之后再探索，探索与盘点之后必将是大踏步地前进。勇于探索、善于盘点正是双舟老师勤奋与严谨的折射。

中国拍卖业经历了20多年的恢复发展，正在逐步走向成熟。我们相信，随着我国国民经济持续、稳定、快速增长，随着人民生活水平不断提高以及投资理念的转变，我国拍卖业必将拥有更加广阔的生存空间，面临更大的发展机遇。我本人希望看到、中国拍卖业也确实期待有更多像双舟老师这样对拍卖感兴趣的专家、学者，对我国的拍卖业进行更多方位和更加全面的盘点与探索。

王凤海
中国拍卖行业协会副秘书长
中央财经大学拍卖研究中心名誉主任
中国拍卖行业协会法律咨询与理论研究专业委员会副主任
2009年10月27日于北京

序 二

　　认识双舟已是 2005 年的事了，那是在石家庄河北省拍卖行业从业人员培训班上，但神交却是早在那之前一年多了，从中拍协的通讯上，从拍卖业同仁的口中，我知道了他，于是就有了见他的愿望。遗憾的是，在很多次协会的培训班、会议上我俩每每失之交臂，因此，在燕赵大地第一次见到双舟时实在让我有相见恨晚的感觉。其学识及其对拍卖的理解已令人敬佩，而他为人风格的低调、处事方式的稳健更给我留下深刻的影响。之后尽管天各一方，见面机会仍然不多，但对拍卖事业一样的热爱、对拍卖界令人难堪事件的共同愤慨，对拍卖环境日趋变坏而我们的同行始终不清醒的一致担忧，使我和他成了好朋友、事业上的知己。几年的交往，我为他对拍卖事业的热爱，对法律的精到理解，治学的严谨，为人的谦和所折服。

　　从接触拍卖到成为拍卖行业的行家里手，短短几年，双舟用最短的时间走完了一段常人需跋涉 10 年以上时间的路，成为行业内外公认的拍卖法学专家。期间，他或在研讨会上畅所欲言，或著文大声疾呼，或在为行业编写教材的过程中沉思，或在解答学员疑难问题时循循善诱，不知不觉中形成了近 30 万字的文章。这些文字见诸各种报章杂志和内部通讯刊物上，流传在近 5000 家拍卖企业中，为行业指了路，为企业释了疑。2009 年初，他应邀前往美国访学，零距离接触了美国的拍卖业，视野骤然打开。由于甲型 H1N1 流感侵袭美国，限制了其活动范围，于是倥偬中，在美利坚静静的夜晚，双舟默默地整理完毕了自己第一部关于拍卖理论研究的专著。在大洋彼岸，盘点这几年自己畅泳于拍卖行业的成果，双舟应感到欣慰。他在书中这样写道："我个人既没有选择拍卖这个职业，也从未真正进入过这个行业，我只是一个编外的、认真关注拍卖业发展的'业余人士'"。但这个"业余人士"的水准如何呢？双舟在书中描述了拍卖专业人士应具有的三种境界，即"职业境界"、"行业境界"和"事业境界"。他自喻为"我充其量也只能算做'准职业的境界'"。但在我心中，双舟虽然是编外人士，但其对拍卖的研究及其对拍卖的追求、呵护，对行业出现问题时所表现出的扼腕甚至痛心疾首之情，已然到达了"事业境界"。因为双舟的编外，所以他的看法、观点更客观、公允；因为他对拍卖业的责任感，所以当国际金融危机之下拍卖业面临困境时，他坦率直言："我国的拍卖业面临经济危机、形象危机、信用危机、制度危机"。他说出了大家不想说或不敢说或不愿说的话，而这些话振聋发聩！足以让全行业反思并幡然醒悟！

双舟是理性的，凭着对法律的深刻领悟，他在行业内较早提出了"制度化建设"和"专业化建设"的思路，提醒中国拍卖行业。而现在我们回头看看，我国的拍卖业之所以陷入困境，恰恰就是忽视了制度建设、忽视了走专业化道路。简单劳动，重复建设，以致形成外受制于各方政策法规规定，内受困于千军万马过独木桥的窘态。

双舟是敏感的，随着对拍卖业理解的逐步深化，他在业内率先提出了拍卖经济理论的研究，并由此形成了我国拍卖史上第一本《拍卖经济学基础》教材。也是他，从剖析拍卖个案起步，站在法律高度对一些行业内外业已约定俗成但又存在歧义的名词、概念给予了新的解释、界定，如对"公物"的论述等，可谓鞭辟入里，恰到好处。类似的精彩阐述和论断在其近40万字的专著《中国拍卖制度研究》的字里行间随处可见，细细读来，读者必定感受万千，行业内人士更会受益匪浅。《中国拍卖制度研究》堪为我国拍卖业的一本工具书。

我认为，倘若以双舟美国之行为一界线，案前的书稿《中国拍卖制度研究》应是其前一阶段走近中国拍卖业的第一感觉，囿于其谦谦君子风度，还多少有些青涩的话，那么此后由于海外拍卖的调查研究和市场浸淫，凭其敏锐和才思，展现在我们行业面前的将是一个崭新的、从全方位和多视角研究拍卖的双舟。

2009年初夏时分，双舟从美国来信中说："中国必将是世界上最大的拍卖市场，中国的拍卖具有其他任何国家都不具备的特殊性，中国拍卖急需创新，谁解决了中国的拍卖问题，谁就为世界拍卖做出了贡献"。从这个意义上讲，我国拍卖业的每个企业，每个从业人员都是可以大有作为的。而在这个大进军的潮流中，摇旗呐喊、带头前行的人中一定有双舟。

是以为序。

范干平
华东师范大学兼职教授
中国拍卖行业协会副秘书长
上海国际商品拍卖有限公司副总裁
中央财经大学拍卖研究中心兼职研究员
2009年10月3日于上海

目 录

第一部分 拍卖行业发展研究

论拍卖企业专业化经营与拍卖法的修改和完善 ……………………（ 3 ）
论非正式制度安排与拍卖法制的完善 ………………………………（ 12 ）
对拍卖法律文书的一些认识 …………………………………………（ 23 ）
用发展的眼光来看待物权法对拍卖业的影响 ………………………（ 29 ）
如何应对拍卖中的恶意串通 …………………………………………（ 32 ）
中国拍卖业面临的危机与对策 ………………………………………（ 35 ）
拍卖业目前面临的十大法律问题 ……………………………………（ 42 ）
拍卖："一槌定音"背后的法律难题 …………………………………（ 50 ）
不要把鸡蛋都放在同一个篮子里 ……………………………………（ 53 ）

第二部分 拍卖法律制度研究

一论拍卖活动中委托竞买席的性质 …………………………………（ 57 ）
再论拍卖活动中委托竞买席的性质 …………………………………（ 60 ）
三论拍卖活动中委托竞买席的性质 …………………………………（ 64 ）
论拍卖法的适用范围 …………………………………………………（ 67 ）
再论拍卖法的适用范围 ………………………………………………（ 70 ）
论拍卖人与委托人之间的法律关系 …………………………………（ 72 ）
我为什么主张使用指定公物拍卖的概念 ……………………………（ 73 ）
论取得指定公物拍卖人资格的必要条件 ……………………………（ 77 ）
人民法院委托的拍卖与指定公物拍卖的关系 ………………………（ 79 ）
指定公物拍卖中委托人是否应承担拍卖费用 ………………………（ 80 ）
论拍卖中恶意串通的构成要件和法律责任 …………………………（ 82 ）
论工商行政管理部门的拍卖监督权 …………………………………（ 86 ）
论司法解释在拍卖活动中的效力 ……………………………………（ 91 ）

论拍卖中的约定优先购买权 …………………………………… （98）
论拍卖中的指定优先购买权 …………………………………… （100）
财产共有制度及其对拍卖的影响 ……………………………… （103）
不动产登记制度及其对拍卖的影响 …………………………… （107）
动产物权交付制度及其对拍卖的影响 ………………………… （110）
善意取得制度及其对拍卖的影响 ……………………………… （113）
建筑物区分所有权制度及其对拍卖的影响 …………………… （115）
发布拍卖公告时应注意的若干问题 …………………………… （117）
对拍卖人瑕疵披露义务的两点认识 …………………………… （121）
拍卖人与买受人的约定对委托人的约束力 …………………… （123）
论文物艺术品拍卖中的程序正义 ……………………………… （125）
艺术品拍卖中物权与著作权冲突的解决 ……………………… （130）
对拍卖法第二十三条的含义不应做扩大解释 ………………… （132）
不要总想着对号入座 …………………………………………… （133）
公告面积小于实际面积时该如何处理 ………………………… （135）
论拍卖中买受人的违约责任 …………………………………… （137）
拒绝签署成交确认书的买受人的法律责任 …………………… （143）
论抵债财产的委托拍卖 ………………………………………… （144）
论拍卖合同的相对性与拍卖保证金的归属 …………………… （146）
关于竞买保证金的定金效力 …………………………………… （150）
保证金应优先用于弥补拍卖人的损失 ………………………… （151）
论拍卖中买受人的变更问题 …………………………………… （153）
论买受人违约责任的认定与拍卖保证金条款的适用 ………… （156）

第三部分　拍卖经济理论研究

拍卖经济学研究中的几个前沿问题 …………………………… （161）
拍卖不同于一般的商品买卖 …………………………………… （175）
论拍卖的竞价条件 ……………………………………………… （177）
国有资产与公物之辨 …………………………………………… （181）
拍卖经济学是一门什么学科 …………………………………… （183）
论拍卖经济学的价值目标 ……………………………………… （185）
论拍卖经济学的研究方法 ……………………………………… （188）
我看网络拍卖 …………………………………………………… （190）
拍品价值与赢者诅咒 …………………………………………… （192）
拍卖人为什么要学一点博弈论和信息论 ……………………… （194）
拍卖规则的类型与经济功能 …………………………………… （196）

第四部分 拍卖师制度研究

拍卖师资格是一种什么资格 …………………………………………… (201)
公务员与拍卖师资格 ……………………………………………………… (204)
刑事犯罪与拍卖师资格问题 ……………………………………………… (207)
论拍卖师的权利与义务 …………………………………………………… (210)
肯定有哪个地方不对劲儿了 ……………………………………………… (220)
评拍卖师"保密及不竞争协议" ………………………………………… (223)
再论拍卖师权利的保护 …………………………………………………… (225)
论拍卖师的作用 …………………………………………………………… (228)
论拍卖师职业共同体的"才"与"德" ………………………………… (230)
论拍卖职业共同体的标志与基本制度 …………………………………… (232)

第五部分 拍卖教育研究

拍卖法案例教学与拍卖法案例分析方法 ………………………………… (237)
拍卖法案例的概念、特征与基本分类 …………………………………… (240)
拍卖师资格考试案例分析的典型特征 …………………………………… (244)
拍卖教学中的典型案例及其分析 ………………………………………… (267)
《拍卖法案例分析教程》编者后记 ……………………………………… (285)
《拍卖经济学基础》编者后记 …………………………………………… (287)
在拍卖研究中心成立仪式上的答谢辞 …………………………………… (289)
后记 ………………………………………………………………………… (291)

第一部分

拍卖行业发展研究

论拍卖企业专业化经营与拍卖法的修改和完善

现在站在大家面前将要发言的人对拍卖界大多数人来讲是一张陌生的新面孔。我是中央财经大学法学院的刘双舟，是一个长期以来站在拍卖界之外认真关注中国拍卖业发展并致力于为拍卖业提供力所能及的法律服务的人之一。这次受邀请参加拍卖界最高级别理论研讨盛会，我感到非常荣幸。在此我首先要感谢此次研讨会主办单位给我提供的这个结交拍卖界众多精英朋友、发表自己对中国拍卖业的看法、并向拍卖界同仁学习的机会。

我要谈的题目是"论拍卖企业专业化经营与拍卖法的修改和完善"。这个问题看起来有一点罗嗦，但是谈一谈对我国拍卖业未来的发展可能有重要现实意义。我原打算在这次研讨会上与各位专家交流一下"房地产拍卖专业化经营中的一些问题"，但是在给中拍协提交论文的时候，我临时改注意，决定还是改讲现在这个题目。因为我认为这次与拍卖界精英对话交流的机会很难得，还是应该选一个更宏观、更重要的涉及全行业整体发展的问题来与大家交流较好。

一、职业、行业与事业：中国拍卖人成长的三个境界

我国拍卖业从1986年恢复以来，已经走过了快20个年头了。在座的各位拍卖界精英中，有许多人亲眼见证了这20年的发展历程。其中不少人可能还是当年第一批"敢于带头吃螃蟹的"创业者。以拍卖法的颁布为界限，拍卖界一般将这20年的发展历程分为两个阶段：即1986年至1996年，前10年的恢复阶段和1997年拍卖法颁布以来后10年的发展阶段。我个人对这样的划分是基本认同的。但是今天我在这里想从另外一个角度，也就是从我国拍卖人成长的角度对我国拍卖人这20年的心路历程进行一个简单地划分，以便我们能够更加全面地认识拍卖行业和从事这个行业的这个群体。无论是对中国拍卖人的整体而言，还是对每一个从事拍卖的拍卖人个体而言，我认为，我国大陆拍卖人这20年的心路历程由低到高大致可以分为三个境界，即职业境界、行业境界和事业境界。

第一个境界是职业境界。无论是当年在新中国拍卖业的恢复阶段起了开创性作用的创业者，还是在这20年发展的各个阶段陆续加入拍卖业的后来者而言，每个拍卖人进入拍卖业首先是选择了一个职业，当然每个人当初选择这个职业的动机可能是不同的：有的是对这个

职业感兴趣，有的是偶然地"误入歧途"，也有的是认为这个职业能够赚大钱，还有不少人仅仅是为了找份工作养家糊口，等等。总而言之，在拍卖业刚刚恢复时期，无论是社会上其他行业的人士，还是拍卖人自己都没有意识到拍卖业将来会有什么前途和发展，当时大众对拍卖业普遍持不认可的态度，对大家来讲一切都还是未知数。

第二个境界是行业境界。在1997年拍卖法颁布之前，从事拍卖充其量不过是一个职业，一个普普通通的，对绝大多数人来讲是一个挣钱养家糊口的职业。但是随着这个职业队伍的不断发展，影响的不断扩大，拍卖人渐渐地感到自己不再孤单，发现有许多与自己志同道合的同路人在忙着同样的事情，甚至做着同样的梦。于是拍卖人开始有了共同的职业感觉和意识，这种共同的职业感觉和意识就是团体的心理、行业的意识，于是拍卖业逐渐发展成了一个行业。中国拍卖行业协会的成立、行业协会行政色彩的逐步淡化以及拍卖法的颁布实施正是这个行业取得独立地位的重要标志。今年（指2005年，下同）是中拍协成立10周年，再过一两年就是拍卖法颁布实施10周年，所以我认为，就新中国恢复后的拍卖业而言，这个行业的历史或者说年龄今年应该是10周岁了。从这个意义上来讲，中国的拍卖业毫无疑问还属于一个充满生机和希望的朝阳行业。这就是中国拍卖人心路历程中的第二个境界，行业境界。

第三个境界是事业境界。各位都清楚，在中拍协成立以来的这10年中，拍卖业发生了很大变化，取得了令人瞩目的成就，但是也逐渐暴露出了很多问题。自从拍卖行业形成后，拍卖人中就有一些不满足于现状的精英和先行者们开始关注和考虑这个行业的整体和长远发展问题。当一个行业对自身发展中存在的问题给予普遍关注、给予认真思考和给予不断探索的时候，这个行业就开始走向成熟了。这些精英和先行者们为了解决我国拍卖业发展中存在的问题，他们站在了行业的高度，甚至站在超越行业的高度来考虑问题，并自觉地将拍卖业整体健康和可持续发展当作自己责无旁贷的责任和为之奋斗的事业来对待，这就是拍卖人的第三个境界，即中国拍卖人的事业境界。当具有事业境界的拍卖人不再是少数人，而是一群人的时候，拍卖就变成了一个充满希望和值得追求的事业。今天在座的各位精英就是将拍卖业当作自己的事业来追求并为之奋斗的杰出代表。

正是在这种把拍卖业的发展当作自己的事业来追求的境界中，拍卖界的精英们富有远见地提出了"拍卖企业专业化经营和规模化经营"的可持续发展的战略。如果我没有记错的话，应该是在2002年江西南昌的理论研讨会上最早提出拍卖企业专业化经营问题的。所以我个人将2002年江西南昌理论研讨会作为中国拍卖人从行业境界走向事业境界的一个重要标志。从这个意义上讲，今天我们所要探讨的专业化经营这个话题并不是一个新话题，而是江西理论研讨会上确定的主题的一个当然的延续。下面我就谈谈拍卖企业的专业化经营问题。

二、人才与市场：影响专业化经营的两个瓶颈因素

（一）专业化经营是拍卖业可持续发展模式的正确选择

当我们将拍卖业作为自己的事业，而不再单纯当作一件自己喜欢的业余爱好或维持生计的职业的时候，中国拍卖人就必然开始从拍卖行业的整体利益出发来发现拍卖业发展中存在的问题，并且怀着迫切的心情要去解决这些问题。拍卖业如何实现良性的可持续发展就是拍

卖业当前必须解决的一个紧迫问题。江西理论研讨会上拍卖界已经就专业化经营的方向问题达成了初步的共识。随后这几年，业界关于专业化经营问题的思考和探讨始终没有停止过，现在对于拍卖企业为什么要专业化经营的问题已经不存在争论了。

第一，专业化经营战略提出背景。

当年专业化经营是与规模化经营同时提出来的。这一决策的一个重要背景是拍卖界面临着日趋激烈的竞争。随着国内拍卖行业准入门槛的降低和拍卖企业数量的迅速增多，拍卖业呈现出"僧多粥少"的态势，残酷的竞争局面不可避免。另一背景是我国加入世界贸易组织后，随着行业准入的放开，外企进入中国拍卖市场将给国内拍卖业带来很大的压力，当时拍卖界预测中国拍卖业正面临重新洗牌。由于我国的拍卖行业起步较晚，无论是拍卖规模还是拍卖经验都无法与国际知名拍卖企业抗衡，这必将导致中国的拍卖企业大规模被淘汰。如何自救的问题，开始成为中国拍卖业面临的严峻问题。正是在这种内外夹击的背景下，拍卖界提出了走规模化和专业化的道路，倡导国内企业强强联合、资源共享、互动发展，同时在经营模式上主张集中拍卖优势资源，走专业化经营的道路。

现在的问题主要不是探讨为什么要专业化，而是我们应该如何去实现专业化和如何正确认识、重视专业化的问题。我认为专业化经营是拍卖业发展的一个正确方向，而不是最终的目的。鉴于目前我国市场经济本身还不健全，拍卖资源的分布也很不均衡，所以专业化经营不能搞一刀切。要因地制宜、因时制宜，各地各企业要根据自身的实际情况来考虑自身的专业化问题。

第二，专业化经营与综合经营模式的关系。

专业化经营与综合经营都是拍卖企业经营的模式，两种经营模式并不矛盾。就两者的关系而言，一方面，综合经营是专业化经营的前提；另一方面，专业化经营是走向更高层次综合经营的基础。

从我国拍卖业发展的实际情况看来，正是"综合经营模式"造就了中国拍卖业今天的成就，因为中国大陆拍卖人首先进入的是职业境界，然后才是行业境界和事业境界，所以每个拍卖人刚刚进入这个行业或每个拍卖企业在成立初期首先考虑的是生存的问题，其次才是如何能够生存的更好或者提高生存质量的问题。现在绝大对数拍卖企业仍然靠的是综合经营模式在维持。只有在综合经营中，拍卖人和拍卖企业才能发现自己的专业优势，才能发现能够发挥自身优势的领域和找准自己的位置。所以说综合经营是专业化经营的前提。

反过来讲，专业化经营是走向更高层次和更大规模的综合经营的基础。我们发现，一个企业如果能够在某一个领域做的很好，能够创出品牌，那么它进入其他领域就更容易，开拓新业务的能力就越强。比如"海尔"等名牌企业，就是因为在某一领域做的非常出色，创出了名牌，所以才会很容易地进军其他领域。再比如，在人民法院选择入围拍卖企业时，有名气的企业就明显占据优势，这就是市场经济中的品牌效应。所以在个人和企业起步的初期，为了生存，我们不得不伸双手和叉开五指，但是当我们触摸到我们需要的东西时，我们必须握紧拳头，否者就会两手空空。

专业化经营与综合经营模式应当是一个共存的局面。但是相比较而言，专业化经营是目前拍卖业可持续发展的重要方向。因为就目前中国的拍卖业现状而言，我们并不缺乏简单的综合经营，我们缺乏的是更高层次和更大规模的综合经营，要想在世界拍卖市场上也占有一席之地，我们就必须有更大规模的拍卖企业。而要实现更高层次和更大规模的综合经营就必须首先从走专业化经营的道路开始。

(二) 实现专业化经营必须解决两个关键问题

实现专业化经营需要解决两个关键问题：一是专业化的人才问题，二是充足的市场业务空间问题。专业化经营从本质上讲是市场专业分工不断细化所提出的客观要求，只有当拍卖业务量发展到一定的程度时才有分工的需求。就我国目前的状况来讲，拍卖业的行业分工在逐渐的加强，内部分工的趋势越来越明显，并具有了一定的规模。不但有地域上的分工，也有专业上的分工，已形成了文物艺术品拍卖、房地产拍卖、破产企业拍卖、公物拍卖、司法强制拍卖、无形资产拍卖、机动车拍卖等各具特色的拍卖市场，并初步形成了一批带有龙头性质的专业化经营企业。这正是我们今天倡导专业化经营的市场基础。但是实现和维持专业化经营需要两个重要的支柱，而且是两个源源不断的支柱，一是具备专业化知识的后备人才的保障，二是充足的业务空间和不断扩大的拍卖市场。

第一，培养专业化的人才是实现专业化经营的基础。

就我国目前的拍卖人才状况而言，能够支持专业化经营的专业拍卖人才缺乏，还不是一般的缺乏，而是奇缺。不仅缺乏高水平的理论人才，就是现有的能够从事专业化经营的实务人才也很缺，理论与实务兼备的人才就更缺了。

拍卖行业的健康全面发展，必须有其坚实的理论支撑。中拍协成立法律咨询与理论研究委员会以来，开展了富有成效的法律咨询服务，加强了对拍卖理论的研究，拍卖理论研究滞后的局面有所改观。各地较有实力的拍卖企业由于在业务中经常遇到新问题，也开始重视理论研究工作了。这在一定程度上对于我国拍卖理论的发展做出了贡献。但是相对于拍卖业快速发展的速度和专业化经营的迫切需求而言，理论研究仍显不足。

除了理论人才缺乏外，一般的能够胜任专业化经营的应用型人才也非常匮乏。当然这不是拍卖界本身能够解决的问题，这与我国目前的教育机制有很大的关系。目前除了一些职业类普通学校外，我国真正开设拍卖专业，从事高级拍卖人才培养的高校寥寥无几。至少我知道目前北京开展持续培养拍卖人才的高校几乎没有，只有零星的短期培训。目前拍卖人才的培养工作主要靠拍卖界自身举办的短期职业培训来承担。这对于我国拍卖界的长远发展来讲影响将会是长远的，甚至会是致命的。所以要想实现专业化经营，就必须尽快拓宽和改善目前的拍卖人才培养机制。

我很高兴地注意到今年3月份在上海召开的"中国拍卖行业协会职业教育调研工作（院校）座谈会"上，拍卖界和教育界已经开始关注这个问题了。为了带动更多的有条件的高校关注拍卖人才的培养，我在今年上半年向我们学校，即中央财经大学申请在我校法学院首先开设拍卖法专业的硕士研究生专业，希望大家积极推荐有志于拍卖业发展的优秀人才。另外我们学校正在计划与拍卖界的企业或各级协会开展长期合作，专门针对拍卖界开设在职研究生班，加快拍卖界专业人才的培养。这个研究生班计划每届学期两年，两年内实现两个目标，一是接受系统拍卖教育，争取取得硕士学位；二是对于未取得拍卖师资格的学员，要求在两年内同时必须参加拍卖师资格考试并取得拍卖师资格。这个计划已经开始实施，希望有意愿合作的拍卖企业或协会与我们联系。由于拍卖是实务性很强的专业，我还打算将来聘请我们拍卖界经验丰富的精英们到我们学校来担任兼职拍卖法专业研究生导师，届时也希望大家多多支持。我相信只要我们大家都用心来关注我们共同的拍卖事业，人才的问题一定会解决的，但这需要一个较长的过程。

第二，新业务的拓展和拍卖市场的扩大是实现专业化经营的关键。

我们迫切需要人才，但是仅靠人才培养来尽快推动拍卖企业专业化经营的想法可能是不切实际的。我个人认为目前能够较快推动拍卖企业专业化经营的有效手段应当是拍卖新业务的拓展和拍卖市场的扩大这一个关键因素。只有业务的不断拓展和拍卖市场的不断扩大才能为专业化分工提供源动力。就我国拍卖业恢复后的20年而言，拍卖市场的开拓是卓有成效的。公物拍卖是我国恢复后的拍卖业最早涉及的经营范围，公物拍卖一度成为综合性拍卖企业的看家业务。紧随公物拍卖而来，是司法强制拍卖，与此同时还恢复了文物艺术品拍卖，再以后是房地产拍卖、股权科技成果等无形财产的拍卖等等。从有形商品的公物拍卖到文物艺术品拍卖，再到无形商品拍卖，一步一个新台阶，经营范围日趋拓展，拍卖内容不断丰富，中国拍卖业取得了蓬勃的发展。尽管如此，目前我国的拍卖市场总体上市场空间还过于狭小和集中。拍卖标的来源于执法部门是普遍现象，来源于自然人委托的物品较少，各拍卖企业都把眼光紧紧地盯在法院、工商、税务、海关和银行资产管理公司等部门，大部分企业既无力在市场上寻找新业务，也不屑于在市场上开拓新业务。这种局面不利于我国拍卖业专业化经营开展和实现。

下面我将重点从拍卖法的修改与完善的角度谈谈如何拓展新的拍卖业务和扩大拍卖市场，并推动拍卖企业专业化经营的问题。

三、制度的不断创新：拓展新业务和扩大拍卖市场的源动力

勤劳致富是小富，制度创新才能大富，小富只能惠及个人和企业，制度创新的大富才能惠及整个行业，才能繁荣整个拍卖事业。在现有的市场体制和经营模式的框架中，在传统的拍卖市场上，依靠拍卖师个人的勤劳，依靠单个拍卖企业的努力，可能会在市场上分得一杯羹。据我了解，我们有的拍卖企业在日益激烈的竞争中，为了多分得一点业务，为了多占有一席之地，在现有的经营模式下，往往使出浑身解数与相关单位拉关系、套近乎，场面上强颜欢笑，背地里怨声载道，非常辛苦。以至于使社会上的人甚至包括我们有些拍卖人自己都改变了对拍卖的看法，错误地认为拍卖主要靠的是人情、是关系，而不是经验和实力。还有不少人认为我们拍卖业是腐蚀干部，滋生腐败的温床。也有不少人对拍卖业的前途感到悲观。所有这一切都不能怪拍卖人自私，因为他们要生存，他们的家人要吃饭，要生存就得去争、去斗。造成这种局面的主要原因在于拍卖业整体业务量不足，整体上缺乏创新意识和精神。

在有限的市场环境下，业务总量是一定的，僧多粥少的局面必然造成恶性竞争的结果。我常听一些拍卖人抱怨说"这个行业的企业太多了，从业人员也越来越多，中拍协每年干吗要发那么多拍卖师资格证呢？为什么不能设法控制拍卖师考试的通过率进而控制从事拍卖业的人数呢？"其实解决这一矛盾的主要办法不在于如何减少"僧"，而在于如何增加"粥"，归根到底在于开拓新的业务，扩大拍卖市场。我个人认为，与我国市场经济发展能为拍卖行业提供的潜在市场相比，我国大陆上的拍卖企业和拍卖人队伍还很不足，更谈不上饱和，在目前的基础上规模再扩大一倍可能都不会饱和。我们的任务在于如何在市场经济发展过程中及时发现并挖掘这一大的潜在业务。这个途径只能有一个，那就是制度创新。

我举一个简单的例子。20多年前，我们的农民劳动不可谓不辛苦，完全具备中华民族勤劳和善良的品德。但是无论他们多么地勤劳和吃苦，且始终无法改变贫穷的生活状况。很多地方每年都要靠国家的救济或扶贫款来维持。国家每年在这些地方要花很多钱来补贴，但是始终是杯水车薪。改革开放后，邓小平同志并没有给农民多发一分钱，只是给了一个"包产到户"的政策，全国农村就发生了翻天覆地的变化，这就是制度创新的威力。一个勤劳的农民最多能让一家人过上温饱的日子，而一个好的制度却能让所有的家庭都过上好日子。拍卖业也一样，靠一个拍卖师或单个拍卖企业去找关系、托人情开拓业务，可能会改善一个人或一个企业的生存状况，但是这只是我上面讲到的职业境界。而作为拥有行业境界甚至事业境界的拍卖人而言，必须要想方设法为整个行业的生存发展谋出路，谋幸福，必须要去做能惠及整个行业的制度创新。回顾中国大陆拍卖业恢复后走过的这20年的历程，我们就会发现，拍卖业的每一步发展都与创新有关。没有早期的公物拍卖的大胆尝试，就没有后来支撑行业的公物拍卖市场。没有早期拍卖人对强制执行中拍卖的执著追求，就没有后来的强制执行拍卖市场。有形物品的拍卖市场是这样，无形标的的拍卖市场也与创新息息相关。如果没有那些早期富有创新精神的拍卖人大胆地涉足诸如手机号码、中央电视台黄金时段广告标王等的拍卖，就不会有现在已经在拍卖业务中占据一席之地的无形资产的拍卖市场。其他如文物艺术品市场、房地产市场、二手车交易等都是如此。

一句话，一切能交易的东西，都是可以拍卖的东西，甚至可以毫不夸张地讲，只要法律不禁止交易的东西，都有可能成为我们的拍卖标的。20年的经验告诉我们，只有我们想不到的，没有我们做不到的。关键在于要敢于大胆地去探索、大胆地去创新。目前拍卖界的状况是，大部分企业和拍卖人缺乏这种创新的精神，无力甚至无心去开拓新的业务市场，而是坐等别人开拓出市场后自己去享受成果。这种现象在经济学上叫做"搭便车"。搭便车现象的最终结果是使大家都缺乏创新的积极性，因为制度创新或新型业务的开拓不能申请专利，也得不到奖励和保护，这样不好。所以我建议拍卖界应该设立一个创新成果奖，专门用于奖励那些在开拓新业务和创新拍卖制度方面为全行业作出突出贡献的拍卖人和企业。

四、法律的确认和保障：拍卖创新的最高境界

（一）拍卖业的发展与繁荣离不开法律的维护和保障

在开拓新业务的所有创新中，法律制度的创新是最高级别的制度创新。一项新的创新，要想惠及全行业并成为推动拍卖事业发展的源动力，必须要得到法律承认和保障。拍卖业这20年的发展中，所取得的每一项重要成就，都是与法律制度的创新分不开的。包括我们拍卖业本身的地位和作用也是由法律来确立和保障的。当年上海拍卖行的总经理林一平等早期拍卖人，在探索公物拍卖这一新领域时，对公物处理的现状进行了分析，新华社记者在此基础上形成了内参。1988年，当时的国务院总理李鹏在这份内参材料上作了批示，国家经济体制改革委员会就此拟定了《1989年经济体制改革要点》，明确地提出了试办拍卖市场，开展各类公物拍卖业务的措施，大陆拍卖业从此获得了合法的地位。

1988年11月，我国第一部企业破产法开始正式实施，拍卖界因此得以开拓了破产企业拍卖这一广阔的市场。同年12月，深圳敲响全国国有土地使用权拍卖的第一槌，此后国有土地使用权出让得到宪法修正案的正式确认，为后来开辟房地产市场奠定了基础。

1992年8月，国务院办公厅下发了《关于公物处理实行公开拍卖的通知》，指出："逐步建立和完善公物处理的公开拍卖制度"，"有计划地建立拍卖行……充分发挥公开拍卖制度在发展商品经济中的作用。"根据《通知》精神，全国大多数省市开始着手筹建拍卖行或发展壮大已有的拍卖行，从而使各类拍卖机构在中国大陆得到普及。

1994年《中华人民共和国城市房地产管理法》出台，进一步激活了房地产拍卖市场。

1995年，原国内贸易部颁布《拍卖行业管理条例》，对当时全国的300家拍卖行进行了管理规范统一要求。1997年1月《中华人民共和国拍卖法》（以下简称"拍卖法"）正式实施。拍卖业进入了恢复以来的第一次发展高峰。

1998年《关于人民法院执行工作若干问题的规定（试行）》这一司法解释的出台，为我们开拓了人民法院强制执行拍卖的市场。

2001年国务院颁发了关于土地经营管理的15号文，首先明确了经营性土地要纳入公开出让，国土资源部在2002年5月9日颁布了关于招标、挂牌、拍卖出让经营性土地使用权的管理规定，就是大家熟悉的11号令。这些土地供应制度改革的重要政策和法规为拍卖业介入土地供应市场提供了机遇。

除此之外，还有文物保护法、知识产权法、机动车交易法等法律制度的确立，分别为拍卖业开辟文物拍卖、无形资产拍卖、机动车拍卖等提供了法律保障。

总之，拍卖业的发展离不开法律制度的不断创新。

（二）立法是分配社会资源的最佳手段，拍卖人应特别重视对立法的参与

拍卖人要明白一个道理，即法律制度是分配社会资源的最有效的手段和措施。拍卖人，尤其是具备事业境界的拍卖人群，一定要重视并积极参与市场经济方面的立法活动，至少要尽力去影响国家的立法活动。我们在这方面做的还很不够。这种参与并不限于拍卖法，而是指一切与拍卖相关的法律制度的制定，要使每一部与拍卖有关的法律文件在制定时至少应听到来自拍卖界的声音。一个法律制度所能给我们提供的市场份额和社会资源有时甚至比我们拍卖业"辛劳"几年甚至几十年的成果都要大。

《辞海》中记载了一个典故，原文是这样的："一兔走，百人逐之。积兔于市，过而不顾。非不欲兔，分定不可争也。"战国时期法家的一些著作中也有类似的故事。其中法家之一慎到就讲到过："一兔走街，百人逐之，非一兔足为百人分也，由分未定也。积兔在市，行者不顾，非不欲兔也，分已定矣。分已定，人虽鄙不争"（《吕氏春秋·慎势篇》）。这个典故的大意是说，有一只野兔在跑，后面可能有很多人在追赶，并不是因为一只兔子够一百多人分，而是大家都希望自己能够首先抓到这只兔子。为什么呢？因为野兔子的名分还没有定，就是它归谁所有的问题还未定。按照习惯，谁跑得快，谁先抓到就归谁所有。跑得慢的人只能干瞪眼。其中有些嫉妒抓到兔子的人可能会说：那小子跑得比兔子还快。这大概就是"跑得比兔子还快"的由来（开个玩笑）。但是集市上的情况就不同了。集市上摆放着许多兔子，但是却没有人敢随便拿。为什么呢？并不是人们不想要兔子，而是因为这些兔子的名分，也就是归谁所有的问题已经被法律确定了。谁要敢乘人不备去拿，那就是"偷"；谁要敢公开拿了就走那叫"夺"；谁要敢动用武力去拿，那就属于"抢"了。无论是偷是夺还是抢，都是法律所不允许的行为。这就是法律制度分配社会资源的作用所在。

五、拍卖法的修改完善：推动专业化经营的当务之急

法律制度作为社会关系的调节器不能朝令夕改。但是法律作为社会生活，尤其是经济条件的表现和反映，必然要随着社会生活的发展而修改和不断完善，以便适应变化了的社会生活的需要。中国古代早在唐代就有"五年一小修，十年一大修"的修律的制度。社会生活发展极其缓慢的中国古代尚且如此，在我国目前整个社会所处的急剧变化的过度时期，就更应该及时地对已有的法律进行修改和完善了。拍卖法的出台是拍卖人由职业境界上升到行业境界的重要标志，实施近10年以来，对中国拍卖业的恢复、发展和我国市场经济的建设都起到了显著的促进作用。但是经过近10年的实践和发展，除了在2004年为了配合行政许可法的出台而进行了少量的变动外（取消了特种行业的规定），还没有进行过实质性的修改和完善。拍卖法的有些条文从某中意义上讲，已经成为阻碍拍卖业进一步发展的障碍。

事实上早在拍卖法实行的第5个年头，张延华会长在中拍协2001年特别会员大会上所做的工作报告中就已经将修改拍卖法作为两年内的工作目标了。张会长当时就明确讲到：拍卖法颁布实施已有5年，它对规范和促进我国拍卖业的发展起到了重大的作用。但是由于历史条件的限制，拍卖法对市场经济条件下一些新的拍卖实践活动未能涵盖，条款不够完整，部分条款已不适应现实的发展，在拍卖活动中也容易产生歧意和混乱。为此，我们将力促国家有关部门尽快制定并颁布《拍卖管理办法》，作为过渡性文件，对拍卖法的有关规定进一步明确和细化，对一些拍卖法未涵盖的内容在现有法律、法规的基础上尽可能作出明确规定。在此基础上，我们将配合有关部门对拍卖法中的部分条款进行深入研究，提出补充和修改意见，在时机成熟时，建议修订拍卖法，力争新的拍卖法和《拍卖法实施细则》早日出台。所以拍卖法本身的缺陷和不足早就显露出来了，拍卖界的有识之士也早就关注这个问题了。

修改和完善拍卖法主要是基于以下几个原因：

第一，拍卖法实施10年来，拍卖法当时所反映的社会及市场经济条件等都已经发生了很大的变化。1997年中国的市场经济状况与现在的状况相比已经有了很大的不同。

第二，我国的法律体系也发生了很大变动。《中华人民共和国合同法》1999年3月15日颁布，共428个条文。仅买卖合同就有40多个条文。而作为规范拍卖这种签订特殊买卖合同方式的拍卖法是1996年颁布的，在合同法之前。拍卖法中关于对拍卖人的法律责任规定的较多，对委托人和竞买人限制较少，并且不够细化。拍卖作为签订合同的一种特殊方式，合同法中的一些新的成果应当纳入拍卖法。另外，物权法即将出台，公司法也正在全面修订，拍卖作为一种促进交易的方式、拍卖企业作为公司的一种形式，这些相关法律的出台与完善也必然对拍卖法的修改和完善提出了新的要求。

第三，就内容而言，拍卖法本身不够细化，统共只有69个条文，还包括3个附则，其中还有一些管理规范，对当事人的规定并不是特别详细。拍卖法实施10年来，拍卖业也取得了巨大的发展，由于没有及时出台拍卖法的实施细则，拍卖法已经越来越成为了影响拍卖业持续发展的重要因素。

第四，拍卖法的指导思想在某中程度上已经过时。拍卖法是在9年前出台的。当时出台拍卖法的主要指导思想是用来管理拍卖企业的，而主要不是促进拍卖交易的。这种指导思想

仍然有较浓厚的计划经济条件下的行政管理色彩，已经有些落伍了。

所以我建议拍卖界尽快成立修改和完善拍卖法小组，就拍卖法的修改和完善问题进行调研和研究，并尽快向国家有关立法部门提交议案和建议。

六、小　　结

下面我对我的观点简要总结一下：中国大陆拍卖人的成长经历了职业、行业与事业三个阶段。专业化经营是开始走向成熟的、具有事业境界的中国拍卖人为了解决中国拍卖业健康可持续发展的问题而作出的一项正确的战略选择，也是目前中国拍卖业发展的主要任务和方向。专业化经营主要受人才和市场两个关键要素的制约，人才的问题不是短时期内能够快速解决的问题，当前推进企业专业化经营的主要途径应该是进一步拓展拍卖业务，不断扩大拍卖市场，促进拍卖业内部的专业化分工。拓展拍卖业务和不断扩大拍卖市场的关键在于企业制度的创新。制度创新的核心和最高境界在于法律制度的创新。现行的拍卖法已经不能适应拍卖业的可持续发展的要求，因此，修改和完善现行的拍卖法应是推进拍卖企业专业化经营的一个必要议题，也是今后我们拍卖事业的一部分。

我个人既没有选择拍卖这个职业，也从未真正进入过这个行业，我只是一个编外的认真关注拍卖业发展的"业余人士"。如果按照三个境界的标准来划分，我充其量也只能算作准职业的境界。今天在这里忝列到在座的各位具有拍卖事业境界的高手之列，实在是有些恐慌。网上有人把这次理论研讨会比作是拍卖界的"华山论剑"，如果真是这样，那么我刚才的发言在各位高手面前无疑是班门弄斧了，不当之处还望各位专家给予批评指正。谢谢！

（本文是参加 2005 年贵阳拍卖理论研讨会的主题论文）

论非正式制度安排与拍卖法制的完善

对于拍卖行业来讲，直接影响行业发展的法制建设应当首推拍卖法制的建设。同时，由于拍卖行为涉及面的广泛性，中国法制的整体发展与完善也为拍卖行业的发展提供了良好的法制环境和起到了重要的规范作用。我国的拍卖行业恢复已经20周年了，拍卖行业这20年的发展历程和所取得的巨大成就是与拍卖法制的建设与发展密不可分的。毫不夸张地讲，如果没有拍卖法制的规范与保障，拍卖行业不会有今天这样的局面和成就。中国目前的行业协会多如牛毛，真正有广泛社会影响的协会并不多，其中中国拍卖行业协会是为数不多的能够真正发挥作用的协会之一。究其原因，可能与这个行业有一部专门的法律文件有很大关系。

一个职业在社会生活中的地位，取决于它所占有和支配的社会资源的多少。拍卖师这个职业近年来已成为大家所羡慕和向往的职业，这一点从近两年来报考拍卖从业人员资格培训的人数和报考拍卖师资格考试的人数就可以窥见一斑。从第16期的1000余人到第17期的2000余人，今年（指2006年，下同）据说已经突破了4000人。为什么？就是因为有了拍卖法这样一个法律和拍卖师资格这样一个制度。这个制度通过法律的形式将一定的社会资源划归拍卖这个行业和拍卖师这个职业所支配。拍卖法明确规定拍卖活动应当由拍卖师主持。这等于以国家的名义将拍卖宣布为这个行业和这个职业的"专利和特权"，使得这个职业有了一道门槛，同时也使得从事这个职业的人有了一定的保障。

什么是法制？通俗地讲，法制就是各种各样的法律制度。在一个法治社会，法律尽管有着诸如正义、公平等各种各样的绚丽多彩的光环，但是这些光环主要是针对刑事法律和行政法律等公法而言的。就民商法和经济法律而言，法律主要作用不是追求崇高的正义，而主要是一种分配社会资源的制度安排，是各种利益集团博弈的结果和利益均衡的格局安排。去年我在贵州理论研讨会上就呼吁过，拍卖人要重视对立法的参与，因为法律是以国家名义强行分配社会资源的最有力的手段，一个法律条文给我们整个行业带来的利益可能比我们行业努力几年甚至几十年都要多。拍卖师队伍中有不少社会佼佼者，其所拥有的地位和社会财富引得其他行业和社会成员羡慕不已。拍卖师这个职业不被称为"白领"，据说有人称之为"金领"。虽然拍卖师不见得个个都腰缠万贯，虽然拍卖师的辛苦可能不为外行所了解，但是社会对拍卖师的这种评价也并不见得是空穴来风。这种风光的地位除了个人的努力外，这个职业群中的每个个体从某种意义上讲，都是拍卖法和拍卖师制度的直接受益者。大家都是这一制度安排的产物和既得利益者。

因此，我强调在拍卖行业的发展中，制度安排是非常重要的，尤其是拍卖法律制度的安排更应当是第一位的。邓小平就讲过制度安排的重要性，大意是说：一个好的制度可以使坏人不敢做坏事，而一个不好的制度可能使好人不敢做好事。所以，良好的制度安排是我们个人和整个拍卖行业得以向前发展的基本条件。尤其是完善的拍卖法制。因此，我认为今年研讨会"法制建设与行业发展"这样一个与制度有关的主题选得非常好。我结合今年的研讨主题，将我个人的发言题目确定为"非正式制度安排与拍卖法制的完善"。下面我首先从介绍制度和制度安排开始：

一、制度与制度安排

（一）制度的含义

自人类社会产生以来，在人类生活过程中形成了各种各样的制度。大到国家、政治、经济、文化制度，小到家庭以及我们日常生活的习惯等都是制度。可以说人类总是生活在制度中，离开了制度，人类将无法应付每天遇到的各种各样的问题。比如一日三餐、熟人见面打招呼、公共场合女士优先、行人车辆靠右行使、白天工作晚上休息等等，都是我们人类的日常生活和作息制度，如果我们违背这些制度，我们的生活将变得不再正常。制度就好像地球吸引力一样，它们无时无刻不在起作用，强烈地影响着人们的行为，然而人们已经习惯于它们的存在，以至于并不感觉它们对自己的影响。比如讲话时，我们必须遵守约定俗成的语言规范，否则别人将无法理解。但是我们好像并没有感觉到语言规则的存在。只有在与不同语言的人交流时，才能感觉到语言规则的重要。

制度与我们的关系是如此紧密，制度这一个词汇在我们的生活中被引用的频率也非常高，但是究竟什么是制度，制度的含义究竟是什么，这个问题至今尚无权威性结论。经济学中有个旧制度经济学派，还有一个新制度经济学派，他们是专门研究制度的。包括马克思的政治经济学派，实际上也是研究制度问题的。这些学派中不乏名家名著，出了好几位诺贝尔经济学奖的得主，几乎每个人都对制度的含义发表过不同的高见。综括他们对制度的经典表述，制度是什么呢，制度是集体行动控制个人行动的一系列行为准则或规则，是告诉社会成员可以做什么、应该做什么、不应该做什么的行为规则。虽然我国历史上没有出现过专门研究制度的学派，但是实际上我们的老祖先们对制度的概括更为简洁明了和通俗易动。我们中国有句古话叫"没有规矩不成方圆"，什么是制度呢？简单地说，制度就是各种各样的"规矩"。所有的"规矩"都可以称之为制度。就我们拍卖界来讲，拍卖活动中应当遵守的各种"规矩"就是我们拍卖业的制度。

不管文字表述上有何不同，制度有一些共性是大家都一致公认的：

第一，制度只存在于集体中，即只存在与人与人的关系中。一个人无所谓制度。制度是集体行动控制个人行动的一系列行为准则或规则。制度是协调人与人关系的产物。试想一下，鲁滨逊一个人飘落生活在荒芜人烟的孤岛上的时候，是不需要制度的，他想怎么样就怎么样，因为他不需要与别人交往，也就无所谓遵守原有的制度。比如他就无须遵守原来已经形成的一日三餐和白天工作晚上休息的作息制度。但是我们就不行，除非你是为了上夜班，或除非你像我一样晚上一个人熬夜写点文章，不需要打扰别人，这种偶尔的、不存在与人交往的行为可以不遵守一般的作息制度。如果你长此以往，就无法生活了。比如在别人遵守既定生活规律的情况下，你特立独行，将白天的一日三餐改为晚上三餐，将白天应该做的需要与人交往的工作全部移到晚上，你将无法生存。你半夜饿了，但是商店不开门，饭店不营业。你打电话联系业务，别人都不上班，大家都在休息睡觉。可见，我们必须遵守已有的生活作息制度，与他人保持同步才能生存。所以制度是集体生活的产物，这是制度的一个重要特征。

第二，制度都具有规则性，尤其是法律制度，是必须遵守的规则。不管是成文的规矩还是不成文的规矩，事实上都可以将其用规则表述出来。如果将我们人类的活动比做游戏的话，制度就是各种各样的游戏规则。拍卖活动中的制度，就是拍卖这种游戏活动所必须遵守的游戏规则。每个参与其中的人都必须按照自己的角色去遵守和服从这些游戏规则，如果有人作弊或犯规，那游戏就不好玩了。比如，拍卖法第四十九条规定：拍卖师应当于拍卖前宣布拍卖规则和注意事项。我们有些拍卖师在拍卖时认为，我们已经就拍卖规则和注意事项做成书面材料发给每一位竞买人了，而且这些竞买人都是我们公司的老客户，大家对拍卖规则和注意事项都很清楚，没有必要宣布了。于是就省略宣布拍卖规则和注意事项这一道环节。却不知这实际上是严重的"犯规"行为。宣布拍卖规则和注意事项是拍卖师的一项法定的义务，不能因为竞买人已经知晓就免除这种义务。这就是制度的价值所在。大家通过看警匪片都知道美国警察有一个"米兰达规则"，在美国这一规则几乎家喻户晓。警察抓到犯罪嫌疑人时，首先要向他宣布权利："你有权保持沉默；如果选择回答，那么你所说的一切都可能被用作呈堂证词；你有权在审讯时由律师在场陪同；如果你没有钱请律师，法庭有义务为你指定律师。"然后才能将犯罪嫌疑人带回警察局。这一段台词就是"米兰达规则"，也叫"米兰达警告"。这个规则来源于1963年的一个真实的案例。一位在亚里桑那州凤凰城一家电影院工作的18岁女孩下班回家时被一个叫米兰达的歹徒劫持并强暴。警察根据受害人的描述将米兰达逮捕。米兰达供认了自己的犯罪事实，然后按警察的要求写了一份供认书，并签上了自己的名字。这份供认书和米兰达招供的情况在审判中被作为证据。经审判，米兰达被判犯有劫持罪和强奸罪，分别被判有期徒刑20年和30年。米兰达不服，在监狱中多次向美国联邦最高法院写信上诉，终于成功了。这就是著名的"米兰达诉亚里桑那州"一案。案件的焦点是被告人所做的供认书是否应该作为给他定罪的证据。被告人认为招供是被迫的，因此，美国联邦最高法院认为警察的行为违反了宪法修正案第五条"不得强迫犯人对自己作证"的规定。此后，最高法院明确规定：警察在审讯之前，必须明确告诉被捕者"米兰达警告"，否则，审讯的供词一律不得作为证据进入司法程序。从此确立了"米兰达规则"，改变了美国警察办案的做法。

制度就是制度，游戏规则必须得到认真遵守。米兰达规则在美国已经家喻户晓了，但是警察办案时绝对不允许省略。再比如，拍卖法第51条规定：竞买人的最高应价经拍卖师落槌或者以其他公开表示买定的方式确认后，拍卖成交。这是关于拍卖成交的制度安排。但是在拍卖实践中，发生过一些落槌的同时又有竞买人举牌的情况，有个别拍卖师在在这种情况下宣布继续竞价。理由还很充分：（1）拍卖法51条规定竞买人的最高应价经拍卖师落槌或者以其他公开表示买定的方式确认后，拍卖成交。你的应价不是该标的最高应价，所以无效，应当继续竞价；（2）对不起，我刚才没有看见，落槌无效，继续竞价。这种做法绝对是违反游戏规则的。试想一下，这就好比足球比赛，当一个队员进球后，裁判员将球从门网中拿出来说：对不起兄弟，刚才你踢的时候，我没注意，不算，重踢一次吧。落槌成交就像进球得分一样，这样的制度安排都是游戏规则，是规矩，必须遵守，否则，就没有"方圆"

可言了，游戏就失去了意义。

第三，制度都具有规律性，可以为人们所认识和掌握，并能够反复运用。新制度经济学把制度定义为一种"公共产品"。制度作为一种行为规则，它不是专为某一个人制定的，一些人运用这些制度，并不影响别的人对这些制度的运用。比如拍卖法所确立的各项制度，不同的拍卖企业或拍卖师可以反复运用。

法律制度是人类社会所创造的各种制度中最重要的制度，因为它是人类集体行动控制个人行为的最有力的规则。总之，制度就是"规矩"，是各种游戏规则。这就是制度的含义。

（二）制度安排

与制度紧密相关的一个概念就是制度安排。新制度经济学将"制度安排"定义为：管束特定行为模型和关系的一套行为规则，是支配经济单位之间可能合作与竞争的方式的一种安排。比如专利制度就是一种保护发明创新、打击侵犯知识产权行为的规则和制度安排。高考制度是我国选拔人才的一种制度安排；拍卖制度作为一个整体就是一种提供公开、公平竞价的公正交易的制度安排。显然，"制度安排"一词与"制度"一词是非常接近的，制度安排可以看作是制度的同义词或制度的具体化。

拍卖法中实际上包含了许多的具体制度安排。比如，拍卖法中的公告制度、拍品展示制度、瑕疵披露制度等，都是体现拍卖公开原则的制度安排；拍卖法中的禁止拍卖人参与竞买制度、禁止委托人参与竞买制度、禁止拍卖人拍卖自有拍品制度、禁止恶意串通制度等，都是体现拍卖公正原则的制度安排；拍卖法中的保留价制度、不得泄露委托人身份制度、拍品在拍卖期间的妥善保存制度等，都是体现对委托人的合法权益保护的制度安排；拍卖法中的拍卖人法定制度、拍卖师资格取得制度、行业监管制度等，都是保障拍卖交易安全，防止拍卖活动给社会或拍卖当事人带来不良影响或不利损失的制度安排。为了保护交易的安全和防止不负责任的恶意竞买行为的发生，在拍卖实践中，拍卖人还在拍卖法的安排之外，自觉地实行了竞买保证金制度，这也是一种制度安排，等等。因此整个拍卖法就是由一系列制度安排构成的。

综上所述，制度就是人类社会中的一系列游戏规则的总和，具体表现为各种各样的制度安排。拍卖制度就是规范拍卖活动的行为规则的总和，具体表现为各种各样的拍卖制度的安排。

二、正式制度安排与非正式制度安排

制度安排可以分为两种类型：一种是正式的制度安排，一种是非正式的制度安排。

（一）正式制度安排

正式的制度安排也叫正式的规则，是指由国家、政府或统治者有意识地创造的一系列具有强制执行力的政策法则，其中主要是指国家制定的各种法律、法规和规章等。正式的制度安排是由专门机构设计出来并靠国家政权自上而下地强加于社会的规则。就我国的拍卖行业而言，与拍卖相关的正式的制度安排就是国家正式出台的相关法律，其中最重要的包括：

1. 国家立法机关制定的法律，比如《中华人民共和国拍卖法》、《中华人民共和国合同法》、《中华人民共和国公司法》、《中华人民共和国文物保护法》等；

2. 国务院制定的行政法规，比如《关于公物处理实行公开拍卖的通知》；

3. 拍卖行业行政主管部门制定的规章，比如商务部出台的《拍卖管理办法》；

4. 国务院其他部委出台的与拍卖相关的规章，比如（1）国家税务总局出台的《抵税财物拍卖、变卖试行办法》；（2）文物局出台的《文物拍卖管理规定》；（3）国土资源部出台的《招标拍卖挂牌出让国有土地使用权规定》和《探矿权采矿权招标拍卖挂牌管理办法》（试行）；（4）财政部出台的《国有资产评估违法行为处罚办法》；（5）国家工商总局出台的《拍卖监督管理暂行办法》；（6）国家人事部和原国内贸易部出台的《拍卖师执业资格制度暂行规定》；

5. 最高人民法院出台的与拍卖活动相关的司法解释，比如《关于人民法院民事执行中拍卖、变卖财产的规定》；

6. 地方法规的相关规定。

（二）非正式制度安排

非正式的制度安排也叫非正式规则，是指法律和国家政策以外的规则，主要包括价值信念、伦理规范、道德观念、风俗习惯、意识形态等。就我们拍卖行业而言，非正式制度安排主要应当包括：

1. 行业规范、行业标准、行业要求，比如中拍协制定的《中国拍卖行业拍卖通则》、《拍卖资料管理规范》、《拍卖师资格考试管理办法》、《拍卖师注册管理补充规定》等；

2. 拍卖师行为准则、职业道德规范，比如中拍协《关于加强拍卖师监督管理的若干规定》（暂行）、《加强行业自律的若干规定》等；

3. 行业习惯、行业惯例，比如拍卖活动形成的关于拍卖方式、竞价阶梯、落槌方式、拍卖保证金收取等被大家普遍接受的习惯和惯例；

4. 行业指导性文件，比如中拍协法律咨询委员会做出的对拍卖行业具有指导意义的"复函"等；

5. 行业伦理、行业意识、行业文化。

这些非正式制度安排虽然不具有法律效力，但是由于其数量庞大、面面俱到、容易接受，榜样性和示范性较强等特点，往往成为规范行业发展的主要制度安排，左右着行业的发展。

三、非正式制度安排在拍卖法制建设中的重要地位

提起拍卖法制建设，我们马上就会想到拍卖法，想到行业主管部门商务部的拍卖规章，同时也可能会联想到拍卖实践中与拍卖活动联系较为密切的一系列相关法律，比如房地产法律、文物保护法、知识产权法、合同法等。这些法律都属于正式的制度安排。其实，拍卖法制建设除了这些正式的法律制度建设以外，还应该包括我们拍卖行业的大量非正式制度的建设问题。这些建设内容应当包：行业规范的完善、职业伦理道德的提高、行业惯例的统一、行业标准的制定、行业文化和行业信誉的建设等等，这些都应该是我们拍卖法制建设的重要组成部分。

非正式制度安排是正式的法律制度得以贯彻、实施和发挥效力的可靠和牢固的社会基础和力量源泉，没有良好的非正式制度安排的支持和配合，正式的法律制度不过是一纸空文。非正式制度安排的好与坏，直接关系到整个拍卖法制建设的质量问题。因此，我认为本届论坛讨论的"法制建设与行业发展"这一主题中"法制"，应当包括拍卖行业中非正式制度安排的内容。而且就目前拍卖界发展的现状而言，探讨拍卖界非正式制度的完善可能具有更为重要的意义。因此，我将我的题目选定为"非正式制度安排与拍卖法制的完善"。

正式制度安排离不开非正式制度安排。在我们的生活中，存在众多的制度安排，但是真正需要通过国家制定法律的方式来进行安排的制度是非常少的。我们的行为主要由非正式制度安排来调整和规范。非正式制度安排对正式制度安排的作用主要表现在以下几个方面：

首先，非正式制度是正式制度的源泉。人类社会是先有了非正式制度安排，然后才在某个历史发展阶段发展演化出正式的法律制度安排。在人类社会的早期，人类的一切行为都是靠非正式制度安排来调整的。因为法律是由国家制定或认可的，而国家是人类社会发展到一定阶段才产生的现象。正式制度的建立是对非正式制度的不断替代和加强，非正式制度是正式制度的母体。最典型的就是我国关于农村改革中"包产到户"的制度安排，最早就来源于安徽凤阳小岗村农民"地下"的非正式制度安排。就拍卖法而言也是如此。我们大家都知道一个事实，今年是拍卖行业恢复20周年，同时也是拍卖法出台10周年。可见，是在我们拍卖行业已经恢复和发展了10年的背景下，国家才制定出台了拍卖法。我们拍卖行业是幸运的，发展了10年就有了正式的法律制度，要知道目前有多少行业还没有自己专门的法律意义上的正式制度安排。拍卖法中的许多制度安排，比如委托、公告、展示、保留价、竞买人应价不得撤回、禁止恶意串通、落槌成交等，这些制度早在拍卖法出台之前就已经存在了，只不过在拍卖法出台之前，这些制度属于行业惯例，是一种非正式制度安排。拍卖法事实上只是以国家的名义对这些制度安排的确认，赋予其法律效力，使之上升成为正式制度安排而已。同样，商务部2005年1月1日出台的《拍卖管理办法》中的一些正式制度安排绝大部分都可以在拍卖实践中找到非正式制度安排的原形。因此，非正式制度是正式制度的源泉。离开了拍卖界的非正式制度，正式制度将成为无源之水和无本之木。非正式制度安排在我们拍卖行业的发展中占有非常重要的地位。

第二，非正式制度是正式制度得以实施的社会条件和思想基础。不仅正式的法律制度来源于拍卖实践中已有的非正式制度安排，正式的法律制度的贯彻实施和实施的效果也同样离不开非正式制度的支持。我们发现，当新建立的正式法律制度与非正式制度能够有效兼容时将极大的促进社会的繁荣和进步。比如拍卖法的出台，正是因为它与已经恢复10年的拍卖行业已经存在的拍卖惯例基本吻合，所以才得到较快的推行和取得良好的效果。当新建立的正式制度与非正式制度不兼容时，将会产生偏离预期的结果。比如国家税务总局关于拍卖业税收的相关政策，与我们拍卖行业作为社会中介服务行业的这一制度设计不相协调，所以这种税收政策执行起来就非常难。另外，正式制度主要指法律制度，法律是人的行为规范，只能调整人的行为，不能调整人的思想。而人的行为是受人的思想所支配的。关于思想和意识的制度安排是非正式制度安排的一个重要内容。比如，拍卖法规定拍卖活动应当坚持公开、公正、公平和诚实信用的基本原则。但是是否能够做到"三公一诚"，能做到什么程度，这在很大程度上取决于拍卖人和拍卖师的职业道德水平的高低和行业伦理建设的现状。一个有较好职业道德和服务思想的拍卖人与一个缺乏职业道德唯利是图的拍卖人对拍卖法基本原则的遵守程度绝对是不一样的。因此说，非正式制度是正式制度得以实施的社会条件和思想基础。加强非正式制度建设，尤其是职业道德和行业伦理的制度安排是非常重要的。

第三，非正式制度是对正式制度的扩展、丰富和必要的补充。作为正式制度安排的法律，虽然具有较强的法律效力，但是相对于复杂多变的社会关系而言，法律永远都不可能是完美无缺的，总有其规范和调整不到的空白，这些空白就是我们所谓的"法律空子"。任何国家，哪怕是法制最完备的先进的法治国家，也不可能仅仅依靠法律来管理社会。法律制度必须与道德、行规、纪律、甚至包括宗教教义等非正式制度安排一起来承担规范社会的职能。就拍卖而言，有很多内容是拍卖法中没有规定到的。这种情况下，非正式制度安排中的行业习惯和行业惯例就对拍卖法起到了扩展和丰富的作用。比如，拍卖法中没有关于拍卖保证金的规定。拍卖实践中形成的保证金这样的非正式制度安排，就是对拍卖法的扩展与丰富。还有些内容在拍卖法中仅有原则性规定，缺乏细节。这种情况下，非正式制度安排就对拍卖法起到了必要的补充作用。比如，拍卖法中只有拍卖活动由拍卖师主持，落槌成交的规定。但是拍卖师如何主持，采用何种竞价方式，如何落槌都没有详细和明确的规定。因此，关于拍卖师主持的身法、语言，增价与减价的竞价方式以及三声重复后落槌等一系列拍卖惯例对拍卖法起到了非常必要的补充作用。因此，我们可以说，如果没有拍卖行业规范、行业标准、行业要求，没有拍卖师行为准则、职业道德规范，没有大量的拍卖行业习惯、行业惯例，没有拍卖行业伦理、行业意识、行业文化等众多的非正式制度安排的支持和配合，作为正式制度安排的拍卖法将无法得到贯彻和落实。

非正式制度安排在拍卖法制建设中占有重要的地位，应当引起行业的高度重视。

四、当前拍卖法制建设的主要任务是加强和完善非正式制度的安排

去年我在贵阳理论研讨会上曾提出尽快修订和完善拍卖法的观点。但是经过这大半年来的调研、思考，尤其是在编写《拍卖法案例分析教程》的过程中接触到大量真实的拍卖案例后，对拍卖界的现状有了更加深入的了解，使我逐渐地改变了原来的一些看法和认识。我认为目前我们启动大规模修改拍卖法的条件可能还不够成熟，当前拍卖法制建设的主要任务不是启动修改正式制度安排的拍卖法，而应该是重点加强非正式制度安排的工作。我这样说，主要是基于以下几个方面的考虑：

第一，我们行业自己目前还不具备启动修改拍卖法的力量。拍卖法的修改属于国家立法工作的内容。而国家的立法活动有严格的程序和要求，包括法律案的提出、讨论、表决通过和公布等环节。修订法律程序的启动，第一步必须是由享有立法提案权主体向立法机关提出议案。由于拍卖法是由全国人大常委会制定的，修订的议案也应当向人大常委会提出。根据《中华人民共和国立法法》的规定有权向全国人大常委会提交议案的主体是：国务院、中央军事委员会、最高人民法院、最高人民检察院、全国人民代表大会各专门委员会以及常务委员会组成人员十人以上联名。可见我们行业协会和主管部门商务部都不具有"议案"的提交权。也就是说，我们希望修改拍卖法的议案无法直接提交人大常委会，必须通过有提案权的主体转交。另外，常见的一种启动修订法律程序的方式是由全国人大代表或政协委员通过一般性议案和提案的方式来呼吁启动修改法律的程序。但是由于拍卖行业是一个较小的行业，到目前为止我不清楚是否有全国人大代表或政协委员。但是即便是有，可能也从未代表

拍卖行业提出过这样的议案或提案。

第二，社会上目前关于修改拍卖法的呼声虽然强烈，但其出发点与我们行业要求修改拍卖法的出发点不完全兼容，我们不应盲目附和。近年来，在两会上出现了人大代表和政协委员关于修改拍卖法的呼声。但是如果我们仔细研究分析一下他们要求修改拍卖法的出发点，就会发现，他们要求修改拍卖法的理由和出发点与我们拍卖行业要求修改拍卖法的理由和出发点是不同的。一位全国人大代表要求修改拍卖法的主要理由是认为拍卖行业不规范，要求通过修改拍卖法来规范拍卖行业的拍卖行为，办法是通过修改拍卖法设立一个"拍卖监督委员会"。一位全国政协委员提出尽快修改拍卖法的提案，目的是希望通过修改拍卖法来打击书画造假。人大代表和政协委员的呼吁不是偶然现象，他们代表了社会目前对我们拍卖行业的整体评价和看法。

通过分析我们可以发现一些共性：（1）他们要求修改拍卖法的理由都是认为拍卖行业不规范，拍卖活动中有"黑幕"；（2）给社会造成我们拍卖行业不规范的主要因素来自"艺术品"拍卖；（3）社会要求修改拍卖法的目的都是希望加强对拍卖行业的监管，成立"拍监会"。因此，我认为对于社会上要求修改拍卖法的呼声，我们行业应当重视，但不宜盲目附和。理由如下：

第一，我们要求修改拍卖法的出发点和理由与他们的不同。虽然我们也认为拍卖行业的某些方面需要加强规范，但是我们修改拍卖法的理由主要是因为现有拍卖法限制了我们行业的发展空间。修改拍卖法的主要目的是希望在规范行业的同时，尽可能地扩大我们行业的生存空间。法律具有很大的权威，但是法律并不崇高和神秘，法律是很务实的一种制度，很多情况下表现为一种分配社会资源的手段。我们修改拍卖法的主要目的应该是通过拍卖法的修订来扩大拍卖行业可以控制和支配的社会资源，比如扩大拍卖标的的领域，以此来促进我们行业今后更好的发展。

第二，社会上对拍卖界的了解不够全面，甚至是片面的。社会对我们拍卖界的认识主要局限于"艺术品"拍卖领域，他们认为的不规范行为也大多是针对"艺术品"拍卖而言的。但是实际上，艺术品拍卖在我们行业每年的成交份额中只占非常小的比例。据去年的统计资料显示，好像文物与艺术品拍卖加起来也不会超过8%，如果单算艺术品的话，可能都不到5%，这几乎是一个可以忽略不计的数字。但是由于艺术品拍卖所特有的放大效应，导致了社会对我们拍卖业产生了以偏盖全的片面认识。

第三，加强外界对我们行业的监管，这不符合拍卖行业发展的要求。拍卖行业这20年来获得了较快的发展和较好的成绩，一个主要原因就是拍卖企业在逐步推向市场，计划体制的色彩以及行政监管的力度在逐渐减弱。也就是说，我们的发展主要是对我们"松绑"的结果，而不是"捆绑"的结果。将拍卖企业的发展推向市场，将拍卖企业的规范交给行业，这应该是拍卖业发展的大势所趋。通过修改拍卖法给我们这个行业增加更多的"婆婆"，这不是我们希望的结果。当然，行业规范是必须的，目前在拍卖行业发展中确实存在一些亟待解决的问题。比如同行之间不择手段的恶性竞争；不守行规、弄虚作假、违法拍卖；唯利是图、推卸责任、不守信用等等。这些现象都是存在的，在个别地区还很严重。但是我认为行业中的绝大多数企业是好的，个别人的败德行为也有可能是出于对社会大环境的无奈之举。这些问题都是可以通过加强非正式制度安排来逐步解决的。要相信，我们完全可以依靠非正式制度安排来"清理门户"，解决自身存在的一些问题。目前还没有到了非要"外人"帮助我们清理门户不可的时候。

第四，我们行业目前还没有做好修改拍卖法的"制度"准备，非正式制度安排的规模和程度还远远不能满足修改拍卖法的需要。法律的修改是一件非常严肃和慎重的工作。在拍卖法出台后，由于拍卖法出台的历史背景，拍卖法中的许多规定都比较原则。按照立法的一般惯例，人大或人大常委会出台一部新的法律后，为了便于贯彻和执行，往往需要由国务院相关行政部门制定配套的实施细则。因此拍卖法实施后，拍卖行业主管部门出台一部更为详细的《拍卖法实施细则》成为拍卖行业与全社会一致的期待。但是由于种种原因，《拍卖法实施细则》始终没有出台。现在随着市场经济的进一步发展与完善，各部门的"部门利益"意识都在增强，这使得本来权力就不大的商务部门的立法协调能力受到更大的限制，出台有利于拍卖行业发展的实施细则的可能已经非常渺茫。在这种情况下，类似行规和行业准则这样的非正式制度安排应当发挥其重要的规范作用。但是目前，拍卖界存在的许多问题还无章可循。比如，拍卖保证金问题、拍品尤其是文物与艺术品的鉴定问题、强制拍卖的定性问题、强制拍卖中拍卖人与委托法院的关系问题、拍卖中的起拍价问题、参考价问题，甚至看似很平常的拍卖公告问题等等，都还没有解决或没有形成基本一致的意见。拍卖法修改程序一旦启动，需要我们行业就拍卖行业存在的一系列问题拿出一个较为成熟的方案来。目前由于非正式制度安排的缺乏，我们还拿不出这样的方案。因此，我认为我们目前还没有做好修改拍卖法的"制度"准备，非正式制度安排的规模和程度还远远不能满足修改拍卖法的需要。

第五，由于我国市场经济仍处于波动时期，作为市场经济产物的拍卖业，其应通过国家立法来解决的"问题"还没有充分显露出来。现行拍卖法中存在的一些问题，就是由于当时拍卖业刚刚恢复发展了10年，一些问题还没有暴露出来，因此立法中没有给予关注造成的，这是不可避免的。直到今天，我国市场经济还不能说已经健全，因此这些问题可能仍然存在，这可能会影响立法的预见性。

第六，拍卖界具有很强的行业特征，拍卖法的修改不能重复其他非行业法律"专家立法"的模式，需要更多来自行业第一线的"立法者"的参与，而这样的"立法者"队伍尚未形成。一般的立法活动，由于与行业联系不太紧密，由专家、学者就基本上可以承担立法工作，起草立法草案，只要听取相关部门的意见即可。但是拍卖法具有非常强的行业特色，不是一般的立法专家就可以解决问题的。需要更多的来自行业第一线的"实践型专家立法者"的参与，但是由于我们行业的整体素质，这样的"立法者"队伍尚未形成，还有待培养。

第七，立法活动本质上是一个不同利益集团"博弈"的过程和协调平衡不同部门之间利益格局的过程。拍卖行业虽小，但是拍卖活动涉及到社会的各个方面，拍卖法的修改也相应地涉及各个部门的利益。目前拍卖行业的主管部门在立法中与其他部门抗衡的经验和力量都不足以保证拍卖法的修改能满足我们行业的需求。

基于以上六点理由，我认为目前拍卖法制建设的主要任务不是急于启动拍卖法这一"硬法制"的修改程序，而应该是认真地进行非正式制度安排方面的"软法制"建设。

五、今后几年内我国非正式拍卖制度建设的主要内容

今后加强和完善非正式制度安排的主要内容集中在以下几个方面：

第一，及时对《中国拍卖行业拍卖通则》进行修订和完善。为了促进拍卖行业依法兴业，规范拍卖行为，鼓励企业公平竞争，中拍协从1997年起，组织专家和企业代表起草了《中国拍卖行业拍卖通则》。内容主要包括"公物和其他物品类"、"文物艺术品类"两个拍卖通则。这对拍卖法的实施起到了很好的辅助作用。但是经过7～8年的发展，拍卖行业又出现了许多的新问题和新情况，要求我们对《中国拍卖行业拍卖通则》做进一步的完善和修订。我个人认为修订和完善工作主要包括两个方面：一是重点修订和完善《文物艺术类拍卖通则》。因为文物艺术类拍卖是社会了解拍卖业的"窗口"，是社会评价拍卖界的"晴雨表"，对文物艺术品拍卖活动的规范，有利于改变公众对我们行业的评价，有利于提升我们行业的外部形象。至于如何修订，我个人对文物艺术品拍卖是个外行，我知道这次来参加研讨会的天问国际拍卖有限公司的季涛总经理专门就这个问题准备了精彩的发言，到时候，我们大家一起听听季涛老师的高见。二是根据拍卖界的需要，补充其他方面的拍卖通则。据统计，现在房地产拍卖在我国拍卖界的年成交额中占有了半壁江山。由于各地房地产政策和市场的差异，导致拍卖业始终没有能形成统一的房地产拍卖通则。近年来，房地产拍卖中的纠纷也是最多的。我经过初步研究发现，虽然全国各地房地产市场存在差异，房地产政策也略有不同，但是国家关于房地产方面的法律和总政策是统一的。具备制定统一的房地产拍卖通则的条件。此外，像农产品拍卖、二手车拍卖、无形资产拍卖等领域，都可以参照文物艺术品拍卖规则的模式来制订行业统一的拍卖通则。

第二，整理出台拍卖法的行业解释，促进拍卖习惯与惯例的形成和统一。由于国务院有关部门没有及时出台《拍卖法实施细则》，拍卖法的规定不够具体，又经过10年的发展，现行拍卖法在许多方面确实出现了与拍卖实践不相协调的问题。主要表现两个方面：一是对拍卖法某些规定的理解存在分歧，没有形成统一的认识。二是对一些新出现的问题，拍卖法没有规定，出现了立法空白。对于这两个方面的问题，中拍协法律咨询委员会一直在通过"行业复函"的形式，对拍卖法的规定进行着行业解释和对拍卖法的空白进行着必要的补充说明。但是由于"行业复函"是针对个案进行的答复，比较分散，缺乏整体的指导意义。因此，我建议，通过对历年来行业复函的整理，在此基础上，对拍卖法进行"行业解释"，尽管这样的解释不具有法律效力，但是有利于行业习惯和行业惯例的形成和统一，有利于为国家司法机关的司法活动提供参考。在拍卖纠纷的司法解决中，当拍卖法没有明确规定时，我们的企业往往把自己的某种拍卖行为称为是"行业习惯和行业惯例"，但是又苦于没有证据证明，行业解释将有助于拍卖企业的举证。对拍卖法的行业解释主要包括两个方面的内容：（1）统一对拍卖法的理解和认识。有些问题拍卖法或拍卖管理办法中是有明文规定的，但是在执行时，对拍卖法的理解出现偏差。对于这些理解上的偏差就需要通过行业解释来统一认识。如果有明确的结论，我们就通过解释将明确的结论告诉大家，比如"一个竞买人能否开拍卖会"的问题，这个问题的答案是非常清楚的，"不能开"。我们就坚持不能开，并且在我们给司法部门的咨询答复中也要坚持"不能开"的意见。这样就会在拍卖界形成"一个竞买人不能开拍卖会"的惯例。有些问题拍卖法中是有明文规定的，但是在执行时，对拍卖法的理解出现偏差。而且这种理解上的分歧一时还没有定论，这时我们可以通过行业解释，找出解决问题的第三方案和统一认识。比如拍卖公告问题，拍卖法第45条规定的非常清楚：拍卖人应当于拍卖日7日前发布拍卖公告。关键是在公告日期的计算上出现了分歧。有人主张从公告日起向后计算，有人主张由拍卖日起向前计算；有人认为7日应当包含公告日，有人认为7日不包含公告日；有人认为拍卖日当天应计算在内，有人认为拍卖日当天不应计算在内。总的来说，在拍卖公告日的计算上分歧很大。中拍协法律咨询委员会专门就此进行过不止一次复函。但是始终没有统一认识。我在编写《拍卖法案例分析教程》过程中，收集到一些相关的司法案例，对这个问题进行了专门的研究。我发现，有将公告日计算在7日内时认定为不合法的案例，也有将拍卖当日计算在7日内被认为不合法的案例，但是却始终没有发现公告日和拍卖当日都不计算在7日内而被法院认为违法的案例。因此我就想，我们没有必要为公告日和拍卖日计算在内哪种观点正确而费神，我们只要通过"行业解释"的形式，明确告诉我们的拍卖企业，公告日和拍卖日都不应计算在内就可以了。我们这种解释，第一并不违反立法精神，第二可以为我们的企业减少不必要的被诉风险，难道不是很好吗？这样慢慢地就会在行业内形成一种共识。（2）填补拍卖法的立法空白。对于拍卖法中没有规定，而拍卖实践又迫切要求解决的问题，比如拍卖保证金、起拍价、参考价等问题，可以组织专家进行研究，做出合法和合理的解释，以此来统一行业的认识，促成行业惯例的形成，为今后拍卖法的正式修订做好准备。

第三，尽快出台行业参考标准。拍卖活动中很多行为都可以看作是合同行为，涉及多个合同，比如委托拍卖合同、竞买合同、拍卖成交合同等，这些合同中究竟应该包括哪些内容，没有一个统一的标准，导致了不少纠纷。还有拍卖人的瑕疵披露义务问题，在拍卖准备阶段，拍卖人究竟应当对拍品进行哪些必不可少的调查了解工作，比如房地产拍卖，没有一个统一的可供参考的程序性标准。所有这些实际上都是可以有行业指导标准的。因此出台行业参考标准是非正式制度安排的一个重要内容。

第四，加强行业伦理、拍卖职业道德和行业文化建设。每个行业都有自己特有的伦理标准和道德要求。中央正在抓"八荣八耻"，这"八荣八耻"反映到我们拍卖行业中，应该如何解释，什么是我们拍卖行业的"八荣八耻"？我看这个问题值得研究。一个人有个个人名誉问题，一个企业有个企业信誉问题。毫无疑问，我们这个拍卖行业也应有个"行业声誉"的问题。这个问题的核心是我们行业的文化建设问题。今年流行一本名叫《青瓷》的小说，该小说塑造了一个在"权钱交易"中摸爬滚打的民营拍卖企业家形象，再现了当代中国商人对关系的顶礼膜拜和娴熟利用。思想是自由的，创作也是自由的。我不想对小说的内容进行评价，但是这部小说给我们拍卖行业形象带来的负面影响是很大的。它在客观上误导了人们对拍卖的认识，使本来就不太被人了解的拍卖行业在社会中的形象降得更低。这给我们提了一个醒，拍卖业是否也应该加强自身的文化建设。

（本文是参加2006年大连拍卖理论研讨会的主题论文）

对拍卖法律文书的一些认识

中国拍卖行业协会每年举办的"拍卖理论研讨会"都是一次盛会,尤其是对于我这种坐在书斋中研究拍卖而缺乏实际拍卖经验的人而言,是一次难得的学习机会。拍卖作为一种法律活动,涉及到多个法律文书,包括拍卖委托合同、拍卖成交确认书、拍卖公告、拍卖笔录等。关于对这些法律文书的认识,拍卖界内部有共识,也存在着分歧。今天我想在这里简单谈谈个人对拍卖文书的一些粗浅的认识,求教与拍卖界同仁。由于时间关系,我这里只简要陈述我的观点。

一、对拍卖合同构成特征的认识

我在教学中,经常有学生问:拍卖合同是指拍卖委托合同、竞买合同和拍卖成交合同中的一个合同?还是指它们的全部?这个问题实际上是在问拍卖合同是一个单一的合同,还是一个合同组(一束合同)。这涉及到的是拍卖合同的构成特征问题。对这个问题认识上的差异导致了人们对拍卖合同性质的不同认识。

我个人的观点是,拍卖合同是一个合同组(一束合同),即由几个合同共同构成的一个合同组,而不应将拍卖合同看作仅指其中的某一个合同。当然在这些合同中,拍卖成交合同应当是最重要的一个。

如果说拍卖合同是一组合同,那么这个合同组的具体构成是什么?一般认为拍卖活动中包括两个合同关系:一个是拍卖前拍卖人与委托人签订的拍卖委托合同;一个是买卖成交后,拍卖人与买受人之间签订的拍卖成交合同(一般都以拍卖成交确认书替代)。我认为这种认识基本上是正确的,但是不太全面。我个人的观点是,拍卖合同由拍卖委托合同和拍卖成交合同构成,而拍卖成交合同又应当包括竞买合同和拍卖成交确认书两部分。在拍卖实践中,除了拍卖人和委托人、拍卖人和买受人之间是合同关系外,拍卖人和每个竞买人之间也应当是一种合同关系,竞买合同就是存在于拍卖人与每一个竞买人之间的一种合同。

这里有两个问题需要注意:一是拍卖成交确认书不是一个独立的合同,而应当是拍卖成交合同的一个组成部分,或者说是附件。拍卖实践中,用拍卖成交确认书代替拍卖成交合同的做法不可取,而且导致了许多问题的产生。我建议在拍卖实践中,最好简化拍卖成交确认书。拍卖成交确认书只涉及到成交价的问题,有一句话就可以解决,只需载明:"乙方(买受人）在甲方（拍卖人）某年某月某日举行的拍卖会上以××价格竞得×标的，拍卖成交，双方签字予以确认"，即可。其他内容都最好不要放在拍卖成交确认书中。有些买受人不愿签署拍卖成交确认书，就是被其复杂的内容吓住的。二是拍卖成交合同只存在于竞买成功的买受人和拍卖人之间。而对于没有竞买成功的竞买人而言，竞买人与拍卖人之间只存在竞买合同。因此，我们可以将竞买合同看作是一种独立的拍卖合同。拍卖界有观点认为拍卖活动中存在着三个合同关系，即拍卖委托合同、竞买合同和拍卖成交合同（含拍卖成交确认书）。这种认识应该更加准确，我比较认同这种观点。

三个合同各自的内容是不同的。关于委托拍卖合同的内容，拍卖法第44条有明确的规定，不存在分歧。但是竞买合同应当包括哪些内容，拍卖法并无规定。刚才我讲了，拍卖成交合同是由竞买合同和拍卖成交确认书共同构成的，因此只要明白了竞买合同的内容，拍卖成交合同的内容也就清楚了。

拍卖实践中，拍卖人一般不与竞买人签订正式的竞买合同，往往是给竞买人发放拍卖人单方制定的拍卖规则和拍卖注意事项，或由竞买人单方面出具遵守拍卖规则的保证。在发生的拍卖纠纷中，拍卖人单方制定的拍卖规则有时无法得到法院的支持。法院有时会以"单方制定，显失公平"为由不予采纳。因此我建议在完善我们的拍卖法律文件时，应当将竞买合同作为一个重要内容。将单方制定的规则或做出的声明变成双方协商一致的协议，这样就具有了合同的性质，既然是双方协商一致的结果，就容易被法院采纳。

在竞买合同中除了要将拍卖人为竞买人提供的服务和竞买人遵守拍卖规则的承诺纳入外，竞买合同还应包括除了合同价款以外的其他所有关于拍卖标的的内容。

拍卖本质上是一种买卖。一个买卖合同会涉及到多个方面的内容，包括：合同双方当事人的基本情况、合同标的、标的数量、标的质量、价款、佣金、履行期限、履行地点和方式、违约责任和解决争议方法等。每个因素都需要通过合同双方用要约和承诺的方式来确定，全部确定了，合同也就成立了。

在拍卖会上，通过公开竞价的方式实际上只确定了一个因素，即合同的价款。那么剩下的内容，比如合同标的、数量、质量、佣金、履行期限、履行地点和方式、违约责任和解决争议方法等内容如何确定呢？这些内容都是在拍卖前，由拍卖人与竞买人通过要约与承诺的方式予以确定的。这些内容都应当纳入到竞买合同中。

在拍卖实践中，经常发生拍卖成交后买受人拒绝签署拍卖成交确认书的事，而拍卖人又无法证明拍卖成交和买受人违约，因此无法追究买受人的违约责任。但是如果双方有竞买合同，拍卖人就可以依据竞买合同来追究拒签拍卖成交确认书的买受人的违约责任，这一点是容易做到的。

二、对拍卖合同性质的认识

明确了拍卖合同是一个合同组，而不是单指其中的一个合同，那么关于拍卖合同性质的争议或分歧就容易理解了。认为拍卖合同是一个委托合同或买卖合同的观点都只认识到拍卖合同的某一部分的性质。

拍卖合同的性质问题实质上是个拍卖人的法律地位问题。我们不能笼统地讲拍卖人的法律地位，而应当将拍卖人放在不同的拍卖合同中来理解拍卖人的法律地位。拍卖人的法律地位包含三个方面的问题：一是拍卖人与委托人是何关系；二是拍卖人与竞买人是何关系；三是拍卖人与买受人是何关系。

拍卖委托合同本质上是一个委托合同。除拍卖法有特别规定外，可以适用合同法中"委托合同"的相关规定。委托人与拍卖人之间是一种委托与被委托的关系，这一点容易理解。但是如果因为委托人与拍卖人之间存在委托与被委托关系，就将拍卖人看作是委托人的代理人的观点是值得商榷的。委托有时是代理的基础，但是并不是所有的委托都会产生代理关系。民法上的代理制度是指一方授予他方代理权，他方依代理权与第三方进行法律行为，其行为后果由授权方承担的一种民事法律制度。民事代理中一个典型的特点是，代理人必须以被代理人的名义行为。而拍卖人是以自己的名义与竞买人和买受人发生法律关系的。如果将拍卖人看作委托人的代理人，那么拍卖会中设定委托竞买席或竞投席的行为就可能是违法的。

拍卖成交合同（含竞买合同和拍卖成交确认书）从实质上讲是一种特殊的买卖合同。除拍卖法有特殊规定外，可以适用合同法中买卖合同的相关规定。

将拍卖合同分成拍卖委托合同和拍卖成交合同分别来分析它们各自的性质时比较简单。但是总有人想搞清楚拍卖合同作为一个整体应当属于什么性质。这个问题也是教学中学生常问的问题。

有一种观点认为，拍卖行为属于行纪行为。拍卖合同整体上属于合同法中的"行纪合同"。这种观点是值得商榷的。行纪合同是行纪人以自己的名义为委托人从事贸易活动，委托人支付报酬的合同。其中，接受委托以自己名义从事一定贸易活动的称为行纪人；委托他人为自己从事一定贸易活动给付报酬的当事人称为委托人。合同法第22章专章规定了行纪合同。确实，在司法实践中，有些法院套用"行纪合同"的规定来审理拍卖纠纷，但是实际上这样做是错误的。拍卖与行纪确有诸多相同之处，但是也有许多明显的区别。比如行纪活动中的对象一般限于动产或其他贸易活动，但是不包括不动产。而不动产是拍卖中的常见拍卖标的。另外行纪合同在我国的合同法中属于有名合同。

不少人之所以将拍卖合同归入"行纪合同"，其中一个主要的原因是这些人总希望在合同法中为拍卖合同找到一个位置。在对比了与拍卖合同相似的委托合同、行纪合同和居间合同之后，发现拍卖合同与行纪合同最为接近，因此往往将拍卖归于行纪。殊不知合同可以分为两大类，一类是有名合同，一类是无名合同。合同法分则中只对常见的有名合同进行了规定，现实中还有大量无名合同是无法在合同法分则中"对号入座"的，比如旅游合同、出版合同、培训合同等等。但是这并不妨碍这些合同的法律效力，这些合同完全可以按照合同法总则的规定来订立和履行。

我个人的看法是，拍卖合同本身应当属于一种独立的合同，如果非要给一个名称，那就应当叫"拍卖合同"。凡拍卖法中没有具体规定的问题，可以参照合同法的规定来执行。

如果非要从整体上回答拍卖合同的性质，我个人的观点是，拍卖合同整体上属于特殊的"买卖合同"，这一点可以从我国合同法中找到依据。合同法虽然没有设专章规定"拍卖合同"，但是并不是说合同法中对拍卖活动没有进行任何规定。事实上，在我国合同法第9章"买卖合同"（一百三十条～一百七十五条）中提到了拍卖活动。其中第一百七十三条规定："拍卖的当事人的权利和义务以及拍卖程序等，依照有关法律、行政法规的规定"。同时第一百七十二条规定："招标投标买卖的当事人的权利和义务以及招标投标程序等，依照有关法律、行政法规的规定"。这些规定说明了以下几点：

第一，合同法在立法时将拍卖合同总体上看作是一种特殊的买卖合同；

第二，合同法在立法时不是不想将"拍卖合同"作为一种有名合同列入合同法，而是由于已有专门的拍卖法对拍卖活动进行了规定，所以合同法中没有专门规定拍卖合同这一章；

第三，将拍卖合同看作是行纪合同的观点是不可取的；

第四，拍卖人与竞买人（买受人）之间的关系是一种特殊的买卖关系。

三、对拍卖合同成交条件的认识

一种观点认为，拍卖成交的条件只有一个，就是拍卖法第五十一条的规定，即竞买人的最高应价经拍卖师落槌或者以其他公开表示买定的方式确认后，拍卖成交，也就是我们通常所谓的"落槌成交"。这种观点认为签订拍卖成交确认书不是拍卖成交的必要条件，拍卖成交确认书只对拍卖成交的事实起书面确认的作用。另一种观点则认为，拍卖成交的条件有两个，首先要有"竞买人的最高应价经拍卖师落槌或者以其他公开表示买定的方式确认"，然后由买受人和拍卖人签署成交确认书。拍卖成交确认书的签订表明"拍卖成交"。

我个人赞同第一种观点。根据一般的合同理论，合同成立是指当事人通过要约和承诺方式对合同的内容达成合意，"承诺生效时合同成立"。拍卖法第五十一条规定："竞买人的最高应价经拍卖师落槌或者以其他公开表示买定的方式确认后，拍卖成交"。在拍卖活动中，竞买人的应价行为是要约，拍卖师的落槌行为是承诺，"竞买人的最高应价经拍卖师落槌或者以其他公开表示买定的方式确认"意味着当事人就买卖拍卖标的的核心内容达成一致，因此拍卖法第五十一条规定的"拍卖成交"应当是"合同成立"的意思。

签订拍卖成交确认书不是拍卖成交（合同成立）的要件，有两个主要的理由：第一，签订拍卖成交确认书的前提是拍卖已经成交，而"拍卖成交"是合同成立的意思；第二，与拍卖人签订拍卖成交确认书的主体是买受人，而不是竞买人，竞买人只有在拍卖成交后其身份才能转化为买受人，这是双方意思表示一致的重要标志。如果拍卖成交确认书是在合同成立前签订的，就不应有"买受人"。

拍卖成交确认书的作用主要表现在对拍卖成交这一事实的书面确认。通常讲，书面形式较为安全，发生纠纷时容易举证。我国合同法在立法时，基于合同形式自由，承认各种合同形式的合法性，将选择合同形式的权利交给了当事人，由当事人决定。但同时规定，法律规定采用书面形式的必须采用书面形式。因为对有些重大的交易，法律从交易安全和证据学的角度考虑，要求当事人采用书面形式，目的是为了避免发生纠纷时举证困难。拍卖法的立法比合同法更早，当时拍卖是一个刚刚恢复的行业，拍卖标的主要是"公物"，国家出台拍卖法的首要目的是规范拍卖活动，管理的色彩较浓，同时出于对"公物"这些国有财产的保护和防止国有资产流失等因素的考虑，在规定"竞买人的最高应价经拍卖师落槌或者以其他公开表示买定的方式确认后，拍卖成交"后，接着要求"拍卖成交后，买受人和拍卖人应当签署成交确认书"，采用书面的方式对拍卖成交的事实做进行进一步确认。拍卖成交确认书是拍卖合同当事人权利义务的书面载体。

四、对拍卖公告的一些认识

如何正确认识拍卖公告的性质？拍卖公告是否属于广告？长期以来一直是困扰拍卖界的问题。近年来，由于拍卖公告内容与拍卖标的物实际内容不一致而引发的工商行政管理部门对拍卖企业进行的处罚的案件时有发生，而工商行政管理部门对拍卖企业处罚的理由往往是拍卖企业涉嫌"虚假广告"，处罚的法律依据主要是国家工商行政管理总局出台的《拍卖监督管理暂行办法》第七条以及《中华人民共和国反不正当竞争法》第九条和第二十四条。

对此，我们有必要从理论上厘清拍卖公告的性质。拍卖界对于拍卖公告的性质的看法是多种多样的。归纳起来主要是这样几个问题：第一，拍卖公告是否属于广告，如果拍卖公告内容与拍卖标的物实际情况不符，是否构成"虚假广告"？工商管理部门可否给予处罚？第二，拍卖公告是要约还是要约邀请，对发布公告的拍卖人有无法律约束力？如果拍卖公告内容与拍卖标的物实际情况不符时，发布公告的拍卖人是否构成欺诈，是否应当承担法律责任？第三，拍卖公告与拍卖标的物不一致时，是否会影响拍卖本身的效力？下面就这些问题进行简要分析。

根据广告的内容和目的的不同，可以将广告分为商品广告、企业广告和公益广告。我国1994年颁布实施了《中华人民共和国广告法》，其第二条规定："本法所称广告，是指商品经营者或者服务提供者承担费用，通过一定媒介和形式直接或者间接地介绍自己所推销的商品或者所提供的服务的商业广告。"该法将广告仅限于"商业广告"的范畴。

我认为，从广告是"向大众传播信息的一种手段"这一广义的角度而言，拍卖公告也属于广义上的广告范畴，拍卖公告具有一般广告所具有的许多特征和功能。但是拍卖公告与一般的商业广告之间存在着明显的区别：

第一，拍卖公告是拍卖法中公开原则的具体体现，是公开拍卖信息的一种方式。拍卖人举行拍卖会必须依法发布拍卖公告，发布拍卖公告是拍卖人的一种法定义务，也是拍卖活动不可或缺的环节。而一般的商业广告都是自愿的，对于发布广告的主体而言更体现为一种自由的权利，发布商业广告并不是其商业行为的必经程序。

第二，虽然拍卖公告也具有"招商"的成分，但是拍卖公告的主要作用在于发布拍卖的信息、告知与之有关的注意事项，以引起各方的关注。它体现了拍卖信息、操作过程的公开性和透明度。而一般的商业广告的主要作用在于宣传自己的商品、服务或企业形象。

第三，拍卖公告的基本内容是法定的，不能缺少。法定内容以外的信息，拍卖人可以自由发布，也可以不发布。而一般的商业广告的内容完全是自由的，在不违反法律法规的情况下，发布者可以自由决定广告的内容。

第四，由于拍卖公告的主要功能在于公开拍卖信息，因此其形式一般比较简单、明了和直接，不需要太多的创意和艺术加工。而一般的商业广告的形式则丰富多彩，对创意和艺术加工要求较高。

鉴于拍卖公告与一般的商业广告具有上述诸多区别，我认为，不应将拍卖公告归入广告法所规范的商业广告范畴。

我的观点是，拍卖公告不属于我国广告法中规定的商业广告。但是，值得注意的是，拍卖公告一般不属于商业广告，并不等于说拍卖公告不受工商行政管理部门的监管。拍卖公告作为一种向社会公开发布信息的方式，同样应当遵守客观、真实等要求，不能有虚假成分，不能引起公众的误解。如果因拍卖公告内容失实，给他人造成误导，甚至因此损害他人合法权益，那么同样应当接受工商行政管理部门的监督和处罚。

《拍卖监督管理暂行办法》是工商行政管理部门对拍卖活动进行监督的主要法律依据，该办法第七条第（2）项规定："拍卖企业不得利用拍卖公告或其他方法，对拍卖标的作引人误解的虚假宣传"。第十八条规定，拍卖企业违反本办法第七条第（2）项规定的，工商行政管理机关依照《中华人民共和国反不正当竞争法》第二十四条的规定处罚。《中华人民共和国反不正当竞争法》第二十四条规定："经营者利用广告或者其他方法，对商品作引人误解的虚假宣传的，监督检查部门应当责令停止违法行为，消除影响，可以根据情节处以一万元以上二十万元以下的罚款。"

这里，工商行政管理部门可以对两种"对商品作引人误解的虚假宣传的"行为进行处罚：一种是"利用广告"作虚假宣传的行为；另一种是利用"其他方法"进行虚假宣传的行为。即使拍卖公告不属于广告，但肯定可以归入"其他方法"。在拍卖企业利用拍卖公告对拍卖标的进行虚假宣传的情况下，工商行政管理部门以涉嫌"虚假广告"进行处罚时，使用的"虚假广告"这一用词可能不太规范，应当使用"利用其他方法进行虚假宣传"这一表述，但是从实质上讲，处罚本身是有法律依据的。

拍卖公告是要约还是要约邀请？这个问题在1999年《中华人民共和国合同法》实施后已经非常明确了。《中华人民共和国合同法》第十五条规定："要约邀请是希望他人向自己发出要约的意思表示。寄送的价目表、拍卖公告、招标公告、招股说明书、商业广告等为要约邀请。商业广告的内容符合要约规定的，视为要约。"可见，我国合同法明确将拍卖公告定性为"要约邀请"，这是拍卖公告的法律性质。

正是由于拍卖公告属于要约邀请，因此，当拍卖公告的内容与拍卖标的物的实际情况不完全一致时，应当以标的物的真实情况为准，除非有证据证明这种差异是拍卖企业故意误导公众或竞买人而为的，这种差异一般不应当影响拍卖本身的效力。拍卖企业发布拍卖公告后，在竞买人登记参加竞买之前，拍卖人还有公开展示拍卖标的物的义务。如果拍卖公告的内容与拍卖标的物的实际情况有差别时，在公开展示阶段应当能够发现并及时纠正。这种差异一般不会影响竞买人对拍卖标的物真实品质情况的正确认识（权利瑕疵除外）。因此，拍卖公告内容与拍卖标的物真实情况不符时，一般不应影响拍卖本身的效力。但是这种差异在客观上往往会影响拍卖企业的形象，因此从严格遵守诚实信用原则出发，我们要求拍卖企业要尽可能减少这种错误。一家之言，欢迎批评。谢谢大家！

（本文是参加2007年成都理论研讨会上的主题论文）

用发展的眼光来看待
物权法对拍卖业的影响

物权法通过以来，全国各行各业都在结合本行业和系统的特点深入学习物权法。但是像我们拍卖行业这样组织全行业精英一起学习，而且还请来了国家最高立法机关起草物权法的核心人物来讲座这样的场面是少见的，可见我们行业对这部法律的重视程度确实不一般。物权法历时13年，连破8审纪录，经历了不同寻常的波折，可谓历尽磨难。这部法律的出台是我国法制建设中一件大事，对各行各业乃至每个个人都有影响，值得我们深入学习。

物权法中总共有17个条文直接涉及到拍卖问题。这些条文的内容大致可以分为三类：第一类是关于所有权方面的规定，有两个条文，即第一百条和第一百零七条。第一百条涉及到财产共有制度。物权法将拍卖确定为一种对共有财产进行间接分割的方式。第一百零七条涉及到遗失物的返还制度。如果受让人是通过拍卖方式购得该遗失物的，那么权利人请求返还原物时应当支付受让人所付的费用。第二类是关于用益物权的规定，共有3个条文，即第一百三十三条、一百三十七条和一百三十八条。第三类是关于担保物权方面的规定。通过这些条文的规定，物权法将拍卖确立为一种实现担保物权的重要途径和方式。

物权法的出台并没有直接解决拍卖业面临的紧迫问题。目前我们拍卖业在发展中确实遇到一些亟待解决的问题，比如拍卖法的修订与完善问题、拍卖业行规的建设问题、拍卖法的适用范围问题、民事强制执行中拍卖的定性问题、拍卖人的法律定位问题以及拍卖师的主持权问题等。物权法作为一部确定物权的归属和使用的基本法律，它的出台并不能直接解决我们拍卖业所面临的这些问题，这些问题的解决仍然主要取决于我们全行业自己今后坚持不懈的努力，对于这一点我们一定要有一个清醒的认识。

但是不能以物权法能否直接解决我们面临的问题来评价物权法对拍卖业的影响，物权法毕竟不是专门针对拍卖问题进行的立法。我们应当以发展的眼光来评价物权法给拍卖业带来的深远影响。

首先，物权法的出台为拍卖业今后的发展提供了更为广阔的空间。物权法是市场经济的基础法。物权法的出台标志着我国市场经济的发展已经进入了一个新的阶段，并为我国市场经济的进一步发展和完善奠定了良好的基础。拍卖是市场经济的产物。我国拍卖业的恢复得益于市场经济的发展，拍卖业今后的发展水平在很大程度上仍然取决于我国市场经济的完善程度。没有健全发达的市场经济，就不会有繁荣的拍卖业。从这个意义上讲，物权法的出台，显示了我国政府坚定不移地建设社会主义市场经济的决心，这也就预示着与市场经济密切联系的拍卖业将会有更大的发展空间和更好的发展前景。

其次，物权法所确立的物权制度将会全方位地影响我们的拍卖活动。物权法是规范财产关系的民事基本法律，它的核心是解决物的归属问题和如何更好地保护财产权的问题。拍卖是市场经济中配置资源的一种有效手段，或者说是财产流通的一种方式。财产流通的基本前提是物权的归属要明确，也就是我们通常讲的产权要明晰。拍卖法第六条规定："拍卖标的应当是委托人所有或者依法可以处分的物品或者财产权利"，也就是说委托人对拍品拥有明确的物权是拍卖人接受拍卖委托的前提条件。如果拍品的产权不明确，拍卖人敢接受委托并进行拍卖吗？因此，明确的物权是开展拍卖的前提条件和必要条件。不但拍卖活动的开始要明确物权，拍卖活动的结果也要求有明确的物权。试想一下，如果法律上对于如何取得物权没有一个明确的规定，竞买人通过拍卖取得拍品后，拍品是否归他所有的问题不能确定，那谁还敢来参加竞买呢？从这个意义上讲，物权法所确立的物权制度是拍卖活动得以正常开展的基础制度。物权法的条文无论表面上看与拍卖有无关系，从明确物权的角度讲都将会影响我们的拍卖活动。

我认为我们拍卖界学习物权法的最重要的意义不在于简单地了解物权法的具体条文和内容，而在于明白一个道理：即立法的重要性。我们应该通过了解物权法制定的背景和过程来明白积极参与和推动立法对我们行业的重要意义以及从中学会我们应该怎样进一步修订和完善我们的拍卖法。物权法的出台不是一次孤立的立法事件，而是建设有中国特色社会主义法律体系的一个重要举措。从小处讲，物权法是我国民法典的一个重要组成部分，是制定民法典的一个重要环节。从大处讲，是实现我国到2010年建成有中国特色的社会主义法律体系这一宏伟目标的一个重要步骤。

物权法的出台对拍卖法的完善有三个方面的启示：

一是按照国家立法的整体规划，到2010年要初步完成我国的法律体系的建设，包括民法典等一系列重大的法律都将在此之前出台，相应配套法律的修订和完善也主要集中在这个期间进行。拍卖法属于民法中的一个重要分支，自然应当属于民法典的配套法律，因此这将为拍卖法的完善带来一个难得的契机。

二是物权法的出台增强了我们修订和完善拍卖法的信心。由于拍卖业是一个较小的行业，我们始终有这样一种担心，即拍卖法这样一部小法律的修订和完善会受到国家立法部门的重视吗？这种担心看来是多余的，物权法的出台表明凡是我国市场经济建设所需要的法律，都会受到国家的关注和重视。

三是物权法的出台也增加了我们的紧迫感和压力。拍卖法的修订和完善是迟早的事，拍卖法的修定和完善将是一个艰难的过程，我们必须要有充分的思想准备。

通过学习物权法我们应该明白以下两点：

第一，立法是分配社会资源最重要的手段。我们要重视立法。只有通过立法才能为我们行业争取最大的利益。我们不能盲目地蛮干，要有整体意识和大局意识，要学会利用立法来争取发展的空间和机会。

第二，法律并不神圣，不要被正义、公平等华丽的词汇所迷惑。法律是利益的调节器，尤其是财产方面的法律，是各方利益相互竞争、调和、妥协的结果。物权法的制定过程是一个斗争的过程，利益各方争论的很厉害。为什么会经历13年，为什么会经过8次审议才出台，就是因为各方利益不能摆平。这给我们提了个醒。我们要高度重视拍卖法的修订问题，拍卖法的修订会涉及到很多部门的利益，将来涉及到的矛盾可能不仅仅是像物权法这样穷人和富人的矛盾，而是与各利益部门之间的矛盾，争论会更加激烈。所以，我们行业要做好修改拍卖法的各方面的准备，包括理论支持、舆论宣传、培养行业代言人等。各位在座的精英如果有做政协委员或人大代表的机会千万不要错过，这对行业有好处，对企业有好处，对个人也是有好处的。

总之，我们不仅要学习物权法的条文，还应通过学习物权法，明确我们行业今后的发展方向。

（本文节选自参加2007年北京高管研讨班的主题论文）

如何应对拍卖中的恶意串通

有的人做拍卖,但不研究拍卖;而有的人研究拍卖,但却不做拍卖。我就属于这第二种人。我喜欢研究拍卖,但是我却从来不做拍卖,甚至很少去观摩拍卖会。这就存在着一个矛盾,有道是:"巧妇难为无米之炊"。研究拍卖需要有大量的第一手的资料从何而来呢?因此,对我个人而言,参加这个会议的意义是非常重大的。通过这两天的会议,我收集到了许多关于恶意串通的鲜活的案例和信息,我觉得参加这个会议的收获非常大。

每年的理论研讨会上,主持人都会给我一个发言的机会,我也会提前做些准备,带着论文来和大家交流。但是这次会议,我主要是来倾听和学习的。事先没有准备论文。对这两天收集到的材料,我还需要一个时间来认真地学习、消化、分析和研究,希望能从中总结出一些有益的研究成果。但是现在,我还没有形成一个完整的思路,还无法给大家提供出一套行之有效的方案或措施。所以今天我只想借这个机会谈一下自己的体会,主要想谈三个方面的认识。

一、加强自律也许是防范恶意串通的途径之一

对于恶意串通的问题,法律法规并不是没有规定。拍卖法以及工商监管部门的文件中都有相关规定,但是在拍卖中却无法得到很好地实施。正像有的同志在发言中讲到的那样:我们亲眼看着竞买人在拍卖会上串通,看着他们合谋得逞,但是却无计可施。为什么呢?道理很简单,因为我们是企业,我们不是执法者,我们很难约束和规范竞买人的全部行为。因此,我觉得,在法律法规没有进一步健全的情况下,我们不妨先从加强自律开始。有时候,通过约束自己,也可以达到约束他人的目的。我举一个简单的例子:

前天我到会务组报到后,晚上和几个朋友想找一个最能代表西安特色的热闹的地方去逛逛,品尝点风味小吃,了解和欣赏一下西安的风土人情。经西安的朋友介绍,去到一个小吃一条街,大概在鼓楼附近,具体叫什么名字我没弄清楚,好像叫"回坊区"。我在那里发现了一个非常奇特的现象,那条街上的店家不卖酒。我开始以为是个别店家不卖酒,后来又走了几家才发现,这条街上所有的店家都禁止向客人出售酒。而且说话很客气:"对不起,我们不是不让您喝酒,而是我们自己有家法,不能向客人提供酒"。请大家注意,人家不是禁止客人喝酒,而是"家法"不允许向客人出售酒。对于这样的"家法",客人又能说什么

呢？我在回来的路上还在想：这种禁止向客人出售酒的"家法"究竟规范了谁的行为？表面上看好像是在规范"店家"的行为，但是它却间接地达到了"约束"客人饮酒的目的。这不禁使我联想到了我们讨论的恶意串通问题。恶意串通得不到遏止的原因很多，其中一个重要原因在于法律对竞买人恶意串通的行为缺乏明确的约束措施，或者虽有规定但是却无法得到贯彻和执行。因为拍卖人和拍卖师都不是执法者，对竞买人之间的恶意串通有时我们只能"干瞪眼"。所以我考虑，可否从规范我们自己的行为入手，通过我们自己的"家法"来间接规范竞买人的行为。"不是我不想让你继续竞买，而是我们有规定，这种情况下我不能再继续主持下去，拍卖会只能中止"。这只是一个不成熟的想法，具体如何操作，还有待我们大家进一步研究。我想说的是，在防范恶意串通的问题上，我们需要转变一下思路，不要只考虑如何直接规范竞买人，从规范自身出发，也许是一个途径。

二、要理性、全面和正确地认识恶意串通

首先我们应当理性地看待拍卖中的恶意串通。恶意串通并不全是件坏事，在我国拍卖业刚刚恢复时期很少有恶意串通。近几年来，恶意串通越来越普遍，这至少从一个侧面表明我国的拍卖业取得了发展。拍卖业的发展不但需要成熟的拍卖人，还需要成熟的竞买人和委托人。如果只有拍卖人懂拍卖，竞买人都不懂拍卖，那我们的拍卖业是无法取得进步的。竞买人恶意串通的出现表明竞买人对拍卖的认识水平在提高，这不见得是件坏事。另外，恶意串通的存在，也表明了我国拍卖企业的经营模式需要改进。我国绝大部分拍卖企业目前的经营模式还都是小而全的综合经营模式，企业规模不大，但是拍卖标的却多样化，遇到什么拍什么，专业化程度较低。具体的拍卖方式比较单一，对拍卖方式缺乏针对性研究，不论什么标的，一律采用升价式拍卖方式。这就使得在某些特殊标的（比如机械设备）的拍卖中，出现了拍卖人是"外行"，而竞买人是"内行"的反常现象，导致恶意串通的产生。

其次我们要全面认识恶意串通。恶意串通就其表现形式而言，不限于竞买人之间的恶意串通。这两天的会议上发言的大都是来自我们拍卖企业的代表，大家关心比较多的是竞买人之间的恶意串通。但是相比较而言，拍卖人参与的恶意串通给社会造成的危害可能更大。另外在我国拍卖实践中，还存在着委托人参与的恶意串通等多种形式。作为研究拍卖的学者，我们应该站在一个更为中立的立场上，全面认识和研究拍卖中的恶意串通。

最后我们还应当正确地认识拍卖中的恶意串通。尽管大家对拍卖中的恶意串通所下的定义是不同的，对构成恶意串通的要件的理解也不一致，但是我认为恶意串通应当是"恶意串通行为"的简称，恶意串通应当指的是一种行为。至于是否要证明行为主观上存在着"恶意"或"故意"，我认为并不重要。难道在拍卖中还存在着"善意"的受法律禁止的"串通"行为吗？恶意串通主要由行政法来规范和调整，而行政法对行政违法行为人的主观要件采取的是推定过错原则，即只要行为人有违法行为，就当然推定其主观上是有"过错的"。

三、对恶意串通应当进行综合治理

恶意串通的成因是复杂的，表现形式也是多样化的，因此对恶意串通的治理也必然要采

取综合治理的措施。首先从研究角度来讲，治理恶意串通不能单靠法学这一个学科研究，还要依靠经济学、管理学、社会学，甚至心理学等多个学科的研究。其次，从参与治理恶意串通的力量角度来讲，至少应当包括政府、协会、企业和社会其他力量等四个方面的主体。当然这些主体在综合治理恶意串通的工作中应当承担的角色是不同的。具体讲：

政府主要包括拍卖业主管部门商务部门和拍卖监管机构工商部门。他们应当为治理恶意串通贡献政策和法律。比如商务部门可以针对特殊标的的拍卖出台相应的拍卖规范。我记得河北商务部门今年上半年就出台过一个管理规范，虽然不是针对恶意串通制定的，但是这表明商务部门在这方面是可以有所作为的。工商管理部门是拍卖活动的具体监管机构，《拍卖监督管理暂行办法》中对恶意串通问题是有规定的，但是这个办法是2001年出台的，距今已经有七八年了。就在我们开会的西安这个地方，以这个地方为都城的唐朝，当时就规定《唐律》五年一小修，十年一大修的修律原则。当时的社会发展是非常缓慢的，今天社会的变化比起唐朝时要快得多。因此《拍卖监督管理暂行办法》绝对应该算得上是一个"老法"了，其中不少规定已经明显不能适应今天的拍卖了。建议工商部门及时对它进行修订和完善，将新出现的一些恶意串通的表现形式补充进去。

协会在综合治理恶意串通方面的主要贡献应当是标准和规范。应当在调查研究的基础上出台治理恶意串通方面的专门性或针对性的"行规"和"标准"。正如我前面提到的"回坊区"不卖酒的"家法"，如果这只是个别商家的"家法"，我想它的效果就会很差。不但客人会不理解，商家自己也会因为自己的"特立独行"而倒闭。"回坊区"不卖酒的"家法"之所以能够执行下去，能够间接起到约束客人行为的效力，主要就在于这是整个行业的"家法"。中拍协和地方拍协等就应当起到出台"家法"，规范和统一行业活动。

拍卖企业应当是治理恶意串通的主力。我们这两天的会议上，不少同志都介绍了自己公司治理恶意串通的经验和措施，包括公告策略、展示策略、竞买人登记策略、保证金策略、保留价策略、电子竞价、密封报价、电话委托、委托竞投等等。我归纳了一下，发现这些方法，主要还是集中在拍卖模式的设计和竞价机制的创新方面。我想，拍卖模式的创新应当是企业应对恶意串通的主要出路。国际上，近几年来获得诺贝尔经济学奖的得主，大多是研究与拍卖相关的机制设计的。可以毫不夸张地讲，谁要能在中国的拍卖模式创新方面做出突出贡献，谁就有可能冲击诺贝尔奖，这绝对不是危言耸听。中国将是世界上最大的拍卖市场，中国的拍卖具有其他任何国家都不具备的特殊国情，中国拍卖急需创新。谁解决了中国的拍卖问题，谁就为世界拍卖做出了贡献。从这个意义上，每个企业都可以大有作为。

社会其他主体，比如像我们这些喜欢研究拍卖的外行们（田教授给我们起了个独特的名字叫"外脑"），我们能起的作用主要是"出谋划策"和"保驾护航"。这次我收获很大，收集到大量宝贵的研究素材，我回去后会认真学习、消化，并将研究成果及时向大家汇报，如果研究不好，请大家批评。谢谢！

（本文是对在2008年西安理论研讨会上即兴发言的整理）

中国拍卖业面临的危机与对策

刚刚过去的 2008 年是我国经济和社会发展的一个重要的转折点。这一年是我国改革开放的 30 周年，30 年来我国社会发生了翻天覆地的变化，综合国力显著增强，我国的经济总量占世界经济总量的比重，已由 1978 年的 1.8% 上升至 2007 年的 6.0%，世界总量的位次由第 10 位上升至第 4 位，仅次于美国、日本和德国。尤其是 2003 年以来，我国经济一直保持在 10% 以上的增长速度，若按此速度计算，中共十七大提出的到 2020 年比 2000 年翻两番目标可提前 6 年实现。

我国的拍卖行业自恢复以来的 20 余年乘着改革开放的东风，也取得了飞速的发展和巨大的成就。但是 2008 年由于受世界金融危机的影响，我国社会和经济形势发生了重大的转折。拍卖行业作为我国市场经济的一个重要组成部分，也不可避免地受到这场突如其来的危机的影响。

今天，拍卖界来自全国各地的的精英们齐聚一堂，共同分析形势、总结经验、商讨对策、谋划拍卖业的未来。这次会议虽然规模不大，人数也不多，但是这是我国拍卖业的一次重大的事件，必将具有重要的深远的意义。

目前，我国拍卖业正在面临着前所未有的危机，这一点大家的认识应该说是比较一致的。刚才我们也都聆听了专家对目前经济形势的详细分析和介绍，这对我们正确认识当前的局势和分析今后的前景具有重要的启发作用。但是我认为，我国拍卖业目前面临的危机并不仅仅限于经济一个方面的危机，而是面临着多重危机。实际上中国拍卖业目前至少面临着四个方面的危机。因此，我的发言主要分为两个方面的内容：一是对我国拍卖业目前面临的危机的分析；二是对我国拍卖业应对危机的对策的分析。希望就这两个方面与大家一起交流、学习和探讨。

下面我先就我国拍卖业目前面临的四个方面的危机谈一下我个人的一些粗浅的认识。

一、拍卖业面临的经济危机

众所周知，我们目前面临的主要危机是经济危机。这也是大家最关心的，同时也是今天这次会议研讨的核心问题。经济危机对我国拍卖业的影响虽然是间接的，但是却是非常全面的。

(一) 经济危机对我国房地产拍卖的影响

土地和房产拍卖是我国拍卖业的第一支柱。在国际金融市场动荡、国内经济增速放缓的背景下，2008年国家宏观调控政策作用显现，房地产市场景气回落。市场供给方资金链条绷紧，需求方处于明显观望状态，商品房交易量大幅下降，房价上涨幅度逐步放缓。就2008年房地产市场的总体形势来看，经济危机的负面影响主要表现在三个方面：第一，房地产开发企业资金链条绷紧，企业资金来源增速明显回落，个人按揭贷款已出现负增长。(1) 从资金供给总量来看，房地产资金在2007年第四季度达到顶峰，2008年较2007年环比开始出现下降。同时，资金供给的增长率从2007年第四季度已经开始大幅下降，从2008年1～2月份的31.9%，降到1～7月份的19.1%，下降了十二点八个百分点。这种趋势目前仍在持续。(2) 从资金来源看，2008年以来，银行贷款明显减少，开发企业自筹资金同比仍有较快增长。尤其值得注意的是，由于商品房成交量大幅下降，个人按揭贷款到2008年7月份已经出现了负增长。第二，房屋新开工、竣工和施工面积增幅快速下降，土地购置面积增速回落。2008年第一、第二季度，尽管土地"招拍挂"的流拍、流标现象日益严重，土地交易价格同比却分别上升16.5%和10.1%，土地储备成本持续增加。但是随着房地产企业资金链的抽紧，从年初到7月份，土地购置面积大幅下滑，由1～2月份同比增长35.8%，降到1～7月份的5.2%。目前土地购置面积、新开工面积、施工面积增幅下降的趋势仍在继续蔓延。第三，需求方观望，居民购房意愿低，全国住房成交量出现大幅下降。受国内宏观经济景气下降、房地产市场低迷以及从紧的货币政策的影响，居民购房意愿显著降低，观望情绪浓厚。尽管开发商动用了多种促销方式，但是短期内仍难打破购房者观望情绪。央行2008年8月中下旬在全国50个大、中、小城市进行的城镇储户问卷调查显示：城镇居民对未来增收信心普遍不足；（当时）3个月内打算买房的居民人数创了1999年调查开始以来最低水平。与此同时，商品房销售面积急剧下降，2008年1～2月份，同比下降4.2%，1～7月份，同比下降已经达到10.8%，与2007年同期上涨20%～30%的水平形成天壤之别。全国房价上涨幅度也逐步放缓，由2008年1月份同比上涨11.3%，到8月份同比上涨5.3%，涨幅下降了六个百分点。此后的数据没有收集到，但是我们都能感觉到房市低迷趋势。专家预计2009年，在国际、国内经济形势以及国家宏观调控政策的影响下，我国房地产市场将步入较长时间的调整期，房地产开发企业会迎来一轮"洗牌"，在供需双方作用下，短期内房价面临进一步回调；在从紧的货币政策作用下，"断供"、"烂尾楼"等风险出现的可能性加大。

受上述房地产大趋势的影响，我国2008年房地产拍卖也受到了巨大的冲击。我虽然没有准确的数字，但是预计2008年我国拍卖业房地产类标的成交额较2007年同期下降的幅度应当会达到50%。由于房地产拍卖近几年来一直占我国拍卖成交业绩的半壁江山，受此影响，2008年拍卖行业业绩整体出现下滑是正常的。房地产类标的成交额的锐减，成了带动我国拍卖业整体成交下滑的主因。

(二) 经济危机对我国无形资产拍卖的影响

在我国无形资产拍卖中，股权拍卖占了很大的比例。而我国的股市是这次金融危机的重灾区。这一点我想"炒股"的朋友们都有深切的感受。2007年全球股市呈现繁荣景象，A

股市场在宏观经济向好和企业盈利增长以及蓝筹股回归的影响下一度持续上涨,于 2007 年 10 月 16 日大盘创出历史新高 6124 点,较 2007 年年初上涨 127.7%。但是 2008 年,由于国家货币政策从紧、美国次贷危机影响,中国股市直线下跌。用股民自己的话说"大鳄鱼进去,小壁虎出来"。与此同时,2008 年中国基金遭到前所未有的重创。2008 年上半年基金全行业的亏损额达到 1.08 万亿元。从各种基金类型来看,2008 年上半年,股票型基金亏损额最大,达到 6954 亿元;混合型基金亏损 2924 亿元;封闭式基金亏损 676 亿元。打破了"基金只赚不赔的神话"。

受此影响,我国 2008 年股权拍卖成交额也出现下滑,由于股市持续低迷,投资者对前途缺乏信心,因此股权等带有投资性的无形资产等标的的拍卖在短期内预计不会有太大的转机。

(三) 经济危机对我国文物艺术品拍卖的影响

文物艺术品拍卖成交总额虽然在我国拍卖成交总额中所占的百分比不高,但是单就文物艺术品拍卖自身年度成交总额而言,这几年呈现持续快速的增长趋势。拍卖的门类也从书画、瓷器逐步扩大到了珠宝、翡翠、古籍、家具、邮品、钱币、玉器、古玩、油画、雕塑等。社会对我国拍卖业繁荣景象的认识很大程度上是通过文物艺术品拍卖的火爆所感染的。但是文物艺术品拍卖的火爆,其背后的真正动因是全社会的"收藏热"。而目前这一轮收藏热的本质又是"投资热"的一个重要组成部分,更恰当地讲,是全社会的"投机热"。因此这种热情在很大程度上取决于老百姓的"投资信心"。而这次的经济危机,毫无疑问给这种本来就不成熟、不理性的投资信心"浇了一盆"凉水。

受此影响,艺术品投资的热情也出现明显的减退。文物艺术品拍卖,尤其是艺术品拍卖,在 2008 年上半年和下半年出现截然不同的局面。由上半年的持续火爆到下半年的突然萧条。2008 年我国主要几家文物艺术品的春拍成绩还是非常喜人的,比如香港佳士得 2008 年春拍的总成交额达 24 亿港元,中国嘉德春拍成交额高达 9.9 亿元人民币,中拍国际 2008 大型艺术品拍卖会成交总金额也达 21628.30 万元。但是下半年文物艺术品拍卖则疲态尽显。由于受世界经济金融危机的影响,成交率大幅下降,成交额直线下滑。比如香港佳士得秋拍时萎缩到了 11 亿港元,内地大的文物艺术品拍卖公司的秋拍成交额也都较上半年有所下降。在艺术品拍卖中,当代艺术品拍卖受经济危机的影响最大,香港苏富比在其 2008 秋拍最重要的"现当代亚洲艺术"专场上,中国当代艺术品最热门的几位艺术家的 47 件拍品仅 28 件成交,中国当代艺术标志性的艺术家的作品几乎都未能成交。内地拍卖公司的秋拍会上,中国当代艺术专场拍卖的结果也不理想,甚至有的拍卖公司干脆取消了即将举行的中国当代艺术品拍卖。

以上是经济危机对我国拍卖业的负面影响的主要表现。

二、拍卖业面临的信用危机

从社会公众评价的角度而言,目前我国拍卖业面临的第二个危机是信用危机或诚信危机。这个危机在资产拍卖和艺术品拍卖中都有所表现,但是在艺术品拍卖中表现的尤为明显。我们知道文物艺术品拍卖具有较强的放大功能,社会普通民众对拍卖的认识主要是通过文物艺术品拍卖而实现的。虽然文物艺术品拍卖的成交额占我国拍卖总成交额的份量并不大,但是它的社会影响力且远远超过了资产类拍卖。一场土地拍卖成交几十亿甚至几百个亿,人们并不感到惊讶,但是一件艺术品拍卖几万、几十万就会引起很多人的关注。正是因为如此,艺术品拍卖在这些年事实上成了我国拍卖业的"形象大使",成了公众评价拍卖行业整体诚信度的一个主要指标。

前几年我就对公众关于艺术品拍卖中的一些负面评价是有所耳闻的。但是由于我是个外行,自己既不做拍卖,也不搞收藏,所以对这种负面评价没有切身感受,对一些不"规矩"的企业的所作所为也没有更深地认识。但是今年由于我亲身经历了一些事件,使我对此有了更为清楚的认识。

前不久我们北京有一家艺术品拍卖公司和一个自称是"全国著名的拍卖企业联盟网站"共同策划和举办了一场艺术品拍卖会,委托人涉及到几乎全国各个省市几百人。该企业在拍卖前先向每个委托人收取了"底价"1%的所谓"综合宣传费",承诺100%成交率,而实际的成交率连10%都不到,结果被委托人举报,引起北京多家媒体的关注。中拍协王凤海副秘书长和我分别接受了北京电视台的采访,就此事件发表了看法。在这个事件中,我真切地认识到了我们有些企业不守规矩到了何种程度。这些企业绝对不是不懂法,而是明目张胆地知法犯法。

北京不久前又发生了一起"吴冠中假画案"。该事件发生后,媒体在这个事件上几乎是一边倒,可以说没有一家媒体向着拍卖行业说话,我们听到的都是一片谴责声。(2009年)元月6日,我和王凤海副秘书长一起又参加了中央电视台"经济与法辩辩辩"春节特别节目的录制。这次节目是一个与艺术品拍卖相关的节目,本来我去原本希望从法律的角度澄清一些公众对拍卖法规定上的误解,但是在那个场合我真正感受到了社会公众对拍卖法误读的程度和对拍卖行业尤其是对艺术品拍卖业的不满,这是我以前从未想到过的。

总之,目前拍卖业正面临着前所未有的信用和诚信危机。少数拍卖企业为获取利润,滥用拍卖法赋予的权利,对伪劣拍品睁一眼、闭一眼,或者直接参与造假牟取暴利,使拍卖行业的整体利益受损,正所谓"一粒老鼠屎坏了一锅汤"。近年来,这些做法甚至有蔓延的趋势。如果我们再不引起足够重视和采取切实有效的措施,那么拍卖行业20余年来辛苦取得的成就都将付之东流。

三、拍卖业面临的形象危机

从"民"的角度而言,我们面临着信用危机,但是从"官"的角度即从政府的角度而言,我国拍卖业目前正面临着前所未有的"形象危机"。

大家都知道,我国拍卖业的恢复和发展得宜于1992年国务院出台的48号文件。政府支持恢复拍卖的一个最重要的出发点,是希望通过拍卖来实现"公物和国有资产"处置的阳光交易,拍卖业是被当作遏止权力腐败的"防腐剂"而恢复和发展起来的。当然我们不应否认拍卖业恢复发展20余年来,在防止权力腐败中所做出的重大贡献。但是我们拍卖业这种在政府心目中的"阳光形象"正在发生变化,甚至不客气地说,某种程度上正在发生"逆转"。在许多政府部门的心目中,我们有些拍卖企业正在从反腐败的"战士"变成腐败分子的"帮凶"。拍卖正在从遏止腐败的"防腐剂"变成滋生权力腐败的"温床"。大家千万不要认为我讲的话有些难听。我在2007年自己设计了一个小课题,题目是"拍卖业的十大热点问题"。其中我认为拍卖业面临的第二个热点问题就是"拍卖业的刑事风险问题"。为此我收集了许多政府有关部门对我们拍卖业评价的文章和资料,这其中有些比较温和的文章我选择出来,作为一个系列登在我自己的博客中了。我把这个系列的题目定为"行外人眼中的拍卖"。所以真正极端和难听的话我今天还没有在这个场合讲。

当然,导致这种现象的原因是非常复杂的,我们有时候也开玩笑说"不是我们把他们拉下了水,而是他们始终就站在水里,我们不得不下水去找他们"。我想这种说法开开玩笑可以,但是这绝对不应该成为我们不研究和重视这种现象的理由。

我们不可否认这样一个事实:最近这几年,尤其是自国家出台整治商业贿赂的政策以来,拍卖师或拍卖行因司法或行政等部门重大腐败案件而受到牵连的事件时有发生。在湖南有2004年湖南省高级人民法院原院长吴振汉案件,据说相关人士还以此案为背景材料写成了畅销小说;在广东有2006年深圳中院腐败窝案,该案中广东省拍卖业事务有限公司及其负责人受到牵连。类似的现象在其他省和地区也存在,而且牵涉面在不断扩大。在这些事件中,很多优秀的拍卖师被吊销了资格,严重的甚至身陷囹圄。这其中有些拍卖师还是我国拍卖业早期的创始人,对我国拍卖业的恢复和发展乃至制度建设是有过杰出贡献的。对于拍卖行业而言,这可能是最近几年拍卖行业遭受到的巨大损失之一,因为人才的损失无论如何也不能算是一个小损失。行业将一个外行培养成优秀的拍卖师或者优秀管理者是件非常不容易的事。而这几年来我们接二连三地听到这些"损兵折将"的消息,非常令人痛心。目前拍卖已经成了一个高危险行业,其危险不仅在于经济上的商业风险,而更在于其经营中可能面临的刑事责任风险。

但是相比较行业的损失,个人的损失还是微不足道的。在损兵折将的同时,拍卖业在政府心目中的形象开始受到了质疑和挑战。这种无形的损失才是我们真正的损失。这种损失正在演变成拍卖业的"形象危机"。这就是我要讲的第三种危机。

四、拍卖业面临的制度危机

目前拍卖业面临的第四个危机是制度危机。如果在某个位置上或某个行业中,一个人犯了错误,我们可以认为是这个人的问题。但是如果在这个位置上或这个行业中有很多人犯了错误,那就可能是这个位置或这个行业有问题。也就是说可能是我们的制度出了问题。现在拍卖不好做了,大家可能首先想到的原因是经济危机。但是大家仔细想一想,在没有经济危机之前,我们的拍卖就一定好做吗?事实上在没有经济危机之前,甚至在我国经济形势最好的这7年(2000—2007年)中,拍卖企业也有一个共同的感觉,那就是,大家都感觉到拍卖越来越难了。什么原因呢?因为我们的生存空间正在经受着来自不同方面的"挤压"。更为严峻的是这些"挤压"正在被常规化和制度化。

由于当年拍卖法出台的特殊背景,国家制定拍卖法的主要目的不是为了促进拍卖业的发展,而是为管束拍卖业,使这个当时看来的新生事物不至于出现问题。所以拍卖法的适用范围被严格地限定在"规范拍卖企业拍卖活动"的狭小范围内。对于土地拍卖和司法强制执行等拍卖问题没有做出明确的规定。只是鉴于国务院恢复拍卖业的一个主要目的是遏止权力腐败,因此最高人民法院1998年通过司法解释将司法强制拍卖纳入了拍卖企业的法定经营范围之内。而土地拍卖由于市场经济发展的程度所限，在拍卖法出台时，还不存在土地使用权流转的问题，也没有土地使用权拍卖，相应地也就没有土地拍卖中的腐败问题，所以没有将土地流转交易与拍卖明确联系起来。

我们本来有一个机会可以将司法强制拍卖与土地及矿产资源等拍卖纳入到拍卖法中。拍卖法生效后，国务院曾组织有关部门起草拍卖法的实施细则，但是由于中央机构改革，拍卖业的行业主管部门频繁发生变动，使我们失去了这次宝贵的机会。之后由于我前面讲到的"形象危机"问题，使我们对修改拍卖法一直心存芥蒂。这些当年的立法"悬案"被相关部门长期视为自己当然的势力范围。目前，这些问题正在被有关部门通过制定其他法律的形式所"垄断"，拍卖业面临着更加严峻的制度危机。

经济危机、信用危机、形象危机、制度危机，所有这些危机加在一起，就是我们正在面临的主要问题，这些危机的本质是拍卖业面临的"生存危机"。

当然我讲了这么多的问题，并不是想否定我国拍卖业20多年取得的辉煌成就。拍卖业20余年来无论是发展规模还是发展速度，无论是队伍建设还是制度建设，所取得的成就都是巨大的。尤其是最近这两年，中拍协带领全行业在标准化建设、人才培养、企业资质评定等许多方面取得的成就是有目共睹的。

但是我想，我们今天相聚在这里的主要目的不是为了开庆功会。我记得上次和张延华会长在一起谈论各单位争相举办"纪念改革开放30周年活动"的问题时，张会长的一个观点给我的感触很深。张会长认为"改革开放的目的不是为了让大家纪念"，我们应当利用这个机会认真总结一下我们的经验教训，发现我们的问题，探讨如何才能更好地发展。

所以我认为，我们今天应当一起探讨一下我们如何应对这些紧迫的危机，为行业的生存和发展找到一个切实可行的方向。这应该是我们开会的主要目的。下面我谈一谈我个人对应对危机的对策的一些粗浅的认识。

五、拍卖业应当采取的对策

(一) 如何应对经济危机

我认为在上述四个危机中，经济危机是最不可怕的危机。经济危机有可能对我们的拍卖企业重新洗牌，但是经济危机绝对不会摧毁我们整个行业。但是其他三个危机是致命的，是关系到我们拍卖行业存亡的问题。而且经济危机是周期性的，总有一天会过去，这和我们拍卖行业的努力与否关系不大。我认为我们应对经济危机的基本原则应当是"适应大环境，营造小气候"。

经济危机是大环境，为什么我们只能适应而不是改变这个大环境呢？说白了经济危机是经济发展的规律，改变它，这不是我们一个企业或行业的力量所能及的。就像我们现在是冬天，任何一个人或一个家庭甚至一个国家都无法使这个冬天变的"不冷"，我们只能多穿点衣服来适应它。但是我们每个人都想办法把自己家的室内温度保持到18度或20度，这一点还是可以做到的。经济危机就是冬天这个大环境，而我们创造一个温暖的家就是这个"小气候"。如果我们每个企业都能把自己的小气候搞好，那我们整个行业是可以安全过冬的。我认为我们拍卖企业能够营造温暖的小气候是有根据的：第一，我们应该对我国经济的抗危机能力和经济复苏前景抱有信心。要知道这次不是我们自身的经济出了问题，而是别人的经济出了问题，我们只是跟着吃了瓜落。第二，经济危机的影响是不均衡的。比如房地产，一线城市受影响较大，而二线或三线城市受影响相对较小；沿海地区受影响大，而内地城市受影响就小。比如艺术品，现代和当代艺术品受影响较大，而传统的艺术品拍卖仍然很好。再比如，在经济危机到来之前，拍卖企业的困难是买家好找而卖家不好找。经济危机来了，变成了卖家好找而买家不好找。这只不过是我们的工作重心发生了转移而已，难度不见得谁比谁大。另外，冬天是"农闲"的时候，地里是没有庄稼活儿了，但是并不等于没有活干了。有道是"忙时砍柴，闲时磨刀"，可以利用这个空闲开展整理内务，提高企业管理水平，充充电等。

（二）如何应对信用危机和形象危机

关于信用危机和形象危机，我认为我们重点要做的是"加强自律，重塑形象"。具体讲应该从以下几个方面着手：第一，重视拍卖行业的文化建设；第二，优化与媒体的良性互动关系；第三，完善行业新闻发言人制度；第四，加强纪律处分，主动曝光行业的"污点"，营造行业协会公正形象；第五，做好拍卖职业教育工作，增加对企业高级管理人员和拍卖师等业务骨干思想培训内容，不要仅限于业务培训，可以结合行业内的真实事例，编写内部教材，组织大家学习，提高刑事风险认识能力；第六，规范企业档案保管制度，增强企业抗法律风险的能力。

（三）如何应对制度危机

尽快组建修订拍卖法的调研小组，积极与有关部门进行沟通，表达拍卖业的立法诉求，为拍卖业争取制度意义上的生存空间。

朋友们，由于我这个外行的局限性，我对这个行业的了解可能是不全面的，甚至对有些问题的认识还是片面的。我虽然不做拍卖，但是我认为站在朋友的立场上，应当把我的这些不成熟的看法讲出来，供大家参考，如果有不当之处，还望大家批评。

（本文是参加2009年拍卖业形势分析会的主题论文）

拍卖业目前面临的十大法律问题

目前我们拍卖业在发展中遇到一些亟待解决的法律问题，我将它们归纳为十个方面。物权法作为一部确定物权的归属和使用的基本法律，它的出台并不能直接解决我们拍卖业所面临的这些紧迫问题，这些问题的解决仍然主要取决于我们全行业自己今后坚持不懈的努力，对于这一点我们一定要有一个清醒的认识。下面我来简要归纳一下这十个问题。

一、拍卖法的适用范围问题

拍卖法第一条规定了该法的立法宗旨，第三条对拍卖的含义进行了明确的界定。从拍卖法的立法宗旨来看，拍卖法应当是规范所有拍卖行为的法。但是拍卖法第二条又明确规定了该法的适用范围，即本法适用于中华人民共和国境内拍卖企业进行的拍卖活动。这些看似矛盾的规定经常引起争议。尤其是一些非依法设立的"拍卖主体"，往往以拍卖法第二条的规定作为其"拍卖"活动不受拍卖法规范的理由。其中，在国有土地使用权拍卖中，关于拍卖法适用范围的争论最为突出。

在拍卖法颁布实施后，土地管理部门与拍卖界在关于土地使用权拍卖的问题上就拍卖法的适用范围问题产生了不同的认识。1999年，主管拍卖业的国内贸易局针对土地使用权拍卖中存在的一些问题发出了《关于土地使用权拍卖中有关问题的通知》（国贸局发营销字〔1999〕第126号），认为国有土地使用权拍卖属于拍卖法调整的范围，要求国有土地使用权拍卖活动由拍卖企业进行。而国土资源部回函（国土资厅函〔1999〕255号）指出：土地使用权拍卖不属于拍卖法调整的范围，拍卖法的适用范围仅限于拍卖企业进行的拍卖活动，不得另加扩展。此后，关于拍卖法适用范围的争议一直没有停止过。

就目前的情况来看，绝大多数土地部门仍然是自行拍卖土地。有些地方甚至还出台了地方性法规，这给拍卖业的发展带来很大的影响。比如2001年深圳市政府出台了"100号令"，这个全名为《深圳市土地交易市场管理规定》的地方法规，将深圳市所有可以进行土地使用权交易的行为，全部划归市国土局署下的深圳市土地房产交易中心。并强调其他中介机构不得参与上述交易。数据显示，"100号令"之前，深圳全市年拍卖总额曾高达150亿元，至2004年和2005年，拍卖成交金额下降到40亿元左右。对拍卖业的影响是相当大的。

二、拍卖业经营中的刑事风险问题

最近这几年,拍卖师或拍卖行因司法或行政等部门重大腐败案件而受到牵连的例子可以说屡见不鲜。很多优秀的拍卖师被吊销了资格。对于拍卖行业而言,这可能是最近几年拍卖行业遭受到的最大的损失。因为最大的损失莫过于人才的损失,将一个外行培养成优秀的拍卖师或拍卖行优秀管理者,是非常不容易的一件事。现在整个行业可以说处在一种恐慌之中,因为拍卖行业已成了一个高危险行业,其危险不仅在于经济上的商业风险,而更在于其经营中可能面临的刑事责任风险。综观这几年出现的案件,我们会发现,令众多拍卖师锒铛入狱的几乎都是行贿罪。

何谓行贿罪?刑法第三百八十九条是这样规定的:为谋取不正当利益,给予国家工作人员以财物的,是行贿罪。在经济往来中,违反国家规定,给予国家工作人员以财物,数额较大的,或者违反国家规定,给予国家工作人员以各种名义的回扣、手续费的,以行贿论处。因被勒索给予国家工作人员以财物,没有获得不正当利益的,不是行贿。刑法第三百九十条规定:对犯行贿罪的,处五年以下有期徒刑或者拘役;因行贿谋取不正当利益,情节严重的,或者使国家利益遭受重大损失的,处五年以上十年以下有期徒刑;情节特别严重的,处十年以上有期徒刑或者无期徒刑,可以并处没收财产。行贿人在被追诉前主动交待行贿行为的,可以减轻处罚或者免除处罚。

重大腐败案件,不仅牵连到拍卖师个人的前程,而且也给我们整个行业的声誉带来了不小的负面影响。拍卖业被一些人视为是引发腐败的温床。这种认识当然是片面的。国家当初恢复拍卖业的初衷,正是为了增加"公物"处理的透明度,减少和防止腐败。事实上,自拍卖行业恢复以来,拍卖也确实起到了这样的作用。目前的腐败问题主要还是个制度问题,不应将腐败的责任完全归结到拍卖业。拍卖业事实上是这些腐败案件中的受害者。

这个问题从拍卖内部讲,是一个经营模式的问题。中国的拍卖目前正在从"关系型"拍卖向"市场型"拍卖进行转变,这个转变需要一个过程。在这个转变过程中,某些企业为了生存和发展,仍将存在这样的"违规操作"的可能。所以应当在行业中逐步强调"市场意识"和刑事风险的成本意识,不要因小失大。

三、拍卖业面临的增值税问题

税收问题,也是拍卖业目前面临的一个紧迫性问题,尤其是增值税问题。增值税是以商品生产流通环节或提供劳务的增值额为计税依据而征收的一种税。按税法的规定:

应纳税额 = 当期销项税额 − 当期进项税额

增值税是只对增值部分征收的税,"增值"说白了就是商品的卖出价与买进价之间的差额。例如:某件商品买入价 100 元,卖出价 150 元。那么 50 元需要交税。一般纳税人销售或进口货物税率分别为 17% 和 13%,提供加工、修理修配劳务税率 17%;小规模纳税人销售货物税率为 4%,加工、修理修配劳务为 6%。拍卖人是被按小规模纳税人对待的:

应纳税额 = 销售额 × 适用税率

关于向拍卖业收取增值税的问题,最早是 1999 年提出来的。1999 年 3 月 11 日国家税务总局给各地税务局下发了《国家税务总局关于拍卖行取得的拍卖收入征收增值税、营业税有关问题的通知》（国税发〔1999〕40号），明确如下：

1. 对拍卖行受托拍卖增值税应税货物，向买方收取的全部价款和价外费用，应当按照4%的征收率征收增值税。拍卖货物属免税货物范围的，经拍卖行所在地县级主管税务机关批准，可以免征增值税。

2. 对拍卖行向委托方收取的手续费征收营业税。

这一规定出台后，中国拍卖行业协会立即组织专人与国家税务总局和财政部等有关部门进行了磋商，明确指出：从工商登记的角度，拍卖行业属于中介机构，拍卖行通过提供拍卖服务得到的只是佣金收入，拍卖标的的价款除扣除拍卖佣金和必要的拍卖费用外，将全部交还给拍卖委托人，拍卖人并不从中赚取交易的差价，因此不应当向拍卖企业收取增值税，只应就拍卖人佣金收入征收营业税。之后，虽然没有能取消国税发〔1999〕40号文件，但是全国并没有统一执行国税发〔1999〕40号文件。

今年年初起，国家再度重视拍卖业的税收问题，首先是自5月1日起，凡个人通过拍卖市场拍卖艺术品（包括字画、瓷器、玉器、珠宝、邮品、钱币、古籍、古董等物品）获得的收入征收个人所得税。这实际上是在执行1997年国税总局已经发过相关文件（当时各地都没有实施）。紧接着国家税务总局又决定要严格执行国税发〔1999〕40号文件。

对拍卖行业增收增值税，虽然羊毛出在羊身上，最终的税收会转嫁到委托人或买受人身上，但是这无疑会对拍卖行业带来重大的影响。委托（尤其是社会委托）将更加困难。拍卖业这几年虽然非常关注这个问题，但是没有人进行过认真的研究，以至于我们在面对国家税务总局的调研时，除了强调拍卖行的中介特征外，拿不出更具说服力的理由来，显得有些被动。

四、拍卖人与人民法院的关系问题

接受各级人民法院的委托进行拍卖是目前拍卖界的一项重要工作内容。但是关于人民法院与拍卖行之间的关系，却一直是个悬而未决的问题。人民法院委托的拍卖，根据拍卖标的物来源的不同，可以分为两大类：

一类是受人民法院委托，对人民法院依法没收的物品，充抵罚金、罚款的物品以及无法返还的追回物品所进行的拍卖，拍卖变现全部上缴国家。在这种拍卖中，人民法院属于拍卖委托人，法院与拍卖行之间的关系属于拍卖法第九条规定的"指定公物拍卖关系"。这一点是比较明确的。

另一类是在民事强制执行中，人民法院委托拍卖人对被采取了司法强制措施的被执行人的财产进行的拍卖，拍卖变现用于偿还司法文书所确定的被执行人的债务。这种拍卖一般称为司法强制执行中的拍卖。在这种拍卖中，法院与拍卖行之间的关系始终没有定论。

理论界主要有两种观点：一种观点认为，法院和拍卖行之间是民事上的委托与被委托关系，法院是一个普通的拍卖委托人，如果因拍卖委托发生纠纷，拍卖人可以将人民法院作为拍卖当事人一方进行起诉；另一种观点则认为，法院不能成为拍卖法律关系的当事人，法院与拍卖行之间应当是一种公法关系，如果发生拍卖纠纷，拍卖行不能起诉人民法院。

在拍卖实践中我们面临的难题是：即使人民法院与拍卖行之间签订了拍卖委托合同，但出现拍卖纠纷时,拍卖行也不能起诉法院,法院拒绝成为拍卖纠纷诉讼中的当事人一方,一切法律责任都由拍卖行一方承担了。或者说,虽然人民法院给拍卖行出具了协助执行函,但是出现拍卖纠纷时,买受人仍将拍卖人作为被告起诉。这是我们目前在拍卖实践中面临的两难问题。问题的核心是,目前所有法律都没有明确人民法院在民事强制执行拍卖委托中的法律地位。与此相关的一个问题是在人民法院委托拍卖中,拍卖行只能单向收取佣金的规定,这一规定是非常不公平的,包括在公物拍卖中,这种规定都是不合理的。这些都是我们今后要重点研究的问题。

五、拍卖合同的性质和合同文本的规范

详见"对拍卖中法律文书的一些认识"一文。

六、拍卖公告期间的计算问题

拍卖公告的期间如何计算?公告当天是否计算在内?拍卖会当天是否计算在内?这些都是拍卖实践中经常遇到的一些问题。

拍卖法第四十五条规定:"拍卖人应当于拍卖日七日前发布拍卖公告"。这是拍卖公告的法定程序,属于不可改变的必经程序。问题是如何计算?我对拍卖界的观点进行了简单的归纳,发现主要有两种观点:一种观点认为应当以公告日为准向后计算7日;另一种观点认为应当以拍卖日为准向前计算7日。

坚持以公告日为准向后计算观点的人的主要法律依据是《中华人民共和国民法通则》的相关规定,认为拍卖行为是一种民事法律行为,应当适用民法通则的规定。按照民法通则第一百五十四条第二款的规定,"开始的当天不算入,从下一天开始计算"这是以行为日为准向后计算的方法。

持以拍卖日为准向前计算观点的人则认为,拍卖活动虽然是一种民事活动,但是拍卖法属于民事特别法,在计算公告日期时,不应适用民法通则的规定,而应以拍卖法自身的规定为准。拍卖法的规定指向为"拍卖日七日前",即将拍卖日为基准日,然后向前计算7天。这一表述的特点突出了拍卖举行的日期。坚持这种观点的人内部也有分歧,有人认为公告日当天应当计算在内;有人则认为公告日当天不应计算在内。

总之,在拍卖公告日期的计算问题上存在多种不同的计算方法。由于没有司法解释,也没有立法解释,现在这个问题仍然没有得到较好的解决。

七、艺术品拍卖中的真伪问题

近年来,艺术品拍卖纠纷给人的感觉是呈直线上升的趋势,社会上对拍卖界质问的新闻和文章接连不断。一时间,好像拍卖业成了艺术品纠纷的罪魁祸首,大家感到问题严重。艺术品纠纷主要集中在艺术品的真伪上。

艺术品拍卖的成交总额在拍卖成交总额中占的比例也非常小,但是艺术品拍卖有其特殊性,艺术品拍卖有一个特殊的放大效应和社会轰动功能,社会上对拍卖界的认识和评价主要

是通过文物艺术品拍卖来体现和完成的。一块土地可以拍几十个亿，没有人会觉得惊讶，但是一件艺术品拍上几百万甚至几十万，人们就会议论很久。文物艺术品拍卖是社会认识拍卖业的窗口，代表着整个拍卖业的社会形象。因此，文物艺术品纠纷占的比例不大，但是给拍卖业带来的负面影响是最大的。其中主要是书画艺术品，它给拍卖业带来的负面影响是最突出的。

艺术品的真伪问题，在古今中外，都是一个历史上一直就存在的古老问题，不是今天才有的，也是一个从来都没有人能够解决的问题。因为，艺术品的真伪问题的实质是一个"鉴定权"的问题，即谁拥有在司法上具有法律效力的鉴定权。我们所说的解决，只能是法律上的解决，而不是实质上的解决。只要法律上将鉴定权赋予一个法定的机构，它的鉴定在法律上有法律效力，即最权威，它说一件艺术品是真的，哪怕这件艺术品事实上是假的，法律上也把它当做真的来对待，来做判决；反过来，它说一件艺术品是假的，哪怕这件艺术品事实上是真的，法律上也将它当作假的来对待，来做判决。所以从理论上讲，这个问题在法律上是能够解决的。但是事实上，解决起来很难。难就难在，法律上不知道该将这个权利授予谁？或授予哪一个机构。所以关于艺术品拍卖中的真伪问题，还将长期存在。

在艺术品拍卖问题上，我们拍卖界应当关注的核心问题应该是拍卖的程序合法性问题。拍卖法第六十一条规定了拍卖人在拍品瑕疵问题上的免责声明条款。这一个条款现在越来越受到来自社会各界的质疑。是这个条款本身规定错了吗？不是。问题是这个条款规定的太笼统了。拍卖法只是抽象地说"拍卖人、委托人在拍卖前声明不能保证拍卖标的的真伪或者品质的，不承担瑕疵担保责任"，但是对于艺术品拍卖，在什么情况下应当声明？以何种方式声明？声明到何种程度？声明要符合哪些条件？都没有个说法。正是由于拍卖法条文的笼统和抽象，导致一些拍卖公司故意误读和曲解拍卖法的原意，极个别拍卖公司甚至公然参与制假、售假，影响了拍卖行业的整体形象。所以我认为，拍卖界目前要做的工作主要有两个方面：一是完善文物艺术品的拍卖规则，明确文物艺术品拍卖的合法程序；二是加大打击和惩罚力度，对于违法违规的企业要敢于清理门户，以维护行业的声誉和促进全行业的健康发展。

八、拍卖中的保证金问题

保证金问题也是目前拍卖中的一个热点问题，包括两个方面：一是拍卖人向竞买人（买受人）收取的保证金；二是委托人向拍卖人收取的保证金。

拍卖人向竞买人（买受人）收取的保证金中主要存在这样几个问题：保证金的性质是什么？保证金的作用是什么？保证金归谁所有？等等。我国现行法律法规中并无关于拍卖人向竞买人或买受人收取"保证金"的规定。拍卖中的保证金一般分为两种类型：一类是拍卖人在竞买登记时对每个竞买人收取的保证金，通常称为"竞买保证金"；另一类是拍卖人向买受人收取的保证金，一般称为"履约保证金"。从性质上讲，保证金应当属于民法上的一种"信用担保形式"，但是我国的担保法中对此没有明确规定。担保法明确规定的担保形式有：保证、抵押、质押、留置和定金五种形式，所以拍卖保证金应当属于这五种担保形式以外的形式。

拍卖人向竞买人收取的竞买保证金的主要作用，在于防范竞买人不负责任地恶意应价所带来的不确定性的风险。比如拍卖成交后拒不签署拍卖成交确认书，或者为了约束竞买人认真遵守拍卖规则，保持拍卖会场纪律，保证拍卖活动的顺利进行。在拍卖会结束后，除竞买成功的竞买人之外，其他竞买人交付的竞买保证金由拍卖人不计息全额退还。拍卖人向买受人收取的履约保证金，其主要作用则在于担保买受人按约定履行其支付拍卖成交价款和拍卖佣金的合同义务。拍卖实践中，就这种保证金的约定方式而言，除了极少数情况下拍卖人与买受人在成交确认书中作出专门的约定外，绝大多数情况下都在约定竞买保证金的同时，约定由竞买保证金转化为这种履约保证金。

"保证金"是约定产生的。拍卖活动是一种平等主体之间发生的民事行为，在法律没有明确规定的情况下，民事活动的当事人在不违反法律法规的强制性规定和不违反公序良俗的情况下，可以在双方自愿的前提下自由约定彼此之间的民事权利和义务。拍卖活动中是否收取保证金，可由拍卖人和竞买人根据实际情况进行约定。保证金不属于担保法调整的范围，而是一种民间的约定，法律通常承认这种约定的有效性。

竞买保证金的归属问题是当前拍卖业中经常遇到的问题。由于拍卖属于隐名交易，拍卖人是以自己的名义实施拍卖，并且以自己的名义与买受人签订成交合同。合同作为一种民事法律关系的重要特点，就在于合同关系的相对性。即合同关系只能发生在特定的合同当事人之间，只有合同当事人一方能够向另一方基于合同提出请求或提起诉讼；与合同当事人没有发生合同上权利义务关系的第三人不能依据合同向合同当事人提出请求或提起诉讼，也不应承担合同的义务和责任；非依法律或合同规定，第三人不能主张合同上的权利。竞买人（买受人）与委托人之间不具备合同关系，"保证金"是竞买人向拍卖人所做的一种信用担保形式。一旦当事人违约，应按约定予以处理，保证金应当优先用于弥补拍卖人的损失。如有剩余应当归拍卖人所有。这是由合同的相对性决定的。这一点目前在我们拍卖理论界已经基本取得了共识。

目前，委托方在拍卖中向拍卖企业收取履约保证金的问题时有发生，尤其是在拍品招标活动中问题更加突出。有些委托人利用手中的权力，要求参加招标的拍卖企业交纳"保证金"，能够拍卖成交的，"保证金"予以返还，未能成交的则将"保证金"给予"没收"。这是一种违法现象，严重扰乱了我国拍卖市场的正常秩序。首先，委托人和拍卖企业是平等的民事主体，是建立在委托拍卖合同基础上的一种合同关系。委托人利用委托拍卖机会向拍卖企业收取"保证金"的做法，违背了合同法的平等原则，这是一种显失公平的条款。其次，拍卖是一种买卖行为，买卖的成功不是一定发生的事件。拍卖人既不是拍卖标的的所有人，也不是拍卖标的的买受人。拍卖人提供的是一种中介服务，只要完成了拍卖程序所需服务，拍卖人的任务即告结束。拍卖人不能决定成交与否，也不能成为成交后果的承担者。任何拍卖活动都必然存在成交和未成交两种可能，委托人利用"拍卖未成交"为借口，"没收"拍卖企业的"保证金"违背了我国拍卖法的规定。第三，委托人如果是司法行政部门，则其不应收取法律规定以外的任何费用，委托人如果是金融部门，则不应收取其业务范围以外的任何费用，这种借机"没收"保证金的行为，违背了《中华人民共和国行政处罚法》的有关规定。第四，拍卖企业和委托人是平等的民事主体，在平等的民事主体之间不得使用"没收"之类的条款。"没收"是一种行政处罚手段，只有具有行政处罚权的机关才可以对违法行为做出"没收"的处罚。拍卖企业协助委托人从事的拍卖活动是依照拍卖法进行的合法行为，应当受到法律保护，委托人以"没收"为由，侵占拍卖企业的财产是违法行为。

九、拍卖中"委托竞投席"的合法性问题

拍卖法第二十二条规定:"拍卖人及其工作人员不得以竞买人的身份参与自己组织的拍卖活动,并不得委托他人代为竞买"。根据该条规定,拍卖人及其工作人员不能为自己的利益以自己的名义参加竞买,这一点是毋庸置疑的。问题是,拍卖人可否接受他人的委托在自己组织的拍卖活动中为了他人的利益而参与竞买活动呢?

拍卖法第三十四条规定:"竞买人可以自行参加竞买,也可以委托其代理人参加竞买"。根据该条规定,竞买人可以委托其他代理人参加竞买,这一点也是无庸置疑的。问题是,竞买人可否委托拍卖人代理其参加竞买呢?

这个问题的具体体现就是在拍卖中,拍卖人可否在拍卖会现场设立"委托竞投席",并指派工作人员为由于种种原因不能亲自到场的竞买人举牌竞买的问题。同时这个问题也涉及到拍卖人的法律地位问题,即拍卖人与委托人的关系问题。2002年,某拍卖行曾经因为设立委托竞投席而受到当地工商行政管理部门的处罚,处罚的理由是认为这种行为违反了拍卖法第二十二条的规定。这个案件后来进入了司法诉讼,前后经过了好几年。工商行政管理部门和拍卖业在这个问题上出现了原则性分歧。工商行政管理部门认为,拍卖人在拍卖中既代理委托人,又代理竞买人,属双向代理,违反了公平、公正、诚实信用的原则,客观上危害了委托人及其他竞买人的利益,是违法行为。而拍卖行业则认为,设立委托竞投是拍卖行业的惯例,早已为拍卖业所接受,是为未能到场的竞买人提供的一种无偿服务,可以为竞买人节约交易成本,应当得到提倡和鼓励。2005年1月1日,商务部出台的《拍卖管理办法》(商务部令2004年第24号)正式生效。该办法第三十九条规定:"拍卖企业可以在拍卖会现场设立委托竞买席,并在拍卖会开始时对全体竞买人作出说明"。但是双方的争论并未就此停息。

我个人的看法是,双方争议的问题,本身就不是一个法律问题。在委托竞投中,拍卖人"代为举牌"的行为本质上只是一种代为向其他竞买人"送达"要约的行为,而不是"代为要约"表示的行为。因此,委托竞投问题本质上只是一个技术问题。我已将这个案例收录到了我们编写的《拍卖法案例分析教程》中,并进行了详尽的分析,大家如有时间可以去看看。

十、拍卖师主持权的内容问题

拍卖法第十四条规定:"拍卖活动应当由拍卖师主持"。该规定表明,拍卖师享有拍卖活动中法定的主持权。拍卖法赋予了拍卖师在拍卖活动中的主持权。但是对于主持权应当包含哪些内容并无明确规定。拍卖实践中,人们对拍卖师主持权的内容在理解上存在差异,导致不少拍卖纠纷的发生。因此关于拍卖师主持权的内容是一个值得我们研究的重要课题。

一般认为,这种主持权表现为在拍卖实施时:拍卖师有宣布拍卖开始、结束、中止的权利;宣布变更的权利;落槌成交或者撤回拍卖标的的权利;决定是否用落槌或其他方式表示成交的权利;决定拍卖实施中标的物拍卖顺序的权利;还有主动纠正自己主持中出现的错误等权利,等等。

目前，拍卖师在主持拍卖时大都采用人工操作的方法。拍卖过程、拍卖结果可能会与拍卖师的个人素质、工作经验有某些关系。由于缺乏对拍卖师主持权内容的同意规范，拍卖中经常会由于对拍卖师主持权的不同理解而导致纠纷，比如三声报价的问题。拍卖行业协会已经将规范拍卖师的主持权列入了今年年底的理论研讨会的研讨主题，届时希望拍卖界能在这个问题上取得一些共识。

以上是拍卖业目前所面临的十个最主要的法律问题。我的这个总结不一定全面，但是基本上可以反映出拍卖理论界目前或今后一个时期正在研究的法律热点。

（本文节选自 2007 年在湖南省拍协高管研讨会上的讲稿）

拍卖:"一槌定音"背后的法律难题

自1997年1月1日实施至今,拍卖法已历经10年风雨。值拍卖法颁布10周年之际,就这部法律目前面临着的新问题,记者专访了中央财经大学法学院副教授刘双舟。

目前我国拍卖行业的业务中,有不少来自人民法院的委托。在这种拍卖活动中,拍卖公司与委托法院之间的权责关系引起了很大的争议。

现行的拍卖法只有69个条文,现在看来明显过于粗略,对拍卖业发展中出现的新问题大多调整不到,比如拍卖师的拍卖主持权的具体内容、网络拍卖等问题,都亟待通过拍卖法的完善来解决。

记者:请您简述一下"拍卖"在我国的发展和目前的定义。

刘双舟:拍卖这一社会现象至今已有两千多年的历史了,拍卖是一种特殊的买卖方式。我国拍卖法中对拍卖下的定义是:"拍卖是指以公开竞价的方式,将特定的物品或者财产权利转让给最高应价者的买卖方式。"拍卖并不意味着所拍物品价格越高拍卖就越成功,拍卖事实上是一种发现资源本身真正价值的机制,通过拍卖促使社会资源流转到最需要的地方,对资源进行最优配置,发挥资源的最大作用,从而避免资源浪费。拍卖法属于民商法体系内一个分支学科。20世纪90年代研究这项法律的专家并不多。同时,我国法律体系中单独为某一行业制定的专项法律也并不多见,因此,能够出台这项法律也说明了当年拍卖行业在经济发展中的影响。虽然这部法律只有69个条文,且出台10年都没有进行过修改,但它对规范拍卖行业内部行为,促进发展还是起到了非常大的作用。

1996年底我国拍卖行有580多家,年成交额100多亿元,2006年拍卖行迅速扩张到4055家,预计年交易额3000亿元。10年时间里拍卖行业有了巨大的发展,成为活跃我国市场经济的一个重要部分。

记者:据了解,在我国有一些拍卖行为不受拍卖法调整,是什么原因?

刘双舟:由于拍卖法缺少硬性的规定以及其自身规定中的矛盾,导致了其适用范围狭小,同时也限制了拍卖行业的发展。拍卖法第三条规定,拍卖是指以公开竞价的方式,将特定的物品或者财产权利转让给最高应价者的买卖方式,这也就意味着只要是拍卖行为就应该接受拍卖法的调整;但是在拍卖法第二条中又规定,此法适用于我国境内拍卖企业进行的拍卖活动。

很多问题由此产生了,在拍卖实践中,除了拍卖企业进行的拍卖活动,还存在一些由非拍卖企业举办的拍卖活动，一般商业活动主体自行采用拍卖方式进行的商品交易等行为是否也应该接受拍卖法规范呢？比如在国有土地使用权公开出让的拍卖过程之中，对于土地管理部门独立主持进行的拍卖行为，是否应当由拍卖法规范，目前还存在理论上的争议。甚至还有部门以自己的拍卖行为不受拍卖法调整为由，在我国统一的拍卖师制度外，单独培养了五花八门的拍卖主持人。为此，出现了一种奇怪现象，很多国家注册拍卖师为了进行某些特定部门的拍卖行为，还要被迫再去参加相关行业内部拍卖主持人的资格考试。这些现象都与拍卖法适用范围存在争议有关，因此，立法部门应当尽快明确拍卖法的调整范围。

记者：除此之外，针对目前的拍卖法，还有哪些争议比较大的问题？

刘双舟：还有一个争论的焦点是关于民事强制执行中的拍卖的性质问题。目前我国拍卖行业的业务中，有不少来自人民法院的委托。在这种拍卖活动中，拍卖公司与委托法院之间的权责关系引起了很大的争议。

由于最高人民法院有明确规定，人民法院民事强制执行中的拍卖必须由拍卖企业来实施，因此这一争论的焦点主要在于人民法院作为拍卖委托人，其行为和法律责任是否适用拍卖法调整的问题，即拍卖人能否将委托法院当做一般的委托人来对待。

拍卖企业受人民法院的委托对被执行人的财产进行拍卖，其行为到底是协助人民法院从事公务的公权力行为还是拍卖法规定的民事私权利行为。如果是前者，那么人民法院与拍卖人之间不应当是私法上"拍卖委托合同"关系，而应当是公法上的"协助公务"关系，两者之间无须签订委托合同，只要人民法院作出协助执行通知书即可，拍卖当事人不能通过拍卖法来追究人民法院的法律责任，当然拍卖的一切法律后果均应由人民法院通过公法来承担。

如果是后者，那么人民法院必须通过与拍卖人签订正式的委托拍卖合同来建立合同关系，且这种关系是一种平等的私法关系，人民法院只是一个普通的拍卖委托人，应当享受拍卖法规定的委托人权利和履行拍卖法规定的委托人义务，甚至可以成为拍卖纠纷中的诉讼当事人。

目前，在民事强制执行拍卖实践中，人民法院的地位是模糊的。一方面是拍卖委托人，另一方面在出现拍卖纠纷时，人民法院不能承担拍卖当事人的法律责任，游离于拍卖法之外。这也是目前争论比较大的一个问题。

同时，我国法律对拍卖行业的性质界定也存在一定问题，拍卖行业是否属于中介服务性行业，这一点在税收中显得尤其重要。它关系到拍卖企业是否有必要缴纳增值税等诸多问题，因此，拍卖业本身的法律定位也是备受拍卖行业和法律界争议的问题。

记者：鉴于目前所出现的情况，法律上应当如何进行规范管理和调整，是否有修订的必要？

刘双舟：拍卖法是我国市场经济发展中的产物，随着我国市场经济的发展和完善，拍卖法也应当进一步修订和完善。现行的拍卖法只有69个条文，现在看来明显过于粗略，对拍卖业发展中出现的新问题都调整不到，比如拍卖师的拍卖主持权的具体内容、网络拍卖等问题，都亟待通过拍卖法的完善来解决。

但是我个人认为目前全面修订拍卖法的时机可能还不够成熟，还缺乏充分必要的准备。目前我国拍卖市场的发展仍然不完善，作为拍卖法必要补充的拍卖业行规还处于建设和检验中。

目前国内研究拍卖法的专业人员还非常匮乏，拍卖业从业人员的素质也亟待提高。应当强化行业协会的作用，由拍卖行业尽快完善自律性行规；同时由行业主管部门有针对性地出台诸如关于文物艺术品、机动车、房地产等专门性的拍卖操作规范，经过实践检验之后，将来补充到拍卖法中。

除此之外，立法部门还应当积极做好拍卖法修订和完善的调研工作，预计在 2～3 年后进行全面修订会比较合适。

（本文是法制日报 2007 年 2 月 12 日的采访稿，记者张雪丽）

不要把鸡蛋都放在同一个篮子里

自今年（2008年）上半年以来，由于受全球经济波动的影响，加上我国政府持续有力的宏观调控措施，我国经济运行出现了一些新的变化。比较显著的变化是房地产开发投资逐步降温、股市低靡、国民投资热情有所减退。这些变化在拍卖业的影响也已显现出来了，拍卖业成了我国市场发展状况的"晴雨表"。虽然大家对拍卖的前景普遍表示担忧，但是我个人认为，这种"市场感冒，拍卖业就打喷嚏"的现象至少从一个侧面表明我国拍卖业的发展取得进步。综观世界上先进的市场经济国家的情况，拍卖无不是市场经济的产物，拍卖与市场经济联系的越紧密，表明拍卖业发展的越完善。试想，如果一个国家的拍卖业不受本国市场经济的发展的影响，那这种拍卖业一定不是一个正常行业，将来也不会有太大的发展。我国的拍卖业恢复初期主要是一个"靠政策吃饭"行业，当时拍卖业能够发展主要得益于国家公物处置的政策。现在我国的拍卖业已经逐步由主要"靠政策吃饭"发展到"主要靠市场吃饭"的阶段，拍卖业已经成为我国市场经济中的一个不可忽缺的成员。这种发展方向是正确的，受市场波动的影响是必然的。对这一点我们应当有正确的认识。

拍卖业应当反映市场的"阴晴"并不等于拍卖业必然会成为市场经济危机的牺牲品，因为市场波动的负面影响并不是绝对无法化减或避免的。这就要求我们的拍卖企业要未雨绸缪，在日常的经营中要注重培养较强的抗风险能力。由于我国拍卖法禁止拍卖企业拍卖自有的物品或财产权利，我国的拍卖企业不具有投资的功能，拍卖企业的收入只有佣金一项。这在拍卖业刚刚恢复的初期问题还不大，因为拍卖企业数量较少且竞争不大，拍卖企业即使单靠佣金其收入也相当可观，甚至一度被称为"暴利"行业。但是随着拍卖企业数量的扩大、拍卖经营市场化程度的提高和企业之间竞争的加强，利润逐步被平均化了。虽然行业整体业绩升幅明显，但是就单个企业而言，相对收入是在逐年下降的。

拍卖业是一个中介服务行业，永远不可能成为市场经济中的主流产业。为了提高拍卖企业抗击市场风险的能力，我一直主张拍卖企业要学会投资，"不要把鸡蛋放在同一个篮子里"，要依托拍卖及相关产业，形成集团或产业链。作为一个中介服务行业，每个拍卖企业在日常经营中并不需要保有太多的流动资金。据我了解，不少当年通过拍卖淘得"第一桶金"的一些拍卖企业就明智地选择了其他投资领域，把拍卖做成了产业集团链条中的一环。把单纯为大市场服务转变为既为不稳定的大市场服务，又为稳定的小市场（产业集团）服务，从而增强了企业抵御市场风险的能力。

不断的创新也是拍卖业在起伏不定的市场中求得生存和发展的一个途径。我国的拍卖业之所以能够在风风雨雨 20 余年中得到快速发展，一个主要的因素就是拍卖的业务领域在不断的开拓和创新。就我国拍卖业恢复后的 20 年而言，拍卖市场的开拓是卓有成效的。公物拍卖是我国拍卖行最早涉及的经营范围，公物拍卖一度成为拍卖企业的看家业务。紧随公物拍卖而来是司法强制拍卖，与此同时还恢复了文物艺术品拍卖，再以后是房地产拍卖、股权科技成果等无形财产的拍卖等等。从有形商品的公物拍卖到文物艺术品拍卖，再到无形商品拍卖，一步一个新台阶，经营范围日趋拓展，拍卖内容不断丰富，中国拍卖业终于取得了蓬勃的发展。

我个人认为，目前我国的拍卖市场总体上业务空间还过于狭小和集中，还有很大的拓展空间。基本音符只有七个，而美妙的乐章却是无穷的；光的色彩也只有七种，而艺术家笔下的作品却是无尽的。窍门只有一个，就是大胆的想象和创新。拍卖的业务领域也是如此，有道是"天无绝人之路"，只要我们坚持不懈地创新，就会不断有新的业务领域的出现。"东方不亮西方亮，黑了南方有北方"，即使在经济大危机的时期，也不是所有的行业和所有的企业都会遭殃。据我了解，在全国土地拍卖市场不景气的情况下，山东省的土地拍卖开展的照样有声有色。从现在起，拍卖行业就应居安思危，时刻做好应对任何市场挑战的思想准备。不要惧怕风浪，只有在市场大潮的搏击中，行业才会获得更大的发展。

（本文是《中国拍卖》2008 年的采访稿，记者于闯）

第二部分

拍卖法律制度研究

一、论拍卖活动中委托竞买席的性质

——从解读拍卖法第二十二条的角度

拍卖法第二十二条规定："拍卖人及其工作人员不得以竞买人的身份参与自己组织的拍卖活动，并不得委托他人代为竞买"。根据该条规定，拍卖人及其工作人员不能为自己的利益以自己的名义参加竞买，这一点是毋庸置疑的。问题是，拍卖人可否接受他人的委托在自己组织的拍卖活动中为了他人的利益而参与竞买活动呢？拍卖法第三十四条规定："竞买人可以自行参加竞买，也可以委托其代理人参加竞买"。根据该条规定，竞买人可以委托其代理人参加竞买，这一点也是无庸置疑的。问题是，竞买人可否委托拍卖人代理其参加竞买呢？就这两个条文而言，关键还在于如何正确理解拍卖法第二十二条的问题。如果拍卖人可以接受他人的委托，在自己组织的拍卖活动中为了他人的利益而参与竞买活动，那么对于第三十四条的疑问自然就不存在了。在正确理解拍卖法第二十二条的前提下，最值得我们思考的一个问题是拍卖人的法律地位问题。拍卖人与委托人之间究竟是什么关系？拍卖人与竞买人之间又是什么关系？这些都是拍卖界长期以来始终没有解决的问题。

拍卖法第二十二条规定："拍卖人及其工作人员不得以竞买人的身份参与自己组织的拍卖活动，并不得委托他人代为竞买"。笔者认为这一规定的内容包含以下几种含义：

1. 拍卖人不得以竞买人的身份参加自己组织的拍卖活动。这我国，拍卖人只能是依法成立的从事拍卖活动的企业法人。企业法人作为一种组织，其活动必须由自然人成员来代理，本身不可能以竞买人身份参加拍卖活动。这里的本意是指拍卖企业的法定代表人不能以法人的名义在拍卖企业自己组织的拍卖活动参加竞买。

2. 拍卖人不得委托他人代表拍卖企业参加竞买。这里的"他人"既包括拍卖企业内除了法定代表人以外的其他工作人员，也包括企业以外的任何人。

3. 拍卖企业的工作人员不得以自己名义参加竞买。这里的"工作人员"是一个较为模糊的概念，一般指在拍卖企业具体参与经营和管理的正式在编人员。比如在该企业注册执业的拍卖师，被该企业正式聘任的具有拍卖业从业人员资格的人，该企业的领导和各部门的具体管理人员，以及以该企业的名义对外代表企业从事活动的业务人员。这里应该注意几个问题：一是是否从该企业领取薪金或报酬，不是衡量一个人是否是拍卖企业工作人员的绝对标准。工作人员一般要从企业领取薪金或报酬，但是也不排除有些不领薪金的人成为企业工作人员的情况，比如一些在该企业从事实习的工作人员，实习期间可能不领取薪金，但是也应该是企业的工作人员。二是是否为该企业工作，也不是衡量一个人是否是工作人员的绝对标准。一般为该企业从事与拍卖业务有关工作的人员应当是该企业的工作人员，但是为该企业从事与拍卖活动无直接关系的人，不宜认定为工作人员，比如代理该企业进行诉讼的律师，在诉讼期间应该是为该企业工作的人，但却不能将之视为工作人员。三是企业的出资人（股东）并不一定是企业的工作人员。拍卖法规定，拍卖人是依据拍卖法和公司法成立的从事拍卖活动的企业法人。而我国公司法规定的企业类型既有有限责任公司，也有股份有限公司，还有一人公司、国有独资公司和外资独资公司等多种。因此，拍卖企业投资人的情况也比较复杂。投资人较少的一人公司或有限责任公司的股东绝大部分情况下都参与企业的经营管理，是企业的工作人员。但像股份有限公司这样投资人较多的企业类型，除了极少数的股东参与企业经营管理是企业的工作人员外，绝大多数股东都不直接参与企业经营，不应当将他们看作是企业的工作人员。不能因为一个人购买了某拍卖企业的股票，就剥夺其参与竞买的资格。总之，要具体问题具体分析，关键是要看，这些人参与竞买是否会影响拍卖活动的公正性。

4. 拍卖企业的工作人员不得委托他人代为参加竞买。这里的委托他人代为竞买是指委托他人以工作人员自己的名义进行竞买。

5. 禁止参加的拍卖活动限于拍卖人自己组织的拍卖活动，"自己组织的拍卖活动"包括拍卖人单独组织的拍卖活动、与他人合作组织的拍卖活动，以及参与组织的拍卖活动。拍卖企业及其工作人员能否参与由本企业的拍卖师在其他企业主持的拍卖活动中的竞买呢？《关于加强拍卖师监督管理的若干规定》（暂行）第十六条规定："拍卖师不得以个人名义为非拍卖企业主持拍卖活动。拍卖师为公民、法人或者其他组织主持拍卖活动的，在拍卖活动开始前，拍卖师所注册执业的拍卖企业必须与该公民、法人或者其他组织签订协议或合同，按照《中华人民共和国拍卖法》的有关规定，联合举行拍卖活动。"第十七条规定："拍卖师不得以个人名义为非本人注册的拍卖企业主持拍卖会。拍卖师代表所注册执业的拍卖企业为其他拍卖企业主持拍卖活动的，双方企业在拍卖活动开始前必须签订协议或合同。"可见，拍卖师为非拍卖企业主持拍卖活动，或者为非本人注册的拍卖企业主持拍卖会都必须在拍卖活动前，由拍卖师所注册执业的拍卖企业出面签订协议，这种情况下的拍卖应视为联合拍卖，自然在拍卖法二十二条的禁止之列。

6. 禁止竞买的范围限于以拍卖人的名义或拍卖人工作人员的名义，为拍卖人的利益或为拍卖人工作人员的利益而从事的竞买活动。有一种观点认为拍卖法第二十二条禁止一切为了拍卖人及其工作人员的利益而进行的竞买活动。这种观点是错误的。竞买人以自己的名义，为了拍卖人的利益或拍卖企业工作人员的利益而参与的竞买活动可能是违法的，比如有些拍卖人为了使拍卖活动满足拍卖法所要求的竞价条件，私下指使他人参加竞买的行为，为了哄抬成交价格或增强竞价气氛而私下指示他人参与竞买的行为，拍卖企业的工作人员私下指使他人竞买，竞买成功后分取好处的行为等，这些行为都是拍卖法禁止的违法行为。但是这些行为并不是拍卖法第二十二条所禁止的行为，而是拍卖法第三十七条所禁止的恶意串通行为。拍卖法第三十七条规定："竞买人之间、竞买人与拍卖人之间不得恶意串通，损害他人利益"。因此，将拍卖法二十二条的含义扩大到禁止一切为了拍卖人或其工作人员的利益而为的竞买行为是不正确的。

　　同样，拍卖法第二十二条只禁止"以拍卖人的名义或拍卖人工作人员的名义，为拍卖人的利益或为拍卖人工作人员的利益而从事的竞买活动"。拍卖企业或者拍卖企业的工作人员以他人的名义为了他人的利益参与本企业组织的拍卖活动中的竞买行为，不在拍卖法第二十二条禁止的范围内。至于这种行为是否合法，我们将在以后予以讨论。所以"委托竞买席"问题不是拍卖法第二十二条规范的问题。实践中有些工商行政管理部门以拍卖公司设立"委托竞买席"违反拍卖法第二十二条的规定为由，对拍卖公司作出行政处罚适用的法律是值得商榷的。

再论拍卖活动中委托竞买席的性质

——从拍卖人法律地位的角度

拍卖人的法律地位是个复杂的问题。拍卖界尚没有对此进行深入探讨。拍卖活动中的许多纠纷都是由于拍卖人对自己的法律地位认识不清所导致的。拍卖人的法律地位包含两个方面的问题：一是拍卖人与委托人是何关系；二是拍卖人与竞买人（买受人）是何关系。

有观点认为，拍卖行为属于商法中的行纪行为，拍卖人是行纪合同中的行纪人。这种观点是值得商榷的。行纪合同是行纪人以自己的名义为委托人从事贸易活动，委托人支付报酬的合同。其中，接受委托以自己名义从事一定贸易活动的称为行纪人；委托他人为自己从事一定贸易活动给付报酬的当事人称为委托人。行纪，在法律上也称为经纪，又称牙行，是指以自己的名义为他人从事动产和有价证券买卖或者其他商业交易，而收取报酬的（营业）经营活动。不动产买卖通常不在行纪的交易范围内。行纪合同是因信托业务的发展而出现的独立从事行纪业务的行纪组织而产生的。行纪组织是商品经济发展的产物，欧洲中世纪已经出现这类组织。当时由于国际交易的兴起，出现了专门受他人的委托办理商品购入、贩卖或其他交易事务并收取一定佣金的行纪人，进而制定了行纪制度。在资本主义国家，从事行纪活动的商业代理人大量存在。我国汉代也已出现专为牲畜买卖双方说合，评定价格收取佣金的驵侩，后变革发展为牙行。信托公司、贸易货栈是中国近代经营行纪业务的组织形式。新中国成立后，国家曾相继在许多城市成立了国营信托公司和贸易货栈，经营行纪业务。但自20世纪50年代实行社会主义改造以后，商品经济日趋落后，行纪业日趋衰微。改革开放以来，随着商品经济的恢复和发展，尤其是社会主义市场经济的逐步建立和发展，行纪业重新兴盛起来，延至今日，规模愈来愈大。合同法在立法时采纳了许多学者的建议，设专章规定了行纪合同，对促进我国商品经济的发展具有积极意义。

行纪合同具有以下几个特点：

第一，行纪合同是独立有名合同。大部分学者认为行纪合同是独立有名合同，因为行纪合同有自己独特的特点。为此，许多国家和地区的民法都设专章予以规定，认定其为独立有名合同。我国合同法也对行纪合同设专章予以规定，把它确定为了独立有名合同。

第二，行纪人为了委托人的利益而以自己的名义为委托人实施民事法律行为。所谓为了委托人的利益，是指由行纪人的行为所产生的经济上的利益或者损失均归属于委托人，而与行纪人自身无涉。例如，行纪人以高于委托人指定的价格卖出了商品或者以低于委托人指定的价格买进了商品，这种差额利益则归委托人所有，但委托人有义务支付行纪人为其买卖而支出的费用。所谓以自己的名义开展营业，是指当行纪人与第三人开展交易时，行纪人无须告诉该第三人自己的委托人是谁，也无须告诉第三人，自己与委托人签订了行纪合同，只要告诉第三人自己的姓名或者名称即可。第三人也无权过问行纪人的委托人是谁，亦不得以行纪人与委托人的行纪合同成立与否，而决定其与行纪人的交易行为的效力。因此，合同法第四百二十一条规定：行纪人与第三人订立合同的，行纪人对该合同直接享有权利、承担义务。第三人不履行义务致使委托人受到损害的，行纪人应当承担损害赔偿责任。这是行纪合同和委托合同的主要区别。

第三，行纪合同的标的是一定的法律行为。行纪合同属于提供服务合同的一种，但行纪人提供的不是一般的服务，而是运用自己的专业特长和经验能力与第三人实施民事法律行为，因此，行纪合同的标的是与第三人进行的民事法律行为。

第四，行纪合同是有偿合同、诺成合同和不要式合同。行纪人负有为委托人办理买卖或其他商事交易的义务，而委托人负有给付报酬的义务。双方的权利和义务是对应的。同时，行纪人完成事务可以收取报酬，因此行纪合同是双务有偿合同。行纪合同只要双方当事人之间的意思表示一致即告成立，而且无需采用特定的形式，属于诺成性合同和不要式合同。

从上述行纪合同的特征中，我们可以看出，拍卖与行纪有诸多相同之处，但是也有许多明显的区别。比如行纪活动中的对象一般限于动产或其他贸易活动，但是不包括不动产，而不动产是拍卖中常见的拍卖标的物。另外在具体的合同权利义务方面也存在不少差别。因此，笔者认为不宜将拍卖活动简单地等同于行纪活动。不少人之所以将委托拍卖合同归入行纪合同，其中一个主要的原因是他们总希望在合同法中为拍卖合同找到一个位置。在对比了与拍卖合同相似的委托合同、行纪合同和居间合同之后，发现拍卖合同与行纪合同最为接近，因此希望将拍卖归于行纪。殊不知合同可以分为两大类，一类是有名合同，一类是无名合同。我国合同法分则中只对常见的有名合同进行了规定，现实中还有大量无名合同是无法在合同法分则中"对号入座"的，比如旅游合同、出版合同、培训合同等等。但是这并不妨碍这些合同的法律效力，这些合同完全可以按照合同法总则的规定来订立和履行。拍卖合同应当属于一种独立的合同，拍卖法中没有具体规定的问题，可以参照合同法的总则以及委托合同或行纪合同的规定来执行。

就拍卖人与委托人之间的关系而言，应当属于拍卖委托法律关系，是一种特殊的委托法律关系。将拍卖人与委托人之间的关系看作是民事代理关系，将拍卖人看作是委托人的代理人的观点是值得商榷的。

民法上的代理制度，是指一方授予他方代理权，他方依代理权与第三方进行法律行为，其行为后果由一方承担的一种民事法律制度。代理从行为角度观察，是一种行为，即代理人在代理权限内，以被代理人的名义同第三人所实施的民事行为。从法律关系角度考虑，代理属于一种法律关系。被代理人又称为本人，代理他人从事民事行为的人称为代理人，与代理人实施民事行为的人称为相对人。

民事代理制度也是商品经济发展到一定阶段的必然产物。借助代理制度这种形式，民事主体为民事行为的意志得以延伸或补充。现代意义的民事代理制度是民法中一项独立的法律制度，其独立性表现为：代理制度以代理活动所涉及的三方关系为中心，确定了被代理人、代理人及第三人相互之间的法律地位和行为准则，进而形成了特定的规范体系。与民法中其他制度不同，代理制度的全部法则，都是根据代理关系中三方当事人的相互地位而建立起来的，这些基本法则集中地表现了民事代理关系的形成过程：首先，代理人必须享有代理权。由此产生了被代理人与代理人之间的代理内部关系；其次，代理人必须以被代理人的名义进行活动。由此产生了代理人与第三人之间的代理外部关系；再次，代理行为的法律效果直接归属于被代理人。由此产生第三人与被代理人之间的效果归属关系。可见，任何完整意义上的民事代理关系都必须包含代理权、代理行为和效果归属三方面的内容。

民事代理具有以下特点：

第一，代理人必须以被代理人的名义行为。代理人与第三人之间从事的行为，即可能是法律行为，如订立合同等，也可能是单纯作出意思表示或接受意思表示的行为，如发出要约或者接受要约，但都应当以本人的名义进行。

第二，代理人在从事代理行为时，有权独立进行意思表示。代理人只有能够在授权范围内独立进行意思表示，才能够充分地维护被代理人的利益，只有允许代理人独立地进行意思表示，而不是机械地执行本人的意思，才能圆满地完成代理人委托的事项。当然其目的仍然是为了本人的利益。

第三，代理的法律效果由被代理人承担。这里不仅意味着代理行为形成的权利义务应当由被代理人承受，而由此引起的民事责任也要由被代理人承担。

代理一般可以分为委托代理、法定代理和指定代理。委托代理是指基于被代理人的委托授权而发生代理权的代理。委托代理产生的基础在于委托授权，但并非意味着委托合同是委托代理惟一的基础关系，实践中基于合伙合同、雇用合同、夫妻等关系也能产生委托。法定代理是依据法律规定而产生的代理。法定代理权的发生不依赖任何授权行为，而直接来源于法律的规定。指定代理是指根据人民法院或其他指定机关的指定而进行的代理。其他指定机关主要是指依法对被代理人合法权益负有保护义务的组织。

代理权的行使，是指代理人在代理权限内，以被代理人的名义实施的代理行为。代理人在行使代理权的过程中，应当遵守一定的原则，这些原则包括：代理人必须在代理权限内从事代理行为；代理人必须按照诚信原则从事代理行为；代理人必须亲自从事代理行为；代理人必须正当行使代理权。因此，法律上形成了一些禁止滥用代理权的规则：

1. 禁止自己代理。自己代理是指代理人以被代理人的名义与自己从事法律行为。法律禁止自己代理的原因在于，尽管代理人代理被代理人行为时，获得了授权，但其应当寻找相对人。在自己代理的情况下，代理人并未寻找相对人，这种行为违反了代理人应当负有的忠实义务。按照忠实义务，代理人必须为被代理人的利益而行为，而不能为了自己的利益而行为。

2. 禁止双方代理。双方代理是指同时代理被代理人和相对人为同一法律行为。此种代理中实际上代理人在代理权行使中违背了善良管理人的义务而滥用了代理权。在有些案例中，工商行政管理部门之所以对拍卖公司"设立委托竞买席"的行为进行行政处罚，其理由正是认为拍卖公司的行为属于双方代理行为。

3. 禁止代理人与相对人恶意串通，损害被代理人的利益。按照《中华人民共和国民法通则》第六十六条第三款的规定："代理人和第三人串通，损害被代理人的利益的，由代人和第三人负连带责任。"

从上述代理的特征可以看出，之所以会错误地将拍卖人当作委托人的代理人，其主要原因是混淆了民事代理关系与委托的区别以及民事代理与行纪之间的区别。

委托合同有可能产生委托授权，但它并不必然产生委托代理关系，两者的区别在于：

第一，委托仅仅是发生在委托人和受托人之间的内部关系。而代理则要涉及代理人、第三人和被代理人的三方关系。委托合同是代理关系发生的基础，但其与授权行为应当是分开的。委托合同并不当然产生代理权，必须具有明确的授权行为，代理权才能发生。

第二，代理的形式有多种，委托合同只是代理权授予的一种方式，而不是惟一的。如合伙、雇用等关系都可以产生代理权。

第三，代理为三方关系，代理人必须以被代理人的名义从事活动，否则不能构成直接代理。而委托合同的受托人，即可以以委托人的名义，也可以受托人自身的名义进行活动。

第四，代理人从事的代理行为必须是具有法律意义的意思表示。委托合同中的受托人即可以根据委托实施法律行为，也可以根据委托实施事实行为。

综上所述，无论是把拍卖人与委托人之间的关系看作是一种委托关系还是行纪关系，都得不出拍卖人是委托人的代理人这一结论。因此，即便拍卖人在委托竞投中代理竞买人进行了竞买，也不会出现滥用代理权的双方代理问题。至于拍卖人与竞买人（买受人）之间的关系，笔者认为就是一种特殊的买卖关系。拍卖人是特殊的卖方，竞买人（买受人）是买方。这个问题我们将在以后具体讨论。

三论拍卖活动中委托竞买席的性质

——从拍卖技术进步的角度

2005年1月1日,商务部出台的《拍卖管理办法》(商务部令2004年第24号)正式生效。该办法第三十九条规定:"拍卖企业可以在拍卖会现场设立委托竞买席,并在拍卖会开始时对全体竞买人作出说明"。至此,关于拍卖企业能否设立委托竞买席问题的争论暂时告一段落。但是这个问题从理论上来讲,并没有真正地解决。仔细想来,各方在争论时似乎忽略了一个重要的问题,即委托竞买席是一个法律问题吗?

在前两篇文章的分析中,我们已经清楚,拍卖人不是委托人的代理人,拍卖人是以自己的名义与竞买人发生法律关系的。拍卖人与竞买人之间是一种独特的买卖关系。拍卖人对竞买人或买受人履行义务并享受权利。如果说在委托竞投中,拍卖人是竞买人的代理人,那么就会出现拍卖人(卖方)代理竞买人(买方)与自己(卖方)进行交易的荒唐结论,这在一般的买卖交易中是绝对不可思议的。即便是在委托竞投中,拍卖人确实接受了竞买人的委托"代为举牌",拍卖人在这种情况下也不应该是民法意义上代理买方"买"的代理人,即拍卖人不可能成为竞买人的"代为竞买"意义上的代理人。那么"代为举牌"究竟是"代"竞买人做了什么呢?因此,我们有必要弄清楚"代为举牌"的性质和含义。

我们首先要弄清楚拍卖与一般的买卖交易相比,有哪些地方是一样的,有哪些地方是不一样的。拍卖与一般的买卖都是一种合同行为,无论什么合同,其签订过程都是一个讨价还价的过程。用法律上的术语来表达,就是都需要经过要约和承诺的过程。在这一点上所有的合同都是一样的。只不过,不同的合同其具体要约和承诺的方式不同而已。拍卖与一般的买卖合同的区别就在于其具有独特的要约和承诺方式。合同一方当事人的代理人就是代理当事人向另一方当事人做要约和承诺表示的人。卖方的代理人是代理卖方为"卖"行为的人,具体讲是为了卖方的利益,以卖方的名义向"买方"做"卖"的要约和承诺表示的人。买方的代理人应该是代理买方为"买"行为的人,具体讲是为了买方的利益,以买方的名义向"卖方"做"买"要约和承诺表示的人。即如果要证明在委托竞投中,拍卖人是竞买人的代理人,就必须证明拍卖人是在以竞买人的名义代理竞买人为"买"的要约和承诺表示。那么在委托竞投中拍卖人"代为举牌"的行为是否是代理竞买人做要约或承诺呢?

我们一般认为拍卖活动中包括两个合同关系,一个是拍卖前拍卖人与委托人签订的委托拍卖合同，一个是买卖成交后，拍卖人与买受人之间签订的拍卖成交合同，拍卖实践中在很多情况下就表现为拍卖成交确认书。事实上拍卖活动中应该有三个合同关系，除了上述两个外，还有一个是存在于拍卖人与每个竞买人之间的"准合同关系"，即"竞买合同"。我这里之所以把"竞买合同"称为"准合同"是因为它本质上不是一个完全的合同，而是一种处于"过渡状态"的合同坯。在拍卖成交之后，它的绝大部分内容将转化为真正的拍卖成交合同的一部分。

一个买卖合同会涉及到多个方面的内容，包括：合同双方当事人的基本情况、合同标的、数量、质量、价款、佣金、履行期限、履行地点和方式、违约责任和解决争议方法等。每个因素都需要通过合同双方用要约和承诺的方式来确定。全部确定了，合同也就成立了。但是在拍卖会上，通过公开竞价和拍卖师落槌的典型"拍卖"方式实际上只确定了一个因素，即合同的价款。那么剩下的诸如合同标的、数量、质量、佣金、履行期限、履行地点和方式、违约责任和解决争议方法等内容如何确定呢？这些内容都是在拍卖前，由拍卖人与竞买人通过要约与承诺的方式在"竞买合同"中予以确定的。"竞买合同"的部分内容签订时即生效，部分内容则处于待生效状态。其中关于竞买人在竞买过程中应当遵守的规则部分于签字之日起生效，其他如合同标的、数量、质量、佣金、履行期限、履行地点和方式、违约责任等内容属于附条件生效的内容，即只有在竞买人竞买成功，成为买受人时才生效。拍卖成交后，"竞买合同"与拍卖成交确认书共同构成一个完整的拍卖成交合同。

"合同价款"作为合同中的一个关键性要素，其确定同样也要通过买卖双方的要约和承诺过程。拍卖与一般的买卖相比，其特征集中体现在确定"合同价款"的要约和承诺方式上。一般的理论认为，在拍卖中，竞买人的"应价"或"叫价"行为是要约行为，拍卖人（通过主持拍卖活动的拍卖师）的"落槌"或其他确认行为是承诺行为。拍卖与一般买卖相比，其要约和承诺的特征（在最常见的升价式拍卖中）主要体现在：

第一，竞买人的应价（要约）是公开的，每个竞买人都知道其他竞买人已经发出的邀约内容。

第二，竞买人的应价（要约）不但要到达拍卖人，而且还必须到达每一个竞买人。而且竞买人的要约到达拍卖人和其他竞买人后立即生效，不得撤回。

第三，当一个新的应价（要约）出现后，原应价（要约）立即自行失效。

第四，理论上讲，每个竞买人的应价（要约）次数不受限制。在自己原来的应价（要约）失效后，可以再作出新的应价（要约），直到拍卖人确认为止。

第五，拍卖人对最高应价（要约）以落槌或其他公开表示买定的方式来承诺。

在明白了拍卖中，竞买人要约的方式和特征后，我们再来分析在委托竞投中拍卖人"代为举牌"的行为是否是在代理竞买人向拍卖人做"要约"表示。

拍卖实践中的委托竞投大概分为两种情况：一种情况是在拍卖前，由竞买人与拍卖人在"竞买合同"外单独约定或在"竞买合同"中约定，由拍卖人在拍卖现场设立委托竞投电话，拍卖人指派专门的工作人员通过电话的方式，向未能到达拍卖现场的竞买人"现场直播"拍卖现场的情况，由竞买人自己决定是否应价。如果竞买人决定应价，则通过电话告知专门负责接电话的工作人员，然后由该工作人员"代为举牌"应价。另一种是在拍卖前，由竞买人与拍卖人在"竞买合同"外单独约定或在"竞买合同"中约定竞买人愿意作出的"应价"、"应价幅度"或"应价底线"。委托拍卖人指派专门的工作人员在拍卖会现场适时

"代为举牌"应价。

对于第一种情况，比较容易解释，假设不是设置委托竞投电话，而是设置现场"实况转播式"的电视屏幕，不用指派专门的工作人员负责接电话或"代为举牌"，而是由未到拍卖现场的竞买人自己通过"视频方式"举牌应价，恐怕人们就不会将之归结为是拍卖人代理竞买人竞买了。充其量可能会认为是一种"应价"技术的革新。

第二种情况中，由于有了拍卖人指定的工作人员在竞买人授权的范围内"伺机举牌应价"的因素，这种行为的嫌疑就更大了。事实上，第二种行为与第一种行为并无本质上的区别。人们之所以会将之看作是拍卖人代理竞买人竞买的行为，是由于忽略了拍卖的特征所导致的。

上面我们已经讲到，拍卖中竞买人的"要约"方式与一般买卖中买方的"要约"方式不同，其中一个重要区别在于：一般买卖中，买方只需要向卖方做要约表示即可，不需要同时向卖方以外的第三人做要约表示。而在拍卖中，每一个竞买人除了向拍卖人做出"应价"（要约）表示外，还必须将自己的"应价"（要约）传达给其他参加拍卖会的所有竞买人才行。这就是拍卖中，竞买人要约的最大特征。未到场的竞买人在拍卖前事实上已经通过"竞买合同"或其他方式向拍卖人做出自己的"应价"（要约）表示，如果是一般的买卖，这样的表示就足以起到要约的效果了。但是在拍卖中不行，未到场的竞买人还必须将其要约在拍卖会上适时地传达给其他参与竞买的竞买人，其要约行为才有效。这正是未到场的竞买人委托拍卖人"代为举牌"要完成的内容，即将其"应价"（要约）在拍卖会现场传达给其他竞买人。

综上所述，在委托竞投中，拍卖人"代为举牌"的行为本质上只是一种代为向其他竞买人"送达"要约的行为，而不是"代为要约"表示的行为。因此，委托竞投问题本质上只是一个技术问题，而非法律问题。

论拍卖法的适用范围

拍卖法第一条规定了该法的立法宗旨，即为了规范拍卖行为，维护拍卖秩序，保护拍卖活动各方当事人的合法权益，制定本法。拍卖法第三条对拍卖的含义进行了明确的界定，即拍卖是指以公开竞价的形式，将特定物品或者财产权利转让给最高应价者的买卖方式。从拍卖法的立法宗旨来看，拍卖法应当是规范所有拍卖行为的法。但是拍卖法第二条又明确规定了该法的适用范围，即本法适用于中华人民共和国境内拍卖企业进行的拍卖活动。这些表面上看似矛盾的规定经常引起争议。尤其是一些非依法设立的"拍卖主体"，往往以拍卖法第二条的规定作为其"拍卖"活动不受拍卖法规范的理由。

关于拍卖法调整范围的争论主要集中在两个方面：一是拍卖法的调整范围是否仅限于拍卖企业进行的拍卖活动；二是民事强制执行中的拍卖是否属于拍卖法的调整范围。

在拍卖实践中，除了拍卖企业进行的拍卖活动外，还有一些由非拍卖企业举办的拍卖活动。比如，一般商业活动主体自行采用竞价方式进行的商品交易是否受拍卖法的约束？国土、粮油等国家机关或企事业单位举办的由非注册拍卖师主持的拍卖活动是否受拍卖法规范？网络拍卖活动是否受拍卖法的规范，等等。在这些领域，关于拍卖法适用范围的争论还比较激烈。其中在国有土地使用权拍卖中关于拍卖法适用范围的争论最为突出。

在拍卖法颁布实施后，各地土地管理部门与拍卖界在关于土地使用权拍卖的问题上就拍卖法的适用范围问题产生了不同的认识。原国家土地管理局针对地方土地管理部门《关于对土地使用权拍卖有关问题》的请示作出了批复，认为拍卖法中所指的拍卖在其含义、性质、范围等方面均与土地使用权出让的拍卖有明显不同。我国《宪法》第四十条第4款和土地管理法第二条第2款都明确规定，任何组织或者个人不得买卖土地。拍卖法第七条也明确规定："法律、行政法规禁止买卖的物品或者财产权利，不得作为拍卖标的"，因此，土地使用权拍卖出让不能适用拍卖法。根据《城市房地产管理法》和国务院55号令等法律、法规的有关规定，土地使用权出让由市、县人民政府土地管理部门具体组织实施，采用拍卖方式出让国有土地使用权的，经有批准权的人民政府批准后，由市、县人民政府土地管理部门具体组织进行。

1999年，主管拍卖业的原国家国内贸易局针对土地使用权拍卖中存在的一些问题发出了《关于土地使用权拍卖中有关问题的通知》（国贸局发营销字［1999］第126号），认为国有土地使用权拍卖属于拍卖法调整的范围，要求国有土地使用权拍卖活动由拍卖企业进行。通知发出后，在各地土地管理部门引起强烈反响，国土资源部立即向原国家国内贸易局致函，即《关于土地使用权拍卖有关问题的函》（国土资厅函［1999］255号），指出：土地使用权拍卖不属于拍卖法调整的范围，拍卖法第二条明确规定："本法适用于中华人民共和国境内拍卖企业进行的拍卖活动。"因此，拍卖法的适用范围仅限于拍卖企业进行的拍卖活动，不得另加扩展。城市房地产管理法、土地管理法、《城镇国有土地使用权出让和转让暂行条例》等法律法规明确规定，国有土地使用权出让由市、县人民政府负责，由市、县人民政府土地行政主管部门具体组织实施。国有土地使用权拍卖作为国有土地使用权出让的一种具体方式，同样必须由市、县人民政府土地行政主管部门组织实施。市、县人民政府土地行政主管部门在组织实施土地使用权拍卖过程中，根据需要也可将部分工作委托经省级以上土地行政主管部门认证的具有国有土地使用权拍卖资格的拍卖企业承担。国家国内贸易局《关于土地使用权拍卖中有关问题的通知》将国有土地使用权拍卖纳入拍卖法调整范围，要求国有土地使用权拍卖必须由拍卖企业拍卖，是与拍卖法和城市房地产管理法、土地管理法、《城镇国有土地使用权出让和转让暂行条例》等法律法规的规定不一致的。为保证依法行政，希望国家国内贸易局尽快发文纠正《关于土地使用权拍卖中有关问题的通知》的不正确表述，消除影响，并在今后的工作中加强部门协调与配合，共同做好有关工作。

拍卖界则普遍认为，拍卖是一种中介性的服务行为，具有较强的专业特性。通过拍卖企业由公告到展示及宣传配合，最终经过竞价可以最大限度地实现土地使用权的资源价值。土地管理部门在土地开发利用过程中所做出的规划、评估、勘测等各种工作，可以列为资源成本，通过拍卖进行适当回收，不会损害土地管理部门的先期投入。在整个拍卖过程中，拍卖人将接受工商行政管理部门的监督检查，这种监督有利于拍卖活动得以在公开、公平、公正的环境下展开竞争。而由土地管理部门自己组织的拍卖，不但其拍卖的主持者没有进行过专业培训及考核，而且其拍卖活动也将失去工商行政管理部门的监督检查。拍卖是一种特殊的商业活动，从接受委托，到组织实施，具有较强的专业技能。在拍卖活动过程中，拍卖法是最具权威的适用法律，参与拍卖各方的行为都应由拍卖法予以规范，是拍卖市场的准入前提。

关于拍卖法是否适用于土地使用权拍卖的争论还在继续。

关于拍卖法适用范围的第二个争论焦点是民事强制执行中的拍卖是否属于拍卖法的调整范围。由于最高人民法院有明确规定，人民法院民事强制执行中的拍卖必须由拍卖企业来实施，因此这一争论的焦点与上一个争论不同，分歧主要在于人民法院作为拍卖委托人，其行为和法律责任是否适用拍卖法调整的问题，即拍卖人能否将委托法院当作一般的委托人来对待。这个问题的核心是人民法院强制执行的本质问题。拍卖企业受人民法院的委托对被执行人的财产进行拍卖，其行为是协助人民法院执行的行为？还是拍卖法规定的拍卖行为？如果是前者，那么人民法院与拍卖人之间不应当是私法上"拍卖委托合同"关系，而应当是公法上的"协助公务"关系，两者之间无须签订委托合同，只要人民法院作出协助执行通知书即可。拍卖人不能通过拍卖法来追究人民法院的法律责任，当然拍卖的一切法律后果均应由人民法院通过公法来承担。如果是后者，那么人民法院必须通过与拍卖人签订正式的委托拍卖合同来建立关系，而且这种关系是一种平等的私法关系，人民法院只是一个普通的拍卖委托人，应当享受拍卖法规定的委托人权利和履行拍卖法规定的委托人的义务，甚至可以成为拍卖纠纷中的当事人。

目前，在民事强制执行拍卖实践中，人民法院的地位是模糊的。一方面是事实上的拍卖委托人，另一方面在出现拍卖纠纷时，人民法院又不能承担拍卖当事人的法律责任，游离于拍卖法之外。

拍卖法是一个时代的产物，产生于我国经济体制由计划经济向市场经济过渡的历史时期，不可避免地带有其产生时代的痕迹。在将发展和完善社会主义市场经济作为其主要立法目的的同时，也很自然地将约束和管理拍卖企业放在了一个重要的位置。现行拍卖法在适用范围方面存在的模糊性，给我国拍卖业的发展带来了诸多不便，拍卖法的修改和完善势在必行。相信关于土地等拍卖中存在的问题随着拍卖法的修改和完善也将会逐步得到解决。

在我国，根据委托人性质的不同，可以将拍卖分为任意拍卖与强制拍卖。强制拍卖是法律规定的一项重要执行措施。一般是指在民事执行程序中，法院为了实现申请执行人的债权，根据法律规定强制拍卖被查封、扣押、冻结的被执行财产以获得拍卖价款的行为。拍卖法适用于中华人民共和国境内拍卖企业进行的拍卖活动。拍卖企业接受人民法院的委托所从事的强制拍卖活动也属于拍卖法规范的范围，应当严格按照拍卖法的要求进行。

需要注意的是，虽然拍卖法规定该法适用于中华人民共和国境内拍卖企业进行的拍卖活动。但是由于拍卖法律关系包括多方当事人，除了拍卖人外，还有委托人、竞买人和买受人。事实上，所有当事人在拍卖过程中的行为都是拍卖法调整的对象。将拍卖法片面地理解为只是规范拍卖人行为的法的观念是不正确的。比如拍卖法第六十七条就规定，外国人、外国企业和组织在中华人民共和国境内委托拍卖或者参加竞买的，适用本法。

根据法律、法规的规定，其他拍卖主体的拍卖行为也可以参照拍卖法的规定执行。比如《中华人民共和国海事诉讼特别程序法》第三章"海事请求保全"第二节"船舶的扣押与拍卖"中就规定：船舶扣押期间届满，被请求人不提供担保，而且船舶不宜继续扣押的，海事请求人可以在提起诉讼或者申请仲裁后，向扣押船舶的海事法院申请拍卖船舶。海事法院裁定拍卖船舶，应当通过报纸或者其他新闻媒体发布公告。拍卖外籍船舶的，应当通过对外发行的报纸或者其他新闻媒体发布公告。拍卖船舶的公告期间不少于 30 日。拍卖船舶由拍卖船舶委员会实施。拍卖船舶委员会由海事法院指定的本院执行人员和聘请的拍卖师、验船师三人或者五人组成。拍卖船舶委员会组织对船舶鉴定、估价；组织和主持拍卖；与竞买人签订拍卖成交确认书；办理船舶移交手续。拍卖船舶委员会对海事法院负责，受海事法院监督。除本节规定的以外，拍卖适用《中华人民共和国拍卖法》的有关规定。因此，拍卖法的适用范围可能由于其他法律法规的特别规定而超出我国境内"拍卖企业进行的拍卖活动"。

此外，对于其他非拍卖主体的"拍卖"活动，拍卖法及其相关法规、规章也并非完全不具有法律效力。拍卖法第六十条规定，违反本法第十一条的规定，未经许可登记设立拍卖企业的，由工商行政管理部门予以取缔，没收违法所得，并可以处违法所得一倍以上五倍以下的罚款。《拍卖管理办法》（商务部令 2004 年第 24 号）第四十六条规定，未经许可从事经营性拍卖活动的企业，应依照国家有关规定予以取缔。这些规定说明：未经许可登记设立的"拍卖企业"不具备拍卖企业资格；任何不具备拍卖企业资格的企业均无权从事"经营性"拍卖活动。否则将不发生拍卖的效力，并将受到法律制裁。

再论拍卖法的适用范围

在拍卖法颁布实施后，各地土地管理部门与拍卖界在关于土地使用权拍卖出让的问题上就拍卖法的适用范围问题产生了不同的认识。原国家土地管理局针对地方土地管理部门"关于对土地使用权拍卖有关问题"的请示作出了批复，认为拍卖法中所指的拍卖在其含义、性质、范围等方面均与土地使用权出让的拍卖有明显不同，因此，土地使用权拍卖出让不能适用拍卖法。拍卖界则普遍认为，拍卖具有较强的专业特性。拍卖企业通过公告到展示，最终经过竞拍可以最大限度地实现土地使用权的资源价值。在整个拍卖过程中，拍卖人将接受工商行政管理部门的监督检查，这种监督有利于拍卖活动得以在公开、公平、公正的环境下展开竞争。而由土地管理部门自己组织的拍卖，不但其拍卖的主持者没有进行过专业培训及考核，而且其拍卖活动也将失去工商行政管理部门的监督检查。

双方为此争论不休。

在争论过程中，国土资源管理部门为了使自己亲自组织的拍卖更具有"拍卖"特色，还在国家已实行的拍卖师执业资格制度外"另起炉灶"，组织培训专门的"土地拍卖主持人"，这种资格被人戏称为"内部粮票"。只要不具备"土地拍卖主持人"资格，即便是通过严格考核取得了国家注册拍卖师资格的人，也没有资格主持土地使用权拍卖。这一做法遭到颇多非议。2004年在成都"地王"拍卖中出现了黄学政事件后，社会对这种"内部粮票"的指责声就更加强烈了。

目前，全国各地土地拍卖中的情况不太一样，有些地方土地管理部门与拍卖企业合作较好，但绝大多数地方的土地部门仍然是自行拍卖土地。有些地方甚至还出台了地方性法规，这给拍卖业的发展带来很大的影响。比如，2001年深圳市政府出台了"100号令"，令全市拍卖业利益格局发生巨大变化。这个全名为"深圳市土地交易市场管理规定"的地方法规，将深圳市所有可以进行土地使用权交易的行为，全部划归市国土局署下的深圳市土地房产交易中心。规定强调，其他中介机构不得参与上述交易。数据显示，"100号令"之前，深圳全市年拍卖总额曾高达150亿元，至2004年和2005年，拍卖成交金额下降到40亿元左右。

拍卖法的适用范围问题是一个"胎带"的问题，自从拍卖法"诞生"之日起就存在了。国土资源管理部门和拍卖业之间，表面上争论的是拍卖法的适用范围，实质上双方争论的真正用意是一目了然的。双方争论的理由都不够充分。好像都在顾左右而言它。这也难怪，因为双方的真正目的是不能直接说出来的，所谓"名不正者言不顺"，拍卖法的适用范围只是双方用来"正名"的招牌而已。

首先,拍卖业认为"国有土地使用权拍卖属于拍卖法调整的范围",这一观点缺乏法律上的支持。至少从拍卖法的69个条文中是找不到直接的根据的。拍卖业强调国有土地拍卖应当属于拍卖法的调整范围,其本意想要强调的是"国有土地使用权拍卖"应当委托拍卖企业来进行。这也无可厚非。拍卖企业是靠拍卖业务吃饭的,当然希望拍卖法的调整范围越大越好。土地使用权在目前我国的拍卖标的中,即使不算最大的标的,也算得上是大标的之一了。虽然"国有土地使用权拍卖属于拍卖法调整的范围"在拍卖法中找不到直接的根据,但是拍卖业强调的一些理由还是可取的,比如"拍卖具有较强的专业特性,由拍卖企业这些专业拍卖人组织拍卖,可以最大限度地实现土地使用权的资源价值。在整个拍卖过程中,拍卖人将接受工商行政管理部门的监督检查,这种监督有利于拍卖活动得以在公开、公平、公正的环境下展开竞争",等等。这些认识是符合国家恢复发展拍卖业的初衷和拍卖业20多年来实践的事实的。

其次,土地资源管理部门从法律法规"国有土地使用权出让由市、县人民政府负责,由市、县人民政府土地行政主管部门具体组织实施"这些规定中推导出"国有土地使用权出让拍卖必须由土地行政管理部门亲自'操刀'的结论",这种推导显然是错误的。即使承认"市、县人民政府土地行政主管部门在组织实施土地使用权拍卖过程中,根据需要也可将部分工作委托经省级以上土地行政主管部门认证的具有国有土地使用权拍卖资格的拍卖企业承担"这种认识也有可圈可点的地方。土地管理部门之所以要这样坚持,其真正用意是不言自明的。因为土地使用权拍卖出让中存在着巨大诱人的利益,岂能随便拱手让于他人呢?近年来,在土地使用权出让中发生的一系列腐败案件就充分证明了这一点。

如果说土地管理部门仅是在国有土地使用权拍卖出让问题上与拍卖业有分歧,并坚持国有土地使用权拍卖出让不属于拍卖法调整,虽然理由不充分,但也还是可以理解的。可是置国家法律确立的拍卖师执业资格制度于不顾,另行创设"土地使用权拍卖主持人"制度,这一做法就走的太远了。因为这是在变相设置行政许可,明显与我国《行政许可法》的精神是相背的。最近国家已通过《反垄断法》,这种做法也在要"反"的垄断行列。

拍卖法确实不应将所有的拍卖活动纳入其调整范围,这样做事实上也是不现实和不可能的。比如,一般商业活动主体自行采用拍卖方式进行的商品交易就不宜纳入拍卖法的调整范围。现行宪法除了禁止土地所有权的交易外,并不禁止土地使用权的合法交易。国有土地使用权确实具有特殊性,但是无论多特殊,也改变不了国有土地使用权拍卖出让所具有的"商业交易"的一面。土地管理部门不是一般的商业活动主体,而是国家行政管理机关,国有土地使用权出让作为一种特殊的"交易"由国家行政机关"亲自操刀"和"独家垄断"的格局恐怕不是最佳的"制度安排"。

关于拍卖法适用范围的争论不只存在于国有土地使用权出让问题上,其他领域也有体现。这些问题的最终解决有待拍卖法及相关法律的修订和完善。在法律没有修订和明确之前,最好的办法是双方协商合作,互相取长补短。事实证明,和则两利,斗则两败。在双方合作较好的地区,也正是土地资源利用的较好的地区。所以说中央政府的决策是英明的,我们应当建立一个和谐社会。一家之言,只代表本人,欢迎批评。

论拍卖人与委托人之间的法律关系

近日搜集到一个案例。笔者认为法院的判决不可思议，公布出来，供大家思考。案情如下：

2006年10月19日，北京市第二中级人民法院在民事强制执行一案中，委托北京某拍卖公司拍卖一处房产。2006年11月某竞买人通过拍卖竞得该标的，成为买受人。拍卖成交后，拍卖公司与该买受人签订了拍卖成交确认书。其中第八条约定：买受人应按照"余款支付期限"中规定的时间交齐全部余款，否则，超期每日按成交额的千分之八向拍卖人支付滞纳金。买受人迟延支付成交价款20天。拍卖人起诉至北京市第一中级人民法院，要求买受人承担滞纳金。

判决结果：北京市第一中级人民法院审理后认为：双方争议的焦点在于双方所签拍卖成交确认书的第八条的效力问题。认为拍卖成交确认书从形式上看，是拍卖公司与买受人签订的，但该合同约定的权利义务实际是买受人与（拍卖）委托人之间的权利义务，拍卖公司并非该确认书的实际履行者，拍卖公司作为中介机构，只是人民法院委托组织拍卖工作，其完成拍卖工作后，即完成了委托人的全部事项，其有权按照拍卖法向买受人收取佣金。从债权的相对性看，拍卖标的物的所有人具有拍卖成交款及其滞纳金的请求权，而作为中介机构的拍卖公司无拍卖成交价款及其滞纳金的请求权，故其与买受人约定由其收取拍卖成交款的滞纳金应属无效。

……

判决：驳回拍卖公司主张滞纳金的诉讼请求。

简要点评：这个判决将拍卖人定位为"委托人的代理人"，颠覆了长期以来法学理论界和拍卖实务界对拍卖人法律地位的共识。其逻辑是：委托的结果必然导致代理。我不清楚这是本案法官个人认识水平上的问题，还是司法系统整体上对拍卖法的理解发生了变化。但是这个判决确实让人感到迷惑。在司法强制执行拍卖的问题上，难道法院系统承认自己以往做错了吗？要知道在以往无数司法强制执行拍卖案例中，当买受人将拍卖人起诉到法院，拍卖人以自己是中介为由，要求追加委托人为当事人时，法院从来都是认为拍卖人与买受人之间的法律关系是独立与委托拍卖合同的。为此，一切责任都由拍卖人来承担。我不知道北京市第一中级人民法院的这个判决意味着什么，是一种进步？还是一种倒退？听说这个案件现在已经上诉到北京市高级人民法院了，我们拭目以待吧。

我为什么主张使用指定公物拍卖的概念

在我主编的用于拍卖师资格考试指导教材的《拍卖法案例分析教程》中，对拍卖法第九条规定的拍卖，没有使用传统的"公物拍卖"的概念，而是使用了"指定公物拍卖"这样一个新的概念，并主张拍卖界今后统一使用这一概念。教材出版后，有同志就此概念提出了一些看法，认为这一概念不符合拍卖界的习惯叫法，担心会引起歧义。我想在此就这个问题进行简要说明，并就"公物拍卖"谈谈自己的看法，供大家讨论。

"公物拍卖"是我国拍卖界使用频率很高的一个概念。在我国拍卖业恢复的初期，"公物"曾经是我国拍卖活动中的主要标的，"公物拍卖"也曾经是各拍卖企业的主要业务。但是在1997年正式颁布实施的拍卖法中并没有明确使用"公物拍卖"这一概念。长期以来，拍卖界不少人一直错误地将拍卖法第九条的规定看作是关于"公物拍卖"的规定，将"公物"狭义地理解为就是该法第九条规定的，"国家行政机关依法没收的物品，充抵税款、罚款的物品和其他物品"以及"人民法院依法没收的物品，充抵罚金、罚款的物品以及无法返回的追回物品"。这种理解与国家其他法律文件关于"公物"的表述不完全一致，相关的国家机关对于"公物拍卖"的理解也与拍卖界的理解存在着差异，导致拍卖实践中出现了许多关于"公物拍卖人资格"问题的纠纷。

拍卖公物的现象在我国拍卖业恢复时就已存在，但是"公物拍卖"这一概念最早是哪一法律文件中首先提出的，到目前为止还没有人考证过。一提到"公物拍卖"，我们首先联想到的可能是1992年国务院发布的国办发（1992）48号文件，即《关于公物处理实行公开拍卖的通知》。但是可以肯定的是，该通知中也并未明确使用这一概念。该通知指出："建国以来，我国对罚没物品和追回赃物的处理，一直沿用国营商业部门作价收购的方式。随着商品经济的发展和加强廉政建设的需要，近几年，一些省市对处理的公物实行公开拍卖，作了大胆的尝试，收到了较好的效果。但在实践中也遇到一些具体问题，主要是：原罚没物品和公物处理规定没有相应修改，一些部门仍通过各自的渠道处理；公物和罚没物品拍卖的数量和范围较小。不能充分发挥拍卖制度应有的作用。为进一步加强廉政建设，管好国家财产，减少财政流失，国务院决定改革现行的公物处理办法，逐步建立和完善公物处理的公开拍卖制度"。

此通知发文的对象是各省、自治区、直辖市人民政府，国务院各部委，各直属机构。为了认真贯彻国务院这一通知的基本精神,各地政府相继出台了关于拍卖公物的一系列地方法规和规章,比如《天津市公物拍卖管理办法》、《吉林省公物拍卖管理办法》等。在这些地方法规或规章中正式使用了"公物拍卖"这一概念。

国办发（1992）48号文件,即《关于公物处理实行公开拍卖的通知》中也没有明确"公物"的范围,只是粗略地列举了需要用拍卖方式来处理的"公物"范围,即"处理的公物必须是国家法律、法规允许流通的商品,具体是指执法机关罚没物品、依法不返还的追回赃物,邮政、运输等部门获得的无主货物,国家机关、社会团体和国营企事业单位按有关规定需要处理的物品及其他方面需要变卖的公物。公开拍卖首先要从罚没物品做起,执法机关依法罚没物品,经法律判决裁定生效后可进行拍卖的,必须委托当地政府指定的拍卖行通过公开拍卖的方式拍卖,不得交由其他商业渠道作价收购,更不允许执法机关在本系统内部作价处理。机场、码头、车站、邮政等单位的无主货物,行政事业单位需要处理的物品,原则上也要按上述规定实行公开拍卖"。

这里我们需要澄清几个问题:

1. 国办发（1992）48号文件并未对"公物"下过定义,不能将"公物"的范围局限于该通知所列举的范围。该通知强调需要用拍卖方式处理的"公物"仅限于:（1）执法机关罚没物品;（2）执法机关依法不返还的追回赃物;（3）邮政、运输等部门获得的无主货物;（4）国家机关、社会团体和国营企事业单位按有关规定需要处理的物品;（5）其他方面需要变卖的公物。这几类公物仅仅是"公物"的一部分,而不是全部。

2. 国办发（1992）48号文件并未要求对所有"公物"的拍卖都必须无条件地由当地政府指定的拍卖企业进行,而重点强调的是对"可进行拍卖的""罚没"意义上的"公物"必须由当地政府指定的拍卖企业进行,即"执法机关依法罚没物品,经法律判决裁定生效后可进行拍卖的,必须委托当地政府指定的拍卖行通过公开拍卖的方式拍卖,不得交由其他商业渠道作价收购,更不允许执法机关在本系统内部作价处理"。对于"机场、码头、车站、邮政等单位的无主货物,行政事业单位需要处理的物品"这些非"罚没"意义上的"公物",只是要求"原则上也要按上述规定实行公开拍卖"。

3. 国办发（1992）48号文件并未明确由哪一级地方政府来指定拍卖,只是笼统地强调由"当地政府指定的拍卖企业进行"。各地政府为贯彻国办发（1992）48号文件而制定的地方规章或文件中,关于必须由当地政府指定的拍卖企业进行拍卖的"公物范围"也基本上与该文件保持了一致。公物处理实行公开拍卖的范围是：罚没物品、追回赃物、运输和邮政等部门的无主货物、国家机关、社会团体、国有事业单位按规定需要处理的物品及其他需要的变卖的公物。

1997年我国第一部拍卖法正式生效实施。国办发（1992）48号文件的基本精神集中体现在该法第九条的规定中,即国家行政机关依法没收的物品,充抵税款、罚款的物品和其他物品,按照国务院规定应当委托拍卖的,由财产所在地的省、自治区、直辖市的人民政府和设区的市的人民政府指定的拍卖人进行拍卖。拍卖由人民法院依法没收的物品,充抵罚金、罚款的物品以及无法返还的追回物品,适用前款规定。

拍卖法第九条的规定与国办发（1992）48号文件相比,规定更加明确具体,主要表现在以下几个方面：

1. 拍卖法明确了享有指定权的主体,即财产所在地的省、自治区、直辖市的人民政府和设区的市的人民政府。

2. 拍卖法明确了国家行政机关应当委托拍卖的公物范围，主要包括：（1）罚没物品，指依照国家法律直接没收的物品，如海关缉私物品；（2）充抵税款的物品；（3）罚款的物品；（4）其他物品，主要指公安机关保存的超过招领期限的遗失物品以及车站、港口、机场等货运处的无主货物等。

3. 拍卖法明确了人民法院应当委托拍卖的公物范围，主要包括：（1）人民法院依法没收的物品；（2）充抵罚金、罚款的物品；（3）无法返还的追回物品。

可见，拍卖法中规定的需要指定公物拍卖的标的范围与国办发（1992）48号文件要求指定拍卖的范围是基本一致的。

随着我国市场经济的发展，能够进入拍卖领域的公物的范围在逐渐扩大，像国有土地使用权、采矿权、企业中的国有股权等这些原来禁止交易的广义上的"公物"都成为拍卖的常见标的。但是随之也出现了一个问题，即是否所有"公物"的拍卖都必须由政府指定的拍卖企业来拍卖呢？如何正确理解拍卖法第九条的规定与"公物拍卖"的关系成了困扰拍卖界的一个难题。

为了避免引起歧义和不必要的纠纷，我主张拍卖界统一使用"指定公物拍卖"的概念，而不再笼统地使用"公物拍卖"的概念，并主张按是否需要指定拍卖人这一标准，将公物拍卖分为指定公物拍卖和非指定公物拍卖。指定公物拍卖就是拍卖法第九条所确定的必须由财产所在地的省、自治区、直辖市的人民政府和设区的市的人民政府指定的拍卖人来实施的公物拍卖。非指定公物拍卖是指除了拍卖法第九条所规定的公物以外的公物的拍卖，比如国有企业破产财产的拍卖、国有土地使用权的拍卖等。这些"公物"的拍卖不需要由政府指定的拍卖人来实施，由委托人自愿选择依法成立的拍卖企业进行即可。

在拍卖实践中，行政机关，其中主要是财政部门或资产管理部门，往往以拍卖标的物属于"公物"为由，限制拍卖企业接受当事人的委托从事"非指定公物拍卖"。导致发生这种与拍卖法相违背现象的原因比较复杂，归纳起来主要有以下几个方面：

1. 从1992年国办发（1992）48号文件到1997年拍卖法正式实施，这期间，各地方政府先后制定和颁布了一系列贯彻执行国办发（1992）48号文件的地方性法律文件。其中，有些地方性法律文件对国办发（1992）48号文件要求采用拍卖方式处理的"公物"范围进行了扩大解释。比如《天津市公物拍卖管理办法》规定：为进一步加强廉政建设，管好国家财产，减少财政流失，规范公物拍卖，根据《国务院办公厅关于公物处理实行公开拍卖的通知》（国办发（1992）48号）精神，制定本办法。拍卖范围包括：（1）各级司法机关、行政执法机关和经济管理部门及有关单位依法查处的违法、违章、走私、罚没等物品，依法不返还的追回赃物，以及变价、抵押等需处理的各类物品（包括动产和不动产）；（2）铁路、港口、民航、邮电、公路等交通运输部门和公安、财政、海关等部门获得的无主物品；（3）司法机关、经济合同仲裁机关依照法律程序需强制执行公开处理的物品或变价抵押品；（4）国家机关、社会团体、国立学校、国有企业等需公开出售的更替淘汰物品；（5）宣布破产的国有企业财产和国有资产管理部门委托拍卖的物品（包括动产和不动产）。这其中，第5项的内容就不属于国办发（1992）48号文件规定的拍卖范围。但是拍卖法颁布实施后，许多地方政府没有及时对这些规定进行调整，导致一些地方执行的指定拍卖的范围与拍卖法的规定不一致。

2. 国办发（1992）48号文件并未明确由哪一级地方政府来指定拍卖，只是笼统地强调由"当地政府指定的拍卖企业进行"。因此各地在执行国办发（1992）48号文件时，出现了"多头"指定的问题。有些地方由财产所在地的省、自治区、直辖市的人民政府指定，有些地方由设区的市的人民政府指定，有些地方政府委托财政部门来指定，还有些地方政府委托资产管理部门来指定，等等。拍卖法明确规定了享有指定权的主体是财产所在地的省、自治区、直辖市的人民政府和设区的市的人民政府。但是拍卖法生效后，一些地方政府并未按照拍卖法的规定进行调整，仍然是按照惯例行事。这也是导致混乱的一个重要原因。

3. 由政府指定拍卖人进行"特定公物拍卖"，这本身是一个行政许可行为。谁有权设定这样的许可，《中华人民共和国行政许可法》出台以前是极不规范的。有些地方通过制定地方法规来设定，有些地方则通过出台地方性规章来设定。而拍卖法非常明确地将指定权赋予财产所在地的省、自治区、直辖市的人民政府和设区的市的人民政府。这些效力等级不相同的法律文件相互不一致的规定也是导致混乱的一个原因。

那么究竟应当如何执行呢？2004年7月1日，我国第一部行政许可法开始实施。该法明确规定，只有全国人大及其常委会、国务院和省级地方人大及其常委会可以依法设定行政许可，省级人民政府可以依据法定条件设定临时性行政许可，其他国家机关包括国务院各部门一律不得设定行政许可。

拍卖法是由全国人民代表大会常务委员会制定的法律，其对指定公物拍卖许可的设定是符合行政许可法规定的。根据行政许可法的规定，地方各级政府除了可以依据法定条件设定临时性行政许可外，不具有设定行政许可的资格。因此，目前各地方人民政府通过出台地方规章对指定公物拍卖设定的许可都是不符合行政许可法精神的。也就是说，哪些公物属于必须由政府指定的拍卖人实施拍卖？由哪一级政府来指定？这些都是行政许可问题，在这个问题上，拍卖法的效力是最高的，因此应当以拍卖法的规定为准。即指定拍卖的公物范围应当仅限于拍卖法第九条规定的范围，享有指定权的主体只能是被拍卖财产所在地的省、自治区、直辖市的人民政府和设区的市的人民政府。其他行政部门要想行使这一权力，必须由省、自治区、直辖市的人民政府和设区的市的人民政府的明确授权。

总之，"指定公物拍卖"这一概念能够准确地反映拍卖法第九条的内容和精神，主张使用这一概念的目的正是为了纠正长期以来在"公物拍卖"问题上存在的概念混乱局面，从长远来看，对拍卖业的发展是有利的。这是我个人的看法，不当之处，欢迎大家批评。

论取得指定公物拍卖人资格的必要条件

由于拍卖标的的特殊性，按拍卖法规定，指定公物拍卖须由财产所在地省、自治区、直辖市人民政府和设区的市的人民政府指定的拍卖人进行，这是从法律上对指定公物拍卖人主体资格的确立。但是拍卖法并没有对取得"指定公物拍卖人资格"的具体条件进行规定。拍卖法生效后，各地在"指定公物拍卖人资格"问题上并没有统一适用的标准。由于拍卖业恢复初期，拍卖企业多为国营（国有）性质，最早取得指定公物拍卖人资格的拍卖企业也大都是国有性质的企业，这就使一些地方政府产生了错误认识，即认为只有国有性质的拍卖企业才能取得"指定公物拍卖人资格"，并以此为由将非国有拍卖企业"拒之门外"，或者取消了实行过改制的拍卖企业原有的指定公物拍卖人资格。

指定公务拍卖人资格虽然没有统一明确的标准，但是企业性质不是也不应该成为一个必要条件。根据内贸市字［1998］第34号文件《关于贯彻〈中华人民共和国拍卖法〉规范拍卖市场管理有关问题的通知》的规定，地方政府指定的拍卖企业应当是当地实力较强、运作规范、服务优质、便于监督的综合性的拍卖企业。这一规定对于指定拍卖人的条件做出了原则性限定。但未提及应该根据企业所有制的性质不同而有所区别对待。依据我国的公司法，法人的有关资质和权利不因公司改制或企业法人代表的变更而改变。因此公司改制后，仍然有权利继续享有原有的指定公物拍卖人的资格。2005年1月1日起实施的《拍卖管理办法》第九条第二款规定："国家行政机关依法没收的物品，充抵税款、罚款的物品、人民法院依法没收的物品，充抵罚金、罚款的物品以及无法返还的追回物品和其他特殊的国有资产等标的的拍卖应由具有相应拍卖资格的拍卖企业承担，具体资格条件由省级商务主管部门会同有关部门依据规范管理、择优选用的原则制定，并报商务部备案。"这里也没有提到指定企业的所有制性质问题，所有制性质是否是一个条件，应当由省级商务主管部门会同有关部门根据具体情况来确定。

指定公物拍卖人的选定确实是一件非常复杂的工作。实践中，各地一般应依据本地拍卖市场规模和指定拍卖任务及其他实际情况来确立指定拍卖人的标准。指定公物拍卖企业一般应是当地规模较大、运作规范、服务质量好的拍卖企业。依据我国现状，取得指定公物拍卖人资格一般应具备的条件是：（1）依据拍卖法、公司法成立的拍卖机构；（2）有丰富的拍卖操作经验，没有违法、违规行为；（3）公司有符合规定的国家注册拍卖师及从业人员，员工素质较高；（4）公司运营时间两年以上；（5）公司有良好的社会形象及社会信誉；（6）公司有严格的管理制度，运作规范。但是企业的所有制性质不是一个必要条件。

人民法院委托的拍卖与指定公物拍卖的关系

接受各级人民法院的委托进行拍卖是目前拍卖企业的一项重要工作内容。人民法院委托的拍卖，根据拍卖标的物来源的不同，可以分为两大类：一类是在民事强制执行中，人民法院委托拍卖人对被采取了司法强制措施的被执行人的财产进行的拍卖，拍卖变现用于偿还司法文书所确定的被执行人的债务。这种拍卖一般称为司法强制执行中的拍卖。另一类拍卖是受人民法院委托对人民法院依法没收的物品，充抵罚金、罚款的物品以及无法返还的追回物品所进行的拍卖，拍卖变现全部上缴国家。这一种拍卖属于指定公物拍卖。

司法强制执行中的拍卖与指定公物拍卖的委托人虽然都是人民法院，而且目前两种拍卖也都只能向买受人单方面收取佣金，但是两者也有着明显的区别：

首先，司法强制执行中的拍卖的目的是清偿债务，而人民法院委托的指定公物拍卖的目的则是成交变现上缴国库。

其次，司法强制执行中的拍卖的适用法律主要是民事诉讼法，而人民法院委托的指定公物拍卖的适用法律则主要是刑事诉讼法。

再次，司法强制执行拍卖的拍卖人无需由政府来指定，而人民法院委托的指定公物拍卖则需由省、直辖市、自治区人民政府和设区的市的人民政府指定的拍卖人进行拍卖。

最后，司法强制执行拍卖中的拍卖标的一般是人民法院采取了司法强制措施的被执行人的财产，不一定属于公物；而人民法院委托的指定公物拍卖的标的物主要是由人民法院依法没收的物品，充抵罚金、罚款的物品以及无法返还的追回物品，属于公物的范畴。

指定公物拍卖中委托人是否
应承担拍卖费用

某拍卖公司具有指定公物拍卖资格,接受当地工商行政管理部门的委托,拍卖一批执法中没收的蔬菜种子。经过拍卖,蔬菜种子虽有两名竞买人,但是两人在拍卖会上都没有举牌。拍卖会结束后,拍卖公司要求工商部门承担为此次"蔬菜种子"拍卖所付出的合理费用3200元,工商部门拒绝支付,理由是:此次拍卖属于"公物拍卖",拍卖变现将全部上缴国库,工商部门无权从拍卖中获得任何好处,何况拍卖并没有成功。

本案例涉及到的问题是在指定公物拍卖中拍卖费用的承担问题。指定公物拍卖中,拍卖佣金只能向买受人单方收取。拍卖法第五十七条规定:"拍卖本法第九条规定的物品成交的,拍卖人可以向买受人收取不超过成交价5%的佣金。收取佣金的比例按照同拍卖成交价成反比的原则确定"。在拍卖法制定的过程中,立法者认为指定公物拍卖,实际上是把国家机关需要处理的财产变为国家的财政收入,国家行政机关和司法机关在拍卖活动中并无利益可言。因此拍卖人向作为委托人的国家机关收取佣金显然是不合适的。但鉴于拍卖人是中介机构,其在拍卖的实施中需要投入一定的人力、物力和财力,故可向买受人单向收取一定的佣金作为由此所支付的成本和劳动的回报,向买受人收取不超过拍卖成交价5%的佣金的规定,就体现了这样的精神。

公物拍卖佣金不宜过高,否则会影响国家的财政收入。对于这种观点,笔者认为值得商榷。国家机关是由国家财政拨款来维持其存在和开展工作的。但是国家机关在向社会提供公共服务的时候也并不完全是无偿的。比如人民法院向当事人收取的诉讼费,行政机关向行政相对人收取的相关行政性费用等等。拍卖人是依法成立的中介服务性企业,是社会主义市场经济中的独立主体,其活动是民事上的市场行为,付出劳动后,收取相应的佣金报酬是对其劳动价值的体现和回报。但是近年来,由于市场竞争的加剧,拍卖人收取的佣金比例越来越低,在这种情况下,个别国家机关却以种种名义出台各种规定,明确限定拍卖人向国家机关委托人收取拍卖佣金。比如除了拍卖法明确规定在指定公物拍卖中,拍卖人只能向买受人单方面收取佣金外,《最高人民法院关于人民法院民事执行中拍卖、变卖财产的规定》也规定,在民事强制执行的拍卖中,拍卖人也只能向买受人单方面收费。这些规定显然加剧了拍卖业生存的艰难程度,是否合理值得拍卖界认真研究。当然,在这些规定没有修改之前是具有法律效力的,拍卖人在拍卖活动中应当认真遵守和执行。

拍卖法规定，指定公物拍卖过程中，拍卖机构不得向委托人收取拍卖佣金，但是拍卖法并未规定，指定公物拍卖中的委托人在任何情况下都不需要承担任何拍卖费用，而是明确规定：指定拍卖"拍卖未成交的，适用本法第五十六条第三款的规定"，而拍卖法第五十六条第三款的内容是"拍卖未成交的，拍卖人可以向委托人收取约定的费用；未作约定的，可以向委托人收取为拍卖支出的合理费用。"因此本案例中，拍卖公司向委托人工商管理部门收取为拍卖支出的合理费用的行为是合法的。

论拍卖中恶意串通的构成要件和法律责任

恶意串通问题是这几年困扰拍卖界的一个常见问题。到目前为止，还没有很好的应对措施。但是如果我们在理论上能够明确恶意串通的性质、构成要件和法律责任，毫无疑问将会有助于恶意串通问题的解决。这也正是本文的创作目的。

一、恶意串通的含义及其分类

关于"恶意串通"的问题，在我国民法通则和合同法中都有所规定。民法通则第五十八条规定了七种无效民事行为，其中第四种就是"恶意串通，损害国家、集体或者第三人利益的"无效民事行为。民法通则第六十一条规定："民事行为被确认为无效或者被撤销后，当事人因该行为取得的财产，应当返还给受损失的一方。有过错的一方应当赔偿对方因此所受的损失，双方都有过错的，应当各自承担相应的责任。双方恶意串通，实施民事行为损害国家的、集体的或者第三人的利益的，应当追缴双方取得的财产，收归国家、集体所有或者返还第三人。"合同法第五十二条规定了五种合同无效的情形，其中之一是因"恶意串通，损害国家、集体或者第三人利益"而导致的无效合同。合同法第五十九条规定："当事人恶意串通，损害国家、集体或者第三人利益的，因此取得的财产收归国家所有或者返还集体、第三人。"可见，民法通则和合同法都是将恶意串通作为一种认定民事行为无效或认定合同无效的条件来规定的。

民法通则和合同法中都未对"恶意串通"的含义进行过明确的界定。拍卖法是将"恶意串通"作为一种禁止性行为而规定的。拍卖法第三十七条规定："竞买人之间、竞买人与拍卖人之间不得恶意串通，损害他人利益"，但是拍卖法也未对恶意串通的含义进行明确的界定。如何理解恶意串通的含义呢？笔者认为恶意串通是指民事活动中的当事人，为牟取不法利益合谋实施的损害他人利益的违法行为。拍卖中的恶意串通是指在拍卖活动中，拍卖当事人为了牟取不法利益，共同合谋实施的损害他人利益的违法行为。

拍卖实践中，拍卖当事人恶意串通的情况比较复杂，大体上可以分为三种类型：一类是竞买人相互之间的恶意串通。主要表现为拍卖前竞买人结成联盟，一致压低价格，拍卖后共同分得利益。这种恶意串通损害的是委托人和拍卖人的利益。一类是拍卖人与竞买人之间的恶意串通。主要表现为竞买人通过行贿手段在拍卖前从拍卖人处获取竞买条件和标的的信息，比如透漏保留价等行为。这种恶意串通损害的主要是委托人的利益，同时也侵犯了其他竞买人的公平竞买的权利。还有一种类型是委托人、拍卖人和竞买人三方共同串通，其损害的主要是国家的利益或社会的利益，同时也侵犯了其他未参与恶意串通的竞买人的公平竞买权。拍卖法第三十七条规定："竞买人之间、竞买人与拍卖人之间不得恶意串通，损害他人利益"。可见，我国拍卖法对前两种恶意串通行为进行了禁止性规定。但是这并不意味着第三种恶意串通行为是合法和不受禁止的。根据民法通则和合同法的规定，这种恶意串通，损害国家、集体或者第三人利益的行为是无效的民事行为，拍卖结果当然也是无效的。

二、恶意串通的构成要件

拍卖法没有对恶意串通的构成要件进行规定，在拍卖实践中如何认定恶意串通的构成呢？笔者认为，拍卖法上所讲的恶意串通实际上是指恶意串通行为而言的，恶意串通行为本质上属于民法上的一般侵权行为。根据民法一般侵权行为的构成理论，可以将恶意串通的构成要件进行如下归纳：

首先，恶意串通的当事人为了谋取自身的不法利益，在主观上存在着共同的侵犯他人合法权益的"故意"。恶意串通这个概念中的"恶意"本身就说明行为人主观上应当是故意的。

其次，行为人要有恶意串通损害他人合法权益的行为表现。关于恶意串通行为的表现主要是由《拍卖监督管理办法》规定的，该办法第九条规定，竞买人之间不得有下列恶意串通行为：

1. 竞买人之间相互约定一致压低拍卖价格；
2. 竞买人之间相互约定拍卖价格；
3. 竞买人之间相互约定买受人或相互约定排挤其他竞买人；
4. 其他恶意串通行为。

根据拍卖实践，竞买人之间的其他恶意串通行为主要表现为：事前串通联络、拍卖中串通不应价、应价不加价或利用其他不正当竞争手段，威胁其他竞买人，欺行霸市，企图垄断拍卖市场等行为。该办法第十条规定，竞买人与拍卖企业之间不得有下列恶意串通行为：

1. 不经买卖竞价程序而处分拍卖标的；
2. 拍卖企业违背委托人的保密要求向竞买人泄露拍卖标的保留价；
3. 拍卖企业与竞买人私下约定成交价；
4. 其他恶意串通行为（比如，收受竞买人的贿赂等）。

这里有一个问题需要澄清，即实际上的损害结果是否是构成恶意串通行为的一个条件呢？笔者认为，是否有实际上的损害结果不是构成恶意串通行为的必要条件。损害结果只是衡量恶意串通行为法律后果或法律责任的一个条件。民法通则规定"恶意串通，损害国家、集体或者第三人利益的"民事行为无效。合同法规定"恶意串通，损害国家、集体或者第三人利益"的合同无效。拍卖法第六十五条也规定："违反本法第三十七条的规定，竞买人之间、竞买人与拍卖人之间恶意串通，给他人造成损害的，拍卖无效，应当依法承担赔偿责任。由工商行政管理部门对参与恶意串通的竞买人处最高应价百分之十以上百分之三十以下的罚款；对参与恶意串通的拍卖人处最高应价百分之十以上百分之五十以下的罚款"。可见，是否给他人造成损害只是衡量恶意串通行为的法律后果和是否应当承担法律责任的条件之一，而不是恶意串通行为本身的构成要件。

从拍卖实践和司法实践来看，行为人只要具备行为要件就可以构成恶意串通了。因为很难举证证明行为人主观上是否是故意的，主观上是否故意也只能通过客观的行为来说明，只要有恶意串通的行为，一般就可以推定其主观上是故意的。

在恶意串通的认定方面，目前还存在一些误区。比如有这样一个案例：某拍卖行接受法院委托拍卖某房地产项目。经过评估，该标的整体价值为2600万元，法院据此确定了保留价为2500万元。被执行人对此表示异议，认为其投资成本高达5000万元，该评估明显低估了该项目的价值，要求人民法院中止拍卖。人民法院经审查后认为中止的理由不成立，因此继续进行了拍卖。拍卖过程中，拍卖行采取减价拍卖方式，最终以2500万元的价格，将该项目大部分的房产拍卖成交。拍卖成交后，当地工商局认定该拍卖行与竞买人串通，将原值5000万元的房产以2500万元的低价成交，造成了他人的损失，因此做出了对拍卖行的处罚决定。从本案来看，拍卖行并没有与竞买人恶意串通的行为，工商局对此也没有提出任何证据，只是以成交价低于投入价值一点来推断，是明显的证据不足。成交价低于投入价值是由于拍卖市场的实际情况造成的，并且大部分标的成交价已经达到了保留价，应该说真实的反映了拍卖品的价格，不会给他人造成损失。因此，工商局在没有其他充分的证据加以认定的情况下做出的行政处罚决定是不妥当的。还有一个案例：某拍卖公司受国税局委托，对一批香烟进行拍卖。拍卖公告注明：竞买人须具有烟草经营权才能参加竞买。有意者请带身份证件和烟草经营权证件及1万元保证金到拍卖公司办理竞买手续。经过激烈竞价，最终由甲公司以6万元的价格竞得。事后另一竞买人乙公司向法院提起了诉讼，称甲公司并无竞买资格，甲公司的烟草专卖经营权系伪造的。并称拍卖公司没有查出竞买人的资格无效，与竞买人之间构成恶意串通。像竞买人乙公司这种观念在拍卖实践中并不少见。恶意串通，需要拍卖人与竞买人之间有串通的故意、恶意串通的行为。拍卖人如果只是由于对竞买人的资格审查存在过错，并不能证明其与竞买人之间存在串通的故意。如果没有其他的证据可以证明拍卖人与竞买人之间的串通的故意，那么拍卖人对竞买人资格审查的失误不能认为是恶意串通。

三、恶意串通的法律后果和法律责任

拍卖法第六十五条规定："违反本法第三十七条的规定，竞买人之间、竞买人与拍卖人之间恶意串通，给他人造成损害的，拍卖无效，应当依法承担赔偿责任。由工商行政管理部门对参与恶意串通的竞买人处最高应价百分之十以上百分之三十以下的罚款；对参与恶意串通的拍卖人处最高应价百分之十以上百分之五十以下的罚款"。这里需要注意的是，构成恶意串通本身并不必然意味着拍卖无效。恶意串通行为只有同时具备给他人造成损害这一结果时，其法律后果才是拍卖无效。这是拍卖法中唯一明确规定拍卖无效的地方。不论是否应当追究当事人的其他法律责任，只要构成恶意串通，给他人造成损失，拍卖本身就是无效的。如果仅有恶意串通的行为，而不具备给他人造成损失这样的结果，则不能想当然认定为拍卖无效。比如有这样一个案例：拍卖公司对一栋房屋进行拍卖，委托人事先确定的保留价是5

万元。竞买人张三、李四和王五是朋友。在拍卖会之前，三人在一起商量，出价太高对谁都没有好处，不如共同协助张三以低价竞得房屋，再让他分别给另外两人好处费。后来张三以7万元拍得房屋，李四和王五也分别领到了好处费，并出具了收条。此事经人举报后，工商行政管理部门开始调查，张三、李四和王五对上述事实予以承认。但是当工商行政管理部门找到委托人了解委托人的利益是否受到损害时，委托人认为7万元成交价已经超过了保留价2万元，他对此成交价感到满意，认为张三等人的行为并没有损害自己的利益，愿意将该标的卖给张三。此次拍卖是否有效呢？笔者认为应当认定有效。拍卖活动是一种民事活动，其最终目的在于促成交易并促进资源的流通。本次拍卖中，竞买人的最高应价已经超过了保留价，应价是有效的。当事人的利益是否受到损害，当事人最有发言权。除非行为人的行为损害了国家的或集体的利益，否则应当尊重民事活动主体的意愿。

构成恶意串通并且给他人造成损害结果的，行为人应当承担民事责任，即民事赔偿责任。但是民事责任实际上并不仅仅限于损失的赔偿问题，还包括退还已收的款项和费用等民事上的返还责任。如果恶意串通侵害了国家的利益，行为人因此取得的财产还应收归国家所有。除了民事责任外，行为人还应承担行政责任。拍卖法第六十五条规定："违反本法第三十七条的规定，竞买人之间、竞买人与拍卖人之间恶意串通，给他人造成损害的，拍卖无效，应当依法承担赔偿责任。由工商行政管理部门对参与恶意串通的竞买人处最高应价百分之十以上百分之三十以下的罚款；对参与恶意串通的拍卖人处最高应价百分之十以上百分之五十以下的罚款"。

关于恶意串通者的行政责任，要注意两个小问题：一是谁来追究行政责任，即行使权力的主体，按拍卖法规定应当是工商行政管理部门；二是拍卖人和竞买人承担行政责任的形式和起算基础是一样的，形式都是罚款，起算基础都是最高应价，但是计算的标准不一样。对参与恶意串通的竞买人处以最高应价10%以上30%以下的罚款，而对参与恶意串通的拍卖人处以最高应价10%以上50%以下的罚款。由此可见，立法对拍卖人参与恶意串通的处罚力度要比对参与恶意串通的竞买人的处罚力度要大，因为拍卖人参与恶意串通的后果要比竞买人参与恶意串通要严重，给社会造成的危害也更大。

在拍卖实践中，在追究行为人的法律责任时，也有一些具体问题不好解决，比如在一场拍卖中，竞买人恶意串通都不应价，对此应如何追究他们的法律责任呢？在这种情况下，由于没有最高应价，也无法确认给他人造成的损失，因此无法计算具体的罚款额。所以在拍卖实践中，如果确有证据证明他们事前通谋，构成恶意串通，一般采取的办法是取消这些竞买人的资格或在该标的再次拍卖时，禁止其参与该标的的再次竞买。

论工商行政管理部门的拍卖监督权

某拍卖公司受银行委托拍卖位于市区的一间面积为 400 平方米的营业房,委托人确定的保留价为 230 万元。拍卖公司接受委托后依法发布拍卖公告,定于 2004 年 6 月 23 日在拍卖公司对上述标的物进行拍卖,起拍价为 200 万元。某房屋中介公司看到公告后,进行了报名登记,办理了相关的竞买手续并交纳了竞买保证金。2004 年 6 月 23 日,在拍卖会上只有该房屋中介公司和某典当公司两家单位参与竞买。经过几轮竞价,当房屋中介公司应价 230 万元时,典当公司以 235 万元举牌应价,拍卖师三声报价后,房屋中介公司没有再加价,于是拍卖师落槌,拍卖成交。2004 年 8 月,买受人典当公司办理了相关过户手续后,取得了该营业房的所有权证。2004 年 11 月,典当公司又委托该拍卖公司进行拍卖,起拍价为 260 万元,定于 12 月 10 日进行拍卖,后因故未进行拍卖。房屋中介公司经调查后发现,拍卖公司与典当公司的法定代表人系同一人。于是向工商行政管理部门举报,称拍卖人与竞买人典当公司恶意串通。工商行政管理部门立案调查后认为拍卖公司与典当公司的法定代表人确系同一人,两公司属于关联公司,遂以拍卖公司与典当公司恶意串通为由宣布 2004 年 6 月 23 日的拍卖成交合同无效,并依据拍卖法的规定对拍卖公司与典当公司给予了罚款处罚。

对于本案事实的认定无争议,但对于本案的处理有以下三种不同意见:

第一种意见认为,拍卖行为无效,该营业房应当由房屋中介公司以 230 万元拍卖成交。拍卖公司和典当公司的法定代表人为同一人,典当公司以竞买人的身份参加拍卖公司举行的拍卖活动,违反了合同法规定的诚实信用原则以及拍卖法规定的拍卖活动应遵循公开、公平、公正原则,故拍卖行为无效。合同法规定:无效的合同自始没有法律效力。由于拍卖行为无效,导致典当公司退出竞买,则本案的拍卖标的物应以房屋中介公司的 230 万元应价成交。

第二种意见认为,拍卖行为无效,但该营业房不应由房屋中介公司以 230 万元拍卖成交。拍卖无效理由同第一种意见,但如果由房屋中介公司以 230 万元拍卖成交,则有损委托人的合法利益,因为委托人实际已经取得了 235 万元的成交价款,如因无效而改按 230 万元成交,则委托人将无端的损失 5 万元,这对委托人是不公平的,且委托人至今未对该拍卖行为提出过异议,故本案拍卖无效后,应对该营业房进行重新拍卖。

第三种意见则认为,拍卖行为有效。本次拍卖完全按照拍卖法的规定进行,拍卖法规定:"拍卖人及其工作人员不得以竞买人的身份参与自己组织的拍卖活动,并不得委托他人代为竞买。"虽然本案的拍卖人与竞买人典当公司的法定代表人为同一人，但二公司均是独立法人，典当公司显然不属于"拍卖人的工作人员"范畴，且典当公司是以超过保留价的最高应价竞得该营业房的，其行为并未违反法律规定。本案的拍卖合法有效，工商行政管理部门的认定和处罚不正确。

本案例涉及到工商行政管理部门对拍卖活动的监督权问题。我们结合本案例来分析一下。

一、拍卖法中对工商行政管理部门拍卖监督权的规定

拍卖法中多处规定了工商行政管理部门对拍卖活动的监督权，并赋予了工商行政管理部门对违法拍卖行为较大的行政处罚权，具体表现为以下几个方面：

1. 拍卖法第十一条和第六十条规定："设立拍卖企业必须经所在地的省、自治区、直辖市人民政府负责管理拍卖业的部门审核许可，并向工商行政管理部门申请登记，领取营业执照。违反本法第十一条的规定，未经许可登记设立拍卖企业的，由工商行政管理部门予以取缔，没收违法所得，并可以处违法所得一倍以上五倍以下的罚款。"

2. 拍卖法第二十二条和第六十二条规定："拍卖人及其工作人员不得以竞买人的身份参与自己组织的拍卖活动，并不得委托他人代为竞买。拍卖人及其工作人员违反本法第二十二条的规定，参与竞买或者委托他人代为竞买的，由工商行政管理部门对拍卖人给予警告，可以处拍卖佣金一倍以上五倍以下的罚款；情节严重的，吊销营业执照。"

3. 拍卖法第二十三条和第六十三条规定："拍卖人不得在自己组织的拍卖活动中拍卖自己的物品或者财产权利。违反本法第二十三条的规定，拍卖人在自己组织的拍卖活动中拍卖自己的物品或者财产权利的，由工商行政管理部门没收拍卖所得。"

4. 拍卖法第三十条和第六十四条规定："委托人不得参与竞买，也不得委托他人代为竞买。违反本法第三十条的规定，委托人参与竞买或者委托他人代为竞买的，工商行政管理部门可以对委托人处拍卖成交价百分之三十以下的罚款。"

5. 拍卖法第三十七条和第六十五条规定："竞买人之间、竞买人与拍卖人之间不得恶意串通，损害他人利益。违反本法第三十七条的规定，竞买人之间、竞买人与拍卖人之间恶意串通，给他人造成损害的，拍卖无效，应当依法承担赔偿责任。由工商行政管理部门对参与恶意串通的竞买人处最高应价百分之十以上百分之三十以下的罚款；对参与恶意串通的拍卖人处最高应价百分之十以上百分之五十以下的罚款。"

6. 拍卖法第六十八条规定："本法施行前设立的拍卖企业，不具备本法规定的条件的，应当在规定的期限内达到本法规定的条件；逾期未达到本法规定的条件的，由工商行政管理部门注销登记，收缴营业执照。具体实施办法由国务院另行规定。"

拍卖法第五章"法律责任"共有九个条文，其中涉及到由工商行政管理部门追究责任的条文就有五个，可见工商行政管理部门在监督和规范拍卖活动中的作用是非常突出的。

二、拍卖管理办法中对工商行政管理部门拍卖监督权的规定

商务部出台的《拍卖管理办法》中涉及到工商行政管理部门对拍卖企业和拍卖活动行

使监督权的内容有：申请设立拍卖企业及分公司，应当先经企业或分公司所在地市级商务主管部门审查后，报省级商务主管部门核准并颁发拍卖经营批准证书。申请人持拍卖经营批准证书向所在地工商行政管理机关办理登记手续。拍卖企业及分公司自领取拍卖经营批准证书之日起，6个月内未领取营业执照，其拍卖经营批准证书自动失效。拍卖企业及分公司成立后6个月未开业，或开业后连续6个月无正当理由未举办拍卖会或没有营业纳税证明的，由有关部门依法吊销其营业执照，商务主管部门收回拍卖经营批准证书。拍卖企业根据章程规定事由、股东会决议或其他事由解散的；或者因违反法律、行政法规及本办法规定被责令关闭的；或者因不能清偿到期债务，被依法宣告破产的，由有关部门依法注销。设立外商投资拍卖企业及分公司的，申请人应当自收到外商投资企业批准证书和拍卖经营批准证书之日起一个月内，向所在地工商行政管理机关办理登记手续。外商投资拍卖企业及分公司成立后6个月未开业，或开业后连续6个月无正当理由未举办拍卖会或没有营业纳税证明的，由有关部门依法吊销其营业执照，商务部收回拍卖经营批准证书。外商投资拍卖企业根据章程规定事由、股东会或董事会决议或其他事由解散的；或者因违反法律、行政法规及本办法规定被责令关闭的；或者因不能清偿到期债务，被依法宣告破产的，由有关部门依法注销。

三、《拍卖监督管理暂行办法》的主要内容

2001年3月1日起执行的国家工商行政管理总局101号令，即《拍卖监督管理暂行办法》对工商行政管理部门享有的拍卖监督权的内容、行使程序和法律责任等作了专门规定，成为工商行政管理部门行使拍卖监督权，维护拍卖秩序，规范拍卖行为，保护拍卖活动各方当事人的合法权益的主要法律依据。根据该办法的规定，县级以上工商行政管理机关依法对拍卖企业及拍卖活动实施监督管理，主要职责是：依法对拍卖企业进行登记注册；监督拍卖企业、委托人、竞买人以及其他参与拍卖活动的当事人遵照法律法规及规章的规定参与拍卖活动；查处违法拍卖行为；法律、法规、规章规定的其他职责。

设立拍卖企业应当按照拍卖法、公司法等法律法规及规章的规定，经有关部门审核许可、工商行政管理机关登记注册。拍卖企业举办拍卖活动，应当于拍卖日前7天内到拍卖活动所在地工商行政管理局备案，备案内容包括：拍卖会名称、时间、地点；主持拍卖的拍卖师资格证复印件；拍卖公告发布的日期和媒体、拍卖标的展示日期；拍卖标的清单及有关审批文件复印件；其他材料。拍卖企业应当在拍卖活动结束后7天内，将竞买人名单、身份证明复印件送拍卖活动所在地工商行政管理局备案。拍卖企业认为向工商行政管理机关报送的材料有保密内容的，应注明"保密"字样并密封。对拍卖企业举办的拍卖活动，工商行政管理机关可实施拍卖现场监管。拍卖企业应当在拍卖现场公布工商行政管理机关的举报电话，并向到场监督人员提供有关资料及工作条件。拍卖企业、委托人、竞买人应服从工商行政管理机关对拍卖活动的监督管理，并按要求如实提供有关材料。拍卖企业不得以委托人、竞买人、买受人要求保密等为由，阻碍监督检查。

该办法还详细规定了禁止拍卖当事人在拍卖活动中从事的行为，以此作为工商行政管理部门执法的依据和评价标准，这些禁止性行为包括：拍卖企业不得采用财物或者其他手段进行贿赂以争揽业务；拍卖企业不得利用拍卖公告或其他方法，对拍卖标的作引人误解的虚假宣传；拍卖企业不得捏造、散布虚假事实，损害其他拍卖企业的商业信誉；拍卖企业不得利

用职务上的便利,以盗窃、利诱、胁迫或者其他不正当手段获取权利人的商业秘密;拍卖企业及其工作人员不得以竞买人的身份参加自己组织的拍卖活动,或者委托他人代为竞买;拍卖企业不得在自己组织的拍卖活动中拍卖自己的物品或者财产权利;拍卖企业不得雇佣非拍卖师主持拍卖活动;拍卖企业不得有其他违反法律法规及规章的行为。委托人在拍卖活动中不得参与竞买或者委托他人代为竞买。竞买人之间不得相互约定一致压低拍卖应价、相互约定拍卖应价、相互约定买受人或相互约定排挤其他竞买人。竞买人与拍卖企业之间不得不经拍卖竞价程序处分拍卖标的;拍卖企业不得违背委托人的保密要求向竞买人泄露拍卖标的保留价;拍卖企业与竞买人不得私下约定成交价。拍卖人、委托人、竞买人不得拍卖国家禁止买卖的物品或者财产权利。

四、工商行政管理部门是否有权确认和宣布拍卖成交合同无效

在拍卖实践中,工商行政管理部门确认拍卖无效或宣布拍卖成交合同无效的情况时有发生。那么工商行政管理部门是否有权确认拍卖无效或宣布拍卖成交合同无效呢?从上述分析中我们可以清楚地看出,无论是全国人民代表大会常务委员会制定的拍卖法、还是商务部出台的拍卖管理办法,都没有关于工商行政管理部门确认拍卖无效和宣布拍卖成交合同无效的权力。就是国家工商行政管理总局的101号令,即《拍卖监督管理暂行办法》中,也没有赋予工商行政管理部门确认拍卖无效和宣布拍卖成交合同无效的权力。对于公民而言,凡法律没有禁止的,就是允许的;而对于行使公权力的国家机关而言,凡法律没有允许的,就是禁止的。根据法治的这项基本原则,我们可以说,工商行政管理部门并不享有确认拍卖无效或宣布拍卖成交合同无效的权力。

有一种观点认为合同法第一百二十七条赋予了工商行政管理部门确认合同无效的权力。笔者认为这种观点是对合同法第一百二十七条的错误理解。该条规定:"工商行政管理部门和其他有关行政主管部门在各自的职权范围内,依照法律、行政法规的规定,对利用合同危害国家利益、社会公共利益的违法行为,负责监督处理;构成犯罪的,依法追究刑事责任"。本条是对工商行政管理部门和其他有关行政主管部门实施合同监督的范围的规定。工商行政管理部门和其他行政部门对合同的监督不是一般意义上的监督,因为合同行为是双方当事人意思自治的体现,只有在发生了法律明确禁止的行为时,其意思自治的效力才消失。因此,工商行政管理部门和其他有关主管部门仅在有人利用合同实施对国家利益、社会利益造成危害的违法、犯罪行为时,依其职责进行监督以及追究责任。但是这种监督权中,不应含有认定合同效力的内容。

作为行政机关的工商行政管理部门在行使职权时应当依法行政,依法行政本身包含了多方面的要求,其中最为重要的一点就是"职权法定",即指行政机关行使行政职权的行为自始至终均应当有明确的法律依据、法律授权或是受有权机关的委托。工商行政管理局在缺乏上述要件情况下作出的行为就意味着该行为违法以及不能成立。工商行政管理部门作为市场监督管理和行政执法的行政机关,其法定职责可以归纳为:市场监管和行政执法两个方面。可以明确的是工商行政管理部门的职能中并没有包括认定民事行为无效这一项。认定民事合同无效的主体应当有终局裁决权,工商行政管理部门不具备终局裁决权。民事合同关系实际上是平等民事主体之间设立、变更、终止民事权利义务的协议,依法成立的合同受法律的保

护。民事合同关系无论是在建立之初,还是在履行之时,都秉承自愿原则,其他机关、单位和个人不得任意干涉,这在《中华人民共和国合同法》中有着明确的规定。认定民事合同的无效实质上是一种对合同效力的终局裁判,民事合同一旦被认定为无效就意味着合同自始无效,将直接导致合同当事人双方的权利义务状态发生重大变化。根据我国民法通则第五十九条规定:民事行为的变更或者撤销应当由人民法院或者仲裁机构予以变更或者撤销。因此,只有拥有法定权力的法院或仲裁机构才享有对民事合同是否有效的裁决权,工商行政管理局作为行政机关并不具备这种权力。因此本案例中,工商行政管理部门认定拍卖成交合同无效的做法是错误的。

论司法解释在拍卖活动中的效力

最近不少学员咨询，在拍卖中，当最高人民法院的司法解释与拍卖法的规定不一致时，应当以哪一规定为准的问题。看来这个问题具有一定的普遍性，有必要费点笔墨来分析一下。我认为这个问题的实质是如何正确认识司法解释的本质及其在拍卖活动中的效力的问题。如果弄清楚了司法解释的本质及其在拍卖活动中的效力，大家的疑问就容易解决了。下面谈谈我个人对这个问题的认识，仅供大家参考。

一、当代中国的法律解释及其体制

在我国，司法解释是法律解释的一种，所以这个问题首先得从我国的法律解释体制谈起。法律解释是指一定的人或组织对法律规定含义的说明。法律被制定出来以后，为什么还要进行解释呢？这是由法律调整的特殊性及其运作的规律所决定的。首先，法律规定不可能用大白话，而是具有高度的概括性和抽象性，在法律实施过程中，要把一般的法律规定适用于千差万别的具体情况，对各种具体的行为、事件和社会关系作出处理，就有必要对法律规定进行解释。其次，由于人们在认识能力、认识水平上存在差别，有时人们的利益与动机也会有差别，他们往往会对同一法律规定有不同的理解，特别是对法律规定中一些专门术语有不同的理解，这就需要权威性的法律解释来统一人们的认识，保证法律实施的统一性。再次，俗话说，"金无足赤，人无完人"，再高明的立法者制定的法律都会有漏洞。发现并利用这些漏洞的行为我们就叫"钻法律的空子"。为了防止有人"钻法律的空子"，就需要通过法律解释来不断改正和弥补法律规定的不完善之处。另外，通过法律解释还可以解决法律的稳定性与社会发展之间的矛盾。法律规范是相对稳定的，不能朝令夕改，而社会生活却是不断发展变化的。要把相对不变的法律规定适用于不断变化的社会生活，就需要对法律规范作出必要的解释，以此保证法律能对新情况、新问题作出符合实际的处理。

法律解释由于解释主体和解释效力的不同可以分为正式解释与非正式解释。所谓正式解释，通常也叫法定解释或有权解释，是指由特定的国家机关、官员或其他有解释权的人对法律规范作出的具有法律约束力的解释。非正式解释，通常也叫学理解释，一般是指由学者或其他个人及组织对法律规定所作的不具有法律约束力的解释，这种解释是学术性的或常识性的，不作为执行法律的依据。

根据解释主体和解释效力的不同，当代中国正式的法律解释可以分为立法解释、行政解释和司法解释三种形式。立法解释是指由立法机关作出的法律解释。现行宪法规定，全国人民代表大会常务委员会负责解释宪法和法律。《关于加强法律解释工作的决议》规定：凡关于法律、法令条文本身需要进一步明确界限或作补充规定的，由全国人大常委会进行解释或用法令加以规定。行政解释是指由国家最高行政机关，即国务院及其主管部门对有关法律和法规进行的解释。它包括两种情况：一种是对不属于审判和检察工作中的其他法律如何具体应用的问题所作的解释；另一种是国务院及其主管部门在行使职权时对自己所制定的法规所进行的解释。司法解释是国家最高司法机关对司法工作中具体应用法律问题所作的解释。我国的最高司法机关包括最高人民法院和最高人民检察院，它们分别是我国最高的审判机关和最高的检察机关。因此司法解释也相应地分为最高人民法院的审判解释和最高人民检察院的检察解释。审判解释是指由最高人民法院对人民法院在审判过程中具体应用法律问题所作的解释。检察解释是指由最高人民检察院对人民检察机关在检察工作中具体应用法律问题所进行的解释。我们拍卖中经常适用的司法解释主要是指最高人民法院所做的解释，检察解释在拍卖活动中适用的情况不常见。

二、审判解释与民事强制执行中的司法解释

从以上介绍中，我们应当明白司法解释是法律解释的一种。改革开放以来，司法解释在我国建设社会主义法治国家的进程中，在弥补法律的粗陋和疏漏，积累立法经验，指导司法实践方面发挥了十分独特而又重要的作用。已经成为各级人民法院审理各类诉讼案件最基本也是最重要的法律依据之一。

在目前中国的司法解释中，最高人民法院所做的审判解释是我国法院和法官每天办案的直接依据。司法解释的形式可分为"解释"、"规定"、"批复"三种。"解释"是对如何适用法律、或某一类案件如何适用该法律的抽象性规定。"规定"是对审判业务本身的开展作出的规范。"批复"则是对高级法院就审判工作中如何具体应用法律问题的请示作出的答复。最高人民法院所有的司法解释都必须经审判委员会讨论通过，一律以最高人民法院公告的形式在《人民法院报》上公开发布。一般以公开发布的日期为生效时间，具有普遍约束力，全国各级人民法院和专门人民法院必须遵照执行。当司法解释与有关法律规定一并作为法院判决或裁定的依据时，法官应当在法律文书中援引。在颁布新的法律，或在原法律修改、废止，或制定了新的司法解释后失去法律效力。

可见最高人民法院所做的司法解释主要是用来指导各级法院审判工作的审判解释。也许有人会问，我们拍卖活动中适用的司法解释主要是人民法院在强制执行中的一些规定，与人民法院的审判活动没有多大关系，为什么也叫司法解释呢？这个问题回答起来有些复杂。需要先了解一下我国法律对民事强制执行权的定位才能说得清楚。

民事强制执行权是由人民法院行使，还是由其他机关行使，抑或由人民法院和其他机关共同行使，世界各国的情况略有不同。中华人民共和国成立后，我国法律将民事强制执行权配置在了人民法院，人民法院成为民事强制执行机关。1991年的《中华人民共和国民事诉讼法》规定："基层人民法院、中级人民法院根据需要，可以设立执行机构"，之后，全国各地方法院依据这一规定逐步实现了审执分立，建立了专门的执行机构，配备了执行员。最

高人民法院也于20世纪90年代初在经济审判庭设立执行组,后又于1995年3月设立了执行工作办公室,简称执行办。我们拍卖活动中适用的大部分司法解释就是由这个机构起草并完成的。因此,在我国,将民事诉讼活动分为民事审判与民事执行两个阶段,执行与审判是人民法院的两项重要工作。民事审判形成的判决或裁定成为民事强制执行的重要执行依据,民事强制执行又是民事审判工作的延续,是兑现民事判决和裁定内容的重要手段。总之,我国将民事强制执行权看作是与审判权并列的国家权力,将民事执行权定位于司法权,将人民法院作为行使包括民事执行权在内的司法权的主体。鉴于此,虽然当我们讲司法解释时主要是指审判解释,但最高人民法院关于民事强制执行工作的一些解释或规定也应当属于司法解释的范畴。

三、与拍卖活动相关的司法解释及其主要内容

与拍卖活动相关的司法解释很多,比如关于合同法的司法解释,关于房地产、股权、文物、机动车等凡是可以成为我们拍卖标的的所有财产或权利的司法解释事实上都与我们的拍卖活动有关系。但是这些司法解释在拍卖活动中,一般不会引起我们的歧异,关于这些司法解释在拍卖活动中的效力一般也不会成为"问题"。最容易引起歧异或者最需要我们说明的是最高人民法院关于民事强制执行中的一些司法解释。我们的拍卖业务有很大一部分来源于各级人民法院的民事强制执行,拍卖活动与人民法院的民事强制执行工作联系较为紧密,适用民事强制执行方面的司法解释的机会也较普遍,所以一旦民事强制执行方面的司法解释与拍卖法等法律的规定不相一致甚至发生冲突时,我们就很容易将之看作是一个"问题"。这就是为什么许多学员会提出同样一个问题的原因。有鉴于此,本文将集中探讨民事强制执行中司法解释的效力,除了特别注明外,本文所探讨的司法解释专指民事强制执行中的司法解释。

现在与拍卖活动有关的民事强制执行中的司法解释主要有三个:

一是最高人民法院《关于人民法院执行工作若干问题的规定(试行)》。该规定于1998年7月18日起施行,与拍卖活动有关的内容主要是:被执行人无金钱给付能力的,人民法院有权裁定对被执行人的其他财产采取查封、扣押措施。人民法院对被执行人所有的其他人享有抵押权、质押权或留置权的财产,可以采取查封、扣押措施。财产拍卖、变卖后所得价款,应当在抵押权人、质押权人或留置权人优先受偿后,其余额部分用于清偿申请执行人的债权。人民法院对查封、扣押的被执行人财产进行变价时,应当委托拍卖机构进行拍卖。拍卖、变卖被执行人的财产成交后,必须即时钱物两清。委托拍卖、组织变卖被执行人财产所发生的实际费用,从所得价款中优先扣除,所得价款超出执行标的数额和执行费用的部分,应当退还被执行人。被执行人不履行生效法律文书确定的义务,人民法院有权裁定禁止被执行人转让其专利权、注册商标专用权、著作权(财产权部分)等知识产权。对前款财产权,可以采取拍卖、变卖等执行措施。

二是最高人民法院《关于冻结、拍卖上市公司国有股和社会法人股若干问题的规定》。该规定于2001年9月30日生效。主要内容是:人民法院执行股权,必须委托依法成立的拍卖机构进行拍卖,不得直接将股权执行给债权人。拍卖股权之前,人民法院应当委托具有证券从业资格的资产评估机构对股权价值进行评估,并委托拍卖机构于拍卖日前10天,在

《中国证券报》、《证券时报》或者《上海证券报》上进行公告。股权拍卖的保留价应当按照评估值确定。第一次拍卖最高应价未达到保留价时,应当继续进行拍卖,每次拍卖的保留价应当不低于前次保留价的 90%。经三次拍卖仍不能成交时,人民法院应当将所拍卖的股权按第三次拍卖的保留价折价抵偿给债权人。拍卖股权时,国有股权竞买人应当具备依法受让国有股权的条件。股权拍卖过程中,竞买人已经持有的该上市公司股份数额和其竞买的股份数额累计不得超过该上市公司已经发行股份数额的 30%。如竞买人累计持有该上市公司股份数额已达到 30% 仍参与竞买的,须依照《中华人民共和国证券法》的相关规定办理,在此期间应当中止拍卖程序。拍卖成交后,人民法院应当向证券交易市场和证券登记结算公司出具协助执行通知书,由买受人持拍卖机构出具的成交证明和财政主管部门对股权性质的界定等有关文件,向证券交易市场和证券登记结算公司办理股权变更登记。

三是最高人民法院《关于人民法院民事执行中拍卖、变卖财产的规定》。该规定于自 2005 年 1 月 1 日起施行,值得注意和容易引起争议的内容主要有:

关于评估:对拟拍卖的财产,人民法院应当委托具有相应资质的评估机构进行价格评估。对于财产价值较低或者价格依照通常方法容易确定的,可以不进行评估。当事人双方及其他执行债权人申请不进行评估的,人民法院应当准许。

关于拍卖机构的确定:拍卖机构由当事人协商一致后经人民法院审查确定。协商不成的,从负责执行的人民法院或者被执行人财产所在地的人民法院确定的拍卖机构名册中,采取随机的方式确定。当事人双方申请通过公开招标方式确定拍卖机构的,人民法院应当准许。

关于保留价:拍卖应当确定保留价。拍卖保留价由人民法院参照评估价确定。未作评估的,参照市价确定,并应当征询有关当事人的意见。人民法院确定的保留价,第一次拍卖时,不得低于评估价或者市价的 80%;如果出现流拍,再行拍卖时,可以酌情降低保留价,但每次降低的数额不得超过前次保留价的 20%。出现流拍的,拍卖费用由申请执行人负担。

关于公告:拍卖应当先期公告。拍卖动产的,应当在拍卖 7 日前公告。拍卖不动产或者其他财产权的,应当在拍卖 15 日前公告。拍卖公告的范围及媒体由当事人双方协商确定。协商不成的,由人民法院确定。拍卖财产具有专业属性的,应当同时在专业性报纸上进行公告。当事人申请在其他新闻媒体上公告或者要求扩大公告范围的,应当准许,但该部分的公告费用由其自行承担。

关于佣金:拍卖成交的,拍卖机构可以按照下列比例向买受人收取佣金,即拍卖成交价 200 万元以下的,收取佣金的比例不得超过 5%;超过 200 万元至 1000 万元的部分,不得超过 3%;超过 1000 万元至 5000 万元的部分,不得超过 2%;超过 5000 万元至 1 亿元的部分,不得超过 1%;超过 1 亿元的部分,不得超过 0.5%。采取公开招标方式确定拍卖机构的,按照中标方案确定的数额收取佣金。拍卖未成交或者非因拍卖机构的原因撤回拍卖委托的,拍卖机构为本次拍卖已经支出的合理费用,应当由被执行人负担。

四、如何正确认识司法解释的本质及其在拍卖活动中的效力

就最高人民法院《关于人民法院执行工作若干问题的规定(试行)》而言,这一司法解释是人民法院对被执行人的财产或其他权益行使处分权的法律依据,也是为什么我们拍卖机

构可以将人民法院当作拍卖委托人，接受其委托并开展拍卖活动的法律依据。这一司法解释与拍卖法的内容没有不一致的问题，除了拍卖理论界在探讨人民法院强制拍卖权的实质时有所分歧外，拍卖实务界并无任何异议或争论。

最高人民法院《关于冻结、拍卖上市公司国有股和社会法人股若干问题的规定》，与拍卖法不一致的地方主要是公告的期限、范围以及一些与证券业务相关的特殊规定。比如，这一司法解释要求拍卖机构在拍卖日前10天，在《中国证券报》、《证券时报》或者《上海证券报》上进行公告，而拍卖法要求在拍卖日前7日公告，且拍卖法并无公告载体范围的要求，如果我按照拍卖法的要求进行公告是否合法？

最高人民法院《关于人民法院民事执行中拍卖、变卖财产的规定》是引起争议最大一个司法解释，这也是最高人民法院近期出台的对民事强制执行中拍卖行为进行规范最详细的一个司法解释，一出台就在拍卖实务界引起了很大的反响。集中表现在几个方面：一是评估问题，以往司法解释规定，人民法院强制执行中拍卖被查封、扣押的被执行人的财产时，必须进行评估，而这一司法解释则规定，当事人双方及其他执行债权人申请不进行评估的，人民法院应当准许；二是关于公告期间问题。拍卖法规定拍卖应当于拍卖7日前公告，而这一司法解释则按拍卖标的不同将公告日期分为两种情况：拍卖动产的，应当在拍卖7日前公告，拍卖不动产或者其他财产权的，应当在拍卖15日前公告。这与拍卖法的规定不一致；三是关于佣金的收取。拍卖法规定，拍卖成交的，拍卖人可以向委托人和买受人双方收取佣金，而这一司法解释则规定，拍卖成交的，拍卖机构只可以向买受人收取佣金，而不能向作为拍卖委托人的人民法院收取佣金。不少同志认为这即违反了拍卖法，又不公平，有强买强卖的味道。

对于如何解决司法解释与拍卖法不一致时的法律适用问题，拍卖界存在几种不同的观点：

第一种观点认为，拍卖法是由全国人民代表大会常务委员会制定并通过的，属于狭义上的法律范畴，而司法解释只是由最高司法机关制定的，其效力应当低于拍卖法，只要我们的拍卖行为符合拍卖法的规定就是合法的和有效的，拍卖中可以不考虑司法解释的规定。

第二种观点认为，根据法律适用中特别法优于普通法的原则，拍卖法属于普通法，而司法解释属于特别法，因此司法解释应优先于拍卖法，当司法解释与拍卖法的规定不一致时，应当遵守司法解释的规定。

第三种观点认为，拍卖法是规范拍卖活动的基本法，其规范的对象是在我国依法成立的拍卖企业的拍卖行为，因此我们必须遵守拍卖法。而司法解释是最高人民法院对司法工作中具体应用法律问题所作的解释，是各级人民法院从事司法活动的法律依据，其规范的对象是司法人员的司法活动，我们拍卖人不是司法解释的规范对象，因此，在拍卖中没有必要遵守司法解释。

第四观点是一种非常务实的观点，这种观点认为，讨论在拍卖中是否遵守司法解释没有实际意义。当司法解释与拍卖法的规定不一致时，你不按照人民法院的司法解释办事，你就没有业务，连业务都没有了，我们这些拍卖人还不得喝西北风呀。

以上是几种具有典型意义的观点。我认为这几种观点都有些道理，但是都较片面，这是没有正确理解司法解释的本质及其在拍卖活动中的效力所引起的。坦率地讲，第一种观点和第三种观点有一些可取之处，全国人民代表大会及其常务委员会制定并通过的法律确实比人民法院的司法解释的效力高，对于司法解释我们并不需要时时刻刻或在所有的拍卖活动中都去遵守它。我们的拍卖活动可以分为普通拍卖和强制拍卖，接受人民法院的委托在民事强制执行中实施拍卖只是我们拍卖业务中的一个类别，并不是全部。司法解释规范的对象是人民法院的司法人员的司法活动，并不是我们这些拍卖人的拍卖活动，因此，在普通拍卖中，我们只要按照拍卖法和相关法律的规定开展活动即可，不必考虑强制拍卖中的司法解释问题。但是在人民法院委托的强制拍卖中，我们则应当遵守相关的司法解释。

在人民法院委托的强制拍卖中应当遵守相关的司法解释，并不是由于第二种观点所认为的"特别法优于普通法"的法律适用原则，也不是由于第四种观点认为的怕没有业务，而是另有其他道理。

我们在人民法院委托的强制拍卖中，应当遵守相关的司法解释，但是遵守的原因并不是因为它们是有法律效力的司法解释，也不是因为它们是广义上的法律的组成部分，更不是因为这些规定是最高人民法院作出的，而是因为，遵守这些司法解释是我们应当履行的合同义务。

在人民法院委托的强制拍卖中，尽管人民法院作为国家司法机关，给人的感觉是与普通委托人有些不同，但是就拍卖法律关系而言，人民法院作为拍卖委托人，并不享有比普通拍卖委托人更多的特权，它也只是一个普通的委托人而已（关于强制执行中委托法院的法律地位理论界还存在争论）。拍卖人与委托人的法律关系是建立在双方通过协商一致签订的"委托拍卖合同"的基础上的。而委托拍卖合同作为一种民事合同而言，双方主体的法律地位是平等的。委托拍卖合同的签订需要通过一个协商一致的过程，这个过程在合同法上叫做"要约与承诺"，即一方提出合同条件，另一方表示接受，双方即可签订合同。在人民法院委托的强制拍卖中，人民法院作为司法机关，必须严格遵守和执行相关的司法解释。因此在人民法院提出的要约中，无论人民法院是否将这些司法解释的规定以书面的形式写入其合同要约，这些司法解释的相关规定都应当视为其要约的当然的内容和条件。一旦拍卖人接受人民法院的委托，同意拍卖，就意味着这些司法机关必须当作法律条文来遵守的司法解释就成为拍卖人必须遵守的委托拍卖合同的条款，拍卖人就具有了合同法上的遵守义务。因此，我个人的观点是，在法院委托的强制拍卖中，如果司法解释与拍卖法规定不一致时，我们应当以司法解释为准，因为这是我们义不容辞的合同义务。

另外，就现有的司法解释而言，虽然有些规定与拍卖法不一致，但是我认为并不存在与拍卖法相抵触的问题。比如，就公告期限而言，拍卖法要求在拍卖日前7日公告，就立法本意来讲，不足7日是违反拍卖法精神的，但是拍卖法并不反对多于7日的公告行为，而现行司法解释的规定只是多于7日，并未见有少于7日的规定。关于收取佣金的问题，拍卖法虽然规定拍卖人在拍卖成交时可以向委托人和买受人双方收取佣金，但是收取佣金是拍卖人的私权利，拍卖法并不反对拍卖人放弃这一权利（恶意的不正当竞争除外）。司法解释关于拍卖人只能向买受人收取佣金的规定看起来有些不公平，但这是委托人要约中的一个条件，拍卖人如果不满意可以不接受。如果接受委托，就视为我们自愿放弃了自己的一部分权利。我们心里可能不愿意接受这一苛刻的条件，但这是另外一个问题了，我们以后可以专门讨论如何来改变它。

五、简要结论

在人民法院委托的强制拍卖中,如果司法解释与拍卖法的规定不一致时(相抵触除外),我们应当以司法解释为准,因为这些规定构成了委托拍卖合同的不可分割的一部分,我们遵守它,不是因为它是司法解释,而是因为我们必须履行我们承诺的合同义务。

论拍卖中的约定优先购买权

关于拍卖中的优先购买权问题，大家探讨的比较多的是法定的优先购买权，比如承租人的优先购买权、共有人的优先购买权、股东的优先购买权、合伙人的优先购买权等。这些人享有优先购买权的依据是法律的明文规定。这种法定的优先购买权是指特定的民事主体依照法律规定享有的优于他人购买某项特定财产的权利。其实，拍卖中除了法定优先购买权外还存在约定的优先购买权和指定的优先购买权。关于指定购买权，我以后将做专门论述，这里我想简单谈谈拍卖中约定的优先购买权的适用问题。

约定优先购买权的运用有时可以帮助我们解决一些实际上的难题。拍卖中常见的法定优先购买权是承租人的优先购买权，作为承租人的公民、法人在租赁合同有效期内，在出租人出卖租赁物时，依照法律的规定享有在同等条件下优先于其他购买人购买租赁物的权利。这种法定的优先购买权又称为"先买权"。先买权制度在我国历史上就相当完备了，早在我国唐律中就规定：房地产买卖必须先问近亲，次问四邻，近亲四邻不要，才得卖与别人。

但是关于承租人的优先购买权如何行使的问题，现在学界存在着一些争议，这些争议的存在往往会造成拍卖中的难题。

有时候承租人承租的只是整体房屋的一部分甚至是一小部分时，如果出卖人整体出售时，承租人要求行使优先购买权，就牵涉到是否认定为同等条件的问题。比如一栋住宅楼有80套房，每套房都是可以单独分割出售的，承租人承租了其中的一套房。现在大楼主人要拍卖这栋大楼，如果分割拍卖，承租人对其承租的那一套房享有优先购买权，这一点是没有争议的。如果要整体拍卖时，承租人是否对整栋大楼享有优先购买权呢？这在学界是有争论的。

一种观点认为，承租人只对承租的部分有优先购买权，如果整体拍卖可分割的房屋，则承租人对整体不享有优先购买权，因为如果让承租人享有优先购买权，则不符合法律要求的"同等条件"；另一种观点则认为，在整体拍卖时，承租人也应当享有优先购买权，理由是拍卖的房屋包含租赁房屋，拍卖行为直接影响到承租人的利益，因此必须考虑承租人的优先购买权问题。

有人认为，优先购买权只能是法定的，当事人之间不能通过约定来创设优先购买权。我认为这种观点值得商榷。

优先购买权是一种限制权。财产所有权人对自己的房屋拥有所有权，有权出卖自己所有的房屋。但是法律基于保护承租人的权益，有利于发挥财产的效用，有利于财产在流转中的稳定，规定出租人出卖自己的房屋时，承租人在同等条件下有优先购买的权利，这是对财产所有人行使所有权的一种必要限制。既然在有法定的限制条件时，财产所有权人可以将房屋卖给有优先购买权的人，那么在没有法律限制的条件下，财产所有权人就更有权决定先卖给谁了。因此说，财产所有权人享有一种通过约定来限制自己的"自由和权利"。财产所有权人可以通过约定来决定在什么情况下，谁享有优先购买权，这就是约定优先购买权。

民法实行的是当事人"意思自治原则"，只要当事人的约定不违反法律法规的强行性规定或禁止性规定，那么这种约定在当事人之间就是有约束力的，就应当受到法律的认可和保护。我国自古以来就有的"民有私约如律令"的观念，这与西方的"意思自治"、"私权神圣"的观念几乎是一致的。个人在私法领域内，只要不违背国家法律的强制性或禁止性规定，就可以根据自己的意思，自由创设法律关系。拍卖活动是一种民事活动，受民法调整，而民法是"私法"，在"私法"领域，实行约定优先原则，即"有约定从约定，无约定从法定"。这种约定优先的例子很多。比如夫妻财产按法律规定属于共同共有的财产，但是如果夫妻之间有关于财产形式的约定，就应以约定为准，只有在没有约定的情况下，才属于法定的共同共有。

在拍卖中，遇到上述可分割财产整体拍卖的难题时，既然承租人是否享有优先购买权存在争议，在承租人主张要享有优先购买权时，为了保险起见，我主张采用"约定优先权"来解决问题。即委托人（出租人）与承租人约定承租人有优先购买权，将这一内容载入委托拍卖合同和竞买协议。拍卖的最终目的是促成交易，如果承租人有能力整体购买，为什么在同等价格条件下不可以优先卖给他呢？这样不但可以避免优先购买权所导致的纠纷，还有利于标的物的交付，而其他竞买人由于事先认可并知道优先购买权的存在，为了竞得标的，也许还会出一个更高的价格，这对各方都没有坏处。

论拍卖中的指定优先购买权

"拍卖中的指定优先购买权"这个问题是我在考虑拍卖师的主持权时偶然想到的。因为以前没有人谈到过这个问题,所以我首先想到的是:我的这种提法合适吗?但是认真思考后,我认为这并不是"标新立异","拍卖中的指定优先购买权"这一说法是可以成立的,而且也很实用。

这首先要从拍卖中的"价高者得法则"谈起。拍卖法第五十一条规定:"竞买人的最高应价经拍卖师落槌或者以其他公开表示买定的方式确认后,拍卖成交"。一般认为这一条是"价高者得法则"在拍卖法中的具体体现。关于如何正确理解"价高者得法则"要求的"最高应价"问题,我记得我在教学中曾讲过这样一个案例:拍卖师甲在拍卖一栋房产时,起拍价为100万元,每次加价5万元,经过几轮竞价,当价位达到125万时,竞买人王某举牌,拍卖师三声重复,在落槌同时,另一竞买人周某再次举牌130万元。拍卖师见状,即宣布继续竞价,最终以130万元被竞买人周某竞得。事后,竞买人王某向法院起诉拍卖公司,认为按照拍卖法第五十一条的规定:"竞买人的最高应价经拍卖师落槌或者以其他公开表示买定的方式确认后,拍卖成交"。拍卖师在落槌成交后,再次就已经成交的标的主持竞价的行为违法,要求确认拍卖无效。拍卖公司则辩称:拍卖法第五十一条要求拍卖师落槌必须是对"最高应价"的确认,拍卖才能成交,在拍卖师落槌的同时,又有更高的应价,说明原告王某的应价不是最高应价,应自动失效。如果原告希望得到争讼的拍品,完全可以再继续举牌应价,拍卖师宣布继续竞价的行为并没有剥夺原告的竞买人资格和继续竞价的权利。因此,本次拍卖中,拍卖师宣布继续竞价是对"拍卖主持权"的正当行使,拍卖合法有效,原告的诉讼请求不能成立。

这个案例涉及到对拍卖师的主持权和价高者得法则的理解问题。本案中的拍卖师和拍卖公司的做法和对"价高者得法则"的理解显然是错误的。

"价高者得法则"要求的"最高应价"是有条件的"最高应价",至少应当受到两个方面条件的约束:一是最高应价的主体必须具备竞买人身份,竞买人以外的其他人即使对拍卖标的出价再高,也是无效的;二是最高应价不是竞买人的绝对最高应价,而是被主持拍卖的拍卖师以落槌或其他公开表示买定的方式予以确认的"相对的最高应价"。实践中经常有不少失意的竞买人在拍卖成交后后悔的情况,表示愿意以出更高的价格,但是这种出价再高也不能算数了。

由此我们可以发现，主持拍卖活动的拍卖师享有这样一种"拍卖主持权"，即确认最高应价的权利或确认买受人的权利。在常见的英格兰式升价拍卖中，举牌应价的竞买人通过"大浪淘沙"通常呈现递减的趋势，一般在拍卖刚开始的低价位时，应价的人较多，之后随着价位的逐步走高，应价者会越来越少，直至最后剩下一个应价者，这时他的应价是最高的，如果没有更高的应价时，拍卖师将通过落槌或以其他表示买定的方式来确认他就是应价最高的"胜出者"，拍卖就成交了。这种情况下，拍卖师"确认权"的行使是顺利成章的事，并无值得特别研究的地方。

但是在拍卖实践中，拍卖师确认权的行使并不都是这么顺利的。拍卖界流传着这样一个故事（我之所以将之称为"故事"，是因为我没有考证过是否真实发生过这样的案例）。话说在一场拍卖会中，主持拍卖的拍卖师自己叫价："120万有人举牌吗"？现场的竞买人都将号牌举了起来，拍卖师见状说："120万全有了"。接着拍卖师又叫价："130万有人举牌吗"？这次竞买人都没有举牌。拍卖师说："130万全没了"。这个故事听上去很好笑。不管它是否真的发生过，它都说明了一个问题，即拍卖师在主持拍卖时，报出竞买人的号牌是非常重要的。尤其是在一些关键性的价位上，无论有多少竞买人同时举牌应价，拍卖师一般应当指定其中的一个竞买人的应价为有效应价，并清楚地报出他的牌号，否则如果下一价位出现无人举牌应价时，拍卖师就无所适从了。而这正是我今天想要探讨的问题。

在同一价位同时有多个竞买人应价时，拍卖师只认可其中一个竞买人的应价，如果这时没有更高的应价，则拍卖师将有权确认与被认可的竞买人成交。但是这时其他曾在同一价位举牌应过价的竞买人可否提出异议呢？其他竞买人会不会说："刚才最高价位上，我也举牌了，为什么你拍卖师认可他而不认可我呢？你们之间是否在恶意串通啊，我也要求成交，否则我就去法院告你去"。这种情况在拍卖中好像没有发生过。

这一现象看似平常而又简单，但是从法律的角度该做如何解释呢？我想弄明白，是基于一种什么样的心理或观念，使得其他竞买人心甘情愿地接受这样一个看上去很不公平的结果呢？法律的内容无非是权利和义务，我还是要从权利和义务的角度来分析。

这一现象恰恰说明了拍卖师主持权中包含着一项重要的权能，即拍卖师有从多个同时应价的竞买人中随意挑选任意一个竞买人并确认他的应价有效的权利。这对拍卖师而言是其拍卖主持权的重要体现，而拍卖师的这一确认行为，对于被确认的竞买人而言，就获得了一种权利，这种权利不是法定的，也不是约定的，而是由拍卖师指定的。我把这种权利称为"指定的优先购买权"，即在同等条件下，这个被指定的竞买人享有了优先购买权，而其他竞买人则有认可和服从这一结果的义务。

拍卖师的拍卖主持权的内容是非常复杂的，从拍卖师的角度来定义这一权利比较复杂，也无法找到一个恰当的词来准确表述。比如我们可以将上面讨论的这种权利称为拍卖师的"确认权"，但是拍卖师在拍卖主持中可能有多种确认权，这样定义还是无法将这种权利特定。而从竞买人的角度来定义这种权利就简单明了多了。竞买人的"指定优先购买权"这个概念的内涵是特定的。

拍卖师的主持权究竟包含多少种权利，这是我们非常想弄明白的一个问题。但是对于拍卖师的主持权而言，我认为没有必要非得从拍卖师的角度将它定义为拍卖师的××权，只要能明确和特定，从何种角度定义和理解都是一样的。

明确拍卖师主持权的一个主要目的就是使竞买人能服从和尊重拍卖师的主持结果。我认为"指定优先购买权"这一概念，既可以明确竞买人的权利，又可以使竞买人明确一种服从拍卖主持的义务，并不比从正面界定拍卖师的主持权的效果差。这提醒我们在研究拍卖师的主持权时，有时候调整一下我们自己的思路是很必要的。通过明确竞买人的权利来间接界定拍卖师的主持权，就是一种值得考虑的思路。

财产共有制度及其对拍卖的影响

财产共有制度不是物权法的首创。早在上世纪 80 年代我国制定的《民法通则》中就明确对财产共有进行了规定。财产共有指两个或两个以上的人（公民或法人）对同一项财产享有财产权。共有财产的主体不是单一的，而是两个或两个以上的公民、法人或公民和法人财产共有。

一、财产共有及其形态

民法通则当年确认了两种财产共有形式，即共同共有和按份共有。与民法通则不同的是，物权法规定了三种财产共有形式。除了共同共有（第九十五条）和按份共有（第九十四条）外，还规定准共有的形式（第一百零五条）。

共同共有是指两个或两个以上的人对于同一项财产的全部，不分份额地、平等地享有所有权。物权法第九十五条规定，"共同共有人对共有的不动产或者动产共同享有所有权。"

按份共有是指两个或两个以上的人对同一项财产按照份额享有所有权。物权法第九十四条规定："按份共有人对共有的不动产或者动产按照其份额享有所有权。"

财产准共有制度是物权法的一个创新之处。物权法第一百零五条规定："两个以上单位、个人共同享有用益物权、担保物权的，参照本章规定。"

二、物权法对财产共有制度的新发展

物权法对共有财产的规定比过去有很大变化。这些变化中对于拍卖有重大影响的主要体现在三个方面：

首先，共有财产的处分方面有了变化。传统民法规定，处分共有财产须共有人一致同意，否则处分无效，权利受侵犯的共有人可以主张撤销。比如：财产继承中，物权法实施之前，不管继承人有几个，只要一个人不愿意处分共同继承的遗产，该遗产则不能处分，只能以共有形式存在，不但继承人的合法权益得不到有效保护，遗产的效能也不能得到很好发挥。物权法解决了这个难题。物权法第九十七条："处分共有的不动产或者动产以及对共有的不动产或者动产作重大修缮的，应当经占份额三分之二以上的按份共有人或者全体共同共有人同意，但共有人之间另有约定的除外"。对按份共有财产的处分应当经占份额三份之二以上共有人同意，处分共同共有财产应当经全体共有人同意，这是对共有财产处分的一般规定。这与过去规定的处分共有财产必须经共有人一致同意有突破，总的来说处分更容易了。

其次，共有财产分割方面有了例外规定。物权法第九十九条：共有人约定不得分割共有的不动产或者动产，以维持共有关系的，应当按照约定，但共有人有重大理由需要分割的，可以请求分割；没有约定或者约定不明确的，按份共有人可以随时请求分割，共同共有人在共有的基础丧失或者有重大理由需要分割时可以请求分割。这是物权法的进步和人性化的地方。多数国家和地区的民法都规定，共同共有人不得请求分割共有物，以保持共有关系。我国物权法规定：共同共有人在共有的基础丧失或者有重大理由需要分割时可以请求分割。所谓共有基础丧失，如夫妻离婚、家庭成员独立分户、遗产分割等。因家庭成员间不再具有共同共有人的关系，任何一方可以请求分割共有财产，该请求一般会得到支持。所谓重大理由，指共同共有人的关系还存在，如一方或者其直系亲属患重病，需要分割共有财产，而另一方不同意，可以请求分割。这不仅突破我国传统民法共有理论，而且与多数国家和地区的民法规定不同，是符合我国国情的。

再次，当事人没有约定或约定不明时共有关系如何确定有了重大变化。物权法第一百零三条："共有人对共有的不动产或者动产没有约定按份共有或者共同共有，或者约定不明确的，除共有人具有家庭关系等外，视为按份共有"。这一规定是对传统民法的重大突破。传统民法规定"没有约定或者约定不明，视为共同共有"。这一规定也是物权法共有关系中最具特点的内容。该规定促进了共有物的分割和流通。《民法通则意见》第八十八条规定："对于共有财产，部分共有人主张按份共有，部分共有人主张共同共有，如果不能证明财产是按份共有的，应当认为为共同共有。"

最后，对共有份额的确定有了明确规定。物权法第一百零四条："按份共有人对共有的不动产或者动产享有的份额，没有约定或者约定不明确的，按照出资额确定；不能确定出资额的，视为等额享有。"

三、物权法中财产共有制度的新变化及其对拍卖的影响

物权法中财产共有制度的上述变化可以简单归结：共有财产分割更容易了、处分更容易、行使权利也更容易了。这就为拍卖提供了便利。

（一）物权法关于财产共有制度的新规定有利于拍卖来源的扩大

1. 按份共有财产委托拍卖更容易了。因为按照传统民法规定不能接受拍卖的标的，现在可以接受了。比如，甲、乙、丙三人合伙购买了一处门面房用于出租，三人按份共有该房产，各享有1/3的产权。这处房产如果按照原来的规定，只有三个人同时同意拍卖，拍卖公司才能接受委托，只要有一个人不同意拍卖，拍卖就无法进行。这种情况现在就不同了。按照物权法的规定，只要有占份额三分之二以上的按份共有人同意即可拍卖。以往我们接受按份共有财产的拍卖是看人数，必须是全体共有人，与他们各自所占的财产分额无关，即使只占1%分额的共有人也享有"一票否决权"。而现在我们就不再考虑人，而是考虑财产分额，只要达到2/3即可，哪怕只有一个共有人要求拍卖，只要他拥有2/3的分额就行。这必将有

利于拍卖标的来源的扩大。

2. 共同共有财产的委托拍卖变的比以往有利了。比如父母去世后留下房产，甲、乙、丙兄弟继承了该遗产，但是一直没有对遗产进行分割。按照原来的规定，必须要取得全体共有人都同意才能分割共有财产。假设三兄弟中的甲急需要钱，想通过拍卖来变现属于他的那一份遗产，但是三人中只要有一人不同意分割，甲变现其遗产的希望就无法实现。物权法实行后，这种情况就有了变化。即如果甲有重大理由需要分割的，就可以请求分割，分割后甲就可以委托拍卖属于他的那一份遗产了。

3. 推定为按份共有有利于拍卖委托。根据物权法的规定，共有人对共有财产没有约定按份共有或者共同共有，或者约定不明确的，除共有人具有家庭关系等外，视为按份共有。这一变化也将有利于拍卖委托。比如甲、乙、丙三人共同出资购买了三间门面房用于出租。按照以往规定，如果三人没有约定是共同共有还是按份共有，则推定为共同共有。那么，未经全体同意，不得分割。但是物权法现在规定这种情况下，应当视为是按份共有，而且规定按份共有的财产，共有人可以随时请求分割。财产分割后即可成为合法的拍卖标的。

4. "约定优先"的原则有利于拍卖。物权法在共有财产制度中，还确定了"约定优先"的原则，即共有财产的形式、分割或处分的条件，当事人有约定，则约定优先，即约定优先于法定。比如，婚姻关系存续期间，夫妻财产一般属于共同财产，单方无权处分。但是如果夫妻双方有协议，约定那些财产属于个人财产，则个人有权单独处理属于自己的财产。

以上这些变化都对拍卖标的来源的扩大提供了条件。

（二）物权法明确将拍卖规定为分割共有财产的法定方式之一

物权法第一百条规定："对难以分割或者因分割会减损价值的，应当对折价或者拍卖、变卖取得的价款予以分割"。这就为拍卖人接受共有财产拍卖的委托提供了法律依据。

（三）物权法第一百零一条规定值得我们注意

虽然物权法对共有财产的规定方面有了很多变化，但是也有没有变的地方，这些没有变的地方我们在拍卖时也要格外注意。物权法第一百零一条规定的"按份共有人可以转让其享有的共有的不动产或者动产份额。其他共有人在同等条件下享有优先购买的权利"。这一规定就是我们以往所说的"优先购买权"问题，物权法实行后仍然存在。这要求我们在接受委托处分按份共有财产时，一定要特别留意其他共有人的优先购买权问题。至于优先购买权行使的方式，我们习惯上采用两种方式：跟价式和询价式。对这两种方式，我们在拍卖实践中发现还存在一些问题。由于时间关系，留待日后再探讨。

但是我想说的是，这一规定引起了我另外的一些思考。大家可能已经注意到了，物权法第一百零一条仅规定了按份共有人可以转让其享有财产中的份额时，其他共有人在同等条件下享有优先购买的权利的情况。没有规定共同共有财产处分时，共有人优先购买权问题。共同共有人之间有优先购买权吗？物权法没有明确规定，但是我认为应当有。在拍卖中，如果共同共有人行使其优先购买权，可能与拍卖法的某些规定出现冲突。比如，甲、乙、丙三人是同胞兄弟。父亲早逝。母亲去世时留下现金5万元和临街店铺一处作为遗产，但是没有立下关于遗产如何处分的遗嘱。母亲去世时店铺正在出租，每月租金6000元。三兄弟协商后决定，5万元现金遗产用于料理母亲的后事，剩余部分三人平分，店铺的租金三人每月平分。2007年5月，店铺租期期满没有续租。就在这时，店铺所在的街道被当地政府规划为专门的特色商业街，使店铺的商业价值大涨。兄弟三人都希望明确该店铺的归属，并且都希望能将店铺折价归自己，而给其他两人经济补偿。三兄弟对该店铺的归属和价格始终争执不下。这时有人给出了个主意，建议他们将该店铺拍卖，出价最高的人获得店铺，其他两人获得经济补偿。三人都觉得这是个好主意。但是丙又提了个条件，说："如果要拍卖，就不能限于我们兄弟三人之间拍卖，我们自己对这个店铺的估价不一定准确，这样对没有得到店铺的人可能会不公平。既然是拍卖，就应当由市场来决定它的真正价格，所以我建议，除了我们兄弟三人外，还应当让其他人也来竞买，如果别人出的价格超出了我们自己的最高报价，我们就都放弃该店铺，一齐分钱，这样对我们更合算"。甲和乙认为有道理。于是三人找到了某拍卖公司，说明了来意。但是拍卖公司的法律顾问对他们说："你们如果委托拍卖，你们三人就都不能再参加竞买了，因为你们都是委托人。拍卖法明确规定委托人不得参加竞买"。三人于是犯了难，委托拍卖，自己却不能参加竞买，万一拍卖的成交价格比自己想出的价格还要低，该怎么办？这个案例事实上给我们提出一个值得我们深思的问题，即如何正确理解拍卖法第三十条的问题，即"委托人不得参与竞买，也不得委托他人代为竞买"。

按照现行拍卖法的规定，只有可分割财产的按份共有人才能享有优先购买权。比较典型的是公司股权拍卖，各股东的股份是清楚的，如果一个按份共有人委托拍卖其股权时，他实际上只能委托拍卖属于他自己的份额，其他共有人不存在委托人身份，所以可以作为竞买人参加竞买，并享有优先购买权。但是在共同共有中，共有人是不分份额的，必须同时作为拍卖委托人。即使在按份共有中，如果共有财产是不可分割的，这个问题实际上仍然是存在的。比如三人合伙购买的一头牛，各享有1/3的所有权，份额是清楚的，但是当一个共有人要求通过拍卖的方式来分割共有财产时，由于财产的不可分割性，牛只能作为一个整体被拍卖。这时其他共有人也必然成为委托人。按照拍卖法的规定，他将失去做竞买人的资格。这对想通过折价方式得到共有财产的共有人而言是不公平的。因此，对拍卖法中委托人不得参与竞买的规定，要正确理解和运用。比如上边一个案例中，如果采取"定向拍卖"，则三位兄弟在当委托人的同时，都可以做竞买人，店铺只在三兄弟之间拍卖，价高者得，并不损害任何人的利益。这有何不可呢？我个人的意见是，即使开放拍卖，允许其他人来竞争时，也应该允许兄弟三人做竞买人参与竞买，前提是要告知其他竞买人三兄弟的真实身份和他们享有的优先购买权。

不动产登记制度及其对拍卖的影响

物权法第二章"物权的设立、变更、转让和消灭"中第一节用了 14 个条文,专门对不动产的登记制度进行了详细规定。这些规定对我们的拍卖也有很大影响。我们先来分析一下这个制度。

物权法明确将登记作为物权的"公示方法"来对待,大大淡化了其行政管理手段的色彩;同时物权法对登记机关的审查义务、登记错误的赔偿责任、异议登记、更正登记以及预告登记等主要登记类型,都进行了比较明确的规定。为了配合物权法的实施,建设部(现在叫住房和城乡建设部)刚刚出台了《房屋登记办法》,该办法已于 2008 年 7 月 1 日起实施。

所谓不动产是指依其自然性质不能移动,或者一经移动必然毁损其经济价值的物。按照有关法律的规定,不动产包括土地以及房屋、林木等地上定着物。物权法关于不动产登记制度有几个内容需要我们特别注意:

首先,对于在不动产上设定的物权来说,原则上其设立、变更、转让和消灭都要进行登记,才能发生设立、变更、转让和消灭物权的效力。物权法第九条第 1 款规定:"不动产物权的设立、变更、转让和消灭,经依法登记,发生效力;未经登记,不发生效力,但法律另有规定的除外。"例如,张三把一套房屋卖给李四,双方只签订书面的买卖合同,并不能认为李四就取得了房屋的所有权。必须双方到房屋登记部门办理了移转登记,把房屋所有权移转到李四名下,李四才能真正取得房屋的所有权。如果双方还没有办理移转登记,即便李四已经支付了全部价款,房屋仍然属于张三。假如张三又把房屋卖给王五,且办理了移转登记,则李四无权要求王五把房屋交还给自己,而只能要求张三承担违约责任,让他返还价款、赔偿相应的损失。之所以如此,主要是为了维护交易安全、节约交易成本。如果不把登记作为买受人取得物权的条件,那就意味着李四只要签完合同就能够取得房屋的所有权,而王五对此通常是一无所知的,他在向张三付款之后可能才发现自己根本无法得到房屋。在这种情况下,人们购买房屋等不动产时就需要花费很大的成本,请人调查这栋房屋究竟是不是出卖人的,从而大大增加交易成本,甚至使交易无法进行。这显然不利于市场的发育。可见不动产物权登记的主要功能是"权利公示",登记的结果是"使物权生效",即只要不登记,就不产生物权的法律效力。

其次,除了上述这一主要功能外,还派生出一些值得我们注意的功能。比如不动产登记制度还具有推定的效力,即除非有相反证据能够证明外,法律一般推定,记载于不动产登记簿上的人为该不动产权利人。物权法第十六条:"不动产登记簿是物权归属和内容的根据。"物权法第十七条:"不动产权属证书是权利人享有该不动产物权的证明。不动产权属证书记载的事项,应当与不动产登记簿一致;记载不一致的,除有证据证明不动产登记簿确有错误外,以不动产登记簿为准"。这一效力对于不动产拍卖有很大的影响,比如:某甲持房产证来委托拍卖,房产证上只记载了某甲是产权人,没有记载其他共有权人。于是拍卖公司接受了委托并进行了拍卖。拍卖结束后,某乙持结婚证找到拍卖公司,告知甲乙是夫妻,该房产系夫妻共同房产,某甲无权单独处分该房产,并向法院起诉主张拍卖无效。

在物权法出台以前,对于这种情况,法院通常会认为拍卖人没有尽到调查核实的义务,该标的存在权利瑕疵,通常会判决拍卖无效,维护共有权人乙的合法权益。但是在物权法实施后,情况就不同了。在这种情况下,如无相反证据,拍卖公司完全可以推定某甲是该房产唯一的产权人,除了拍卖公司经核实发现产权证与登记簿不一致这种情况外,拍卖公司就可以接受拍卖,拍卖结果也是合法有效的。也就是说,物权法实际上减轻了拍卖公司对标的核实的义务,为拍卖提供了法律上的便利,保障了拍卖结果合法有效性,对今后的拍卖是有利的。

物权法的这种推定效力是非常明显的。不久前看报纸,有这样一条新闻:标题是:"夫妻共有财产还是登记双方名字保险"。大意是:杨女士说当初购房时登记的是丈夫的名字,因为听说婚姻存续期间取得的财产,是夫妻共有财产,登记谁的名字都一样,杨女士也就没在意。最近夫妻关系恶化,杨女士的丈夫偷着卖掉他们唯一的一套房子。杨女士想起诉主张房屋买卖无效。于是向市中级法院的一位法官朋友咨询,该法官告诉她,以往按照婚姻法的规定,婚姻关系存续期间取得的财产,除非有特别约定,否则应当归夫妻共同所有。这样如果一方未经另一方同意,擅自处分共有财产是无效的。但是物权法生效后,根据物权法的规定,不动产登记具有公示效力。如果房子登记在夫妻一人的名下,他(她)把房子出卖给第三人,第三人只要是善意的,买卖就有效,共有人不得据此主张买卖无效。所以报纸提醒:夫妻共同财产登记在一方名下的,应该尽快就夫妻共有房产进行补登记,以免出现像杨女士那样的尴尬情况。

第三,没有进行物权登记只是不能发生物权变动的效果,但是双方之间的合同仍然是有效的(注意区分物权效力和合同效力)。物权法第十五条规定:"当事人之间订立有关设立、变更、转让和消灭不动产物权的合同,除法律另有规定或者合同另有约定外,自合同成立时生效;未办理物权登记的,不影响合同效力。"

这一点在拍卖中也是值得我们注意的。举例说明:某拍卖公司接受关某的委托,拍卖了登记在关某名下的一套房产,成交价是 21 万元,买受人是张某。拍卖成交后,张某付清了全部成交价款,但由于忙于生意,一直没有办理过户手续,房屋仍由关某使用。半年后,当地的房地产升值很快,有人提醒张某应尽快办理产权过户手续。当张某去找关某办理过户手续时,才发现房屋的主人已经变成了刘某。经打听,刘某告诉张某,他是一月前从关某手中购买的该房,已经办理了过户手续。张某发现刘某购房的价格是 30 万元,比自己拍卖的价格高了 9 万元。万般无奈之下,张某将拍卖公司告到法院,要求法院判决拍卖公司为其办理过户手续并赔偿其损失。拍卖公司的代理律师在法庭上辩解说:拍卖法规定不动产过户由买受人和委托人办理。相关法律规定,房屋等不动产买卖合同必须办理登记手续后才生效,而张某在拍卖成交后，不积极进行过户登记，责任在张某自己。因此拍卖合同应属无效，拍卖公司最多退还张某的拍卖佣金。应当驳回张某的诉讼请求。法院审理后认为，依据物权法的规定，未办理产权登记手续，只是不产生物权效力，张某不能取得该房产，但是通过拍卖形成的房屋买卖合同是有效的。判决拍卖公司退还张某的购房款和佣金。

这个案例有两点值得我们注意：一是无论房产是否过户，都不影响拍卖合同的效力。二是今后在房屋等不动产拍卖中，拍卖人要注意督促买受人尽快办理产权过户手续。

动产物权交付制度及其对拍卖的影响

我们讲过像房产这样的不动产的物权是如何取得的,即不动产物权的登记制度。但是在现实生活中,我们拥有的财产可能更多的是一些动产,比如衣服、食品、交通工具、通讯工具、图书、家具、家用电器等等。像这些动产的物权是如何取得的呢?是否需要登记?物权法中有没有关于动产物权的规定?这些规定对拍卖有没有影响?我们下面重点分析一下物权法中关于动产物权的规定,即动产交付制度。

与不动产的"登记取得"制度不同,动产物权的取得实行的是"交付取得"制度。物权法第二十三条规定:"动产物权的设立和转让,自交付时发生效力,但法律另有规定的除外"。这里的关键是如何理解两个概念:即何谓"动产"?何谓"交付"?

一、动产的含义及机动车的财产归类

动产是相对于不动产而言的一个概念。动产与不动产的划分是以物是否能够移动并且是否因移动而损坏其价值作为划分标准的。动产是指能够移动而不损害其价值或用途的物,像衣服、食物、图书等。不动产是指不能移动或者若移动则损害其价值或用途的物。不动产一般指房屋、土地及地上附着物。物权法对于动产和不动产物权的取得采取了不同的标准,即物权法第六条的规定:"不动产物权的设立、变更、转让和消灭,应当依照法律规定登记。动产物权的设立和转让,应当依照法律规定交付"。这种规定对于房屋、土地这样的不动产,以及对于衣服、食品这样的动产,我们都容易理解。但是对于飞机、轮船和机动车这些财产的物权,究竟应该是实行登记制度还是实行交付制度呢?如果仅从动产和不动产分类的标准来讲,这些财产都应当属于动产,因为他们都可以移动,且移动不会对这些财产造成损失。但是飞机、轮船和机动车也与一般的动产不同,一是价值较大,二是它们的物权变动对社会的影响也大。所以我国传统的法律都将飞机、轮船和机动车参照不动产来对待的,实行登记制度。

物权法的一个比较大的变化就是,明确将轮船、机动车等界定为动产,将这些财产的物权与一般动产的物权规定在一起,而不是与房屋、土地等不动产规定在一起。也就是说,船舶、航空器和机动车等物权的设立、变更、转让和消灭不再实行"登记生效主义"。但是物权法也考虑到了这些财产的特殊性,所以对这些财产的物权做了折中的规定。物权法第二十四条规定:"船舶、航空器和机动车等物权的设立、变更、转让和消灭,未经登记,不得对抗善意第三人"这就是"登记对抗主义"。

举例来说。某拍卖公司接受甲的委托,拍卖甲的一辆机动车。经过拍卖,乙竞得该车。我们这里假定发生了两种情况:一种情况是,拍卖结束后,甲将车交给了乙,但是乙没有去办理产权过户手续。乙开车出了车祸,将丙撞成重伤。请问:在这种情况下,乙是否取得了该车的所有权?甲是否应当承担车祸的赔偿责任?另一种情况是,拍卖结束后,乙付清了拍卖成交价款,但是甲没有及时将车交付给乙。而是偷偷地以更高的价格将车又卖给了不知情的丙,并办理了过户手续。请问:乙能否主张甲和丙之间的机动车买卖无效?乙是否已经取得了该车的所有权?

在第一种情况下,乙取得了该车的所有权。理由是机动车是动产,其物权变更实行交付生效原则。甲已经将车实际交付给了乙,乙已经实际占有了该车,所有权自交付之日起由甲转移给乙。甲不需对车祸承担赔偿责任,因为甲已经不再是车主了,车主是乙。在第二种情况下,乙没有取得该车的所有权。理由是车还没有交付。乙也不能主张甲和丙之间的机动车买卖无效,因为丙是善意第三人,而且车辆在拍卖后没有办理过户登记,乙不能对抗丙。

二、交付的含义及其分类

交付本身指转移占有。交付一般分为现实交付、简易交付、占有改定和指示交付四种形式。所谓的现实交付就是让与人将其对物的事实占有转移给受让人。简易交付是物权法第二十五条规定的一种交付形式,即动产物权设立和转让前,权利人已经依法占有该动产的,物权自法律行为生效时发生效力。这就是简易交付。占有改定是一项古老的制度。物权法第二十七条规定,动产物权转让时,双方又约定由出让人继续占有该动产的,物权自该约定生效时发生效力。指示交付也是一种常见的交付形式。物权法第二十六条规定,动产物权设立和转让前,第三人依法占有该动产的,负有交付义务的人可以通过转让请求第三人返还原物的权利代替交付。

三、其他值得我们注意的规定

物权法规定了两种物权生效的方式,对于不动产是登记生效,对于动产是交付生效。这只是一般性规定,还有其他一些特殊规定。比如有些财产即不需要登记,也不需要交付即可生效。这就是物权法第二十八条的规定。

物权法第二十八条规定:"因人民法院、仲裁委员会的法律文书或者人民政府的征收决定等,导致物权设立、变更、转让或者消灭的,自法律文书或者人民政府的征收决定等生效时发生效力"。比如登记在张三名下的房产,经过法院判决,该房产归李四所有。那么,自该判决书生效之日起,该房产即成为李四的财产。李四取得该房产的所有权是自判决书生效之日开始的,而不是自李四办理完过户手续开始的。判决书具有与登记或交付等方式相同的效力。

物权法第二十八条的规定是对司法机关裁判结果的维护。但是这些规定有时候可能会产生冲突。我们看一个案例:甲与乙之间发生了房产纠纷。法院审判后判决登记在甲名下的房产归乙所有。按照物权法第二十八条规定，自判决生效后该房产即成为乙的合法财产。有两种情况发生：一是在判决后，乙没有去办房产过户登记手续。甲隐瞒了法院判决这一事实，持房产证委托拍卖公司拍卖该房产，经过拍卖，善意第三人丙竞买成功，并办理了房产过户登记手续。请问：乙是否可以依据判决书主张拍卖无效？丙的所有权能否得到保护？二是在判决后，乙没有去办房产过户登记手续。而是持判决书找到拍卖公司，委托对该处房产进行拍卖。按照物权法的规定，乙确实是该房产的所有权人，对该房产享有所有权和处分权，有权委托拍卖。于是拍卖公司接受了委托，举行了拍卖，第三人丙竞买成功，付清了全部价款后去办理产权过户。这时才发现，就在拍卖公司拍卖期间，甲隐瞒了判决书事实，将房屋卖给了丁，并已完成了过户登记手续。请问：乙和丙能否主张甲和丁之间的买卖无效？丁的所有权能否受到保护？

这个案例反映的问题是物权法规定的几种物权生效方式之间的冲突，主要是物权法第九条规定的登记生效制度与第二十八条规定的"以法律文书生效"两者之间的冲突。对于这一冲突，物权法在立法时已经考虑到了，所以专门做了第三十一条的规定。即"依照本法第二十八条至第三十条规定享有不动产物权的，处分该物权时，依照法律规定需要办理登记的，未经登记，不发生物权效力"。在第二种情况中，乙和丙能否主张甲和丁之间的买卖无效？虽然依据判决书，乙是房产的真正所有权人，也对该房产拥有处分权，但乙必须首先进行登记才能处分该房产。在未登记之前无权处分，即使处分了，也不发生物权转移的效力。但是拍卖合同是有效的，丙可以向拍卖公司主张违约责任。善意第三人丁的物权应当得到保护。而第一种情况属于无处分权人处分他人财产的情况，丙是善意第三人，拍卖有效，丙的物权应当受到保护。乙可以就其损失向甲主张赔偿。

这个案例提醒我们，并不是有所有权或处分权的人就一定是合格的委托人。我们以往在接受银行的委托中，经常有银行拿判决书来委托拍卖抵债资产的情况。通常情况下，我们凭判决书就接受了委托，进行拍卖。物权法生效后，对于这种委托要视具体情况区别对待，拍卖时就要格外小心了。

善意取得制度及其对拍卖的影响

善意取得制度也是物权法规定的一项重要的物权制度，该制度对我们的拍卖活动将产生重要影响。所谓善意取得，是指无权处分他人动产或不动产的让与人，在将其持有的动产或不动产转让给受让人后，如果受让人取得该动产或不动产时系出于善意，则其即取得该动产或不动产的所有权，原动产或不动产所有人不得要求受让人返还。物权法第一百零六条规定："无处分权人将不动产或者动产转让给受让人的，所有权人有权追回；除法律另有规定外，符合下列情形的，受让人取得该不动产或者动产的所有权"。

1. 受让人受让该不动产或者动产时是善意的；
2. 以合理的价格转让；
3. 转让的不动产或者动产依照法律规定应当登记的已经登记，不需要登记的已经交付给受让人。

受让人依照前款规定取得不动产或者动产的所有权的，原所有权人有权向无处分权人请求赔偿损失。

善意取得制度本身不是物权法的专利。在此之前，善意取得制度就已经存在了。但是物权法发展和完善了善意取得制度，主要表现在：以往的善意取得只适用于动产，而不包括不动产和其他物权。物权法将不动产和其他物权也纳入可适用善意取得的范围。媒体曾报道过一个案例，案情大意如下：家住成都市金牛区的王女士出国多年，房屋一直闲置。去年下半年，她委托在成都的妹妹照看一下自己的房子。但她妹妹发现姐姐的房子里住了别人。一问，那个人说他已经买下了这所房子，并拿出产权证，说是从房产中介买的房，原房子的主人是唐某。经过调查发现，唐某曾是王女士雇佣过的保姆，去年4月伪造了假的继承公证书将王女士的房子过户到自己的名下，然后通过中介把房子卖给了现在住在这里的张某。为此，王女士将唐某和张某一起告上了法院，要求判决归还她的房子或者赔偿房子的等价款以及产生的一切费用。该案成为备受业界关注的"成都物权法第一案"。金牛区法院审理后，依据物权法判决保姆唐某支付王女士27.6万元损失，由于买房人张先生取得房屋的行为是善意的，并且给付了合理的价格，房屋已经依法登记，所以王女士无权要求张赔偿损失。据该案主审法官介绍：物权法施行前，我国法律对房子等不动产没有明确规定"善意取得制度"，而物权法则明确规定了对房子等不动产也适用该制度。也就是说，在以前，判决结果很有可能是张某将房子归还给王女士。而现在，张某只需证明没有和保姆恶意串通，没有以低于市场很低的价钱购买到该房产,是善意购买的第三人,那么法律将保护张某的交易安全。但王女士对物权法的这一制度无法理解。像王女士一样,很多人不能理解善意取得制度的合理性。明明是我的东西让别人非法卖了,怎么就不是我的了?

善意取得制度的设计目的在于维护商品交换的正常秩序和交易安全,并及时解决民事纠纷。试想,如果没有该制度,在交易的过程当中必然人人自危,彼此都害怕对方不是买卖标的物的真正主人,那么市场交易的秩序必然难以建立。同时人们纷纷纠缠于寻索物之权源,陷入讼累,不利于和谐社会秩序的建立。

在理解善意取得制度时,要特别注意一点:对于土地所有权和违章建筑不适用善意取得。因为我国是社会主义国家,土地属于国家和集体所有,不存在个人对土地的所有权,没有善意取得制度适用的必要。同时根据城市房地产管理法的规定,违章建筑的建造违反了法律的强行性规定,因此不能成为交易的标的物,所以不存在善意取得制度适用的问题。

以上就是善意取得制度。我们来分析一个与拍案相关的案例:河北的王先生与赵女士婚后共同投资在北京买了一套住房出租,房屋所有权登记在丈夫王先生名下。后来双方感情恶化,最终分手。2007年10月,双方办理离婚手续。在分割财产时,赵女士发现,王先生已于一个月前将房子委托北京的一家拍卖公司给拍卖了,买受人是北京的一位姓刘的先生,并且已经办理完过户手续。赵女士认为,房子是夫妻共同财产,拍卖房子没有经过她的同意,因此起诉要求法院确认拍卖无效。王先生是否有权单独委托拍卖该处房产?拍卖的结果是否有效?买受人刘先生能否取得该房屋的产权?拍卖法中关于无权处分有哪些规定?赵女士的合法权益应该如何保障?

如果是在物权法之前,这个案件的结果可能是拍卖无效,因为财产是夫妻共同财产,王先生无权单独处分,其委托拍卖的行为侵犯了共有人赵女士的财产权。但按照物权法规定,产权证上登记的是王先生个人的名字,在无相反证据证明的情况下,拍卖公司可以推定王某就是产权人,有权接受拍卖委托。刘某对王先生擅自处分夫妻共同财产的行为并不知情,房子是通过拍卖这一公开竞价的形式购买的,价格是合理的,而且已经办理了过户登记手续,因此刘某属于善意取得,其产权应当受到物权法保护。赵女士是不是只能吃哑巴亏呢?也不是。根据物权法规定,原所有权人有权向无处分权人请求赔偿损失。因此,赵女士有权要求将卖房所得予以分割。可见学习了物权法后,对这样的案例进行分析就容易多了。

建筑物区分所有权制度
及其对拍卖的影响

某物业公司准备委托拍卖公司拍卖一小区内的停车位、小区各楼电梯内的广告位和小区最高塔楼楼顶的广告区位。请问：拍卖公司可以接受该拍卖委托吗？这个案例涉及到物权法规定的建筑物区分所有权制度。物权法第六章（第七十至八十三条）共用了14个条文规定了这一制度，其全称应该是"业主的建筑物区分所有权"。

在现实生活中，开发商与业主之间、业主与物业公司之间，因小区公用部分财产的归属或因物业管理而引发的纠纷屡见不鲜。这些纠纷是以往以一家一户为单位居住的传统社会所不具有的。这些纠纷是现代生活的产物，其中相当数量的纠纷是由于小区财产归属的不明引起的。对于小区配套设施、车库等公共设施的归属，开发商与业主之间存在争议；而物业公司进驻后，开发商又将其占用的公共设施转移给物业公司，从而引发物业公司与业主之间的纠纷。这些矛盾在大中型城市越来越突出，甚至成为影响社会安定的主要因素。为了解决这些社会热点问题，物权法设立了专章，对物业中的物权问题进行了规定。这些权利统称为"业主建筑物区分所有权"。

"建筑物区分所有权"对社会公众而言是一个新概念。建筑物区分所有是指两个以上自然人或法人对同一幢建筑物，各所有人对专有部分享有所有权、对供全体或部分所有人共同使用的共同部分享有共有权。这种对专有部分享有的所有权、对共有部分享有共有权和共同使用的权利就是建筑物区分所有权。"建筑物区分所有权"概念的界定首次出现在物权法第70条中。该条将业主的建筑物区分所有权定义为："业主对建筑物内的住宅、经营性用房等专有部分享有所有权，对专有部分以外的共有部分享有共有和共同管理的权利"。物权法中与社区建设相关的内容主要体现在以下几个方面：

一是明确了业主享有的三种权利。第七十一条规定，业主对其建筑物专有部分享有占有、使用、收益和处分的权利（所有权）。第七十二条规定，业主对建筑物专有部分以外的共有部分，享有权利，承担义务（共有权）。第七十六条规定，下列事项由业主共同决定（共同管理权，略）。

二是物权法全面界定了小区公用财产的归属。首先明确规定道路、绿地原则上归业主共有，小区中建筑区划内的道路属于业主共有，但已经纳入城镇规划、成为城镇公共道路的，则为国家所有；建筑区划内的绿地，原则上属于业主共有，但属于城镇公共绿地的，应当归国家所有。此外，对于明示归个人的绿地，例如房屋买卖合同中约定归业主个人所有的地面花园，则应当按照约定归业主个人。其次，明确了小区业主对车位、车库有优先权。物权法规定在建设区划内的车位和车库应该首先满足业主的需要。就是说这些车位、车库，首先应当看该小区的业主是否愿意以合理的价格购买或者承租；对于剩余的车位、车库，开发商才能向小区业主之外的人员出租或者出售、赠与。此外，占用业主共有的道路或者其他场地用于停放汽车的车位，属于业主共有。这主要是针对事先在规划中并未规划为车位、但随着业主汽车拥有量大增，原有车位、车库不敷使用，而占用业主共有的道路或者其他场地施划的车位而言的。这些车位应当归属于业主共有。对于上述案例中，物业公司委托的车位能否拍卖，要具体分析。如果是在建设区划内的车位和车库，开发商与业主的约定归业主的，则不得拍卖；归开发商的，如果开发商对物业公司有授权，可以拍卖。如果是占用业主共有的道路或者其他场地用于停放汽车的车位，属于业主共有。物业公司原则上无权处分，除非业主委员会有授权，否则不能接受拍卖。

三是明确了建筑区划内的其他公共场所、公用设施属于业主共有。这主要包括小区内的物业服务用房、居委会办公用房、自行车存车处等公共场所以及开发商自行设置的体育健身设施、电梯等设施设备。接入小区的水、电、气、暖等设施设备，除供水、电、气、暖公司所有的之外，也应当归业主共有。对于业主共有的财产，其利用应当经过业主同意，其收益也应当归业主共有。因此露天占道车位的停车费收入，楼身户外广告，楼内大厅、过道、电梯间的平面广告和液晶屏广告，小区道路、空地出租给他人搞活动、办展览获得的收入等等，这些收益均应当归全体业主共同收益，共同处分。上述案例中，大楼电梯中的广告位和楼顶的广告位属于小区业主共有，收益应当归小区业主共同共有。物业公司拍卖这些财产权利必须经业主委员会同意和授权，否则无权委托拍卖。

四是明确了业主与物业的关系。面对实践中时有发生的业主与物业管理公司之间的纠纷，物权法对业主和物业之间的关系进行了规范。首先，明确了物业公司与业主本是一种委托关系。在《物业管理条例》等法规中，物业服务机构被称为"物业管理企业"，既然是"管理"，有些物业管理企业就有意无意的将这种关系误认为类似于政府与公民之间的"管理"关系，常常以"管理业主者"自居。物权法则将其定名为"物业服务机构"，这就明确了业主与物业之间的关系，物业公司应当以提供服务为己任。而且"机构"一词较之于"企业"，范围更加宽泛，包括了以公益为目的的法人和非法人组织。其次，明确了业主对物业的管理权和范围，包括业主对物业管理的共同决定权；业主对物业管理方式有选择权；业主对物业管理人享有选择权。第三，物权法还确定了物业管理的范围。物权法明确了物业管理的范围仅限于对建筑物及其附属设施进行管理，这样就改变了《物业管理条例》规定的将保安、保洁服务纳入物业管理的错误做法。在一定程度上分清了业主委员会与社区居民委员会的权力边界。

总之，物权法中的业主建筑物区分所有权制度提醒我们在接受与小区物业有关的拍卖标的时，要格外留心，看看是否与物权法的规定相一致。

发布拍卖公告时应注意的若干问题

拍卖法第四十五条规定:"拍卖人应当于拍卖日七日前发布拍卖公告",而 2005 年 1 月 1 日起实行的最高人民法院《关于人民法院民事执行中拍卖、变卖财产的规定》第十一条规定:"拍卖应当先期公告。拍卖动产的,应当在拍卖七日前公告;拍卖不动产或者其他财产权的,应当在拍卖十五日前公告"。两者的规定并不完全一致。如何协调拍卖法与最高人民法院司法解释的不同规定,拍卖公告的期间如何计算,公告当天是否计算在内,拍卖会当天是否计算在内,遇到节假日怎么办?这些都是拍卖实践中经常遇到的一些问题。下面我们将集中就这些问题进行分析探讨,以便统一大家的认识。

拍卖法第四十五条规定:"拍卖人应当于拍卖日七日前发布拍卖公告"。这是拍卖公告的法定程序,属于不可改变的必经程序。问题是如何计算?笔者对拍卖界的观点进行了简单的归纳,发现主要有两种观点:一种观点认为应当以公告日为准向后计算 7 日;另一种观点认为应当以拍卖日为准向前计算 7 日。

坚持以公告日为准向后计算观点的人的主要法律依据是《中华人民共和国民法通则》的相关规定。该观点认为拍卖行为是一种民事法律行为,应当适用民法通则的规定。按照民法通则第一百五十四条第二款的规定,期间"开始的当天不算入,从下一天开始计算。"这是以行为日为准向后计算的方法。这种观点内部也有分歧,有人认为,按照民法通则的规定,如果"期间的最后一天是星期日或者其他法定休假日的,以休假日的次日为期间的最后一天"。而有人则反对这种顺延的观点,认为拍卖行为比较特殊,不应适用"节假日顺延"法。

持以拍卖日为准向前计算观点的人则认为,拍卖活动虽然是一种民事活动,但是拍卖法属于民事特别法,在计算公告日期时,不应适用民法通则的规定,而应以拍卖法自身的规定为准。拍卖法的规定指向为"拍卖日七日前",即将拍卖日作为基准日,然后向前计算 7 天。这一表述的特点突是出了拍卖举行的日期。坚持这种观点的人内部也有分歧,有人认为公告日当天应当计算在内;有人则认为公告日当天不应计算在内。总之,在拍卖公告日期的计算问题上存在多种不同的计算方法,把本来简单的问题搞得越来越复杂。对此,笔者认为首先需要澄清几个问题:

一、关于拍卖公告日期的计算方法

以拍卖日为基准日向前计算的方式和以拍卖公告日为基准日向后计算的方法都是正确的。拍卖法第四十五条明确规定:"拍卖人应当于拍卖日七日前发布拍卖公告"。该条规定指向为"拍卖日七日前",即将拍卖日作为基准日,然后向前计算 7 天。所以向前计算的方法本身不错。但是如果将向前计算的理由归结为拍卖法是民事特别法,在拍卖法与民法通则的规定发生冲突时,应坚持"特别法优于普通法"的观点是值得商榷的。因为"特别法优于普通法"原则的适用前提是针对效力等级相当的法律而言的。拍卖法与民法通则并不是同一效力级别的法律。民法通则是由全国人民代表大会通过的基本法律,而拍卖法是由全国人大常委会通过的非基本法律。两者是上位法与下位法的关系。根据"下位法服从上位法"的原则,在计算拍卖公告日时适用民法通则的规定也没有错误。因此,以公告日为基准日向后计算的方法也是应当是正确的。

可见,问题的关键不在计算方法本身,而在于如何正确地理解"拍卖人应当于拍卖日七日前发布拍卖公告"这一规定,即这一规定中的"七日"是否包括公告日与拍卖日。根据拍卖法的规定"拍卖人应当于拍卖日七日前发布拍卖公告",既然是七日"前"那么,如果从后向前计算,第七日肯定不符合条件,因此至少应当算到第八日。而根据民法通则期间"开始的当天不算入,从下一天开始计算"的规定,如果是从后向前计算,拍卖日当天不应计算在公告期间内,如果是以公告日为准向后计算,公告日当天也不应计算在内。因此,无论是以拍卖法的规定为依据,还是以民法通则为依据,公告日和拍卖日当天都不应计在内。从拍卖法的立法本意而言,法律的要求是公告日不应少于 7 日。因此最简单的计算方法是以拍卖日为准减 8 或以公告日为准加 8 的计算方法。例如拍卖日是 2006 年 10 月 20 日,那么公告日最晚应为 2006 年 10 月 12 日;如果公告日是 2006 年 10 月 20 日,那么拍卖日最早应为 2006 年 10 月 28 日。其他法律规定的公告日计算方法也可以采用法定日加 1 的计算方法。比如对于证券类拍卖标的的拍卖要求"拍卖日 10 日前"发布拍卖公告,因此计算时应加减 11;对于土地使用权类拍卖标的的拍卖要求"拍卖日 20 日前发布公告,"计算时应加减 21。另据《海商事特别程序规定》对海商事涉案物品拍卖要求"拍卖日 30 日前"发布拍卖公告,计算时应加减 31。依次类推,这种计算方法不但便于操作,而且非常保险。

另外还有一个公告日计算的单位问题。曾有人咨询:某拍卖公司发布拍卖公告,报纸发行时间是 3 月 1 日早晨 6 点,公众可以见报时间是上午 10 点。请问:3 月 8 日上午 9 点能否召开拍卖会?3 月 8 日上午 11 点召开拍卖会是否合法?这也是值得我们注意的一个问题。法律上计算期间和期日的单位主要有时、日、月和年。拍卖法和其他法律明确规定了拍卖公告日的计算单位为"日",因此,不应按照"时"来计算。至于"每日"按多少"时"来计算,要具体情况具体分析。这里的"7 日"不应理解为每日必须满 24 小时,一般按照正常的营业时间计算即可,但是不应折换为"时"来计算。

二、关于节假日是否应当顺延的问题

民法通则第一百五十四条规定的"期间的最后一天是星期日或者其他法定休假日的,

以休假日的次日为期间的最后一天。"这是按照"工作日"的计算方法来计算的。拍卖法中规定的"拍卖日七日前"没有注明是否是"工作日",因此应当指向为"日历日"。按照日历日计算的方法并不需要扣除法定节假日。在拍卖实践中,举行拍卖活动时为了招商或者具体操作的需要,往往需要在节假日举行拍卖会,如果按照"以休假日次日"为准的说法,拍卖会将无法在节假日举行。另外,这也不符合我国国情。因此笔者的观点是,拍卖公告不适用节假日顺延的规定。

三、对拍卖公告日期不同规定的适用问题

拍卖法与其他法律法规对拍卖公告的期间有不同的要求。拍卖法规定的是拍卖日七日前发布拍卖公告。最高人民法院《关于人民法院民事执行中拍卖、变卖财产的规定》第十一条规定:"拍卖动产的,应当在拍卖七日前公告;拍卖不动产或者其他财产权的,应当在拍卖十五日前公告"。《海商事特别程序规定》对海商事涉案物品拍卖要求"拍卖日30日前"发布拍卖公告。《探矿权采矿权招标拍卖挂牌管理办法》(试行)第三十六条规定:"探矿权采矿权拍卖的,主管部门应当于拍卖日20日前发布拍卖公告"。《招标拍卖挂牌出让国有土地使用权规定》第八条规定:"出让人应当至少在投标、拍卖或者挂牌开始日前20日发布招标、拍卖或者挂牌公告,公布招标拍卖挂牌出让宗地的基本情况和招标拍卖挂牌的时间、地点"。最高人民法院《关于冻结、拍卖上市公司国有股和社会法人股若干问题的规定》第十四条规定:"拍卖股权,人民法院应当委托拍卖机构于拍卖日前10天,在《中国证券报》、《证券时报》或者《上海证券报》上进行公告。"

在拍卖中应当如何协调这些不同的规定呢?笔者认为在一般的委托拍卖中应当以拍卖法的规定为准。在其他情况下,应当以其他法律法规的规定为准。

四、发布拍卖公告时应注意的其他问题

除了拍卖公告日期的计算问题外,拍卖企业在发布拍卖公告时,还应当注意以下几个问题:

第一,拍卖公告的媒体选择。拍卖法第四十七条规定:"拍卖公告应当通过报纸或者其他新闻媒介发布"。指明了拍卖公告必须在公开发行的媒体上发布。拍卖企业不能为节约费用,在公司门前或拍卖标的展示地贴一张告示即表示已经公告,这样不利于保护委托人的利益,因为这样的信息传播范围有限,不利于招商的进行,从而影响当事人的合法权益。公开发行的媒体是指经国家新闻出版署批准,有一定发行量和一定影响的报纸。街头小报或自行印刷、发送的内部报纸不能作为拍卖公告的发布媒体。在具体操作中应依据标的价值大小及竞买人可能存在的范围,区域分布等因素合理选择媒体,一般以地方主要报纸为首选媒体。其优点是报纸发行对象集中、发行量大、费用合理。若标的物的买家在本地之外,还可考虑选择全国性媒体发布。最高人民法院《关于冻结、拍卖上市公司国有股和社会法人股若干问题的规定》第十四条规定:"拍卖股权,人民法院应当委托拍卖机构于拍卖日前10天,在《中国证券报》、《证券时报》或者《上海证券报》上进行公告"。因此,拍卖法人股则必须在国家证监会指定的三家证券类媒体之一发布。拍卖公告发布的其他媒体,主要指广播

电台、电视台等立体媒体。这两种媒体的优点是传播范围广、时效性强、感召力强,但其缺点在于不易保留,容易忘记。从我国拍卖业运作的实际看,多数拍卖企业主要选择报纸这一平面媒体作为拍卖公告的发布载体。

第二,拍卖公告的发布范围。《拍卖管理办法》第三十五条规定:"拍卖企业举办拍卖活动,应当根据拍卖标的物属性及拍卖的性质,按照拍卖法及相关法律、行政法规规定的日期进行公告,公告应当发布在拍卖标的所在地以及拍卖会举行地商务主管部门指定的发行量较大的报纸或其他有同等影响的媒体。"因此在进行异地拍卖时,要注意应当在拍卖标的所在地和拍卖会举行地同时发布拍卖公告。此外,根据最高人民法院《关于人民法院民事执行中拍卖、变卖财产的规定》第十二条规定:"拍卖公告的范围及媒体由当事人双方协商确定;协商不成的,由人民法院确定。拍卖财产具有专业属性的,应当同时在专业性报纸上进行公告。当事人申请在其他新闻媒体上公告或者要求扩大公告范围的,应当准许,但该部分的公告费用由其自行承担"。因此,在人民法院委托的强制执行拍卖中,要注意公告的范围不是由拍卖人自行决定的,而应当由当事人双方协商确定;协商不成的,由人民法院确定。

第三,再次发布公告和连续发布公告的问题。在拍卖实践中,经常会遇到再次发布公告的问题。对于什么情况下需要再次发布拍卖公告,拍卖界的认识并不一致。尤其是对于中止拍卖后又恢复拍卖的情况,是否应当再次发布拍卖公告,分歧较大。笔者认为,任何一次新的拍卖都必须要发布拍卖公告。一次拍卖中,一般发布一次拍卖公告即可满足拍卖法对拍卖公告的要求。拍卖中止后又恢复拍卖的,属于同一次拍卖程序的恢复和延续,并不是一次新的拍卖,所以恢复拍卖时可以不再发布拍卖公告。但是如果委托人要求再次发布拍卖公告,或者原有竞买人同意再次发布拍卖公告时,拍卖人也可以在恢复拍卖时再次发布拍卖公告。拍卖终止后,委托人再次委托拍卖人就同一拍卖标的物进行拍卖的,属于一次新的拍卖,拍卖人必须要重新发布拍卖公告。

拍卖公告本身具有一定的"招商"功能。有时候拍卖人出于宣传或招商的目的,会在一定时段内连续发布同一内容的拍卖公告。有些是在同一媒体上反复发布,有些是在不同的媒体上同时发布。这就涉及到以哪一个公告为准来计算公告时间的问题。是以第一个公告为准呢,还是以最后一个公告为准?笔者认为拍卖公告虽然有一定"招商"的功能,但是其主要功能并不是"招商",而是拍卖人履行法定的告知义务的一种程序和手段。如果是出于"招商"的目的,拍卖人可以采用"商业广告"的形式。这样可以发挥一些创意,而且也可以避免引起不必要的纠纷。

对拍卖人瑕疵披露义务的两点认识

拍卖法第十八条第二款规定:"拍卖人应当向竞买人说明拍卖标的的瑕疵"。因此,向竞买人披露拍卖标的的瑕疵是拍卖人的法定义务。这种义务在拍卖实践中习惯上称为拍卖标的瑕疵告知义务。

拍卖法虽然没有明确规定拍卖人应当在何时履行标的瑕疵披露义务,但是拍卖本质上是一种特殊的买卖方式,依据买卖的特性,卖方应当在买方决定购买标的之前,告知买方标的的真实情况,因为关于标的瑕疵的信息对买方的决定具有重大的影响。在拍卖中,拍卖人最迟应当在竞买人应价之前履行拍卖标的瑕疵披露义务。一般情况下应当在拍卖会开始之前履行该义务,因为标的瑕疵的信息同样对竞买人的应价具有实质意义上的影响。

拍卖法中没有关于拍卖人向竞买人披露标的瑕疵的方式的直接规定,但是有多处规定间接涉及到拍卖人披露标的瑕疵的方式:首先,拍卖法第十八条第二款规定:"拍卖人应当向竞买人说明拍卖标的的瑕疵"。据此规定,拍卖人可以采用书面的标的情况说明材料的形式,在介绍标的的资料中向竞买人披露标的的瑕疵。这种方式在文物艺术品拍卖中较为常见,比如文物艺术品拍卖中的《图录》。其次,拍卖法第四十八条规定:"拍卖人应当在拍卖前展示拍卖标的,并提供查看拍卖标的的条件及有关资料。"拍卖法中设定的标的展示制度就是一种典型披露标的瑕疵的方式。在展示的同时,拍卖人可以向竞买人提供相关资料,介绍包括瑕疵在内的标的的具体情况,履行瑕疵告知义务。第三,拍卖法第四十九条规定:"拍卖师应当于拍卖前宣布拍卖规则和注意事项"。注意事项中有时也包括对拍卖标的的瑕疵情况的提醒。因此,通过注意事项来提醒竞买人注意标的的瑕疵,这也是拍卖实践中常见的一种履行标的瑕疵披露义务的方式。第四,除了拍卖法中的上述规定外,拍卖人可以分别不同情况采取其他适当的方式来履行其告知义务。只要在竞买人决定报价前进行即可。

拍卖人是提供中介服务的商事主体,本身不是拍卖标的的所有权人,其对拍卖标的的状况的了解依赖于委托人瑕疵披露义务的履行和现有的科学技术水平,因此拍卖人履行瑕疵披露义务是有条件的。首先拍卖人履行瑕疵披露义务的前提条件是拍卖标的确实存在着瑕疵(包括品质瑕疵和权利瑕疵)。其次,拍卖标的的瑕疵是拍卖人应当了解或者依据现有条件能够了解到的。对于依据现有条件拍卖人无法了解到的瑕疵,拍卖人不负披露义务。第三,拍卖人披露瑕疵的方式是多种多样的,并不限于提供书面资料。对于竞买人或常人能够自行了解的较为明显的瑕疵，拍卖人只要履行了展示义务即可视为其履行了瑕疵披露义务。最后，拍卖法第六十一条第二款规定："拍卖人、委托人在拍卖前声明不能保证拍卖标的的真伪或者品质的，不承担瑕疵担保责任"。因此，在拍卖人声明的情况下，即不再承担瑕疵担保责任。

拍卖人与买受人的约定对委托人的约束力

闫某在拍卖会上以 120 万元的价格竞得房屋一套，拍卖成交确认书约定：闫某须在 2005 年 12 月 31 日至 2006 年 1 月 7 日内交清全部房款和拍卖佣金，逾期，其所交的 10 万元保证金不再退还，拍卖公司有权重新组织拍卖；闫某在规定期限内交清全部房款和佣金后，拍卖公司负责与委托方组织房屋移交，具体交接在资金全部到账后 10 日内完成；2006 年 1 月 31 日前，如拍卖公司未将拍卖物交给闫某，不作为违约处理，之后，若再不交付，必须承担拍卖成交额每日 4‰的违约金，直至房屋交接完毕为止；交接时须按房屋所有权证登记的面积进行交接；如被他人占用，拍卖公司负责与委托方组织清理；如移交的面积小于房屋所有权证登记面积的 5 平方米以下，闫某可以不追究，如移交的面积短少超过 5 平方米，闫某可按成交额的比例相应扣款等。

闫某在规定的期限内向拍卖行付清购房款及拍卖佣金。2006 年 3 月 17 日双方对房产进行了交接，拍卖公司迟延 45 天交付拍卖物。闫某向法院起诉，要求拍卖公司和委托人承担延期交付的违约金 21600 元。拍卖公司辩称，我公司只是提供拍卖服务的中介，真正的买卖双方是委托人和买受人，违约责任应由委托人承担，闫某不应追究我公司的责任。另外，约定的违约金超过了闫某的实际损失，显失公平，不是我公司的真实意思表示。委托人辩称，我与拍卖公司签订的委托拍卖合同中未约定房屋交付期限及延期交付的违约金，所以拍卖公司与买受人约定的违约金与我无关，该约定对我没有拘束力。

本案主要涉及两个问题：一是拍卖人与买受人之间的约定对委托人有没有约束力。二是如果约定的违约金确实过高，拍卖公司应当如何处理。

拍卖成交协议是拍卖公司与买受人在协商一致的基础上签订的，其内容不违反法律、行政法规强制性规定，应为有效。拍卖公司是以自己的名义与闫某签订的协议，根据合同相对性原理，合同只对合同当事人有约束力，任何人不能通过合同为合同外的第三人约定义务，拍卖公司依法享有相应权利也应承担相应义务。因此本案中拍卖公司的观点是错误的，拍卖公司应当承担约定的违约责任。本案的问题在于，拍卖公司在委托拍卖合同中，没有与委托人就标的物移交的时间和违约责任进行约定，导致拍卖公司在承担了违约责任后，无法向委托人追偿。因此，提醒拍卖人，在签定拍卖成交协议时，一定要注意拍卖成交协议内容与委托拍卖合同内容的协调和一致。

违约金是指合同当事人约定的，一方不履行或履行合同不符合约定条件时，根据违约情况向对方当事人支付的一定数额的货币。依据合同法的规定"当事人可以约定一方违约时应当根据违约情况向对方支付一定数额的违约金，也可以约定因违约产生的损失赔偿额的计算方法。约定的违约金低于造成的损失，当事人可以请求人民法院或者仲裁机构予以增加；约定的违约金过分高于造成的损失的，当事人可以请求人民法院或者仲裁机构予以适当减少"的规定，违约金的基本性质应为补偿性，但不排除当事人在公平、诚实信用原则的指导下，约定使用惩罚性的违约金。本案中，拍卖标的物是商品房，根据最高人民法院《关于审理商品房买卖合同纠纷适用法律若干问题的解释》的规定，"当事人以约定的违约金过高为由请求减少的，应当以违约金超过造成损失的30%为标准适当减少"。因此，本案中的拍卖公司可以要求按照这一规定，根据闫某的实际损失来计算并承担违约金，这个结果可能会比约定的违约金要好。这个案例的教训是：违约金是一把双刃剑，对合同双方都具有约束力，因此对违约金标准的确定一定要客观，并不是越高越好。

论文物艺术品拍卖中的程序正义

近年来,艺术品拍卖中的纠纷给人的感觉是呈直线上升的趋势,而且越来越多的艺术品纠纷与拍卖联系在一起,社会上对拍卖界质问的新闻和文章接连不断,甚至包括拍卖界少数业内人士也以所谓"知情者"、"良心发现者"或"醒悟者"的身份站出来曝所谓的"艺术品拍卖内幕"。一时间,好像拍卖业成了艺术品纠纷的罪魁祸首,大家感到问题严重,严重到整个拍卖界都保持沉默,几乎没有人站出来正面回击或辩解的程度。

一、艺术品纠纷是一个什么问题

艺术品纠纷数量真的太多了吗?如何客观地看待这个问题?有道是:不识庐山真面目,只缘身在此山中。事情总是当局者迷,旁观者清。我这个局外人近年来比较关心拍卖,对艺术品纠纷问题也比较关注。我个人的看法是,文物艺术品纠纷的增加是个不争的事实,但这是一个非常正常的事实。文物艺术品纠纷的增加是绝对数量上的增加,其相对数量并不一定增加。就拍卖而言,在文物艺术品拍卖中发生的纠纷如果单从其每年的发生量上来讲,确实存在增长,甚至是"爆炸式增长"。2003年可能是50件,2004年是100件,2005年是500件,2006年就有可能会更多(这只是举例,不是真实数字),直线上升。但是相对于我们每年文物艺术品拍卖企业的增长速度、相对于每年文物艺术品拍卖场次增加的规模、相对于每年文物艺术品拍卖标的数量的增长幅度以及相对于每年文物艺术品成交额的增长的惊人业绩而言,文物艺术品拍卖纠纷的数量是否真的增加了呢?我没有准确的统计数字,但是我可以肯定地讲,相对数量的增加应该还是处于一个正常的范围内。

文物艺术品纠纷绝对数量增加的原因,主要是拍卖规模的增加所带动的。此外还有一些原因:一是全社会诉讼爆炸的问题。这些年,据最高人民法院公布的数字,全国的诉讼量都在以惊人的速度增长,各类纠纷都在增加。比如1993年全北京市法院一年审判案件7万件,到2004年已经突破30万件,有些法官根本就没有周末和节假日,文物艺术品案件的增加也在常理之中。二是市场经济的发展增强了人们的利益意识和权利观念。从前在"君子不言利"的传统思想影响下,文人墨客们对利益难以启齿。现在不同了,在市场经济大潮的冲击下,艺术家们和他们的家人的权利意识也在增强。我发现很多艺术品纠纷是发生在艺术家家庭内部的。因此,艺术品纠纷增加只是绝对数量的增加,不是相对数量的增加,属于正常现象。而且没有拍卖同样也会有艺术品纠纷。要明白，不是因为有了拍卖，才有了艺术品纠纷。恰恰相反，是因为有了艺术品本身的纠纷，才有了拍卖中的艺术品纠纷。那种将艺术品纠纷的原因归结为"都是拍卖惹的祸"的观点是错误的。认为"狠打拍卖公司"的板子就可以遏止艺术品纠纷的观点更是荒唐的。不能因为刀子可以杀人，就禁止老百姓使用刀具。刀子能杀人错不在刀本身，而在使用刀子的人。拍卖可能会成为个别人制假、售假甚至洗"黑钱"的场所，但是不能因此就把棍子全部打在拍卖的身上。因此我个人的观点是要客观地看待艺术品纠纷数量猛增的原因。拍卖人不要跟着别人瞎起哄。

二、为什么要关注这个问题

艺术品拍卖纠纷属于正常现象，是否意味着我们可以心安理得地不去理它，任其发展呢？当然不是。艺术品纠纷对我们拍卖界来讲是一个必须要十分关心、认真对待和及时解决的迫切问题。大家都知道，文物艺术品拍卖企业在我国的拍卖业中占的比例并不大，而且东西南北分布极不均匀。每年文物艺术品拍卖的举办场次和成交总额在拍卖成交总额中占的比例也非常小，充其量不过是个位数，大概占5%~7%。与房地产拍卖等纠纷相比，文物艺术品纠纷的数量甚至是可以忽略不计的。在进入诉讼程序的艺术品拍卖纠纷中，我大致统计了一下，发现拍卖公司因为"拍卖所谓的赝品"而败诉的寥寥无几。但是文物艺术品拍卖有其特殊性，与其他标的拍卖相比，文物艺术品拍卖有一个特殊的放大效应和社会轰动效应。社会上对拍卖界的认识和评价主要是通过文物艺术品拍卖来体现和完成的。一块土地可以拍几十个亿，没有人会觉得惊讶。但是一件艺术品拍上几百万甚至几十万，人们就会议论很久。一提到拍卖，人们不会首先想到房子、汽车这些东西，但是马上就会想到古董字画等这些文物艺术品。文物艺术品拍卖是社会认识拍卖业的窗口，代表着整个拍卖业的社会形象和地位，用句时髦的词讲，叫"拍卖业形象大使"。文物艺术品纠纷占的比例不大，但是给拍卖业带来的负面影响是最大的，其中主要是书画艺术品，说的更准确一点应该是书画艺术品中的近现代书画艺术品纠纷，给拍卖业带来的负面影响是最突出的。近日北京青年报登了一则新闻，说的是一位著名画家要求拍卖公司撤拍的事。近年来，也有人大代表和政协委员在两会上提出要修改拍卖法和规范拍卖企业的议案。社会上要求整顿规范拍卖企业的呼声也很高，其中一个最主要的理由就是"书画造假，赝品泛滥"，而不是拍卖业如何在激烈的竞争中生存的问题。

所以我认为，我们今天之所以将文物艺术品纠纷看作是一个迫切需要解决的问题来讨论，并不是因为纠纷数量太多了，而是因为文物艺术品纠纷在拍卖纠纷中数量虽少，但其负面影响太大了。我想我们大家正是从这个意义上，才将文物艺术品纠纷当作一个问题来讨论的。我们需要格外重视的实际上是文物艺术品纠纷带来的负面影响。这是我想说的第二个问题。

三、拍卖界关注的核心应该是什么

就艺术品纠纷而言，不同领域的关注点可能是不一样的。管理部门关注的是市场秩序的规范问题、艺术家及其家属关注的是作者的著作权问题、收藏家关注的是艺术品的真伪问题，还有人可能要关注艺术品的价格问题等等。那么我们拍卖界要关注的核心问题是什么呢？我认为，真伪问题、价格问题、著作权问题、市场秩序的问题，我们都要关注，但是这些都不是我们应该关注的核心问题。尤其是艺术品的真伪问题。古今中外，艺术品的真伪是一个历史上一直就存在的古老问题，不是今天才有的，也是一个从来都没有人能够解决，我个人认为短期内无法解决的问题，不光是我们拍卖界无法解决的问题。那么我们拍卖界应该关注的问题是什么呢？我认为应该是程序问题，是文物艺术品拍卖的合法性问题，就是怎么样拍才是合法的问题，这才是我们应该关注的核心。

就人类解决纠纷的方式和途径而言，有两种思路，即实体正义和程序正义两种思路。什么是实体正义和程序正义的思路呢？我举个通俗的例子。人类社会的纠纷主要就是由于生命健康引起的纠纷和财产引起的纠纷两大类。所以中国有句古话叫"杀人偿命，欠债还钱"。这种解决纠纷的思路就是实体正义的思路，即事实求是的思路和水落石出的思路。如果每个杀人者都偿了命，欠债者都还了钱，冤屈得以平反，正义得到伸张，这当然是最理想的结局。可是问题是，"杀人偿命，欠债还钱"的前提是你首先要知道是谁杀了人，有没有欠了钱。这一下问题就复杂了，就变得和艺术品真伪一样复杂了。由于历史的局限性，人们破案的设备、技术、水平等的有限性，有时候要想查清楚谁杀了人，有没有欠了钱反而成了一个大难题，有些案件甚至永远也不可能查得清楚。于是就出现了第二种解决纠纷的思路，即程序正义的思路。

关于杀人偿命问题，也有两种程序正义的思路。中国古代实行了"有罪推定原则"，即抓到了犯罪嫌疑人，首先推定他就是杀人犯，犯罪嫌疑人要证明自己没有杀人。如果证明不了又死不承认怎么办呢？大刑伺候，用刑，直到招供了拉倒。西方在资产阶级革命后实行了"无罪推定原则"，即抓到了犯罪嫌疑人，首先推定人不是他杀的，他是清白的，犯罪嫌疑人享有沉默权，警察要拿证据来证明他是杀人犯，证明不了，就得无罪释放。大家都还记得美国的"辛普森杀妻案"就是一个典型的例子。不管是有罪推定原则，还是无罪推定原则，它都强调的是程序正义，只要程序是合法的，案件就是合法的，社会就是接受的，至于是否真的是他杀了人或真的没有杀人，就不重要了。

在我国20世纪80~90年代，我国在诸如杀人偿命这种刑事案件的问题上，出现了一个近似荒唐的局面。当时有记者问一位司法领导，说"请问在刑事审判中适用的是有罪推定原则呢还是无罪推定原则？"领导回答说："我们既不采用封建年代的有罪推定原则，也不采用资本主义的无罪推定原则"。记者感到很奇怪，就问："那采用的是什么原则呢？"领导回答说："我们既不冤枉任何一个好人，也不放过任何一个坏人，我们采用的是实事求是的原则"。这在当时看来确实是与众不同的最好的原则。但是对于永远也查不清的案件而言，采用有罪推定原则和无罪推定原则各有利弊。有罪推定的好处是不会放纵坏人，不好处是可能会冤枉好人（屈打成招）；无罪推定的原则的好处是不会冤枉好人，不好处是可能放纵坏人（证据不足）。实事求是的原则表面上看是最理想和完美的原则，既不冤枉任何一个好人，也不放过任何一个坏人。但是实际上对于永远也查不清的案件而言，是只有坏处，而没有一丝好处的原则。它导致的后果是造成了大量长期积压的案件，甚至导致了新的冤假错案。一个人犯盗窃罪，本来应该判一两年徒刑，但是为了追求实事求是的结果，等查清时这个人可能已经被羁押了5年了。所以有些纠纷的解决不能追求实事求是的原则，只能追求程序上的合法。欠债还钱就是这样的，欠债还钱是天经地义的，但是有时候我们也无法查清事实的真相。张三李四原来是好朋友，一方借给对方钱，碍于面子，也没有写欠条。后来两人翻了脸，不认账了，起诉到法院，你说法院该如何判。坚持实事求是，查清后判决，当然好了，问题是它永远也查不清了，法院又不能说查不清就不管了，法院就是解决纠纷的地方，对任何纠纷都得给一个说法。所以现在法院采取的原则就是"谁主张，谁举证"的程序正义原则。你有证据，就判你赢，否则就判你输。可是没有人会说法院这样做不对。

　　类似这样只能追求程序正义，而不能拘泥于实事求是的现象很多。程序可以赋予行为以合法性。比如结婚，中国古代就讲究父母之命、媒妁之言，讲究"六礼"和拜天地这样的仪式。至于男女双方是否真心相爱，没有人会重视。现在不讲究拜天地，讲的是"民政部门"登记，也还是一个程序正义。表面上问一下双方是否自愿即可。至于双方结婚的真实目的，就不管了，也管不了。对这一点大家都是非常清楚的。所以有朝一日，当一方发现对方不是真心，要闹离婚的时候，也只是到法院起诉对方，我们从来没有发现谁起诉民政部门或媒人，说他们把关不严的。

　　就艺术品拍卖问题而言，艺术品真伪就像男女结婚时是否是真心相爱一样，连艺术界自身都无法解决的问题，我们拍卖界就能解决的了吗？难道说我们比艺术界还在行吗？所以在艺术品拍卖问题上，我们拍卖界要关心、要解决的问题是艺术品拍卖的程序性问题和合法性问题。对拍品不保真，这是古今中外拍卖界一体遵行的法则。这个法则现在越来越受到社会的质疑。我们拍卖界在这个问题上也有不少同志发生了动摇，不敢勇于坚持这一原则，好像我们自己作了什么亏心事似的。这是不必要的。也有一些拍卖企业为了生存，在艺术品拍卖中打出"全场保真"的口号或实行了"赝品招回"的制度。我认为这种做法可能有"不正当竞争"的嫌疑，是值得商榷的。这种做法与律师界"包打输赢"是一样的道理。律师向当事人承诺保证把官司打赢这种行为是违法的，是一种不正当竞争。因为律师提供的是一种法律服务，官司的输赢不取决于律师的决心，而取决于官司本身。艺术品拍卖也一样，艺术品的真伪不取决于我们拍卖公司善良的愿望和美好的承诺，而取决与艺术品本身。而艺术品的真伪在目前还没有一个确定的、公认的标准，你怎么保真？你所保的真是谁的标准呢？"招回制度"是国外拍卖界的一个惯例，我们可以借鉴，但是我们不能使用"赝品招回"的说法，应该叫"拍品招回"。拍卖行业协会可以制定统一的"拍品招回"的条件和程序，但是不能将招回的拍品称为"赝品"。因为我们每个拍卖行包括拍卖协会都无权给一个拍品定"赝品"的罪名。只有在一种情况下例外，即有司法判决文书定性的拍品除外。所以我认为，拍卖界不要轻易使用"赝品"这个词。我们可以称之为"问题拍品"或者"瑕疵拍品"，但是不能随意地使用"赝品"这个词。因为对我们拍卖界来讲，艺术品拍卖只有两种形式，合法拍卖与违法拍卖，没有第三个名称。这是我想讲的第三个问题。

四、目前我们要解决的重点问题是什么

　　既然我们明白了在艺术品拍卖问题上，拍卖界应当关注的核心问题是艺术品拍卖的程序合法性问题。所以我们关注的重点就应该是艺术品拍卖程序的完善问题。拍卖法第六十一条规定了拍卖人在拍品瑕疵问题上的免责声明条款。这一个条款现在越来越受到来自社会各界的质疑。是这个条款本身规定错了吗？不是。问题是这个条款规定的太笼统了，拍卖实践中不便遵照执行。拍卖法只是抽象地说"拍卖人、委托人在拍卖前声明不能保证拍卖标的的

真伪或者品质的，不承担瑕疵担保责任"。但是对于艺术品拍卖，在什么情况下应当声明？以何种方式声明？声明到何种程度？声明要符合哪些条件？都没有个具体明确的说法。当然也有一些当年制定拍卖法时无法预料的问题，比如拍卖法对于撤拍没有明确规定，而艺术品拍卖往往涉及到作者的著作权问题，如果作者提出质疑如何处理？撤还是不撤，没有依据。还有拍品事后招回的程序和条件问题也没有明确规定。拍卖法生效后，中拍协同时出台的《艺术品拍卖通则》中也没有涉及到这些问题。正是由于拍卖法条文的笼统和抽象，导致一些拍卖公司故意"误读"和曲解拍卖法的原意，极个别拍卖公司甚至公然参与制假、售假，影响了拍卖行业的整体形象。所以我认为，拍卖界目前要做的工作主要两个方面：一是完善文物艺术品的拍卖规则，明确文物艺术品拍卖的合法程序；二是加大打击和惩罚力度，对于违法违规的企业要敢于清理门户，以维护行业的声誉和促进全行业的健康发展。至于具体的措施和内容，我是个外行，希望多听听业内专家的高见。

艺术品拍卖中物权与著作权冲突的解决

艺术品拍卖中，如何妥善处理著作权法与拍卖法在法律规定上的冲突，并使作者的著作权和委托人的物权都受到公正的保护，这一直是个悬而未决的问题。最近这方面的纠纷又有发生，我想在此谈谈自己的看法，抛砖引玉，以供大家批评和讨论。

在艺术品拍卖中，尤其是书画作品和摄影作品拍卖中，按照拍卖法的要求，拍卖人应当在拍卖前展示拍卖标的，并提供查看拍卖标的的条件及有关资料。也就是说，"标的展示"是拍卖的一个法定环节，对不特定的公众公开展示和介绍拍卖标的是拍卖人的法定义务。非此，不但拍卖人应承担法律责任，拍卖结果的有效性和合法性也将受到质疑。

拍卖是一种通过公开竞价程序和价高者得原则进行交易的特殊买卖方式，是一种发现拍品真实价值和实现资源最优配置的有效机制。拍卖法之所以要求拍卖人公开展示拍卖标的，除了有让竞买人在拍卖前了解拍品的真实情况的立法用意外，还有"提高经济效率"的立法意图，即希望通过公开的宣传和介绍吸引更多的竞买人来参加竞买。因为从经济学的角度来讲，参加竞买的人越多，就越可能使拍卖成交价格接近拍品的真实价值，从而实现委托人利益的最大化和社会资源的最佳配置。

无论是国际还是国内，拍卖人一般不会为了单个艺术品举行一场拍卖会（专场拍卖会通常是指一类拍卖品而非一件拍品而言的），往往是将征集到的一批拍品安排在同一场拍卖会中进行拍卖。有时候，一场大型的艺术品拍卖会有几千甚至上万件拍品。为了履行拍卖法关于展示拍卖标的和提供查看拍卖标的条件及有关资料的义务，在艺术品拍卖中，制作和发放拍卖图录就成了拍卖惯例。为了能使异地客户方便、经济和快捷地了解拍品，随着网络的普及，同时在网站展示拍卖作品就成了拍卖人普遍采用的辅助性展示手段。在拍卖过程中，为了配合拍卖师对拍品的介绍，拍卖人通常还会在拍卖现场以幻灯的方式放映拍品。

在艺术品拍卖中，有两种不同的情况：

一种情况是，委托人就是艺术品的著作权人。这种情况下，一般不会有太多的问题。因为委托人在委托拍卖的同时，也就默许了拍卖人采用合理的方式对其作品进行宣传。著作权人（委托人）对拍卖人将其作品编入拍卖图录或在网络上进行公开展示和介绍的行为一般不会提出异议，因为这些行为正是为了更好地实现委托人委托拍卖的目的（如果是摄影作品，有时可能会有肖像权的纠纷问题，这个问题以后另做探讨）。

另一种情况是，著作权人通过买卖、赠与或者其他合法的方式，将其作品转让给了他人。这时候，作品的物权和部分著作权就发生了分离。拥有者取得了作品的物权，而作者则依法保留了部分著作权。如果作品拥有者将作品委托拍卖，当拍卖人对作品采用发放拍卖图录或网络介绍的方式进行展示时，著作权人就有可能提出异议。根据我国著作权法的规定，作品在转让时，只有作品的展览权随作品一同转移给了他人，而作品的署名、编辑、汇编、复制、发表等著作权仍由作者享有。因此著作权会认为拍卖人的行为侵犯了其著作权，纠纷随即就产生了。

双方对自己的行为都有法律依据，拍卖人依据的是拍卖法，而作者依据的是著作权法。这种法律规定上的冲突如何协调，多年来一直在困扰着艺术品拍卖。

我个人的看法是，如果拍卖人的行为仅限于完成拍卖法规定的标的展示义务，则其行为不构成对作者著作权的侵权（但应署名），主要有以下几个理由：

一是著作权是有限度的，对作品的合理使用不构成对著作权的侵权。根据我国著作权法第二十二条规定，"为介绍、评论某一作品或者说明某一问题，在作品中适当引用他人已经发表的作品"的行为属于合理使用。拍卖人将拍卖的作品收入拍卖图录及在网络上公开展示的行为正是为了对作品进行介绍，对作者的著作权并无妨害。

二是作品的拥有者对作品享有的是"物权"，而作者的著作权属于知识产权或者"准物权"，当两项权利发生冲突时，应坚持物权优先的原则。

三是如果将拍卖人履行法定义务的行为认定为对著作权的侵犯，那么作品"拥有者"对财产的处分权将受到侵害。著作权人将作品转让给第三人时，应当将作品"物"的处分权转移给第三人，即作品的拥有者享有包括"拍卖"在内的处分作品"物权"的权利。如果第三人取得了作品的"物权"却无法通过"拍卖"的方式来行使其处分权，则著作权人向第三人转让作品的行为是有"瑕疵的"，这不符合双方转让作品的"本意"。

以上不成熟的看法，供大家批评。

对拍卖法第二十三条的含义不应做扩大解释

拍卖人是拍卖活动中的最主要的主体，扮演着中介人的角色，它通过拍卖活动所取得的利益只能是拍卖服务佣金，而不是拍卖成交后所得的利润。从公平的角度出发，我国拍卖法第二十三条明确规定：拍卖人不得在自己组织的拍卖活动中拍卖自己的物品或者财产权利。这是我国法律的一项禁止性规定，依法设立的拍卖企业在我国举行的拍卖活动中必须严格遵守这一规定。

在拍卖实践中，个别拍卖人出于种种目的，先行"买断"拍品，然后再通过自行拍卖来赚取佣金以外的利润，这做法是违法的。但是对拍卖法第二十三条的规定也不应做扩大的解释。对拍卖法第二十三条规定的理解要重点要把握以下两点：

第一，法律只禁止拍卖人在自己组织的拍卖活动中拍卖自己的物品或者财产权利，法律并不禁止拍卖人在别的拍卖企业组织的拍卖活动中拍卖其物品或者财产权利。

第二，法律只禁止拍卖人拍卖自有的物品或财产权利，这里的拍卖人应当是指依法成立的拍卖企业，而不必然包括与拍卖企业有关联关系的其他独立法人的物品或财产权利，也不包括在拍卖公司中工作的工作人员的物品或财产权利。只要不违反"三公一诚"的原则，这些企业或个人的物品或财产权利是可以成为拍卖标的的。

不要总想着对号入座

——关于拍卖合同性质的一点思考

拍卖合同的性质一直是困扰拍卖界的一个较为复杂的问题。一般的理解认为,拍卖行为属于商法中的行纪行为,拍卖人是行纪合同中的行纪人,拍卖合同应当属于行纪合同。在司法实践中,也确实存在着法官依据行纪合同的相关规定来处理拍卖纠纷的现象。但是我认为将拍卖合同看作行纪合同的观点是值得商榷的。

行纪合同是行纪人以自己的名义为委托人从事贸易活动,委托人支付报酬的合同。其中,接受委托以自己名义从事一定贸易活动的称为行纪人;委托他人为自己从事一定贸易活动给付报酬的当事人称为委托人。行纪,在法律上也称为经纪,又称牙行,是指以自己的名义为他人从事动产和有价证券买卖或者其他商业交易,而收取报酬的(营业)经营活动。不动产买卖通常不在行纪的交易范围内。行纪合同是随着信托业务的发展,出现的独立从事行纪业务的行纪组织而产生的。行纪组织是商品经济发展的产物,欧洲中世纪已经出现这类组织。当时,由于国际交易的兴起,出现了专门受他人的委托办理商品购入、贩卖或其他交易事务并收取一定佣金的行纪人,进而制订了行纪制度。在资本主义时期,从事行纪活动的商业代理人大量存在。我国汉代也已出现专为牲畜买卖双方说合,评定价格收取佣金的驵侩,后变革发展为牙行。信托公司、贸易货栈是中国近代经营行纪业务的组织形式。新中国成立后,国家曾相继在许多城市成立了国营信托公司和贸易货栈,经营行纪业务,但自20世纪50年代实行社会主义改造以后,商品经济日趋落后,行纪业日趋衰微。改革开放以来,随着商品经济的恢复和发展,尤其是社会主义市场经济的逐步建立和发展,行纪业重又兴盛起来,延至今日,规模愈来愈大。合同法采纳许多学者的建议,设专章规定行纪合同,对促进我国商品经济的发展具有积极意义。

行纪合同具有四个特点:第一,行纪合同是独立有名合同。大部分学者认为行纪合同是独立有名合同,因为行纪合同有自己独特的特点。为此,许多国家和地区的民法都设专章予以规定,认定其为独立有名合同。我国合同法也对行纪合同设专章予以规定,把它确定为独立有名合同。第二,行纪人为了委托人的利益而以自己的名义为委托人实施民事法律行为。所谓为了委托人的利益,又可称为"为了委托人的计算",是指由行纪人的行为所产生的经济上的利益或者损失均归属于委托人,而与行纪人自身无涉。例如,行纪人以高于委托人指定的价格卖出了商品或者以低于委托人指定的价格买进了商品,这种差额利益则归委托人所有,但委托人有义务支付行纪人为其买卖而支出的费用。所谓以自己的名义开展营业,是指当行纪人与第三人开展交易时,行纪人无须告诉该第三人自己的委托人是谁,也无须告诉第三人自己与委托人签订了行纪合同,只要告诉第三人自己的姓名或者名称即可。第三人也无权过问行纪人的委托人是谁,亦不得以行纪人与委托人的行纪合同成立与否,而决定其与行纪人的交易行为的效力。因此,合同法第四百二十一条规定:行纪人与第三人订立合同的,行纪人对该合同直接享有权利、承担义务。第三人不履行义务致使委托人受到损害的,行纪人应当承担损害赔偿责任。这是行纪合同和委托合同的主要区别。第三,行纪合同的标的是一定的法律行为。行纪合同属于提供服务合同的一种,但行纪人提供的不是一般服务,而是运用自己的专业特长和经验能力与第三人实施民事法律行为,因此,行纪合同的标的是与第三人进行的民事法律行为。第四,行纪合同是有偿合同、诺成合同和不要式合同。行纪人负有为委托人办理买卖或其他商事交易的义务,而委托人负有给付报酬的义务。双方的权利和义务是对应的;同时,行纪人完成事务须收取报酬,即为有偿服务,所以行纪合同是双务有偿合同。行纪合同是需双方当事人之间的意思表示一致即告成立,合同无需采用特定的形式,所以行纪合同是诺成合同,不要式合同。

从上述行纪合同的特征中,我们可以看出,拍卖与行纪有诸多相同之处,但是也有许多名下的区别。比如行纪活动中的对象一般限于动产或其他贸易活动,但是不包括不动产,而不动产是拍卖中的常见拍卖标物。另外在具体的权利义务方面也存在不少差别。因此,笔者认为不宜将拍卖活动简单地等同于行纪活动。

不少人之所以将拍卖合同归入行纪合同,其中一个主要的原因是这些人总希望在合同法中为拍卖合同找到一个位置,取得一个"名分",所谓"名正则言顺"吗,如果找不到一个"名分",好像拍卖这项活动就会"矮人一等",就会被人看不起似的。在对比了合同法中与拍卖合同相似的委托合同、行纪合同和居间合同之后,发现拍卖合同与行纪合同最为接近,因此就将拍卖归于行纪。殊不知合同可以分为两大类,一类是有名合同,一类是无名合同,合同法分则中只对常见的有名合同进行了规定,现实中还有大量无名合同是无法在合同法分则中一一"对号入座"的,比如旅游合同、出版合同、培训合同等等。但是这并不妨碍这些合同的法律效力,这些合同完全可以按照合同法总则的规定来订立和履行。

拍卖合同应当属于一种独立的合同,虽然拍卖合同在合同法中没有专门的规定,但是这并不妨碍拍卖合同的合法存在和法律效力。拍卖合同主要受拍卖法和合同法总则的调整,如果拍卖法和合同法总则中有规定不具体的地方,拍卖实践和司法活动中,可以酌情参照合同法中委托合同或行纪合同的规定来执行。但是参照归参照,将拍卖合同完全等同于行纪合同是有问题的。

公告面积小于实际面积时
该如何处理

某拍卖公司接受委托拍卖一处房产，委托拍卖合同、拍卖公告、拍卖目录、拍卖规则中均注明标的为一处楼房，建筑面积230平方米。孙某报名参加了竞买，并竞买成功，与拍卖公司签订了成交确认书。约定：拍卖标的建筑面积约230平方米，成交金额286000元，买受人应在三日内付清成交价款和拍卖佣金并受领拍卖标的，在此期间未能取得拍卖标的则有权要求拍卖人承担违约责任；买受人有权要求拍卖人协助办理买受标的证照变更、产权过户等手续，拍卖人不得推诿；房产、土地面积按办证测量实际为准等。孙某付清成交价款后要求交付标的时，拍卖公司拒绝，理由是委托人在拍卖后发现拍卖标的的实际建筑面积是283平方米，要求买受人按均价补齐房款后，才能办理交付和产权过户手续。否则本次拍卖由于委托人存在重大误解而无效。孙某向法院起诉拍卖公司要求拍卖公司履行合同并承担违约责任。

本案主要涉及两个问题：一是公告面积与实际面积存在误差是否会影响拍卖标的的特定性，进而导致拍卖无效；二是如果当事人对拍卖标的确实存在重大误解，应该怎么办。

拍卖是指以公开竞价的形式，将特定物品或者财产权利转让给最高应价者的买卖方式。而拍卖标的就是委托人委托拍卖的特定物品或者财产权利。因此拍卖标的必须具有特定性（也可称确定性）。但是，一般而言，拍卖公告中的标的数量与实际数量出现误差时，不会影响标的的特定性，因为根据商业惯例，标的数量上的误差是正常的和允许的。就本案而言，委托拍卖合同、拍卖公告、拍卖目录、拍卖规则、成交确认书中均注明拍卖标的为一处楼房，因此标的是特定的。面积上的误差不应当导致拍卖本身无效。

重大误解是指一方因自己的过错而对合同的内容等发生误解，订立了合同。根据民法通则的规定，"行为人对行为内容有重大误解的，可以申请变更或撤销"。合同法也规定，"因重大误解订立的合同，一方可以请求法院和仲裁机构变更或撤销"。

应当从四个方面来判断重大误解：第一，当事人因为误解做出了意思表示，比如本案中的委托人是在对面积误解的情况下作出的出售意思表示。第二，当事人对合同的内容等发生了重大误解，在法律上，一般的误解并不都能使合同撤销。根据最高人民法院的司法解释，行为人因对行为的性质、对方当事人、标的物的品种、质量、规格和数量等的错误认识，使行为的后果与自己的意思相悖，并造成较大损失的，可以认定为重大误解。第三，误解是由误解方自己的过失造成的，而不是因为受他人的欺骗或不正当影响造成的。第四，误解是误解的一方的非故意行为。如果当事人在订约时故意保留其真实的意志，或者明知自己已对合同发生误解而仍然与对方订立合同，均表明表意人希望追求其意思表示所产生的效果。

根据合同法及民法通则的有关规定，重大误解合同的效力是待定的，是可撤销合同。在当事人不表示异议的情况下，合同成立，有法律效力，受法律保护，当事人双方的权利和义务都受法律保护。在当事人表示异议的情况下，这类合同是可撤销的，也就是说在当事人实现自己的权力撤销了这个合同后，这个合同是自始无效的。

这里有两点需要注意：第一，存在重大误解的合同不是自动无效，当事人也无权单方面宣布无效或变更，必须由当事人请求人民法院或者仲裁机构来变更或者撤销。第二，当事人请求人民法院或者仲裁机构变更或撤销是有时效限制的。就本案而言，出现拍卖计价建筑面积与拍卖标的实际建筑面积不符的原因是委托人对拍卖标的建筑面积未经认真测量，拍卖人对拍卖标的建筑面积也未尽核实义务所致，该责任应由委托人和拍卖人承担。如果委托人和拍卖人认为其对拍卖标的确实存在重大误解，他们应当请求人民法院或仲裁结构予以变更或撤销。但他们自己不能单方面宣布拍卖合同无效。如果他们在法定的时效期间没有行使其撤销权，则无权再行使。拍卖成交后，委托人和拍卖公司未按拍卖成交确认书及委托拍卖合同的约定履行协助买受人黄某办理买受标的产权过户手续义务，显属违约。应承担相应的法律责任。

论拍卖中买受人的违约责任

拍卖中买受人的违约责任是个比较复杂的问题,我在这里想做一些系统地归纳和分析。

一、买受人违约责任的概念

违约责任,又称违反合同的民事责任,是指合同当事人因违反合同义务所应承担的责任。在英美法系中违约责任通常被称为违约的补救,而在大陆法系中则被包括在债务不履行的责任之中,或者被视为债的效力范畴。作为保障债权实现及债务履行重要措施的违约责任制度与合同义务联系密切。一方面,违约责任是合同义务不履行所导致的结果,是以合同义务的存在为前提的;另一方面,违约责任是在合同当事人不履行义务时,国家强制其履行合同义务和承担责任的法律表现。因此,违约责任和合同义务的关系可以归结为:合同义务是违约责任产生的前提,违约责任是合同义务不履行的结果。我国合同法第七章专设违约责任,规定了预期违约及实际违约等所承担的法律责任。

拍卖活动中买受人的违约责任是合同法规定的违约责任在拍卖活动的具体表现。买受人的违约责任是指在拍卖合同法律关系中,买受人因违反合同义务所应承担的一种民事责任。买受人承担违约责任是以其在拍卖合同中应当履行的义务为前提的。

二、买受人违约责任的特点

与其他的法律责任相比,违约责任具有以下特点:

第一,违约责任是合同当事人违反合同义务所产生的责任。这里包含两层意思:其一,违约责任产生的基础是双方当事人之间存在的合法有效的合同关系。若当事人之间不存在合法有效的合同关系,则无违约责任可言;其二,违约责任是以违反合同义务为前提的,没有违反合同义务,便没有违约责任。

第二,违约责任具有相对性。违约责任的相对性,是指违约责任只能在特定的当事人之间发生,合同关系以外的第三人不负违约责任。违约责任只能发生在特定的合同当事人之间,只有守约方才能基于合同向违约方提出请求或提起诉讼,与合同无关的第三人不能依据合同对违约方提出承担违约责任的请求或诉讼。

第三，违约责任具有补偿性和惩罚性双重功能。违约责任主要是一种财产责任。承担违约责任的主要目的在于补偿合同当事人因违约行为所遭受的损失。从合同法所确认的违约责任方式来看，无论是强制实际履行，还是支付违约赔偿金，或者采用其他补救措施，无不体现出补偿性。违约责任具有惩罚性也是毋庸置疑的，法律通过对违约方的制裁促使债务人履行债务，同时也可以起到预防或减少违约现象发生的作用。

第四，违约责任具有可约定性。当事人根据合同自由原则，在法律规定的范围内，对违约责任预先约定。例如预先约定违约金的数额幅度、预先约定损害赔偿额的计算方法、预先约定免责条款等。但这并不否定违约责任的强制性，因为这种约定应限制在法律许可的范围内。当事人对违约责任的预先约定必须公正合理，否则将会被宣告无效或被撤销。

拍卖活动中买受人的违约责任同样具有上述一般违约责任的特征。此外，由于拍卖活动的特殊性，拍卖中买受人的违约责任还有自己的一些特点：

第一，买受人的违约责任是买受人违反了拍卖合同中的义务而应承担的民事责任。这里包含两层意思：其一，承担违约责任的主体不是一般买卖合同中的买受人，而是特指拍卖合同中的买受人；其二，买受人的违约责任是以违反拍卖合同的义务为前提的，主要的义务是指支付拍卖价款、佣金和领受拍卖标的物的义务。

第二，买受人违约责任具有特殊的相对性。在拍卖活动中，存在着委托人、拍卖人、竞买人和买受人等多方主体。买受人的违约责任只能在特定的拍卖人与买受人之间发生，买受人对委托人和其他竞买人不直接承担违约责任。委托人和其他竞买人也不能以违约为由，向买受人提出承担违约责任的请求或提起诉讼。

三、买受人违约责任的归则与认定

民事责任的认定必须依循一定的归责原则。归责原则是确定行为人的民事责任的根据和标准，合同法上的违约责任同样也要遵循归责原则。综观各国立法实践，对违约责任归责原则的规定主要有过错责任原则和严格责任原则。我国合同法第一百零七条规定："当事人一方不履行合同义务或者履行合同义务不符合约定的，应当承担继续履行、采取补救措施或赔偿损失等违约责任"。因此可以认为，我国的合同法对违约责任的归责采取了严格责任原则，即当事人一方只要有违约事实就要向对方承担违约责任，而不论其主观心态如何。

拍卖合同虽然是一种特殊的合同，合同法中对拍卖合同并无专门的规定，但是合同法总则所确立的合同基本原则对拍卖合同同样也是适用的。拍卖合同中买受人违约责任的认定和归责也应当遵循严格责任原则。拍卖法第三十九条规定："买受人应当按照约定支付拍卖标的价款，未按照约定支付价款的，应当承担违约责任，或者由拍卖人征得委托人的同意，将拍卖标的再行拍卖。拍卖标的再行拍卖的，原买受人应当支付第一次拍卖中本人及委托人应当支付的佣金。再行拍卖的价款低于原拍卖价款的，原买受人应当补足差额"。该法第四十条规定："买受人未能按照约定取得拍卖标的的，有权要求拍卖人或者委托人承担违约责任。买受人未按照约定受领拍卖标的的，应当支付由此产生的保管费用。"可见拍卖法中规定的当事人的违约责任也是一种严格责任，即只要买受人"未按照约定支付价款的"，就"应当承担违约责任"；只要买受人"未按照约定受领拍卖标的的"，就"应当支付由此产生的保管费用"，而无须考虑其主观上是否具有故意或过失。

四、买受人的违约形态

根据严格责任的归责原则,买受人承担违约责任只有一个条件,即买受人有违约行为。违约行为是指违反合同义务的行为。违约行为仅指违反合同义务这一客观事实,不包括当事人及有关第三人的主观过错。根据买受人违约行为的具体表现,结合我国合同法对违约行为的规定,可以对买受人的违约形态作如下划分:

(一) 买受人预期违约

买受人预期违约亦称先期违约,是指买受人在拍卖成交后,履行支付拍卖价款及佣金义务的期限到来之前这一段时间内,买受人无正当理由而明确、肯定地向拍卖人表示他将不履行拍卖成交确认书,或以其行为表明他将不可能履行拍卖成交确认书的违约形态。拍卖界通常将这种情况称为"悔拍",即买受人在拍卖成交后明确表示放弃拍卖标的物或不履行拍卖成交确认书确定的合同义务。

拍卖是一种特殊的交易方式。我国拍卖法规定,拍卖人只能是依法成立的专门从事拍卖活动的企业法人。因此,拍卖人是专业机构,拍卖师或其他拍卖工作人员一般都是精通或熟悉拍卖业务和规则的"专业人士"。竞买人是指参加竞购拍卖标的的公民、法人或者其他组织。除少部分以"拍卖投机"为业的竞买人外,绝大部分竞买人并不是"专业人士",只是"偶尔"参加拍卖会。因此,竞买人的层次和水平也就相差甚大。拍卖实践中有各种各样的竞买人,有理智沉稳型的,也有冲动盲目型的,还有优柔寡断型的。有些竞买人在拍卖会上受现场竞价气氛所感染,情绪激动,争强好胜,拍卖成交后冷静下来才发现成交价格太高,因此后悔不迭。由此发生的买受人"悔拍"事件并不少见。这种现象在拍卖经济学上被称为"赢家诅咒",其深层原因大家可以参见拍卖经济学理论研究的相关文章。

买受人的预期违约是相对于"实际违约"而言的。买受人预期违约具有以下几个特点:

第一,预期违约是发生在合同义务履行期到来之前的违约行为。在拍卖成交后,除了少数金额或价值较小的标的物可以"一手交钱,一手交货"地即时履行外,对于价值较大的拍卖标的,拍卖人与买受人一般都会在拍卖成交合同或拍卖成交确认书中对买受人履行支付成交价款和佣金的义务约定一个期限。在这个期限到来之前,买受人虽然负有合同义务,但是不必履行或不会履行,拍卖人也无权要求其提前履行。因此,在履行期限到来之前,买受人不履行付款义务是正常现象,不能认定其有违约行为。如果到期了,买受人不履行义务,则其行为构成"实际违约"。但是如果买受人在履行期限到来之前,明确表示将不会履行该义务,或买受人的行为表明其在到期后不会履行该义务的,则其行为构成预期违约,比如,拍卖成交后买受人拒绝签署拍卖成交确认书的行为,或买受人故意用空头支票支付定金的行为,一般都可以看作是买受人预期违约的先兆。

第二,预期违约侵害的是拍卖人的期待权而不是现实的债权。由于合同规定了履行期限,在履行期限到来之前,拍卖人不得违反合同而请求买受人提前履行合同义务,以提前实现自己的债权,所以在履行期限届至以前,拍卖人享有的合同权利是期待权而不是现实债权。买受人预期违约侵犯的正是拍卖人的这种期待权益。买受人一旦预期违约,拍卖人的期待利益就无法实现,这时拍卖人可以就此损害采取一些必要的补救措施。在买受人预期违约中,由于合同尚未到履行期,拍卖人可以解除合同。拍卖人为争取买受人继续履行合同,也可以不顾买受人的违约表示,而等待合同履行期限到来后,要求对方继续履行。如果买受人仍不能履行,则预期违约转化为实际违约,此时拍卖人可采取实际违约的补救方式。

我国合同法第一百零八条规定:"当事人一方明确表示或者以自己的行为表明不履行合同义务的,对方可以在合同履行期限届满之前要求其承担违约责任。"可见,我国合同法中规定的预期违约可分为明示毁约和默示毁约两类。

买受人明示毁约是指在拍卖成交后,履行期限到来之前,买受人无正当理由而向拍卖人明确肯定地表示放弃竞得标的物或将不履行成交确认书约定的义务。比如,拍卖成交后,买受人以应价系受现场气氛感染,非自己真实意思表示为由,拒绝签署拍卖成交确认书;或以种种借口主张拍卖无效,放弃竞得标的物等行为导致的预期违约即属于明示的预期违约。明示预期违约一般应具备以下几个要件:

第一,买受人必须明确地、肯定地、自愿地、不附加任何条件地向拍卖人提出违约的意思表示,如果买受人在作出违约表示时附有条件,则其毁约的意图是不确定的,不构成预期违约。

第二,买受人必须在拍卖成交之后,合同履行期限到来之前向拍卖人表示不履行合同义务,如果在履行期到来后才提出毁约的属于实际违约。

第三,买受人必须表示不履行合同主要义务,且妨碍拍卖人签订合同根本目的实现。比如买受人拒绝签订拍卖成交确认书或放弃竞得标的物。如果被拒绝履行的只是合同部分内容或附属义务,一般不构成预期违约。

第四,买受人明示毁约必须无正当事由,即买受人不具有法定的解除权、撤销权,也不存在不可抗力、合同无效等正当理由。

买受人默示毁约是指在拍卖成交后,履行期限到来之前,买受人自己的行为表明其在合同期限到来时将无法履行合同义务,或拍卖人有足够的证据预见到买受人到期后将不能履行合同,买受人在合理的期限内又不能提供充分保证的。比如,拍卖成交后买受人故意以空头支票支付定金,经拍卖人催告仍不改正的,或者拍卖成交后,买受人破产的。默示毁约通常应当具备以下几个要件:

第一,拍卖人预见到买受人在合同履行期到来之时将不履行或不能履行合同,预见的内容一般包括对方资金紧张、支付能力欠缺、欠债过多无法清偿债务、商业信用不佳、资产变卖等情况。

第二,拍卖人的预见有确切的证据。预见是一种主观臆断,具有强烈的主观因素,为平衡双方的利益,拍卖人必须以一定的证据来说明自己判断的恰当性。

第三,在被要求提供履行保证的情况下,买受人不能在合理的期间内提供充分的保证。若买受人在合理的期限内提供充分的保证,则不构成预期违约。

(二)买受人实际违约

买受人实际违约是指买受人在合同约定的付款期限到来之后不履行合同义务或履行合同义务不符合约定的违约状态。具体包括以下两种情况:

1. 买受人不履行合同。分两种情况:一种情况是在合同履行期限到来后,买受人有能力履行合同义务,但无正当理由拒不履行的情况;另一种是在合同履行期限到来后,买受人无力履行合同的情况。

2. 买受人不适当履行合同。分两种情况：一种是买受人迟延履行合同，即买受人没有能够按照合同约定的期限来履行合同。另一种是部分履行，即买受人在履行期限届满时未能按照合同约定的价款数额来履行合同。

五、买受人承担违约责任的方式

违约责任的承担方式可以由合同各方在合同中约定或者补充约定。我国合同法第一百零七条规定："当事人一方不履行合同义务或者履行合同义务不符合约定的，应当承担继续履行、采取补救措施或者赔偿损失等违约责任。"据此有一种观点认为我国合同法规定的承担违约责任的方式包括：继续履行、采取补救措施、定金、违约金、赔偿金等多种方式。笔者认为，继续履行与采取补救措施都不属于承担违约责任的方式。继续履行与采取补救措施是合同当事人的合同义务以及合同义务的延续，都是违反合同后的处理措施，但不是违约责任的承担方式。继续履行与采取补救措施是合同法中规定的公平原则的体现，属于合同当事人的义务，不具有违约责任的作用。从性质上看，其中继续履行属于典型的合同义务，采取补救措施则是合同义务的继续。这两者无论从实际作用上，还是从性质上看，都不属于承担违约责任的方式。事实上，真正承担违约责任的方式主要包括定金责任、支付违约金和违约损害赔偿等。定金责任是承担违约责任的一种形式。交付定金一方违约时，定金不能收回；收取定金一方违约时，要双倍返还定金。违约金是指合同约定的违约方向守约方当事人支付的一定数额的金钱。违约损害赔偿是指违约方就其违约行为给对方当事造成的损失进行经济补偿。

拍卖法第三十九条规定："买受人应当按照约定支付拍卖标的的价款，未按照约定支付价款的，应当承担违约责任，或者由拍卖人征得委托人的同意，将拍卖标的再行拍卖。拍卖标的再行拍卖的，原买受人应当支付第一次拍卖中本人及委托人应当支付的佣金。再行拍卖的价款低于原拍卖价款的，原买受人应当补足差额"。第四十条第二款规定："买受人未按照约定受领拍卖标的的，应当支付由此产生的保管费用"。这里很清楚地规定了买受人违约后拍卖人可以采取的处理措施：一是拍卖人可以要求买受人继续履行合同，支付价款；二是可以在征得委托人同意的情况下，再次拍卖标的。下面根据拍卖法的规定，结合合同法的基本理论对买受人违约后承担违约责任的方式进行简要分析：

1. 拍卖人要求买受人继续履行合同情况下，买受人承担违约责任的方式。

根据我国合同法第一百零七条"当事人一方不履行合同义务或者履行合同义务不符合约定的，应当承担继续履行、采取补救措施或者赔偿损失等违约责任"的规定和第一百零九条"当事人一方未支付价款或者报酬的，对方可以要求其支付价款或者报酬"的规定，在买受人违约时，拍卖人可以要求买受人继续履行合同，支付拍卖成交价款和佣金，并领取标的物。同时，根据合同法第一百一十二条"当事人一方不履行合同义务或者履行合同义务不符合约定的，在履行义务或者采取补救措施后，对方还有其他损失的，应当赔偿损失"的规定，买受人应当承担赔偿因自己逾期支付拍卖成交价款和佣金给拍卖人造成的利息损失；还应该根据拍卖法第四十条第二款"买受人未按照约定受领拍卖标的的，应当支付由此产生的保管费用"的规定，承担标的物的保管费用。

2. 标的物再行拍卖情况下，买受人承担违约责任的方式。

拍卖法第三十九条第二款规定："拍卖标的再行拍卖的，原买受人应当支付第一次拍卖中本人及委托人应当支付的佣金。再行拍卖的价款低于原拍卖价款的，原买受人应当补足差额"。如何理解原买受人支付"第一次拍卖中本人及委托人应当支付的佣金"和"补足差额"这一规定的性质呢？这是对合同义务的履行措施？还是对违约责任的承担方式呢？笔者认为，再行拍卖标的是拍卖人在征得委托人同意的前提下所采取的减少损失的一项必要措施。但是再行拍卖是一次新的拍卖，而非第一次拍卖的继续。因此再行拍卖是以拍卖人解除与原买受人的拍卖成交合同为前提的。原买受人支付"第一次拍卖中本人及委托人应当支付的佣金"和"补足差额"的行为应当看作是原买受人承担违约责任的方式，而不是履行合同义务的措施。因为在原合同解除后，原买受人的违约行为给拍卖人造成的损失表现为拍卖人第一次拍卖中应得到的佣金，包括原买受人应支付的佣金和委托人应支付的佣金。如果第二次拍卖的成交价低于第一次拍卖的成交价的，委托人有权向拍卖人主张两次拍卖的差额，所以差额表现为拍卖人的损失。因此标的物再行拍卖情况下，买受人承担违约责任的方式表现为"第一次拍卖中本人及委托人应当支付的佣金"和"补足差额"。这是一种赔偿损失的承担违约责任的方式。

3. 定金责任和违约金责任。

无论是拍卖人要求买受人继续履行合同情况下，还是标的物再行拍卖情况下，如果拍卖人与买受人之间的合同中约定了定金责任或违约金责任的，买受人应当依法承担定金责任或违约金责任。关于定金、违约金、赔偿金以及保证金之间的关系问题，我们将在以后再做具体讨论。

拒绝签署成交确认书的
买受人的法律责任

关于拍卖成交后，买受人拒绝签署拍卖成交确认书应当承担何种法律责任的问题，学界存在着不同的理解。一种观点认为，即使买受人拒绝签署拍卖成交确认书，也应当承担违约责任。理由是合同已经成立，买受人不可能承担缔约过失责任。如果拍卖人征得委托人的同意，将拍卖标的再行拍卖的，原买受人应当支付第一次拍卖中本人及委托人应当支付的佣金。再行拍卖的价款低于原拍卖价款的，原买受人应当补足差额。另一种观点认为，买受人拒绝签署拍卖成交确认书，应当承担缔约过失责任，赔偿拍卖人的损失。因为在买受人拒绝签署拍卖成交确认书的情况下，合同没有生效。而合同没有生效是买受人的过错，即故意拒绝签署拍卖成交确认书所导致的，因此，买受人应当对拍卖成交合同的不能生效承担责任。

这两种观点都认为，在买受人拒绝签署拍卖成交确认书时应当承担民事责任，争议的焦点在于买受人应当承担何种民事责任，是违约责任还是缔约过失责任。我认为，第一种观点更为合理。拍卖成交以后，合同即成立，竞买人的身份也发生了变化，由竞买人变成了买受人。拍卖成交确认书是对拍卖人和买受人之间成立的合同关系的书面确认，拍卖成交确认书本身不是拍卖合同成立的前提条件。因此，买受人拒绝签署拍卖成交确认书，应当依据拍卖法第三十九条的规定承担违约责任。

论抵债财产的委托拍卖

2003年,某玻璃制品厂以其房产、设备、车辆及土地使用权作抵押,共向银行贷款800万元,期限3年。截至2006年6月30日,共欠银行贷款本息862万元。由于无力偿还所欠贷款本息,遂于2006年7月玻璃制品厂与银行签订一份以资抵债协议书,协议约定,玻璃制品厂愿以本厂的土地、房屋、设备及车辆折价款抵偿欠银行的贷款。具体抵偿额以双方指定的会计师事务所评估价格为准,玻璃制品厂应将上述房产、土地、设备及车辆等相关权证及资料交付给银行占有,并协助银行办理好上述财产的过户手续。同年8月,双方又签订一份租赁协议,银行将上述抵债资产暂时以租赁方式返租给玻璃制品厂经营,并约定在银行变卖抵债资产时,同等条件下,玻璃制品厂有优先购买权。协议签订后,双方一直没有办理抵债资产的过户手续。

2008年1月,银行委托拍卖公司将玻璃制品厂整体拍卖,双方签订了委托拍卖合同,拍卖公司刊登了拍卖公告,声明将于2008年2月5日对"玻璃制品厂"整体拍卖。玻璃制品厂声明放弃其优先购买权。竞买人胡某缴纳了16万元保证金后参加了这次竞拍活动,并以650万元人民币竞买成功,双方签订了拍卖成交确认书,约定交款期限为2008年3月15日前。胡某后得知玻璃制品厂的土地使用权不能办理过户手续,拍卖公司无法交付拍卖标的,认为这次拍卖活动有重大欺诈性,遂向法院起诉,要求确认拍卖无效。

法院经审理后认为,银行与拍卖公司签订的委托拍卖合同,因内容违反法律规定,系无效民事行为。

银行与玻璃制品厂虽签订了以资抵债协议书,但双方事后未按照协议规定办理相关抵债资产的过户手续,因此银行并未取得抵债资产的所有权,只是享有对上述抵押资产的抵押权和变现抵押资产后的优先受偿权。银行欲实现其债权,须与玻璃制品厂共同委托相关部门对上述抵押资产变卖或拍卖,从而优先受偿。玻璃制品厂的土地系国有划拨土地,根据我国相关法律规定,国有划拨土地使用权的转让须经有批准权的人民政府批准。有批准权的人民政府准予转让的,应当办理土地使用权出让手续,并按规定缴纳土地使用权出让金。由于银行与玻璃制品厂并未办理土地使用权出让手续,因而该土地使用权出让未获得批准。拍卖公司辩称,银行对拍卖资产享有处分权,且该处分权系银行通过金融借贷实现抵押权,以契约的方式从玻璃制品厂得来。法院认为,拍卖公司的辩解与我国的相关法律相悖。我国担保法第四十条明确规定:订立抵押合同时,抵押权人和抵押人在合同中不得约定在债务履行期届满抵押权人未受清偿时，抵押物的所有权转移为债权人所有。因此，拍卖公司的辩解于法无据，本院不予采纳。判决本次拍卖无效。

当事人通过协议取得财产的所有权或处分权，然后委托拍卖变现，这是拍卖中常见的现象。尤其是金融机构，在抵押担保协议到期，债务人无力偿还贷款的情况下，往往会通过协议的方式，约定将抵押物归金融机构处置或折价归金融机构所有。对这些抵债资产金融机构处置的方式也主要是委托拍卖变现。但是由于对相关法律的理解不够全面，因接受这种委托的拍卖而导致的拍卖纠纷也非常多。本案就是一个典型例子。抵债资产究竟应当如何委托拍卖，我想结合本案谈谈自己的一点看法，供大家参考和讨论。

对于抵债资产的拍卖，应当具体情况具体分析：

第一，关于抵债企业。不能委托拍卖抵债企业。债权人通过抵债协议取得的只是企业的财产权，可能是土地使用权、房屋所有权等不动产，也可能是机械设备、机动车等动产，但是绝对不是企业的股权。因此，债权人无权委托整体拍卖企业本身，因为这实际上等于是对企业股权的拍卖。因此，本案中委托对"玻璃制品厂整体拍卖"是错误的。

第二，关于划拨土地。划拨的国有土地使用权属于限制流通标的，不能通过抵债协议自动取得，应当首先经由有关机关批准。准予转让的，还应当办理土地使用权出让手续，并按规定缴纳土地使用权出让金。

第三，关于抵债房产。本案中，法院认为我国担保法第四十条明确规定：订立抵押合同时，抵押权人和抵押人在合同中不得约定在债务履行期届满抵押权未受清偿时，抵押物的所有权转移为债权人所有。但是这并不是说，债权人不能通过协议的方式取得债务人抵押房产的所有权。物权法第一百九十五条规定"债务人不能履行到期债务或者发生当事人约定的实现抵押权的情形，抵押权人可以与抵押人协议以抵押财产折价……"，可见，银行与玻璃制品厂协商以抵押房产折价抵债是合法的。问题是如果仅仅签订了抵债协议，而没办理过户手续，银行是否有权委托拍卖。我个人的观点是，银行应当以玻璃制品厂代理人的身份委托拍卖。最好的做法是在抵债协议中安排一个可选择性的授权条款，规定债务人有义务协助银行将抵债房产过户到银行名下，或在银行委托拍卖时，债务人同意授权银行委托拍卖，并在拍卖成交后，有义务协助买受人办理过户手续。

第四，关于机动车、设备和其他动产。就本案而言，银行完全有权拍卖抵债的机动车和设备。因为这些都是动产，根据物权法的规定，自双方签订租赁协议时起，银行已经取得了这些财产的所有权，自然有权委托拍卖。本案如果不是委托"对玻璃制品厂"整体拍卖，而是对抵债财产拍卖的话，那么就不能认定该次拍卖完全无效了，至少对机动车和设备的拍卖应当是有效的。

论拍卖合同的相对性与
拍卖保证金的归属

拍卖实践中由拍卖保证金的归属引发的纠纷时有发生。在解决纠纷的过程中，各方对拍卖保证金的归属观点不一。我本人认为保证金的归属问题在法理上是清楚的，没有争论的必要。为此特撰此文，供大家参考。

一、典型案例

2001年2月，某拍卖公司受当地交通局委托，对当地出租车经营权依法进行公开拍卖，交通局与拍卖公司签订了委托拍卖协议书，但特别强调一条，就是本次拍卖会必须交报名费10元，由交通局收取。拍卖公司同意后开始按法定程序进行工作，制定了专门的拍卖规则，要求竞买人报名时必须缴10元报名费，5000元保证金，其中10元报名费归委托人交通局，不再返还，而5000元保证金拍卖会结束后如无违反本场拍卖规则和无违反拍卖法规定的行为，将全额返还竞买人。所有的竞买人都与拍卖公司签订了竞买规则。本次出租车经营权拍卖会，由于宣传工作做得较好，拍卖会吸引了很多人到场，并对拍卖出租车经营权这一新的形式表现出浓厚的兴趣。拍卖现场气氛热烈，报价踊跃，加上拍卖师把握现场能力较强，使拍卖标的大部分成交额都超过政府要求达到的期望值，其中还有5个标的的竞价突破了10万元，按政府的期望最多达到7万元就可以了。可以说本场拍卖会达到了非常圆满的效果，给政府带来了最大化的收益。接着就进入了结算办证程序。本次拍卖会拍卖规则规定，买受人必须5日内交清全部款项并同时办理经营权证。如在5日内不交清全部款项，视为违约，除保证金不退外还要承担第二次拍卖的费用。在此间有5位买受人分别向拍卖公司提出，他们竞得的经营权价位太高，承受不起，难以支付其经营权的款项，愿以违约处理。拍卖公司与交通局取得联系，讲明违约的原因和应承担的责任后，交通局同意收回这5个标的。但同时提出该5位买受人的保证金必须交给交通局，由交通局收取，不给拍卖公司。拍卖公司不同意这个意见，认为违约金应由拍卖公司收取、获得。保证金该归谁的分歧出现后，经过双方多次协商，意见难以一致。交通局认为，此出租车经营权的所有权归委托方代表政府所有。这5个标的不能如期卖出，是委托方的利益受到了损失，这2.5万元的保证金应该由委托方收取以弥补其损失，并说本次拍卖会的报名费都是由委托方收取，违约金自然也应由其收取。并强调本场拍卖会交通局一直都派人参加等等。

拍卖公司则认为，本公司是一个合法的中介公司，一旦委托人将其所有的物品或财产权利等委托公司拍卖后，这段时间的财产或权利的出售、转让权就归拍卖公司，只要是按照法定程序操作，任何单位和个人都无权进行阻挠，而这个阶段拍卖公司是严格按照拍卖法的程序工作的，具体的执行条件是按拍卖规则和竞买协议规定的条款来履行双方的权利义务的。按照本公司与竞买人的约定，违约的后果，承担的责任都是由双方负责，哪有第三者进来获利而不负责任的道理。因为拍卖公司与竞买人签订的竞买合同和拍卖规则约束的是双方的权利、义务和责任，而竞买人并没有直接与委托人签订任何协议，也就是说竞买人与委托人没有任何法律关系。所以说本场拍卖会的违约金应由拍卖公司获得，而委托人只有在与拍卖公司签订的委托书中发现被委托人违约后，才有权获得拍卖人的违约赔偿金。交通局与拍卖公司双方互不相让，几次协商都难达成一致的意见，几乎要有对簿公堂之势。但就在双方都僵持不下之时，5位买受人又由于市场因素和确实需此经营权，都交清了所有款项，买走了全部经营权。此事就此不了了之。但拍卖公司与交通局到底谁应该获得此违约金，仍难以明断。

本案例涉及的问题是拍卖活动中竞买保证金的归属问题。拍卖活动中竞买保证金的归属问题是当前拍卖活动中经常遇到的问题，具有一定的普遍意义。尤其是在国家机关委托的拍卖中，情况尤为突出。比如不久前刚刚发生了这样一个案例。某拍卖公司受市国土局委托，在拍卖会上，以3.5亿元的价格成功拍卖了该市100亩国有土地使用权。买受人是某房地产开发公司，买受人与拍卖公司当场签署了拍卖成交确认书，公证处现场公证。约定的付款期限届满后，买受人以成交金额超出该公司经济承担能力为由拒绝付款，造成事实上的违约。该买受人在报名参加竞买时，按照拍卖公司的要求已交纳了110万元竞买保证金，但是该保证金被强行要求交到市国土局。买受人违约后，拍卖公司向买受人主张违约责任，要求支付拍卖佣金，买受人则以自己的110万元的保证金已被没收为由，拒绝支付。拍卖人向市国土局致函，要求退还保证金归拍卖人，国土局回函证明保证金已被国土局没收"情况属实"，但是拒绝向拍卖人退还保证金。类似这样的情况常常使拍卖人处于两难境地。拍卖保证金的归属问题涉及到合同法理论中的合同相对性原则，下面我们先简要介绍一下合同相对性原则，然后再运用这一原则来分析竞买保证金的归属问题。

二、合同的相对性原则

合同是当事人之间设立、变更或终止债权债务关系的协议。作为一种民事法律关系，合同关系不同于物权等其他民事法律关系的重要特点，就在于合同关系的相对性。合同关系的相对性是合同规则和制度赖以建立的基础和前提，也是我国合同立法和司法所必须依据的一项重要规则。所谓合同关系的相对性，在大陆法系中通常被称为债的相对性。它主要是指合同关系只能发生在特定的合同当事人之间，只有合同当事人一方能够向另一方基于合同提出请求或提起诉讼。与合同当事人没有发生合同上权利义务关系的第三人不能依据合同向合同当事人提出请求或提起诉讼，也不应承担合同的义务和责任。非依法律或合同规定，第三人不能主张合同上的权利。概括起来，其主要包含主体的相对性、内容的相对性和责任的相对性三方面的内容。

一是主体的相对性。所谓主体的相对性，是指合同关系只能发生在特定的主体之间，只有合同当事人一方能够向合同的另一方当事人基于合同提出请求或提起诉讼。具体来说，首先，由于合同关系仅是在特定人之间发生的法律关系，因此，只有合同关系当事人彼此之间才能相互提出请求，与合同关系当事人没有发生合同上的权利义务关系的第三人，不能依据合同向合同当事人提出请求或者提起诉讼。其次，合同一方当事人只能向另一方当事人提出合同上的请求和提起诉讼，而不能向与其无合同关系的第三人提出合同上的请求及诉讼。例如，甲、乙之间订立一个买卖某物的合同，在规定的交付期到来之前，甲不慎丢失该物被丙所拾到。数日后，乙在丙处发现该物。根据合同相对性原则，甲、乙之间订立买卖合同，在该物未交付以前，甲仍为标的所有人，甲在规定期限到来之前，如不能交付该物，则应向乙承担违约责任。对乙来说，他有权请求甲交付该物与承担违约责任。但由于其并未对该物享有物权，其权利不能对抗一般人。因此他无权要求丙返还该物，只能由甲向丙提出请求，要求其返还原物。应当指出的是，随着社会经济生活的发展，法律为保护某些合同关系中的债权人，维护社会经济秩序，也赋予了某些债权以物权的效力。例如我们在拍卖中经常遇到的"买卖不破租赁"原则实际上就赋予租赁权具有对抗第三人的物权效力。因为出租方将财产所有权转移给第三方时，租赁合同对新的所有方继续有效。当然这种债权物权化的情形只是例外的情况。

二是内容的相对性。所谓内容的相对性，是指除法律另有规定或合同另有约定以外，只有合同当事人才能享有合同所规定的权利义务，并承担该合同规定的义务。除合同当事人以外的任何第三人都不能主张合同上的权利。尤其是在双务合同中，合同内容的相对性还表现在一方的权利就是另一方的义务，权利义务是相互对应的。由于合同内容及于当事人，因此权利人的权利须依赖于义务人履行义务的行为才能实现。从合同关系内容的相对性原理中，可以具体引出如下几项规则：第一，合同规定由当事人享有的权利，原则上并不及于第三人。合同规定由当事人承担的义务，一般也不能对第三人产生拘束力。当然，随着现代产品责任制度的发展，许多国家立法扩大了产品制造商、销售商对许多与其无合同关系的消费者的担保义务和责任。第二，合同当事人无权为他人设定合同上的义务。一般来说，权利会对主体带来一定利益，而义务则会为义务人带来一定负担或使其蒙受不利益。如果合同当事人为第三人设定权利，法律可以推定，此种设定是符合第三人意愿的。但是如果为第三人设定义务，则只有在征得第三人同意之后，该义务方可生效。如果未经第三人同意而为其设定义务，实际上是在损害第三人利益。因此合同当事人约定的此种义务条款是无效的。第三，合同权利与义务主要对合同当事人产生约束力。在一般情况下，合同的效力主要是对内效力，即对合同当事人之间的效力。但是法律为防止因债务人财产的不当减少而给债权人带来损害，允许债权人对债务人和第三人的某些行为行使撤销权及代位权，以保护其债权，这两种权利的行使都涉及到合同关系以外的第三人，并对第三人产生法律上的拘束力。因此合同的保全也可以看作合同相对性的例外现象。

三是违约责任的相对性。违约责任的相对性是指违约责任只能在特定的当事人之间即合同关系的当事人之间发生。合同关系以外的人不负违约责任，合同当事人也不对其承担违约责任。违反合同责任的相对性，包括三方面的内容：第一，违约当事人应对因自己的过错造成的违约后果承担违约责任，而不能将责任推卸给他人。第二，在因第三人的行为造成债务不能履行的情况下，债务人仍应向债权人承担违约责任。债务人在承担违约责任以后，有权向第三人追偿。债务人为第三人的行为向债权人负责正是相对性规则的体现，同时也是保护债权人利益所必须的。第三，债务人只能向债权人承担违约责任，而不应向国家或第三人承担违约责任。因为只有债权人与债务人才是合同当事人，其他人因不是合同的主体，所以债务人不应对其承担违约责任。

总之，合同相对性的重要内容在于，合同的义务和责任应由当事人承担，除法律和合同另有规定或约定外，第三人不对合同当事人承担合同上的义务和责任。换言之，与合同无关的人毋须就合同负责。这一规则要求在确立合同责任时必须首先明确合同关系的主体和内容，区分不同的合同关系及在这些关系中的主体，从而正确认定责任。遵循合同相对性规则，将与合同无关的第三人从合同责任中排除，对维护交易安全和秩序，保护交易当事人的合法权益，具有重要意义。

三、拍卖保证金的归属

本案中，拍卖公司接受交通局的委托，并根据《中华人民共和国拍卖法》的有关规定与委托人签订了书面的委托拍卖合同，发布了拍卖公告，制定了拍卖规则，并依照拍卖法规定的程序组织实施了出租车经营权的拍卖活动。其程序是合法的，拍卖结果是有效的。拍卖是以公开竞价的形式，将特定物品或者财产权利转让给最高应价者的买卖方式，拍卖人是拍卖活动的主体。拍卖人与委托人、拍卖人与竞买人之间存在因委托、竞买而建立的合同关系。竞买人与委托人之间则不存在任何形式上的合同关系。竞买人根据拍卖公司拍卖规则的要求与拍卖公司签订了竞买协议，形成了拍卖人与竞买人之间的合同关系。竞买保证金是对竞买人可能出现的违约责任的救济行为，属于担保的范畴，表现为竞买人支付一定数额的现金，作为参与竞买并遵守拍卖规则和各种竞买规定的担保。按照拍卖公司拍卖规则的规定，竞买人参加竞买，应该交纳5000元的竞买保证金，该保证金是拍卖公司和竞买人之间的约定，应该由组织实施拍卖的拍卖人收取。委托人是委托拍卖人拍卖物品或者财产权利的公民、法人或者其他组织。委托人在组织拍卖活动、实施竞买程序中，与竞买人之间不存在相应的法律关系，因此委托人不具备向竞买人收取竞买保证金的资格。

关于竞买保证金的定金效力

土地局委托拍卖公司拍卖一块宅基地使用权。竞买人常某办理了竞买手续，交纳了2万元竞买保证金。在拍卖过程中，委托人"叫停"了拍卖程序。之后，拍卖师宣布该宅基地存在疑义，暂时不予拍卖。事后拍卖公司退还了常某交纳的竞买保证金，但未对此流拍事件做赔偿，致使常某为了竞买该地所做的前期工作和投入付之东流。常某多次与拍卖公司交涉未果，遂向法院起诉。常某认为：竞买人交纳的2万元保证金是为了确保竞买人举牌应价后履行义务而设立的，竞买人与拍卖公司签订的合同及拍卖公司发放的竞买须知和拍卖规则中也明确了竞买人的义务和责任，如竞买人违约，将被没收牌号和拍卖保证金并处以该拍卖标的物最高价的20%罚金，由此看来，这2万元保证金已经具有定金的性质。根据民法通则及担保法的相关规定，合同双方应当具有平等的权利和义务，同时也承担相等的违约责任。因此，由于拍卖方的违约行为，拍卖方应当双倍返还拍卖保证金。为维护当事人的合法权益，请求判令：拍卖公司赔偿损失2万元。拍卖公司辩称：停止拍卖是委托方要求的行为，与我方无关，我方不应承担相应责任，原告要求被告赔偿损失2万元没有事实和法律依据，请求法院驳回原告的诉讼请求。

本案双方争议焦点在于竞买人交纳的竞买保证金是否具有定金的效力问题。

担保法规定"定金应当以书面形式约定。当事人在定金合同中应当约定交付定金的期限。定金合同从实际交付定金之日起生效"。而从本案事实来看，双方当事人之间没有签订过任何形式的定金合同或定金条款。而是约定拍卖公司按拍卖标的的价值收取一定的保证金，竞买人如未能成功竞买，所交保证金如数退还。另外，最高人民法院关于适用《中华人民共和国担保法若干问题的解释》中也明确规定"当事人交付留置金、担保金、保证金、订约金、押金或订金等，但没有约定定金性质的，当事人主张定金权利的，人民法院不予支持"。因此，如果拍卖当事人之间没有明确以书面的方式约定竞买保证金属于定金的，则竞买保证金不具有定金效力，不适用双倍返还的规定。

像本案中的拍卖公司一样，拍卖实践中，不少拍卖公司在成交合同、竞买须知或拍卖规则约定或规定了"罚金"内容。这种做法是错误的。因为"罚金"是刑法上规定的一种"刑罚"种类，不是承担民事责任的方式。除非当事人双方一致承认这种"罚金"的约定或规定本质上属于"违约金"，否则这种约定或规定是无效的，在司法实践中不会得到法院的支持。建议大家使用"违约金"的概念，避免使用"罚金"的概念。

保证金应优先用于弥补拍卖人的损失

某拍卖公司接受委托，拍卖委托人个人拥有的一处房产。拍卖佣金为成交价的5%，保留价为100万元。拍卖公司向每位竞买人收取了竞买保证金30万元，并在竞买协议书中约定：佣金为成交价的5%，竞买成功后，保证金自动转为定金。如果买受人违约，则定金不予退还，如果拍卖人违约，则双倍返还定金。拍卖会上，竞买人马某和龙某两人频频举牌应价。经过激烈竞价，最后马某以120万元竞得该标的，当场与拍卖公司签订了拍卖成交确认书。后来马某自觉成交价太高，未按约定支付成交价款和佣金。拍卖公司在征得委托人同意的情况下，按照第一次委托拍卖合同约定的条件进行了第二次拍卖，龙某以100万元竞得，支付了全部成交价款和佣金后，拍卖公司向龙某出具了成交证明和相关材料。拍卖公司在扣除委托人应付的5万元佣金后，将剩余价款95万元交给了委托人。委托人认为拍卖公司还应当支付两次拍卖价款之间的差额20万元。拍卖公司则认为差额部分当由第一次拍卖中的买受人马某补足，委托人应当向马某主张。这期间，买受人龙某要求委托人协助办理产权过户手续，委托人以拍卖公司未付清成交价款为由，拒绝办理。龙某无奈，将拍卖公司和委托人列为共同被告，向法院起诉，要求两被告为其办理竞得房产的产权过户手续。委托人则以拍卖公司为被告向法院起诉，要求拍卖公司支付两次拍卖价款的差额20万元。拍卖公司也以马某为被告向法院起诉，要求马某支付第一次拍卖中其本人和委托人应当支付的佣金12万元和两次拍卖价款的差额20万元。

本案例涉及到的一个主要问题是拍卖保证金如何处理。我国现行法律法规中并无关于拍卖人向竞买人或买受人收取"保证金"的规定。拍卖活动中是否收取保证金，可由拍卖当事人根据实际情况进行约定。保证金不属于担保法调整的范围，而是一种民间的约定，法律通常承认这种约定的有效性。关于拍卖保证金的处理要视保证金保证的具体内容而定。对于竞买人交纳的竞买保证金，如果竞买人没有竞买成功，在其没有严重违反拍卖规则的情况下，应当及时退还给竞买人本人。对于竞买成功的竞买人所交纳的竞买保证金，如果没有约定将竞买保证金转为定金或履约保证金，原则上也应当及时退还，也可以在拍卖成交确认书中约定或另行征得买受人同意，将先期交纳的竞买保证金冲作价款或佣金。如果双方先期约定将竞买保证金转为履约保证金，则拍卖成交后，该保证金仍由拍卖人掌握用作买受人履行拍卖成交合同的保证。如果先期约定将竞买保证金转为定金的，要注意只有不超过拍卖成交价（有时可能含拍卖佣金，具体情况看约定）20%的保证金部分可以转为定金。超过部分可以视为买受人交付的成交价款。如果买受人没有违约，则无论是定金还是履约保证金在合同履行后将冲作成交价款或退还给买受人。

在买受人违约的情况下，保证金应当优先用于弥补拍卖人的损失。这些损失包括因买受人违约导致拍卖人向委托人承担的违约金和赔偿金、拍卖人的佣金损失、拍卖人保管拍卖标的的保管费用以及其他实际损失。

如果拍卖标的经过第二次拍卖，则保证金应当优先用于弥补两次拍卖成交价款的差额，由拍卖人转移支付给委托人；其次用来冲抵拍卖人应当收取的第一次拍卖中原买受人和委托人应当交付的拍卖佣金和其他损失，如果仍有剩余，剩余部分归拍卖人所有，如果保证金不足以弥补拍卖人的前述损失，则拍卖人可以继续就不足部分向原买受人要求赔偿。

就本案而言，委托人要求拍卖公司支付两次拍卖价款差额 20 万元的诉讼请求成立。因为委托人与拍卖人之间有委托拍卖合同关系，委托拍卖合同独立于拍卖成交确认书而存在。委托人有权选择拍卖公司作为被告，要求其支付两次拍卖价款差额。委托人拒绝协助买受人龙某办理产权过户的理由不能成立。因为，第二次拍卖是一次新的拍卖，与第一次拍卖无关。根据拍卖法第五十五条"拍卖标的需要依法办理证照变更、产权过户手续的，委托人、买受人应当持拍卖人出具的成交证明和有关材料，向有关行政管理机关办理手续"的规定，在买受人付清成交价款的情况下，委托人应当协助买受人办理产权过户手续。拍卖公司起诉马某的诉讼请求不完全成立。根据拍卖法第三十九条第二款的规定："拍卖标的再行拍卖的，原买受人应当支付第一次拍卖中本人及委托人应当支付的佣金。再行拍卖的价款低于原拍卖价款的，原买受人应当补足差额"。本案例中，第二次拍卖的价款低于第一次拍卖的价款，所以拍卖公司起诉第一次拍卖中的买受人马某，要求其补足差额是正确的。但是要求马某支付第一次拍卖中的佣金 12 万元和两次拍卖价款的差额 20 万元不妥当。在扣除了马某已经交纳的 30 万元后，马某还须补足 2 万元即可。

马某交给拍卖公司的 30 万元竞买保证金应该这样来处理：根据担保法定金"不得超过主合同标的额的百分之二十"的规定，在第一次拍卖成交后，马某交给拍卖公司的 30 万元竞买保证金中的 24 万元应转为定金，即第一次成交价 120 万元的 20%，其余 6 万元应看作是马某所交付的价款。根据拍卖法第三十九条第二款"拍卖标的再行拍卖的，原买受人应当支付第一次拍卖中本人及委托人应当支付的佣金。再行拍卖的价款低于原拍卖价款的，原买受人应当补足差额"的规定，在马某违约后，应首先用 20 万元冲抵马某应当补足的两次拍卖价款的差额，并转交给委托人。剩余的 10 万元冲抵第一次拍卖中买受人马某本人及委托人应当支付的佣金 12 万元中的 10 万元，不足的 2 万元佣金由拍卖公司向马某继续追要。

对于这种案例还有一点要注意，那就是不能将竞买保证金当然地看作是定金，如果当事人没有明确约定，在拍卖成交后，竞买保证金也不能自动转为定金。根据《最高人民法院关于适用〈中华人民共和国担保法〉若干问题的解释》第一百一十八条规定："当事人交付留置金、担保金、保证金、订约金、押金或者订金等，但没有约定定金性质的，当事人主张定金权利的，人民法院不予支持"的规定，在合同一方违约时也不能自动适用定金法则。

论拍卖中买受人的变更问题

变更买受人，从理论上讲属于合同法上的合同主体变更，即合同转让问题。合同转让指合同当事人一方经与第三方协商，依法将合同权利或义务全部或部分地转让给第三人的法律行为。合同转让涉及到原合同当事人双方及受让人第三方之间法律关系的变化。作为受让方的第三人，可以是代替原合同中的债权人或债务人，也可以是加入到合同关系中，作为当事人一方而存在。由于合同主体的改变是合同构成要素的改变，因此合同转让将导致原合同关系的消灭，并产生新的合同关系。但无论如何，合同转让的特点之一是合同内容并不因合同转让即合同主体的改变而改变。正因为如此，合同转让不属于合同终止的原因。因为尽管对转让人而言，转让后转让人的债权债务消灭了，但原合同的债权债务并未终止，只是转移给了受让人。

从合同转让的内容看，合同转让可以分为合同权利的转让、合同义务的转让、合同权利义务的概括转让三种形式。买受人要求变更拍卖成交确认书中的买受人，一般是要求完全变更，不是单纯将买受人的权利转让给第三人或单纯将买受人的义务转移给第三人，而是将权利和义务一并转给第三人，这一现象应属于合同权利义务的概括转让。合同权利义务的概括转让指由原合同的当事人一方将其债权债务一并转移给第三人，由第三人概括地继受这些债权债务。此类转让产生的原因有约定和法定两种。法定的合同继受的主要原因主要发生在企业合并、分立时的债权债务概括转移。我国民法通则第四十四条规定："企业法人分立、合并，它的权利义务由变更后的法人享有或承担。"《中华人民共和国合同法》第九十条规定："当事人订立合同后合并的，由合并后的法人或者其他组织行使合同权利，履行合同义务。当事人订立合同后分立的，除债权人和债务人另有约定的以外，由分立的法人或者其他组织对合同的权利和义务享有连带债权，承担连带债务。"此外还有继承人因继承法的规定而承受被继承人在合同中的债权债务的情况。约定的合同转移，也称为合同承担，指合同一方当事人与第三人之间订立合同，并经原合同的另一方当事人同意，由第三人承担该当事人在合同中的全部权利义务。拍卖中买受人变更的情况就属于约定的合同转移。

从拍卖实践中来看，买受人要求变更拍卖成交确认书主体的拍卖，其标的一般都属于需要办理产权过户手续才发生交付效力的特殊标的。这一点不难理解。因为如果拍卖标的是那些不需要办理产权过户手续就能产生交付效力的普通标的物，则买受人完全可以在取得拍卖标的物后，自行再转让，而不需要麻烦拍卖人变更拍卖成交确认书。那么拍卖人是否应当同意买受人变更拍卖成交确认书主体的要求呢？

首先，拍卖人完全有权利不同意买受人的这一要求。根据合同法第八十七条的规定："当事人一方经对方同意，可以将自己在合同中的权利和义务一并转让给第三人"。买受人要想将其在拍卖成交确认书中的权利和义务一并转让给第三人（变更买受人）的，必须取得拍卖人的同意方可。因为在合同概括转让中，存在着合同义务的转移，即合同义务的承担问题。对于合同义务的转移必须要经对方（债权人）的同意。因此拍卖人可以不同意买受人的要求。

拍卖人可否同意买受人的要求，变更拍卖成交确认书中的买受人呢？一种观点认为拍卖人不能变更买受人，理由是拍卖法规定"买受人是指以最高应价购得拍卖标的的竞买人"，买受人必须首先是参与拍卖活动的竞买人，具有竞买人身份。变更后的"买受人"没有参加过竞买活动，不曾具有竞买人身份，因此不能成为买受人。即便是买受人要求将拍卖成交确认书中的买受人变更为曾经参与过本场拍卖会的其他竞买人，也不可以。因为这个竞买人不具备"以最高应价购得拍卖标的的竞买人"的条件。另一种观点则认为，拍卖人可以同意买受人的要求，变更拍卖成交确认书中的买方主体。理由是拍卖成交以后，竞价程序已经完成，变更拍卖成交确认书中的买方主体与拍卖本身没有关系，既不损害委托人的利益，也不损害其他曾参加过拍卖活动的竞买人的利益。合同法是允许当事人协商一致变更合同主体的，条件只有一个，就是"经对方同意"。因此，只要拍卖人同意即可。

笔者认为，两种观点都有一定的道理。从理论上讲，拍卖成交后是可以变更买受人的，但是要注意四点：第一点是根据拍卖法第三十三条规定："法律、行政法规对拍卖标的的买卖条件有规定的，竞买人应当具备规定的条件"。因此在变更买受人时要注意买受人的资格。第二点是不能利用变更买受人的方式来损害国家、集体或他人的合法权益。比如不能以此来逃避国家税收。否则变更行为无效。第三点是合同法第七十七条第二款规定："法律、行政法规规定变更合同应当办理批准、登记等手续的，依其规定"。第四点是，这种买受人的变更从本质上讲并不是拍卖法律关系中"买受人"的变更。因为在拍卖活动中，买受人具有特定的含义，即买受人只能是以最高应价购得拍卖标的的竞买人。当我们讲"买受人"的变更时，实际上是指广义上的买卖合同中的买受人，而不是指拍卖活动中的买受人。

是否可以通过转让合同而牟利？这个问题在《中华人民共和国合同法》实施前后情况有所不同。我国在1986年颁布的《中华人民共和国民法通则》第九十一条规定："合同一方将合同的权利、义务全部或部分转让给第三人的，应当取得合同另一方的同意，并不得牟利"。而1999年颁布的合同法则取消了合同转让不得以牟利为目的的规定。但是如果通过合同转让来牟利，则意味着发生了两次财产转移，这里可能会涉及到税收的问题，拍卖人应特别加以注意。

变更买受人是否要取得委托人的同意呢？这个问题应具体分析。有时候，在拍卖成交后，根据拍卖人与委托人之间委托拍卖合同的约定，买受人应当与委托人签订正式的买卖合同。在这种情况下，变更买受人的问题事实上变成买受人与委托人之间的问题了，与拍卖人无关，因此也就不存在拍卖人征得委托人同意的问题。但是买受人必须取得委托人的同意方可进行合同转让。在买受人未与委托人签订买卖合同的情况下，买受人与委托人之间没有直接的关系，变更买受人一般不以取得委托人同意为前提条件。但是由于标的物的最终交付可能会涉及到委托人，另外拍卖人有向委托人通报拍卖情况的义务，因此拍卖人应当将变更买受人的情况通知到委托人。

拍卖实践中，有些拍卖公司在变更买受人时，采取了变更原有拍卖手续的办法，即通过给新的买受人补办一套完整的拍卖手续的方法来变更买受人。这种弄虚作假的方法我认为是错误的。另外，在已经签订了拍卖成交确认书的情况下，也不宜采取重新签订新的拍卖成交确认书的方式来变更买受人。较为可取的办法是在保留原有手续的前提下，另行依法签订合同转让协议。

总之，合同法虽然规定了合同转让的制度，但是拍卖毕竟是一种特殊的交易方式，在变更买受人问题上应当谨慎从事。

论买受人违约责任的认定与
拍卖保证金条款的适用

买受人的违约责任是指在拍卖合同法律关系中，买受人因违反合同义务所应承担的一种民事责任。买受人承担违约责任是以其在拍卖合同中应当履行的义务为前提的。买受人违约责任具有特殊的相对性。在拍卖活动中，存在着委托人、拍卖人、竞买人和买受人等多方主体。买受人的违约责任只能在特定的拍卖人与买受人之间发生，买受人对委托人和其他竞买人不直接承担违约责任。委托人和其他竞买人也不能以违约为由，向买受人提出承担违约责任的请求或提起诉讼。拍卖合同中买受人违约责任的认定和归责遵循严格责任原则，即买受人承担违约责任只有一个条件，即买受人有违约行为。拍卖法关于买受人违约责任的规定是比较清楚的。拍卖法第三十九条规定："买受人应当按照约定支付拍卖标的的价款，未按照约定支付价款的，应当承担违约责任，或者由拍卖人征得委托人的同意，将拍卖标的再行拍卖。拍卖标的再行拍卖的，原买受人应当支付第一次拍卖中本人及委托人应当支付的佣金。再行拍卖的价款低于原拍卖价款的，原买受人应当补足差额"。

我国现行法律法规中并无关于拍卖人向竞买人或买受人收取"保证金"的明确规定。"拍卖保证金"是由拍卖活动当事人约定产生的，由于拍卖属于隐名交易，拍卖人是以自己的名义对外招商、发布公告、进行展示、实施拍卖，并且以自己的名义与竞买人签订竞买协议，以自己的名义与买受人签订成交确认书。竞买人或买受人与委托人之间不具备合同关系，因此"拍卖保证金"是竞买人或买受人向拍卖人所做的一种担保形式。由于拍卖活动是一种平等主体之间发生的民事行为，在法律没有明确规定的情况下，民事活动的当事人在不违反法律法规的强制性规定和不违反公序良俗的情况下，可以在双方自愿的前提下自由约定彼此之间的民事权利和义务。拍卖活动中是否收取保证金，可由拍卖活动当事人根据实际情况进行约定。

拍卖保证金一般分为两种类型：一类是拍卖人向每个竞买人收取的竞买保证金；另一类是拍卖人向买受人收取的履约保证金。竞买保证金的收取标准由拍卖人根据拍卖标的的实际情况而确定，可能是参考标的的评估价，也可能是参考标的的保留价或预计中的成交价，甚至以能达到防范拍卖风险为目的而自由确定。竞买保证金的主要作用在于防范竞买人不负责任地恶意应价所带来的不确定性的风险。比如拍卖成交后拒不签署拍卖成交确认书，或者为了约束竞买人认真遵守拍卖规则，保持拍卖会场纪律，保证拍卖活动的顺利进行。拍卖人向买受人收取的保证金，其主要作用在于担保买受人按约定履行其支付拍卖成交价款和拍卖佣金的合同义务，因此这种保证金实际上是一种履约保证金。拍卖实践中，除了极少数情况下拍卖人与买受人在成交确认书中作出专门的约定外，绝大多数情况下都在约定竞买保证金的同时，约定由竞买保证金转化为这种履约保证金。竞买成功后，若买受人未按约定履行交付成交价款和佣金义务，保证金不予退还。

关于拍卖保证金的处理要视保证金保证的具体内容而定。对于竞买人交纳的竞买保证金，如果竞买人没有竞买成功，在其没有违反拍卖规则的情况下，应当及时退还给竞买人本人。对于竞买成功的竞买人所交纳的竞买保证金，如果没有约定将竞买保证金转为定金或履约保证金，原则上也应当及时退还；如果双方先期约定将竞买保证金转为履约保证金，则拍卖成交后，该保证金仍由拍卖人掌握用作买受人履行拍卖成交合同的保证。如果买受人没有违约，则履约保证金在合同履行后将冲抵成交价款或退还给买受人。

保证金不属于担保法调整的范围，而是一种民间的约定，但法律通常承认这种约定的有效性，一旦当事人违约，应按约定予以处理。拍卖保证金应用以承担由违约人引起的违约责任或赔偿责任，当事人约定不予返还的拍卖保证金应当优先用于弥补拍卖人的损失，如果仍有不足，拍卖人可以继续向违约人主张赔偿；如果弥补损失后仍有剩余，剩余部分归拍卖人所有。当事人既约定违约金，又约定保证金的，一方违约时，对方可以选择适用违约金或者保证金条款。保证金与违约金的竞合时如何处理，法律没有明确的规定。但从违约金和保证金两者都同时具备补偿性和惩罚性的特征来看，两者是可以相互替代的。在选择适用保证金条款的情况下，如果保证金已经足以弥补守约一方的损失，那么就不再适用违约金条款；如果不足以弥补守约一方的损失，则守约一方可以同时适用保证金条款和违约金条款；如果保证金在弥补损失后仍有剩余，则剩余部分归守约一方，这体现了保证金惩罚性的一面。在选择适用违约金条款时的情况也一样。

第三部分

拍卖经济理论研究

拍卖经济学研究中的几个前沿问题

拍卖经济学是一门新兴的、非常重要的学科。说它新，是因为目前无论在国内还是在国外，都还没有形成系统的关于拍卖经济学的理论。说它重要，是因为我国拍卖行业今后的发展的方向、规模、速度可能在很大程度上取决于我们对拍卖经济学理论的研究以及这些新的研究成果对我国拍卖实践的指导。我和大家一样，属于拍卖经济学的初学者。虽然我已经完成了《拍卖经济学基础》教材的主编工作，而且该教材已经成为我国拍卖师资格考试的指定用书，但是这并不能说明，我已经很懂拍卖经济学了。相反，通过编写教材和近几年的研究，我越来越感觉到对拍卖经济学的了解是多么肤浅，还有很多问题需要我们进一步学习和研究。我们的理论研究成果是否正确可行，最终还要由大家在拍卖实践中去检验。

一、我们为什么要研究和学习拍卖经济学

（一）中国拍卖行业的生存和发展需要拍卖经济学

1. 行业需要明确自身发展阶段和确定发展目标。

中国拍卖行业恢复发展已经20多个年头了，在这20多年中，经过中国拍卖人的不懈努力，拍卖行业已经由一个名不见经传的小行业发展成为我国社会主义市场中不可或缺的一部分，而且是充满生机活力的一个重要组成部分。这20年虽然取得了巨大的发展，但是这20多年是全行业摸着石头过河的20年，拍卖行业的发展是中国拍卖人敢打敢拼的结果。如果说在一个行业刚刚兴起的时候，凭着我们勇往直前的冒险精神可以取得一些成就的话，那么经过20多年的恢复发展，在拍卖行业已经不再是只要努力就能挣到大钱的今天，拍卖行业的发展就必须要有一个长远的规划才行。拍卖作为一个产业，有它自身的发展规律。如何清醒地认识拍卖业目前所处的发展阶段，正确把握拍卖业的发展规律，就成为行业必须思考的一个问题。拍卖经济学的一个重要的内容就是要研究拍卖业的产业生命周期问题。因此这个问题的解决需要我们对拍卖经济学进行深入研究。

根据经济学中产业生命周期的理论，每个产业的发展大致都经过了形成期、成长期、成熟期和衰退期四个阶段。每一个阶段，产业表现特征是不同的：在产业形成期，特征表现为企业数量少，集中程度高，产品（服务）种类单一，技术不成熟，市场规模小，需求增长缓慢。成长期的一个主要特征是产业的产品（服务）已经为消费者接受；市场需求迅速扩

大，产业增长率超过整个系统的平均增长率；大量企业进入，内部竞争压力增大，竞争手段主要是价格竞争；产品（服务）趋于多样化、差别化；产业利润迅速增长且利润率较高。成熟期是产业增长率趋于平缓的阶段，虽然仍然高于平均增长率但已趋于平缓。在这一阶段，产业集中程度提高，出现了一定程度的垄断，竞争手段转向非价格竞争手段，若有技术创新，则会使产业有更长期的持续增长。当技术的进步向市场推出了在经济上可以替代该产业的新产品或服务模式时，该产业的市场需求将出现严重萎缩，产业增长率会急剧下降，产业由此进入衰退期，企业数量开始减少，利润降低。

对照产业生命周期的发展规律，我们发现，中国目前的拍卖业正处于由产业形成期向成熟期过渡的时期。首先我们认为，中国的拍卖业符合产业发展期的基本特征，产业发展期的特征主要有5个：（1）产品（服务）已经为消费者接受；（2）市场需求迅速扩大，产业增长率超过整个系统的平均增长率；（3）大量企业进入，内部竞争压力增大，竞争手段主要是价格竞争；（4）产品（服务）趋于多样化、差别化；（5）产业利润迅速增长且利润率较高。

在吸取国外拍卖行业近300年发展经验的基础上，我国拍卖行业的发展历程虽短，但是速度较快。目前拍卖已逐渐为社会所认识和接受，拍卖知识不再是由拍卖人垄断的神秘知识，拍卖中大量竞买人恶意串通及集团标的出现就说明了这一点。市场需求迅速扩大，拍卖的服务范围已从最初单一的公物拍卖扩展到了包括房地产、机动车、股权、文化艺术品、无形资产等在内的多种类别。统计数字显示，自2001年以来，一直保持着行业经营规模20%以上的年增长速度，远远高于宏观GDP10%左右的增速，体现出产业增长明显高于社会经济增长这一产业成长期的主要特征。

近年来（尤其是2004年以来），拍卖企业数量迅速扩大。统计数据显示，拍卖业从1993年至2006年10月13年间，企业数量从120余家增加到了4055家。同时行业竞争大大加剧，但是企业之间的竞争主要是没有多少技术含量的价格竞争，具体表现为拍卖佣金比例的竞争，甚至出现了零佣金的恶性竞争问题。拍卖业近年来出现了专业化的趋势，企业自主选择定位，出现了像文物艺术品、无形资产等专业化或半专业化的拍卖企业。服务出现了一定程度的多样化和差别化。拍卖业刚刚兴起的一个时期，我国拍卖业的利润迅速增长且利润率较高。即便是在利润不断被平均化的今天，拍卖业的整体利润与其他行业相比，仍然属于高利润行业。

以上事实表明，中国拍卖业正处于由典型的形成期向成熟期过渡的阶段。在这种情况下，行业整体要获得持续的发展，就必须结合产业成熟期的特征，制定相关政策来有目的地引导行业的发展。我们应当引导企业正确认识利润率趋于下降的这一客观事实。这是产业走向成熟期的必然表现，那种希望"暴利时代"昨日再现的幻想是不切实际的。企业要取得发展，必须摈弃低级的原始的"价格竞争"手段，转而采取技术含量较高的非价格竞争手段，这就要求行业要出台鼓励企业创新的激励政策。同时顺应产业成熟期集中程度提高的趋势，鼓励企业做大做强和提高专业化经营程度，提供多样化和差别化服务，控制新加入企业的规模。统计数据显示，我国拍卖市场集中度水平较低，2005年行业前10企业的市场集中度约只有13%，仍处在较为自由的市场竞争阶段。

2. 行业的制度建设向经济学研究提出了理论需求。

中国拍卖行业的发展离不开行业制度建设和完善。行业的制度建设分为两个方面：一方面是行业的正式制度建设，另一方面是行业的非正式制度建设。正式制度就是法律制度，具体讲就是拍卖法制建设；非正式制度是指法律制度以外的制度，包括行业规范、行业惯例、服务标准、职业道德、行业文化等等。而正式制度和非正式制度的关系问题是经济学研究的重要内容。所以我们的制度建设要求我们要深入研究拍卖经济学。

首先，拍卖法的修订和完善需要拍卖经济学的理论支撑。中国拍卖行业的发展得益于一部拍卖法。同样，中国拍卖业目前所面临的许多发展障碍也源于这部拍卖法。拍卖法是我国改革开放初期的产物，不可避免地具有时代的局限性。中国拍卖业能否继续取得较大的发展，在很大程度上将取决于对拍卖法修订和完善。这一点已经成为我们拍卖行业绝大多数人的共识。但是为什么我们不尽快修订拍卖法呢？原因当然是多方面的，但是其中一个主要的原因就是，我们行业自身目前并没有做好修订拍卖法的准备。我们现在还拿不出一个至少我们自己认为满意的"修订方案"来。

我自己的研究经验告诉我，要修订拍卖法，我们就必须懂得拍卖经济学，而且要成为所有人中，最懂拍卖经济学的人。与大家不同，我只是个对研究拍卖感兴趣的局外人，可以说是个外行。我最早的研究兴趣是拍卖法，但是我越研究，越觉得拍卖法存在的问题，单靠拍卖法本身，甚至单靠对法律的研究，是无法解决的。法律可以是我们知其然，却无法使我们知其所以然。比如我们讲，一个竞买人不能拍卖，拍卖要遵守价高者得的法则。为什么？我们一般会说，法律就是这样规定的。问题是法律为什么要这样规定呢？法律自身就回答不了啦。对这样问题的回答必须从法律以外来找答案，其中就包括从经济学中来寻找答案。于是我从2006年开始从研究拍卖法转而研究拍卖经济学了。我们在向国家提交我们的修订拍卖法的方案时，不仅要说明应该怎样改，还要能从经济学等角度说明为什么要这样改。这样的修改方案才能有说服力。

其次，我们现在拿不出一套行之有效的修订方案来，一个主要原因是，我们行业的非正式制度建设非常薄弱。修订拍卖法的过程，就是要将在拍卖实践中经过实践检验是可行的一些行规和大家普遍遵守的行业惯例上升为法律。什么样的法律是好法律呢？我认为能认可行业惯例的法律就是好法律，因为如果法律的精神与我们行业惯例的精神是一致的，就更容易理解和操作。问题是到目前为止，我们并没有对我们的行业惯例进行过总结和推广。我在2006年大连理论研讨会上专门探讨过这个问题，主张加快行业非正式制度的建设。

就我国拍卖业而言，非正式制度安排主要包括行业规范、行业习惯、行业惯例、企业制定的拍卖规则或在具体拍卖活动设计的拍卖机制，此外，还应当包括行业伦理、行业意识、行业文化。好的拍卖法不会从天上掉下来，也不会由学者们在书斋中"闭门造车"生产出来。只能来源了我们的拍卖实践。所以说这两年行业协会抓行规建设、行业标准化建设和拍卖师行为规范等的工作是正确的。

3. 行业的整体生存和发展需要我们认真研究拍卖经济学。

我由研究拍卖法转而研究拍卖经济学，还有一个重要的原因，那就是，我认为，在拍卖法没有修订之前，在我们无法通过立法的手段为行业争取更多资源的情况下，拍卖业的发展在很大程度上取决于我们对新目标领域的拓展程度。同志们，拍卖法是规范和保护我们的利益的制度安排，但是拍卖法本身解决不了我们的生存问题。拍卖法目前不会给企业带来新的业务，而业务是企业生存的前提和根本。连业务都没有，拍卖法学得再好有能怎么样呢？所以解决我们业务的问题还得靠经济学。经济学是我们拓展新业务领域的主要理论指导。拍卖经济学的一个重要内容就是要研究拍卖的起源和发展规律问题,研究影响拍卖的市场因素问题,研究拍品的特性问题。这些问题的研究成果都将对我们的业务开拓工作起到理论指导作用。同志们,可以毫不夸张地讲,我国拍卖的业务领域还远远没有被开发出来,相比较国外而言,我们的拍卖领域仍然是传统领域占主流。

我国2007年拍卖业的主要业务来源是传统的法院和政府部门,合计达63%。来自社会委托的比例很小。这说明大量的非政府的资源的流转并没有进入拍卖领域。即便是政府的委托,标的也主要集中在房产和土地等方面。2006年房地产占65.77%,而2007年增加到72.23%。但是除了房产和土地外,真正的政府标的还没有出现,比如电信拍卖、国债拍卖等还远没有登台。而这些都是将来新的经济增长点,等待我们去开发。但是前提是我们要懂拍卖经济学,懂得如何去拍卖这些新兴的标的。

(二) 拍卖企业自身的生存和发展需要拍卖经济学

1. 企业需要市场定位,优化经营模式。

企业要发展,首先要有明确的市场定位。对拍卖企业而言,每个企业都要回答两个问题:我们做什么?我们怎么做?做什么是一个目标市场定位的问题,怎么做是如何优化自己的经营模式问题。拍卖企业经营最关键的是作好市场定位。拍卖企业的市场定位像一根无形的线索,从上到下贯穿拍卖企业所有的部门,企业各部门的员工都必须服从市场定位策略,围绕它开展各项工作,为实现企业总目标而协同努力。就拍卖企业的经营模式而言,专业化经营与综合化经营是常见的两种拍卖企业经营模式。相比较而言,专业化经营是目前拍卖业可持续发展的重要方向,因为就目前中国的拍卖业现状而言,我们并不缺乏简单的综合经营,我们缺乏的是更高层次和更大规模的综合经营,要想在世界拍卖市场上也占有一席之地,我们必须有更大规模的拍卖企业,而要实现更高层次和更大规模的综合经营就必须首先从走专业化经营的道路开始。关于企业市场定位问题和企业经营模式及不同经营模式之间的关系问题,是拍卖经济学研究的一个重要课题。

2. 企业需要创立品牌,发展品牌战略。

人们常说:愚笨的商人卖产品,聪明的商人卖品牌。品牌就是企业的推销商。品牌在现代企业生存和发展中所占有的地位已经越来越不可忽视了。我们所了解的有些所谓的著名企业都是从了解他们的品牌开始的。品牌是一个企业的无形资产,是企业的名片。经营企业的实质是什么呢?我们发现,经营企业实际上就是要经营"不同",而不同点的集中反映就是一个企业的"品牌",正是这种品牌,是客户将能将你的服务和产品与其他企业的服务和产品区分开来。如果你没有品牌,也就意味着你与别人没有不同,也就没有特色,你就很难让客户记住你,甚至忘不掉你。所以发展品牌战略,创立品牌是一个取胜的秘诀。拍卖经济学将教给我们如何确立品牌战略和创造企业品牌等基本知识。

3. 企业需要科学管理,提高管理水平。

随着我国社会主义市场经济体制的不断完善,拍卖标的品种越来越多,分工越来越细,专业化拍卖市场将逐步形成,拍卖企业经营规模不断扩大。同时,拍卖企业参与国内、国际市场竞争的形势也日趋严峻。在这种情况下,拍卖企业管理水平就显得越来越重要,科学化管理成为培育拍卖企业核心竞争力和实现拍卖企业可持续发展的重要途径。影响拍卖企业管理效果的因素很多,其中拍卖企业的组织结构形式是一个重要因素。拍卖经济学将教会我们如何根据企业自身的特定情况，选择适合的企业的组织结构。拍卖企业管理的内容非常丰富，比如拍卖活动的管理、拍卖企业人力资源管理、拍卖企业财务管理等，这些也都是拍卖经济学要研究的内容。因此学习拍卖经济学，可以帮助我们提高企业管理水平。

4. 企业需要理论指导，提升服务层次。

拍卖活动作为一种经济活动，有其自身的规律，只有掌握了这些规律，才能真正提升企业的服务层次，而对规律的掌握需要先进理论的指导。拍卖经济学正是这样一种起指导作用的理论。

（三）经济的全球化和人才培养战略需要拍卖经济学

1. 学习国外先进的理论，建立共同的对话平台。

拍卖理论是当今西方经济学研究领域中的前沿和热点问题。先后有包括威廉·维克里在内的多名经济学家，因研究拍卖理论或与拍卖相关的经济学理论贡献卓著而获得了诺贝尔经济学奖。我们必须承认，在研究拍卖理论的问题上，西方市场经济国家已经远远的走在了我们的前面。

目前，经济全球化给每一个产业都带来了重大影响。随着经济全球化的不断深入，世界各国的经济生活越来越国际化，不同社会制度、发展水平的国家都被纳入统一的国际经济体系中。从发展趋势看，经济全球化对拍卖产业发展的影响主要表现在以下三个方面：

一是拍品国际化。经济全球化带来了拍品的全球化。随着文化、贸易的交流日趋频繁，一些国外的产品、文化艺术类型纷纷在进入各国并落地生根，这为拍卖标的的国际化创造了前提。伦敦苏富比拍卖的物品可能有来自非洲、亚洲的艺术品，而处在香港的拍卖行拍卖的物品又有可能来自俄罗斯的复活节彩蛋。

二是市场国际化。经济全球化带来了市场的全球化。随着 WTO 自由贸易协定的达成，不同国家市场进入的障碍正在逐步减少，资金在不同国家间的自由流动已成为可能，这为拍卖市场的国际化创造了前提。以我国为例，目前，外资进入国内拍卖行业的限制已经解除，除文物艺术品领域外，国内市场已全面向外资开放，拍卖市场的国际化已成为现实。

三是竞争国际化。市场国际化也必然的带来了竞争的国际化。随着市场的放开，拍卖业的竞争已从一国同业间的竞争扩展到不同国家间拍卖企业间的竞争。

经济全球化使得我国的拍卖业无法置身于世界经济环境之外。全球化要求我们必须要认真向其他国家学习先进的拍卖理论，以便能和对方有共同的话语权，实现平等对话和交流。

2. 完善理论体系，关注中国特色，培养高端人才。

一个没有理论的行业绝对不会有更为长远的发展。拍卖业要想成为一个有别于其他行业的特色鲜明的行业，就必须建立自己的理论体系。我认为关于拍卖的理论体系至少包括四种理论：拍卖学、拍卖经济学、拍卖法学和拍卖管理学。

近年来，我国的经济学界对拍卖经济学理论的研究主要停留在对国外拍卖理论的介绍层面，对于拍卖理论如何与我国具体的拍卖实践相结合的问题缺乏深度的研究，对如何构建中国自己的拍案经济学理论体系这一问题更是鲜有探索。目前，拍卖业在探索发展中，遇到了许多重大的经济问题，这些经济问题急需运用拍卖经济学理论来研究和回答。但是适合中国国情的拍卖经济学系统理论的缺乏成为了阻碍我国拍卖业持续发展的一个重要因素。因此完善拍卖经济学理论是完善拍卖理论的必不可少的一个重要环节。

研究拍卖经济学也是培养拍卖高端人才的需要。编写一本《拍卖经济学》的想法最早产生于 2006 年春，当时我正在负责中央财经大学首届拍卖法研究生班的筹划工作，这其中涉及到研究生班的课程设置问题，《拍卖经济学》被安排为研究生班的必修课之一。我首先想到的是去找一本现成的《拍卖经济学》教材来讲授，拍卖理论是现代西方经济学研究的前沿和热点问题，即便国内没有专门的教材，国外总归会有的吧。但是当我查阅了几乎全部能够查到的中外与经济学有关的教材或著作后却发现，根本就不存在这样一本现成的教科书。国内由于拍卖教育和拍卖理论研究的滞后性，目前对拍卖理论的研究主要限于对西方拍卖理论的介绍，与中国拍卖实践是脱节的。在国外，关于拍卖理论的研究很火爆，但是拍卖理论仅仅是作为经济学的一个分支来研究的，虽然存在"拍卖经济学"这一称谓，但很少有人将拍卖经济学当作一门独立的学科，自然也就不存在专门的教科书了。因此，自己动手完成一部《拍卖经济学》对于我来讲，实在是无奈的选择。

二、拍卖经济学的含义和研究对象

经济学是一门研究人类的行为选择及如何将有限或者稀缺资源进行合理配置的社会科学。"经济学"的前身是"政治经济学"。1890 年马歇尔出版了标志现代经济学形成的里程碑著作《经济学原理》。在这部著作中，马歇尔首创了"经济学"一词，用以替代"政治经济学"。西方经济学在 19 世纪传入中国，严复最早将其译为"生计学"。20 世纪 80 年代以来，经济学已逐渐成为各门类经济学科的总称，具有经济科学的含义。西方经济学一般可以分为微观经济学和宏观经济学，它们侧重研究经济学的一般理论问题以及根据经济理论而制定的经济政策和有关问题的解决途径。随着经济学研究的细化，出现了专门对某个经济部门、某个经济领域或经济问题进行集中研究的倾向，这些研究成果的积累逐渐形成了一个个部门经济学或专门领域的经济学。它们往往利用微观经济学或宏观经济学的理论对特定经济部门或经济领域的问题进行专门研究，如劳动经济学、环境经济学、产业经济学、农业经济学、税收经济学、石油经济学、土地经济学、教育经济学、媒体经济学等等。

西方已经出现了使用"拍卖经济学"这一概念的一些著作，但是其内容与本教程所指的拍卖经济学略有不同。西方的拍卖经济学的内容实际上主要是指经济学中的"拍卖理论"，一般是在经济学教材中设置"拍卖理论"一章，来探讨拍卖这种制度安排，其目的在于将拍卖视为验证诸如博弈论等经济学理论的实验场或将拍卖理论作为理解价格形成的方法和工具，并不具有作为一个部门经济学意义上的含义。从这个角度讲，西方现在也还不存在一个独立学科意义上的拍卖经济学。目前国内还没有人从一个学科角度正式使用过"拍卖经济学"这一名称。教材将拍卖经济学归入部门经济学的范畴，并将拍卖经济学界定为运用经济学的一般知识和原理来研究拍卖这一特殊的经济现象，重点研究我国市场经济中的拍卖制度的经济特色和经济发展规律的一个部门经济学，借此来建构有中国特色的拍卖经济学研究框架和理论体系。

拍卖经济学是宏观经济学还是微观经济学呢？拍卖经济学是拍卖学的分支学科还是经济学的分支科学？这是学习中大家问的较多的一个两个问题。这个问题实际上是拍卖经济学的学科定位问题。我们从三个方面进行了定位：

首先，拍卖经济学属于部门经济学和专业经济学。部门经济学和专业经济学以经济学的一般原理为自己的理论基础，是整个经济科学体系中相对独立的各个分支学科。部门经济学和专业经济学的范围极其广泛，涉及社会经济运行过程的各个方面。拍卖经济学就是一门新兴的还处于探索中的部门经济学和专业经济学。既要用到微观经济学的知识和原理，也要用到宏观经济学的知识和原理。

其次，拍卖经济学是一门交叉学科。拍卖经济学是拍卖学与经济学的交叉学科。拍卖经济学要研究的对象是"拍卖"这一特定的社会现象，但是拍卖本身不能为研究提供方法。拍卖经济学就是运用经济学的方法研究拍卖这一特定社会现象的一门交叉学科，研究的素材来源于拍卖实践，研究的方法和理论来源于经济学已有的成果。因此，拍卖经济学具有综合性，既属于拍卖学的研究领域，也属于经济学的研究领域，同时它又是一门独立的学科，是一门独立的交叉学科。

最后，相对于理论经济学而言，拍卖经济学属于一门应用经济学。拍卖经济学的主要目的就在于运用经济学的一般知识和原理解释拍卖活动这一社会现象，或解决拍卖实践中遇到的实际问题，最终推动拍卖业的发展。一般的经济学原理和理论具有较强的普适性，而拍卖经济学则具有较强的地域性，由于经济制度和经济环境的不同，各国的拍卖经济学可能具有不同的特色。我国的拍卖经济学就是以我国的社会主义市场经济为背景，重点研究我国拍卖这一经济活动的特征和发展规律，从中总结出适合于我国经济发展的拍卖经济学理论，并具体运用来解决我国拍卖经济领域中所面临的现实问题。

任何一个学科要想有别于其他学科而独立存在，就必须有自己独立的研究对象。拍卖经济学的研究对象是拍卖这一古老而又由充满活力的社会现象，即运用经济学方法研究这一现象的经济本质、特征、功能、演变和发展规律。具体将包括以下几个方面：

第一，拍卖实践中的现实问题。我国拍卖领域目前存在许多急待解决的经济问题需要拍卖经济学来回答。比如，如何正确认识拍卖与我国经济发展之间的关系？如何最大限度地发挥拍卖的经济功能？如何适应我国市场经济的发展要求，合理地规划我国拍卖业今后的发展等一系列重大的现实问题，都是拍卖经济学要重点研究的问题。

第二，经济学理论的历史梳理。现代意义上的拍卖制度起源于西方，但是到目前为止，即便在西方，也还没有现成的、体系化的拍卖经济学理论可以供我们借鉴。西方经济学学者们对拍卖的研究也多是零星的和从属性的。因此，我们的拍卖经济学还要对历史上西方经济学理论中与拍卖有关的研究成果进行梳理，并结合我国经济发展的实际情况，有选择地进行整理，使之系统化。

第三，拍卖行为是拍卖经济学的重要研究对象。拍卖活动要解决的一个重要问题，实际上是个最佳行为选择的问题。比如，对委托人而言，要不要委托拍卖、委托谁来拍卖、要不要保留价，确定一个什么样的保留价？对于拍卖人而言，采取什么样的竞价模式？采用怎样的竞价阶梯？对于竞买人而言，要不要应价？何时应价？等等，这都是个行为选择的问题。拍卖经济学就是给拍卖各方提供最佳行为选择理论的一个学科。其中尤其以拍卖人拍卖行为最为重要。从拍品征集、拍卖会的策划、拍卖活动的实施，到拍卖的后续服务行为，都是拍卖经济学研究的范畴。除了对个体行为进行微观研究外，拍卖经济学还要对拍卖行业的组织、管理的行业行为进行宏观的研究。

第四，关于拍卖制度的研究。拍卖活动可以具体化为各种制度安排，这些制度安排体现为各种各样的拍卖规则的制定和落实。大到以国家法律形式出现的拍卖环境制度安排，以行业规范形式出现的行业制度安排，小到每一场具体拍卖活动的机制设计等，都是拍卖经济学研究的内容。

三、拍卖经济学的支撑理论

传统经济学是以价格制度为研究对象的，其理论建立在五大前提假定基础上。第一个前提假定是理性人假定，即人都是理性的。第二个前提假定是完备信息假定，即行为人知道全部与他要做的经济决策有关的信息。第三个前提假定是同质假定，即市场上的行为主体、市场行为对象是完全一样的，没有任何差别。个人的行为不会影响他人的决定。我们只研究一个个体就可以了。第四个前提假定是所有资源完全自由流动。第五个前提假定是成本收益的对等性假定，即在市场中，任何行为的收益与其付出的成本都是对等的。

现代经济学正是在放宽上述假定条件下对经济行为进行研究的。其中信息经济学就是对第二个假定条件的反叛，对不完备信息的经济分析导致了信息经济学的产生。博弈论是对第三个假定条件反叛的结果，认为第三个假定同样有违现实。真实世界中的经济行为主体，无论是自然人，还是组织，都是不可能完全同质的。各经济行为主体之间的经济行为会相互影响。这些相互有影响的主体是如何进行经济决策的？这就是博弈论试图回答的问题。

因而，20 世纪 70 年代以来，经济学家研究的重点从价格制度转向博弈论的研究，博弈论与信息论成为现代经济学的基石。拍卖理论就是博弈论与信息论发展的成果之一。拍卖活动本身就是一种博弈，拍卖还是解决信息不对称的一种机制设计。因此，了解一些博弈论与信息论的基本知识，对于我们学习拍卖经济学是非常重要的。

在现代市场经济活动中，无论是市场的参与者数量有限，还是信息的不对称，都是将大量存在的。拍卖就是解决信息不对称的一种机制。我的东西为什么要采取拍卖？因为我对我的东西的信息掌握的程度并不一定是全面的，对其价值的理解不一定是准确的，需要看看别人是如何评价。收藏中为什么买家也会"打眼"，就是他对自己藏品信息掌握不真实造成的。这时候，拍卖的优势就体现出来了，拍卖采取的是多人竞价，通过他人的竞价，来收集信息，并修正自己对拍品的评价。

拍卖本身还是一个斗智斗勇的过程，用经济学的术语讲，就是一种博弈。不仅竞买人之间是博弈，拍卖人和竞买人之间也存在着博弈。为什么针对不同的标的和竞买条件拍卖人要采取不同的拍卖模式呢？为什么竞买人会联合起来进行恶意串通呢？这说明在拍卖人和竞买人之间也是一种博弈关系。所以 20 世纪 70 年代以来，西方经济学研究的重点开始从价格理论转向博弈论和信息论的研究，博弈论与信息论不仅是现代经济学的基石，而且也是拍卖经济学的支撑理论。因此，了解一些博弈论与信息论的基本知识，对于我们学习拍卖经济学是非常重要的。

由于时间关系，我不在展开来进行细讲了。经济学家在研究博弈论和信息论时，为了研究方便，通常会采用大量的数学模式和公式，因此对于缺乏数学基础的人而言，看懂博弈论和信息论比较困难。这就是我们在教材中，为什么只对博弈论和信息论做了简要介绍。但是这并不表明博弈论和信息论不重要，恰恰相反，这是进行拍卖经济学研究时必须要掌握的基础理论。因此，我们在编写教材时，专门请了有关专家对教材中涉及到的数学模型和公式进行了简化和文字化。用通俗易懂的文字来完成拍卖经济学理论的建设，一直是我追求的一个目标,我的目标是要让拍卖人都能看懂拍卖经济学。

四、拍卖经济学的基础原理

(一)维克里及其理论贡献

经济学家早就知道拍卖是一种重要的经济行为,可一直没想清楚用什么理论来描述它。直到 20 世纪 60 年代,维克里利用博弈论的术语第一次刻画了拍卖行为的本质,并且推导出"收益等价定理"后,经济学家们才看懂了拍卖。

威廉·维克里 1914 年出生于加拿大,1964—1967 年,他曾担任过哥伦比亚大学经济系主任,1973 年出任美国经济研究局局长。1996 年,瑞典皇家科学院决定把该年度的诺贝尔经济学奖授予维克里和英国剑桥大学的米尔利斯,以表彰他们"在不对称信息下对激励经济理论作出的奠基性贡献"。不幸的是,维克里教授在得奖后不久就去世。20 世纪 60 年代,维克里开始对拍卖等具体的市场机制进行研究。1961 年发表的"反投机、拍卖与竞争性密封投标"一文被称为拍卖理论的开山之作。文中维克里首次运用博弈论处理拍卖问题并取得巨大进展,他极富预见性地提出了拍卖理论中的多数关键问题,从而引导了该理论的基本研究方法。这些开创性贡献成为他获得 1996 年诺贝尔经济学奖的重要因素。

维克里将通行的拍卖方式分为四个类型,这就是我们大家所熟悉的:英格兰式拍卖、荷兰式拍卖、第一价格密封拍卖和第二价格密封拍卖。并对这四种拍卖的出价策略进行了深度研究。

在英格兰式拍卖中,每个竞买人都知道当前的最高报价,都可以多次报价,竞买人的最优策略就是在当前报价没有超过其对拍品的估价时,坚持不退出并继续竞价。每个竞买人都会在报价达到或超过自己的估价后退出竞争。最终获胜的竞买人成为唯一的买受人,他支付的成交价就是他的最高报价,即出价最高的竞买人支付他所出的价格,并得到物品。赢得拍卖品的竞买人的收益是物品对他的价值减去他的最高出价。

荷兰式拍卖亦称"减价拍卖"。在荷兰式拍卖中,竞买人的出价策略是在拍卖开始之前首先确定自己对拍卖品的估价,如果拍卖价格果真下降到这个水平以下,他就应当出价赢得拍卖并取得拍品。他的出价绝对应当低于他对拍品的估价。如果有其他的竞买人在他之前已经出价,这意味着那个人的出价比他高,他就不能赢得拍品。他在决定自己的出价时,面临一个困难的抉择:出价越低,赢得交易的机会就越小,但一旦赢得交易,他可以获得的额外利润或者说剩余将越多;相反,如果出价越高,赢得交易的机会就越大,但一旦赢得交易,他可以获得的额外利润或者说剩余将越少,甚至带来损失。买受人的收益是他的估价减去他的实际出价。

第一价格密封拍卖是一种封闭式竞价拍卖。在这种拍卖中出价最高的竞买人将赢得交易,并支付他所报出的价格。竞买人的出价策略是出一个低于他对拍卖品估价的价。如果他以较高的价格中标,这对他就不划算。如果他以拍卖品对他的价值来出价并因此中标,他其实是毫无所获,因为他的付出和所得完全相等。赢得拍卖品的竞买人的收益等于物品对他的价值减去他的出价。这种拍卖中,竞买人遇到和荷兰式拍卖中竞买人一样的一个难题,即如何出价。出价越高,他赢得物品的几率就越大,但赢得后的收益就越少;如果出价较低,他赢得物品的几率就越小,但赢得后的收益就越大。

第二价格密封拍卖是由维克里在 1961 年提出的，这也是一种封闭式竞价拍卖，由竞买人向拍卖人递交密封的出价，出价最高的竞买人将赢得交易，但是只按所有出价中仅次于最高出价的次高价格付。竞买人的最优出价策略是根据自己对物品的估价来出价。因为，如果他的出价低于估价，那么他很可能会输掉这次拍卖，不能得到物品；如果他的出价高于估价，他赢得拍卖品后将遭受损失。因此，不管其他竞买人如何行事，根据自己对物品的估价来出价都是自己的最佳策略。赢得拍卖的收益是估价与次高价之间的差。

四种类型的拍卖中，维克里重点研究了第二价格密封拍卖。在这种方式中，出价最高的买主获得标的，但是只需支付次高价，因此这种拍卖方式又称为维克里拍卖。在这种拍卖制度中，真实的出价是一种"优胜"策略，即不管竞争对手如何行事，这种出价是自己的最佳策略。这种拍卖最显著的特征是每个竞买人的占优策略都是按其真实支付意愿出价，这是一种鼓励竞买人"说真话"激励机制。

在此之前，经济学界的传统观点认为：在一场商品交易中，如果双方所掌握的信息不对称，市场上所产生的均衡结果将是一种无效率的状态。但是维克里的研究结果证明这种观点有失偏颇。维克里认为，拍卖是一种具有重大实践意义的市场交易制度。

维克里还详细分析对比了这四种拍卖方式，指出英式拍卖中的每个竞买人的占优战略都是保持竞价，直到价格达到自己的估价为止。在荷式拍卖中，每个竞买人的报价应该严格低于自己的估价，估价最高的竞买人将成为赢家。因此，两中拍案的结果都是帕累托最优的。维克里还指出，荷兰式拍卖与第一价格密封拍卖在战略上是完全等价的，因为竞买人在两种情形中所面临的局势完全相同；而英格兰式拍卖与第二价格拍卖的机制是相同的，所产生的期望价格也是相同的。结论是：实际上意味着四种标准拍卖机制给拍卖人带来的平均收入是相等的。这就是著名的"收益等价定理"，该定理是整个拍卖理论研究的起点。

（二）如何正确理解收益等价定理

收益等价定理，是拍卖经济学的基础理论，可以毫不夸张地讲，如果没有收益等价定理，就没有今天的拍卖理论，也就没有独立的拍卖经济学。其核心内容是指：表面上看上去不相同的拍卖模式，实际上却是一回事。自从维克里1961年提出"收益等价定理"后，许多经济学家都设法证明这一结论的存在。因此，拍卖理论界关于"收益等价定理"有多种形式的表述。但是由于经济学家们在分析问题时，使用了大量的数学模型和函数公式，加上我们的翻译也不太精准，因此不易理解。我们在教材中将收益等价定理简单地表述为：

在符合独立私有估价、竞买人对称并且风险中性等假设条件下，无论采用英国式拍卖、荷兰式拍卖、第一价格密封拍卖和第二价格密封拍卖四种类型中的哪一种拍卖方式，期望拍卖价格是相同的，而且获胜者的期望收益也是相同的。

在理解收益等价定理时，有几点需要大家注意：

第一，关于收益等价定理的证明，我们采取了简单的文字表述，重点证明了两组等价关系，即我们证明了荷兰式拍卖式和第一价格密封拍卖是策略等价的；第二价格密封拍卖与英国式拍卖是策略等价的。但是关于这四种拍卖方式都是策略等价的问题，我没有进行详细证明。因为这个证明过程如果用文字来表述，有一定难度。

第二，收益等价定理主要指的是这几种拍卖方式在策略上是等价的，这里的等价不是说拍卖人的收益是一样的，或者拍卖人拍卖获得的拍卖佣金都是一样的。这里的策略等价有多个方面的含义。

比如在证明荷兰式拍卖式和第一价格密封拍卖是策略等价的时,实际上我们想重点强调的是,这两种方式:(1) 结果是一样的,即都是出价最高者赢得拍卖,并按其出价支付;(2) 两种方式中,竞买人要考虑的关键问题是一样的,即出多高的价;(3) 两种方式中竞买人要做出的抉择是一样的,在荷兰式拍卖中,竞买人面临的抉择是:出价越低,赢得交易的机会就越小,但一旦赢得交易,他可以获得的额外利润或者说剩余将越多;相反,如果出价越高,赢得交易的机会就越大,但一旦赢得交易,他可以获得的额外利润或者说剩余将越少,甚至带来损失。同样,在第一价格密封拍卖中,竞买人面临着同样困难的抉择:如果他给出的价格越低,赢得交易的可能性越低,但一旦获胜,可以获得的利润或剩余就越多;如果他给出的价格越高,赢得交易的可能性越大,但一旦赢得交易,可以获得的利润或剩余却很少,甚至可能亏损。

再比如在证明第二价格密封拍卖与英国式拍卖是策略等价时,主要是指两种拍卖方式在引导竞买人理性决策这个问题上,其效果是一样的。为什么是一样的呢?因为在这两种拍卖中,竞买人都受到要显示私人真实评价的激励,都必须"讲真话"。英格兰式拍卖中,竞买人的出价策略是只要没有达到他的估价,他就应当一直与人竞争,直到几乎到估价为止。而在第一价格密封拍卖中,竞买人如果想赢得拍卖,就必须按照略微低于他的估价来出价。

第三,收益等价定理并不意味着在四种拍卖规则下的每一次拍卖,都必然会给拍卖人带来相同的收入,而是指每一次拍卖的预期收益都是相等的,或者说其理想收益应该是相等的,这就相当于是个"概率上是相等的"。

第四,收益等价定理只是指在一些合理的约束条件保证下,采取这四种拍卖形式最终的收益应该是相等的。即收益等价是以满足一些约束条件为前提的,这些条件包括:(1) 所有竞买人和拍卖人都是风险中性的。也就是说,既不爱好风险,也不厌恶风险。(2) 拍卖品具有独立的私人价值。换言之,每个竞买人仅凭所掌握的私人信息就可以精确地对拍卖品估价,即使知道了所有其他人的估价信息也不会改变自己的估价。(3) 所有竞买人是对称的,其估价服从同一概率分析。(4) 竞买人之间是非合作博弈,不存在串通和合谋等问题。(5) 拍卖为单物品拍卖。即拍卖机制只针对单一的拍品设定,不存在拍品相互之间的关联问题。(6) 最终支付额仅仅取决于报价额。(7) 卖主就是拍卖人,不存在交易费用。

我们将符合上述假定条件的拍卖方式称为理想拍卖模型。但是在现实拍卖中,这几个约束条件很难被同时满足,因此收益等价定理只是对理想状态的一种描述。

第五,收益等价定理的真正意义是:在拍卖实践中,相同情况下采用不同的拍卖方式,其结果是不一样的。因此拍卖人应当根据不同的情况,选择和采取不同的拍卖方式,即对拍卖人而言,学会选择拍卖方式是非常重要的。这才是我们学习收益等价定理的真正意义。

(三) 最优拍卖模式的选择

既然收益等价定理在现实中是不存在的,不同的拍卖方式的结果是不一样的,那么拍卖人就必须学会拍卖方式的选择。选择拍卖方式的前提是首先要明白哪些因素会影响拍卖方式。具体而言这些因素主要有:当事人的风险厌恶程度、共同或关联价值、非对称性、合谋行为以及其他因素。

五、拍卖经济学理论的应用

（一）恶意串通的经济学解释

在研究拍卖时，我们通常将"竞买人之间是非合作博弈，不存在串通和合谋"作为理想拍卖模型的一个假定条件，进而假设竞买人之间的博弈是完全竞争性的。但是在拍卖实务中，竞买人之间完全有可能勾结起来达成隐性或明确的合谋协议。拍卖合谋体的存在会影响拍卖方式的选择。拍卖中的合谋在拍卖法中称为当事人之间的恶意串通。

拍卖中竞买人合谋是竞买人理性的表现，并不奇怪。我们应当理性地看待拍卖中的恶意串通。恶意串通并不全是件坏事，在我国拍卖业刚刚恢复时期很少有恶意串通。近几年来，恶意串通越来越普遍，这至少从一个侧面表明我国的拍卖业取得了发展。拍卖业的发展不但需要成熟的拍卖人，还需要成熟的竞买人和委托人。如果只有拍卖人懂拍卖，竞买人都不懂拍卖，那我们的拍卖业是无法取得进步的。竞买人恶意串通的出现表明竞买人对拍卖的认识水平在提高，这不见得是件坏事。另外，恶意串通的存在，也表明了我国拍卖企业的经营模式需要改进。我国绝大部分拍卖企业目前的经营模式还都是小而全的综合经营模式，企业规模不大，但是拍卖标的却多样化，遇到什么拍什么，专业化程度较低。具体的拍卖方式比较单一，对拍卖方式缺乏针对性研究，不论什么标的，一律采用升价式拍卖方式。这就使得在某些特殊标的（比如机械设备）的拍卖中，出现了拍卖人是外行，而竞买人是内行的反常现象，导致恶意串通的产生。因此，不应当将老鼠捆起来，而应当跑的比老鼠快。

通过选择不同的拍卖方式，可以在一定程度上防止竞买人之间的恶意串通。一般而言，无论是私人价值拍卖还是共同价值拍卖，第一价格密封拍卖和荷兰式拍卖都比第二价格密封拍卖和英格兰式拍卖更有利于防止竞买人之间的串通和合谋。举例说明如下：

假设在一个私人价值拍卖中，某件拍品对竞买人甲的价值为 20 元，对其他竞买人的价值为 18 元。在英格兰式拍卖中，竞买人之间相互串通，达成了合谋协议，约定甲的出价为 6 元，其他竞买人的出价为 5 元。甲将以 6 快钱赢得拍卖。如果有竞买人不遵守协议，出价 7 元钱，由于博弈不是一次性的，那么甲可以一直出价，直到超过 18 元为止，甲还会是赢家，而违反协议的人则得不到任何好处。同样，在第二价格密封拍卖中，如果竞买人达成合谋协议，约定甲出价为 20 元，其他竞买人出价为 6 元。如果竞买人都遵守这一约定，那么拍卖结果是甲以 6 元赢得拍卖。如果有竞买人在拍卖中违反合谋协议，但是他们的最高出价不会超过 18 元，因此最终的拍卖结果也是甲赢得拍卖，而违反合谋协议的竞买人则不能从自己的违约行为中得到任何好处，因此这一合谋协议是自我执行的。结论是：在英格兰式拍卖和第二价格密封拍卖中，竞买人更容易达成合谋协议，进行恶意串通。

但是，在第一价格密封拍卖和荷兰式拍卖中，竞买人之间达成的合谋协议一般不容易被遵守，因为参与合谋的竞买人可以从违反合谋协议中获利。在第一价格密封拍卖中，假设竞买人之间相互串通，达成了合谋协议，约定甲的出价为 6 元，其他竞买人的出价为 5 元。如果甲按照约定出价为 6 元，有一个竞买人违反约定出价 7 元，其余竞买人遵守约定出价为 5 元，那么拍卖的结果是违反约定的竞买人以 7 元赢得拍卖。由于他对拍品的估价为 18 元，因此他可以从违反合谋协议的行为中得到 11 元的好处。又因为这种拍卖中，博弈的机会只有一次，甲和其他竞买人没有调整报价的机会，因此合谋最终陷于失败。因此，在这种情况下，甲如果想赢得拍卖，他也必须违反合谋约定，出至少不低于18元的报价。同样，在荷兰式拍卖中，假设竞买人合谋约定由甲在6元价位上应价，其他竞买人都不应价。但是如果有一个竞买人在6元价位之前就违反约定提前应价，那么拍卖就结束了。因此，在第一价格密封拍卖和荷兰式拍卖中，合谋协议不容易被执行。

拍卖实践证明，竞买活动是拍卖的核心，拍卖学的研究核心应当是对竞买的研究，是对竞买人的研究，而不是对拍卖人的研究。那么拍卖人在拍卖中承担何种角色呢？

（二）激励机制与拍卖人的任务

在拍卖中，拍卖人不是一个运动员，而更多的像一个规则的制定者和裁判员。拍卖人的任务就是要制定出公平的、具有激励机制的拍卖规则来，并严格加以执行。教材中举了一个分苹果的故事。两个小孩儿为如何分配一个苹果而争吵时，父母们都知道一种公平地分配苹果的方法，即让一个小孩切苹果而让另外一个小孩先选择苹果。第二个小孩会选择更大的一半，这个行为给第一个小孩施加激励，促使其尽可能公平的切苹果。这个"先切后选"的解决方法就是机制设计的一个简单例子。

经济学中讲的拍卖规则与拍卖法中讲的规则不同，含义更大。我在教材中将拍卖规则分了四类：

1. 界定制度环境的规则。制度环境是一系列基本的经济、政治、社会及法律规则的集合。我国目前关于社会主义市场经济建设的法律规则和制度安排都是拍卖的经济制度环境规则，尤其是与拍卖活动密切相关的民商事法律和经济法律等制度，对拍卖业的影响是非常巨大的，正是这些规则为我国拍卖发展提供了良好的制度环境。从广义上讲，这些规则也都应属于拍卖规则的范畴，是我们研究拍卖和从事拍卖活动时必须首先考虑的外生变量或参数。

2. 给出制度安排的规则。对拍卖业而言，给出正式制度安排的规则主要有拍卖法及与拍卖相关的法律、行政法规、规章及司法解释；给出非正式制度安排的规则主要有拍卖行业规范。

3. 设定行为条件的规则。法律、行政法规、规章和行业规范所确立的制度不会自动得到落实。这些制度最终要通过拍卖企业和其他拍卖当事人等通过制定或约定为更具体规则来实现。对不同的情况，不同的环境，面对不同行为方式的人们，往往需要采取不同的应用规则。当情况及环境发生变化时，所采用的规则多半也会相应地发生变化。这些规则我们统称为设定行为条件的规则，包括狭义上的拍卖规则和各种拍卖协议。

4. 确定均衡结果的规则。拍卖是一种博弈，拍卖结果是各方利益均衡的一种状态。为了达到这种均衡，拍卖人往往会根据拍卖标的或其他拍卖条件的不同而设计并采用不同的拍卖方式，我们将这些拍卖方式统称为拍卖机制或竞价模式。拍卖人知道，在不同的拍卖机制中，竞买人会采用不同的竞价策略。拍卖人为了达到自身利益的最大化，会根据不同情况，在法律及拍卖规则等既定条件允许的范围内，设计出不同的竞价模式以便调动竞买人的竞价积极性，最终达到提高拍品成交价的目的，实现最优拍卖。

拍卖规则的经济功能具体概括为以下四个方面：实现资源有效配置，提高经济效率；规范交易行为，节约交易成本；降低交易不确定性，创造竞争与合作条件；创新均衡模式，提供激励机制。

(三) 赢者诅咒现象与价高者得法则

价高者得法则是拍卖业最古老的法则。也是区分拍卖与其他交易形式的一个重要标准。但是在拍卖中是不是要追求最高的成交价呢？从拍卖经济学角度而言是不可取的。这就是拍卖经济学中讲的赢者诅咒现象。因此一味追求高的成交价从长远来看是不理性的。

拍卖不同于一般的商品买卖

某拍卖公司接受委托拍卖一辆二手轿车,共有两个竞买人甲与乙进行了竞买登记。由于标的价值不大,拍卖公司没有向竞买人收取竞买保证金。委托人亲自到拍卖会现场观看,但是竞买人甲却迟迟未到。拍卖人通过电话与甲取得了联系,甲称正在外地出差,无法回来,并明确表示放弃竞买。竞买人乙见公告确定的拍卖会时间已到,便催促主持拍卖的拍卖师尽快开始。拍卖师解释说,只有一个竞买人,拍卖会不能举行。经委托人与竞买人乙现场协商,委托人同意按事先确定的保留价将该轿车转让给竞买人乙,并要求拍卖公司与竞买人乙签署拍卖成交确认书,双方也都同意按事先的约定向拍卖公司支付佣金。拍卖公司拒绝。竞买人乙疑惑不解地说:"他同意卖,我同意买,公平交易,合理合法,拍卖公司只需出具个成交确认书完善一下手续,就可从中白得佣金,这便宜事你们为什么就不同意呢?"

竞买人乙的观点是不正确的,他混淆了拍卖与一般买卖的区别。拍卖与一般的商品买卖不同,一般的商品买卖关系中只有卖方和买方两方主体,只要双方意思表示一致买卖即可成交;而拍卖是指以公开竞价的形式,将特定物品或者财产权利转让给最高应价者的买卖方式。未经公开竞价程序,拍卖不能成交。拍卖法对拍卖下的定义是:"拍卖是指以公开竞价的方式,将特定的物品或者财产权利转让给最高应价者的买卖方式。"与一般的商品买卖相比,拍卖作为一种特殊的买卖方式,具有以下几个方面的特征:

首先,拍卖是通过公开竞价的方式进行的一种买卖活动,"价高者得"是拍卖活动遵循的一项重要规则。拍卖交易的完成一般是通过多个竞买人在同一时间、地点公开竞价,实现价高者得的过程。它与一般买卖中买卖双方一对一谈判、协商和讨价还价的价格确定方式不同。在拍卖过程中,被拍卖标的物的出售价格,由竞买人通过竞价决定,不存在价格形成过程中的秘密性因素,交易的公开性和价高者得规则充分体现了拍卖的特性。

其次,拍卖是一种中介服务性质的交易方式。拍卖过程主要由委托和竞买两个阶段构成,在拍卖法律关系中存在三方当事人。委托人不是直接把标的转让给买受人,而是通过拍卖人的中介服务达到这一目的。我国拍卖法规定的拍卖人必须是依法设立的拍卖企业,我国境内的拍卖活动也必须由依法设立的拍卖机构主持。拍卖人一手托两家,操作整个拍卖活动的正常运转,既要对委托人负责又要对买受人负责。

第三,拍卖活动除了受到调整一般民商事活动法律的约束外,还要受专门的拍卖法规范。由于拍卖是公开的交易方式,有可能涉及到公共利益和第三人利益,为了防止出现对社会公众和当事人的欺骗，我国拍卖法对拍卖过程的主要环节和因素，如拍卖当事人的权利义务、拍卖过程的操作程序、拍卖成交的条件、拍卖活动中的法律责任等，都作了详细而明确的规范和要求，拍卖必须遵循这些规范和要求进行。

拍卖实践中，经常会遇到只有一个竞买人参加竞买的情况。在这种情况下，由于不具备拍卖法要求的竞价条件，拍卖会无法举行。有些拍卖标的由于种种原因，很难在短期内再找到更多的竞买人。这时拍卖人已经为拍卖活动付出了很多，在无法形成竞价的情况下，委托人也不情愿支付拍卖人为拍卖活动而支出的合理费用。有时候报名参加竞买的竞买人也会不满意。尤其像本案例中的情况，报名时有两个竞买人，是符合竞价条件的。但是在举行拍卖会时，却又不具备竞价条件。来参加拍卖会的竞买人已为参加拍卖会付出了一定的费用、时间和精力，比如参加拍卖活动的差旅费等。委托人考虑到寻找更多竞买人的难度，有时会与唯一的竞买人协商达成转让协议，同意按照拍卖保留价或甚至低于保留价的价格将拍卖标的转让给唯一的竞买人。拍卖人是否应该支持这一转让行为呢？

笔者认为，商品只有通过交易才能体现其真正的价值，成功的交易对任何一方都是有利的。从这个意义上讲，促成交易总比拒绝交易要好。在不具备拍卖法要求的竞价条件时，拍卖人应当在征得委托人同意的前提下，继续招商，寻找竞买人，促成拍卖。在委托人同意的情况下也可以通过其他合法的途径，促成委托人与唯一竞买人之间的交易，这样做并不违反法律的规定。但是拍卖是一种特殊的商品交易方式，在不具备法定竞价条件的情况下，举行拍卖会是违法的，因此拍卖人不能通过出具成交确认书的方式来促成这一交易。

论拍卖的竞价条件

拍卖法第三条规定："拍卖是指以公开竞价的形式，将特定物品或者财产权利转让给最高应价者的买卖方式。"这一规定表明拍卖与其他买卖方式相比，一个重要的特征就是必须具备"竞价"条件。如何才算具备了"竞价"条件，这是拍卖界始终存在较大争议的一个问题。争议的焦点归纳起来就是"只有一个竞买人的拍卖结果是否有效"的问题。具体分歧主要表现在以下几个方面：

一、竞价起始时间之争

对于拍卖应当满足"公开竞价"这一特征，拍卖界没有分歧。但是对于"竞价"从何时开始却存着不同的看法。

第一种观点认为，"竞价"从拍卖人发布拍卖公告之日起就开始了，公开报名竞买也是"公开竞价形式。"持这种观点的人认为多个竞买人在拍卖会上相互竞价固然是直观的"公开竞价形式"，但报名登记是竞买人取得竞价权利的必要前提，是"公开竞价形式"的前期阶段。拍卖公告依法发布后，为所有得知拍卖信息的公民、法人和其他组织提供了报名参加竞价的机会。这个机会对每一名符合报名条件的人都是公开的、平等的，"竞价"从发布公告之日起就开始了。如果只有一人报名竞买，表明其他得知拍卖信息的人放弃了竞价权利，唯一的竞买人在"公开竞价形式"的前期阶段取得了胜利，其胜利是在与其他得知拍卖信息的人的公开、公平竞争中取得的，这种竞争符合拍卖法等法律、法规的规定。举行拍卖会时只有一个竞买人，这本身就是"竞价"的结果，因此只有一个竞买人也可以举行拍卖会。

第二种观点则认为"竞价"是从竞买人报名登记结束时开始的。到规定的竞买登记截止日时，如果只有一个竞买人报名，则该拍卖不具备拍卖法要求的"竞价"条件，拍卖会不应举行。如果有两个或两个以上的竞买人报名，则符合拍卖法要求的"竞价"条件，应当举行拍卖会。即使在开拍卖会时只有一个竞买人到场，也应当举行拍卖会，其他已报名登记的竞买人的缺席不影响拍卖会的举行。有时候，参加拍卖会的竞买人很多，但是只有一个竞买人举牌应价，不是照样可以拍卖成交吗？

第三种观点认为"竞价"应当从宣布拍卖会开始时算起，以参加拍卖会的实际竞买人人数为准。拍卖法第三条规定："拍卖是指以公开竞价的形式，将特定物品或者财产权利转让给最高应价者的买卖方式"。该规定中的"竞价"系指拍卖中应当具备价格竞争的条件，即竞买人以独立竞价的形式参与价格竞争。"公开"和"竞价"是拍卖区别于其他买卖行为的重要特征。这种观点也承认如果只有一个竞买人报名时，不应举行拍卖会。但是如果虽有两个或两个以上的竞买人报名，但举行拍卖会时只有一个竞买人实际参加竞买，则该拍卖不具备"竞价"条件，拍卖结果无效。

二、《拍卖管理办法》第四十条之争

主张只有一个竞买人的拍卖结果有效的人的一个主要的依据，就是商务部自2005年1月1日起施行的《拍卖管理办法》第四十条规定。该条规定具有五种情形之一的，应当中止拍卖。其中第（一）项规定，"没有竞买人参加竞买的"应当中止拍卖。这一条隐含的含义是只有在没有竞买人的情况下才能中止拍卖活动，只要有一个竞买人，拍卖活动就不应中止，而应当继续进行。

主张只有一个竞买人的拍卖结果无效的人则认为不应片面理解《拍卖管理办法》第四十条的规定。《拍卖管理办法》第四十条"没有竞买人参加拍卖的""应当中止拍卖"的规定，指向为只有具备了拍卖法规定的竞价条件时，拍卖会才能举行。竞价的方法可以由竞买人直接到场，也可以通过其他方式参与，但必须满足竞价的形式要件。将《拍卖管理办法》第四十条的表述理解为"只要有一个竞买人就可以举行拍卖会"忽略了竞价条件，是没有根据的。

三、标的的拍卖与变卖之争

一种观点认为，拍卖的最终目的是促成交易，促进资源的流通，实现委托人对拍卖标的物变现的目的。在只有一个竞买人的情况下，通过拍卖人的协调，如果委托人和竞买人愿意按照保留价成交，这是当事人意思自治的结果，对各方当事人和社会都有好处，因此这种情况下可以将标的拍卖给唯一的竞买人。

另一种观点则认为，拍卖的最终目的确实是为了促成交易，促进资源的流通，实现委托人对拍卖标的物变现的目的。而且在只有一个竞买人的情况下，通过拍卖人的协调，如果委托人和竞买人愿意按照保留价甚至低于保留价的标准成交，这确实是当事人意思自治的结果。完成交易对各方当事人和社会也确实都有好处，但是不能拍卖。理由很简单，拍卖是一种特殊的交易方式，其特殊性就表现在必须符合特定的程序，其结果才具有法律效力。不能拍卖并不意味着不能交易，当事人可以按照一般的买卖方式对拍卖标的进行变卖，以此来实现交易和各自的目的。

四、我个人的理解

拍卖实践中，有时会遇到只有一个竞买人报名参加竞买某一特定拍卖标的的情况。笔者认为，在这种情况下不应当就该标的举行拍卖会。如果举行，其结果应当是无效的。

正确理解这一点的关键是要正确理解"竞价"的本质。拍卖与其他交易形式的主要区别在于其要约和承诺的方式比较特别。在拍卖中,竞买人的"应价"行为属于要约,拍卖人"落槌"或其他表示"买定"的方式是承诺。拍卖法中要求的"竞价"是指竞买人之间"要约"行为的竞争,即"竞相应价"的意思。而竞买人的要约行为只能在公开举行的拍卖会上进行,在拍卖会举行前,不存在竞买人"要约"的问题。即使竞买人在拍卖会前向拍卖人发出了愿意购买拍卖标的物的"要约",该要约也不能生效,因此也就不存在"竞价"问题。在发布拍卖公告、展示拍卖标的和进行竞买人登记时,不会发生"要约"意义上的"竞价",那种认为自拍卖人发布拍卖公告时起就发生了"竞价"的观点是值得商榷的。竞价表示两个以上的竞买人向拍卖人作出要约表示,该要约表示以价格的竞争为条件。竞价可以分为"独立竞价"和"集中竞价",拍卖属于独立竞价。只有一个竞买人参加拍卖不是"竞价"的结果。

举办拍卖会应当满足拍卖法规定的"竞价"条件。中华人民共和国工商行政管理局《拍卖监督管理暂行办法》第十条规定:"不经拍卖竞价程序处分拍卖标的"将被视为拍卖企业与竞买人之间的恶意串通行为。这个规定要求必须具备竞价的条件,才可以举行拍卖活动,否则将引起由于竞买人数不够而导致的拍卖纠纷,甚至引起诉讼。

拍卖实践中,真正一场拍卖会只有一个竞买人的情况是罕见的。我们在研究拍卖法时经常忽略了一个事实,即拍卖法的立法本意与拍卖实践之间是存矛盾的。当年制定拍卖法时,所有关于拍卖活动的规则都是针对单一拍卖标的而言的。从委托拍卖合同的签订、拍卖公告的发布、拍卖标的的展示、竞买人的报名登记、拍卖会的举行、落槌成交、拍卖成交确认书的签订、直到拍品的交付,拍卖法对每一个环节的规定都是针对拍卖单一拍品而制定的,而不是针对多个拍品拍卖而言的。但是在拍卖实践中,一场拍卖会却往往包含了对几个、几十个甚至几百上千个拍品的拍卖,这就使得拍卖法关于"竞价"条件的规定事实上形同虚设。按照现在拍卖实践中流行的观点,"一场拍卖会"只要有两个或两个以上的竞买人参加即可举行,因为这在表面上确实满足了拍卖法对"竞价"条件的要求,拍卖法并没有禁止一个竞买人报名对多个拍品进行竞买。

拍卖人将多个"单项"拍卖合并后举行"复合"拍卖会,这一做法本来可以使"只有一个竞买人竞买的问题"得到圆满解决了,但是由于"诚信"的问题,导致这个问题不但没有真正解决,反而越来越复杂,有时甚至成了引起拍卖纠纷的主要原因之一。随着拍卖业的恢复和发展,在我国拍卖实践中,出现了拍卖人向参加竞买的竞买人收取保证金的现象。在竞买人报名登记时,拍卖人收取的保证金应当属于"信用"保证金,主要作用在于防止竞买人不负责任的恶意竞买行为,具体收取办法和数额由当事人约定。在不违反法律的强行性规定的情况下,这种约定对当事人是有约束力的。拍卖法和相关法律法规中,都没有关于拍卖保证金的规定,但是收取拍卖保证金目前已经成为拍卖行业普遍认可的"惯例",这是社会"诚信"体系缺乏的结果,不应当归责于拍卖行业。问题是由于拍卖会上不同的拍卖标的在价值上存在差异,拍卖人针对不同的拍卖标的向竞买人收取的保证金数额也就不同,这就使得拍卖人在进行竞买登记时,必然会要求竞买人明确其参加竞买的对象。正是源于此,才出现了即使在具有多个拍卖标的的复合拍卖会上,也会出现只有一个竞买人参加竞买的问题,而且使"竞价"问题变得更加复杂。

除了上述"竞价"条件问题存在争议外,还参杂了竞买人的资格问题。比如,在一场拍卖会上,由甲、乙两个竞买人报名参加某拍卖标的的竞买,在拍卖会开始后,竞买人甲发现竞买人乙并没有交纳保证金或交纳的保证金与自己交纳的数额不一样，于是对竞买人乙的竞买人资格提出疑问。在这种情况下，是否能因保证金问题而确认竞买人乙不具有竞买资格或丧失竞买资格呢？是否又会导致"竞价"条件不足的问题呢？再比如，在一场拍卖会中，竞买人甲报名参加对拍卖标的 A 的竞买，并针对标的 A 交纳了保证金。但是在拍卖会上又看上了拍卖标的 B，而且恰巧，报名参加竞买标的 B 的多名竞买人中，只有竞买人乙到场参加，于是甲针对标的 B 举牌应价，与竞买人乙展开了竞价，并竞买成功。那么这种情况下，标的 B 的拍卖是否满足了"竞价"条件呢？拍卖结果是否有效呢？竞买乙可否以竞买人甲未交纳标的 B 的保证金而主张甲不具有竞买人资格呢？等等一系列问题都是当年制定拍卖法是未曾预料到的，这些问题的彻底解决可能需要通过修订拍卖法来完成。

国有资产与公物之辨

国有资产拍卖是否需要有"公物拍卖"的资格?是否需要由政府指定的拍卖企业实施?自从拍卖法颁布实施以来,这些问题一直困扰着拍卖界。一些地方政府部门也往往以"不具备公物拍卖资格"为由限制拍卖企业对国有资产进行拍卖,有的甚至还以此为由给拍卖企业各种各样的"处罚"。由于在理论上始终没有对这些问题予以澄清,拍卖企业在受到限制或所谓的"处罚"时往往采取忍让的态度,即便认为行政机关的做法不合法,想争辩,也感到底气不足。

国有资产拍卖是否应当由政府指定的拍卖企业实施?要弄清这个问题,首先得明白什么是国有资产。1993年国家国有资产管理局出台的《国有资产产权界定和产权纠纷处理暂行办法》对国有资产的定义是:国家依法取得和认定的,或者国家以各种形式对企业投资和投资收益、国家向行政事业单位拨款等形成的资产。并且规定,中华人民共和国是国有资产所有权的唯一主体,国务院代表国家行使国有资产的所有权,国家对国有资产实行分级分工管理,国有资产分级分工管理主体的区分和变动不是国有资产所有权的分割和转移。这些规定明确了国有资产的概念和权益主体。根据该暂行办法的规定,下列资产应当界定为国有资产:

1. 国家机关及其所属事业单位占有、使用的资产以及政党、人民团体中由国家拨款等形成的资产。

2. 全民所有制企业中的国有资产包括:(1)有权代表国家投资的部门和机构以货币、实物和所有权属于国家的土地使用权、知识产权等向企业投资,形成的国家资本金;(2)全民所有制企业运用国家资本金及在经营中借入的资金等所形成的税后利润经国家批准留给企业作为增加投资的部分以及从税后利润中提取的盈余公积金、公益金和分配利润等;(3)以全民所有制企业和行政事业单位(以下统称全民单位)担保,完全用国内外借入资金投资创办的或完全由其他单位借款创办的全民所有制企业,其收益积累的净资产;(4)全民所有制企业接受馈赠形成的资产;(5)在实行《企业财务通则》、《企业会计准则》以前,全民所有制企业从留利中提取的职工福利基金、职工奖励基金和"两则"实行后用公益金购建的集体福利设施而相应增加的所有者权益;(6)全民所有制企业中党、团、工会组织等占用企业的财产,不包括以个人缴纳党费、团费、会费以及按国家规定由企业拨付的活动经费等结余购建的资产。

3. 集体所有制企业的国有资产包括：（1）全民单位以货币、实物和所有权属于国家的土地使用权、知识产权等独资创办的以集体所有制名义注册登记的企业单位，其资产所有权界定按照本办法第八条的规定办理。但依国家法律、法规规定或协议约定并经国有资产管理部门认定的属于无偿资助的除外；（2）全民单位用国有资产在非全民单位独资创办的集体企业中的投资以及按照投资份额应取得的资产收益留给集体企业发展生产的资本金及其权益；（3）集体企业依据国家规定享受税前还贷形成的资产，其中属于国家税收应收未收的税款部分；（4）集体企业使用银行贷款、国家借款等借贷资金形成的资产，全民单位提供担保，履行了连带责任的，全民单位应予追索清偿或经协商转为投资。

4. 供销、手工业、信用等合作社中由国家拨入的资本金；集体企业和合作社无偿占用国有土地的，集体企业和合作社改组为股份制企业时，国有土地折价部分，形成的国家股份或其他所有者权益。

5. 中外合资经营企业中的国有资产包括：（1）中方以国有资产出资投入的资本总额包括现金、厂房建筑物、机器设备、场地使用权、无形资产等形成的资产；（2）企业注册资本增加，按双方协议，中方以分得利润向企业再投资或优先购买另一方股份的投资活动中所形成的资产；（3）可分配利润及从税后利润中提取的各项基金中中方按投资比例所占的相应份额，已提取用于职工奖励、福利等分配给个人消费的基金除外；（4）中方职工的工资差额；（5）企业根据中国法律和有关规定按中方工资总额一定比例提取的中方职工的住房补贴基金；（6）企业清算或完全解散时，馈赠或无偿留给中方继续使用的各项资产。

6. 股份制企业中国有资产包括：（1）国家机关或其授权单位向股份制企业投资形成的股份；（2）全民所有制企业向股份制企业投资形成的股份；（3）股份制企业公积金、公益金中，全民单位按照投资应占有的份额；（4）股份制企业未分配利润中，全民单位按照投资比例所占的相应份额。

"国有资产"是经济体制改革中新出现的一个概念。广义的国有资产即全民所有的财产，是指国家以各种形式投资（投入）及其收益、接受赠与所形成的，或者凭借国家权力取得的，或者依据法律认定的各种类型的财产和财产权利。国有资产具有下述共同的特征：（1）其所有者具有唯一性。对全民所有的财产可以在法律上充当所有者的只能是国家；（2）其所有权界定具有法定性。即国有资产的各种来源（取得）方式都直接由法律规定，并且有的来源（取得）方式为国有资产所特有，如凭借国家权力取得，所以其所有权界定必须有法定依据；（3）其表现形态具有多样性。即国有资产表现为多种形态的经济资源，既可以是财产也可以是财产权利，既可以是人造财产也可以是自然资源，既可以是有形财产也可以是无形财产。可见国有资产实际上是指全民所有的财产，因此国有资产属于广义上的公物范畴。但是公物并不等于国有资产，公物的含义要比国有资产的含义大，除了包括归全民所有的国有资产外，还包括归集体所有的财产。

国有资产的拍卖是否需要由指定的拍卖人实施，并不取决于该拍卖标的是否属于国有资产，而取决于其是否属于拍卖法第九条指定公物拍卖的标的范围。只要属于拍卖法指定公物拍卖的范围，即使不属于国有资产，也需要由指定的拍卖人来实施。相反，如果不属于拍卖法指定拍卖的范围，即使是国有资产，政府也不能强行要求由指定的拍卖机构实施拍卖。

拍卖经济学是一门什么学科

经济一词,在西方源于希腊文,原意是家计管理。早在古希腊时期,哲学家色诺芬就曾在其著作《经济论》中论述过以家庭为单位的奴隶制经济的管理,这和当时的经济发展状况是适应的。在中国古汉语中,"经济"一词是"经邦"和"济民"、"经国"和"济世"以及"经世济民"等词的综合和简化,含有"治国平天下"的意思。内容不仅包括国家如何理财、如何管理其他各种经济活动,而且包括国家如何处理政治、法律、教育、军事等方面的问题。

经济学是一门研究人类的行为选择及如何将有限或者稀缺资源进行合理配置的社会科学。它研究人类社会在各个发展阶段上的各种经济活动和各种相应的经济关系及其运行、发展的规律。"经济学"的前身是"政治经济学"。1890年马歇尔出版了标志现代经济学形成的里程碑著作《经济学原理》,在这部著作中,马歇尔首创了"经济学"一词,用以替代"政治经济学"。西方经济学在19世纪传入中国。严复最早将其译为"生计学"。20世纪80年代以来,经济学已逐渐成为各门类经济学科的总称,具有经济科学的含义。

西方经济学一般可以分为微观经济学和宏观经济学,它们侧重研究经济学的一般理论问题以及根据经济理论而制定的经济政策和有关问题的解决途径。其中,微观经济学侧重研究市场中个体的经济行为,研究市场机制及其作用,均衡价格的决定,考察市场机制如何通过调节个体行为取得资源最优配置的条件与途径;宏观经济学则企图建立理论或模型,以便说明社会经济中的各个总量之间的关系,从而为宏观经济政策奠定理论基础。

随着经济学研究的细化,出现了专门对某个经济部门、某个经济领域或经济问题进行集中研究的倾向,这些研究成果的积累逐渐形成了一个个部门经济学或专门领域的经济学。它们往往利用微观经济学或宏观经济学的理论对特定经济部门或经济领域的问题进行专门研究,如劳动经济学、环境经济学、产业经济学、农业经济学、税收经济学、石油经济学、土地经济学、教育经济学、媒体经济学等等。

目前国内还没有人从一个学科角度正式使用过"拍卖经济学"这一名称。我们正在主编的《拍卖经济学基础教程》将拍卖经济学归入部门经济学的范畴,并将拍卖经济学界定为运用经济学的一般知识和原理来研究拍卖这一特殊的经济现象,重点研究我国市场经济中的拍卖制度的经济特色和经济发展规律,借此来建构有中国特色的拍卖经济学研究框架和理论体系。

西方已经出现了使用"拍卖经济学"这一概念的一些著作,但是其内容与《拍卖经济学基础教程》所指的拍卖经济学略有不同。这主要表现在两个方面:一是"拍卖"在我国有特定的含义,我国有调整拍卖这一经济活动的专门的法律,即《中华人民共和国拍卖法》,以法律的名义将拍卖界定为"以公开竞价的形式,将特定物品或者财产权利转让给最高应价者的买卖方式"。这种意义下的拍卖并不包含招标投标等行为。对于招标和投标行为,我国有专门的《中华人民共和国招标投标法》来规范。我们通常将英文 auction 一词翻译为"拍卖",但是在西方,auction 一词的含义并不限于指拍卖,除了指类似我国拍卖法中的拍卖行为以外,还包含了招标投标等其他竞价交易活动。二是西方的拍卖经济学的内容实际上主要是指经济学中的"拍卖理论",一般是在经济学教材中设置"拍卖理论"一章,来探讨拍卖这种制度安排,其目的在于将拍卖视为验证诸如博弈论等经济学理论的实验场或将拍卖理论作为理解价格形成的方法和工具,并不具有作为一个部门经济学意义上的含义。从这个角度讲,西方现在也还不存在一个独立学科意义上的拍卖经济学。

总之,我们将拍卖经济学定义为:运用经济学的一般知识和原理来研究拍卖这一特殊的经济现象的部门经济学。

论拍卖经济学的价值目标

从 2008 年起，我国拍卖师资格考试中的"经济基础知识"一科将由"拍卖经济学"取代。为此，中国拍卖行业协会专门组织专家编写了《拍卖经济学基础》作为考试的指导教材。此外，"拍卖经济学"也将成为今后拍卖师继续教育的科目和高校拍卖专业学生学习的主要课程。为什么从事拍卖工作的人员要学习"拍卖经济学"？这可能是大家首先想要问的问题。我这里想从拍卖经济学的学科定位、基本假设和价值目标三个方面来进行简要的解答。

一、拍卖经济学的学科定位

经济学是一门研究人类的行为选择及如何对有限的资源进行合理配置的社会科学。经济学一般分为微观经济学和宏观经济学，侧重研究经济学的一般理论以及根据经济理论而制定的经济政策和有关问题的解决途径。随着经济学研究的细化，出现了许多专门对某个经济部门、某个经济领域或特定经济问题进行集中研究的部门经济学或专门领域的经济学。它们通常利用微观经济学或宏观经济学的理论对特定经济部门或经济领域的问题进行专门研究，如劳动经济学、环境经济学、税收经济学、教育经济学、媒体经济学等等。

拍卖经济学就属于这种部门经济学或专门领域的经济学，是利用经济学的基本理论对拍卖这一特定经济现象进行专门研究的一门经济学学科。拍卖经济学是一门交叉学科，它是经济学和拍卖学两门学科相互融合的产物。拍卖经济学也属于应用经济学，其主要目的就在于解决拍卖实践中遇到的实际问题。我们编写的《拍卖经济学基础》对拍卖经济学的定位是：运用经济学的一般知识和原理来研究拍卖这一特殊的经济现象，以我国的社会主义市场经济为背景，重点研究我国拍卖制度的经济特色和发展规律，借此来建构有中国特色的拍卖经济学研究框架，从中总结出适合我国经济发展的拍卖经济学理论，解决我国拍卖领域中所面临的现实问题，科学指导我国的拍卖实践。

二、拍卖经济学的基本假设

每一种理论和学说都有其适用的范围和局限性。因此，无论是自然科学还是社会学科，其理论都是建立在一定的假设基础之上的。经济学也是在一些基本假定前提下，运用一定的方法，借助一定的范畴，来对其研究对象进行系统说明和阐述的。在经济学的假设前提中，最基本的假设就是关于人性的假设，即经济人假设，又称理性人假设。其基本含义是指经济主体的经济行为都是理性的或合乎理性的，他们在经济活动中总是力图以最小的经济代价去追逐和获得自身的最大利益。消费者通常以自身满足的最大化为活动目标，而生产者则以利润最大化为活动目标。经济人能够通过成本收益的计算趋利避害优化选择其所面临的一切机会、目标及实现目标的手段。经济学就是研究理性的人在给定的条件下如何做选择以达到其目标最大化的理论。

作为经济学的一个分支学科，拍卖经济学也遵循经济学的许多基本假设。拍卖经济学也是建立在拍卖活动参与人都是"理性人"和都是"以自身的满足最大化为目标"的假设之上的。比如，拍卖经济学假设委托人都是理性人，对他们而言，成交价格越高越好；拍卖经济学同时假设竞买人也都是理性人，对他们而言，成交价格越低越好；同时，拍卖人也都被假定为理性人，他们总是希望获得的更多的拍卖佣金。因此，拍卖经济学是研究理性的拍卖人、竞买人、委托人在给定条件（拍卖规则）约束下如何进行选择的一门学科，其任务是在这些假设基础上研究在一场拍卖活动中如何设计才能使所有的参与人各得其所。只有理性人的行为才具有可预测性，其行为选择才具有规律性。拍卖经济学就是要在假设拍卖活动参与人都具有理性这一前提下，来研究参与者进行选择的规律性，并进而分析和总结出拍卖活动的经济规律。除了经济人假设外，拍卖经济学也遵循经济学中其他的一些基本假设。

三、拍卖经济学的价值目标

拍卖经济学的价值目标是指拍卖经济学的功能问题，通俗地讲，就是学习拍卖经济学有什么用，或者为什么要学习拍卖经济学的问题。每一门学科都有其学术价值和社会价值，都有其存在的理由。拍卖经济学以拍卖这一社会现象为其研究对象，具体研究拍卖的概念、经济特征、经济功能、拍卖与经济发展的关系，以及拍卖本身的发展规律。这些研究是通过对具体的拍卖活动或拍卖活动参与者行为的研究为起点的，进而研究拍卖组织乃至整个拍卖业的发展规律。通过研究来为参与拍卖的个人、组织提供行动指南和理论依据，并为行业制定规则乃至国家制定相关经济政策或立法提供依据。

拍卖经济学的价值定位与经济主体的目标有着密切的联系，服务于经济主体、行业组织和国民经济的发展目标。经济主体、行业组织和国家的基本目标都是要实现自身目标的最大化。各种拍卖活动的参与主体，包括拍卖人、竞买人、委托人等的核心目标就是在现有规则条件的约束下，实现自身利益的最大化。拍卖行业组织是为了追求行业利益的最大化，而国家的目标则在于追究国民经济利益的最大化。拍卖经济学的功能就是要帮助各利益主体实现其利益最大化。小到拍卖活动中各方参与人利益的最大化，大到拍卖行业利益的最大化，乃至国民经济的效益的最大化，都是拍卖经济学要认真研究的问题。实现利益或效益的最大化（个体效益、企业效益、行业效益和社会效益的最大化）是拍卖经济学的主要功能，但是实现各利益主体效益的均衡是拍卖经济学更为重要的功能，因为各利益主体效益的最大化是在效益均衡前提下的最大化，而不是绝对的最大化、损人利己式的最大化或者竭泽而渔式的最大化。因此，从拍卖经济学的角度而言，"天价拍卖"并不一定是最优拍卖，因为这样的拍卖可能导致"赢者诅咒"问题，从长远来看不利于拍卖行业的发展。土地使用权拍卖中出现的节节攀升的"地王"也不见得就适合我国的国情，因为这不符合国民经济利益的最大化。另外，拍卖中的各种"合谋行为"必须得到合理地规制，因为这些行为的存在会影响到拍卖当事人利益的合理最大化。

总之，拍卖经济学是一门非常重要而实用的学问，学习拍卖经济学，可以帮助我们深刻认识我国拍卖领域所特有的规律，掌握拍卖机制设计的一般原理，更加明确自己的目标以及实现目标的途径和方法，在实现自身利益最大化的同时，促进我国拍卖行业整体的健康发展。

论拍卖经济学的研究方法

拍卖经济学同其他学科一样，需要科学的研究方法去完成自己的研究任务。我国的拍卖经济学首先应当研究和解决我国拍卖领域面临的现实问题，因此，它应当是建立在以辩证唯物主义和历史唯物主义为基础上的学科，它以辩证唯物主义和历史唯物主义为根本方法，将实证分析与规范分析、静态分析与动态分析、定性分析与定量分析、微观分析与宏观分析等多种具体的研究方法结合起来，构成较为完整的拍卖经济学研究的方法论体系。

经济学的方法有两个层次的含义：一是指经济学的方法论基础或哲学基础。就这个层面的含义来说，资产阶级经济学和马克思主义经济学有着不同的方法论。一般来说，资产阶级经济学的方法论基础是反历史主义的、形而上学的、唯心主义或机械唯物主义的。当然，这并不排斥有些资产阶级经济学家或者资产阶级经济学的某些内容，由于尊重客观事实和经济现象的本质联系，也会不自觉地符合辩证唯物主义和历史唯物主义的方法论。马克思主义经济学的方法论基础是辩证唯物主义和历史唯物主义。这个方法论要求实事求是地、从矛盾的发展变化中、从事物的相互联系中研究各种经济活动和各种经济关系。同样，这也不排斥某些马克思主义经济学家或者某些马克思主义经济学著作，由于对实际情况调查研究的不深入或认识上的主观片面，有时也会在某些方面背离辩证唯物主义和历史唯物主义这一科学方法论。研究方法的另一层次的含义，是指研究各种经济活动和各种经济关系及其规律性的具体方法，如抽象的方法、分析和综合的方法、归纳和演绎的方法、质的分析和量的分析等等。这些方法都是在人类认识客观事物的长期过程中形成的，在经济学研究中都被广泛运用。只是不同阶级、不同学派的经济学，在运用这些方法时的指导思想，即方法论基础或哲学基础有着差别。同时，这些研究方法对于经济学的各门学科，也都具有普遍性。只是由于不同的经济学科在研究对象上有所差别，因而在运用这些研究方法时，也会有所侧重，有所不同。

拍卖经济学的具体研究方法归纳起来主要有如下几个方面：

实证分析与规范分析相结合的方法。实证分析和规范分析是经济学中的两种基本分析方法。实证分析是指企图超脱或排斥一切价值判断，只研究经济本身的内在规律，并根据这些规律，分析和预测人们经济行为的效果。它要回答"是什么"的问题，而不对事物的价值做出评价；规范分析是指根据一定的价值判断为基础，提出某些分析处理经济问题的标准，树立经济理论的前提，作为制定经济政策的依据，并研究如何才能符合这些标准。它要回答的是"应该是什么"的问题。实证分析和规范分析是在不同的经济目标上进行研究，同样具有相互补充、功效各异、构成整体的效果。

  静态分析与动态分析相结合的方法。静态分析是指对经济现象的均衡状态以及有关的经济变量达到均衡状态时所需要具备的条件的分析，静态分析完全抽象掉了时间因素和具体的变化过程，是一种静止地孤立地考察某些经济现象的方法。动态分析是对经济变动的实际过程进行分析，其中包括分析有关变量在一定时间过程中的变动，这些经济变量在变动过程中的相互影响和彼此制约的关系，以及它们在每一个时点上变动的速率等等。动态分析法的一个重要特点是考虑时间因素的影响，并把经济现象的变化当作一个连续的过程来看待。动态分析因为考虑各种经济变量随时间延伸而变化对整个经济体系的影响，因而难度较大，在微观经济学中，迄今占有重要地位的仍是静态分析和比较静态分析方法。在宏观经济学中，特别是在经济周期和经济增长研究中，动态分析方法占有重要的地位。

  定性分析与定量分析相结合的方法。定性是指用文字语言进行相关描述，而定量是指运用数学语言进行描述。定性分析是对事物性质的分析，定量分析是对事物数量的分析。任何事物都是质和量的统一体，它的发展变化过程，都是质变和量变相互转化的过程。任何经济现象也都有质和量两方面的规定性，拍卖这种经济现象也不例外。经济现象的质是这种经济现象区别于它种经济现象的内部规定性。经济现象的量是以它存在的规模、程度、速度等数量来表示的规定性。量达到一定界限，就会引起质的变化，因此，对经济问题需要进行定量分析。定性分析是主要凭分析者的直觉、经验，凭分析对象过去和现在的延续状况及最新的信息资料，对分析对象的性质、特点、发展变化规律作出判断的一种方法；定量分析则是依据统计数据，建立数学模型，并用数学模型计算出分析对象的各项指标及其数值的一种方法。定性分析和定量分析是辩证统一的关系。没有正确的定性分析，定量分析就会迷失方向。但是，如果只重视定性分析，而忽视定量分析，就无法全面而准确地把握数量变化。二者相辅相成，定性是定量的依据，定量是定性的具体化，二者结合起来灵活运用才能取得最佳效果。

  微观分析与宏观分析相结合的方法。经济学研究的资源配置问题属于微观经济学研究范围，经济学研究的资源利用问题则属于宏观经济学研究范围。拍卖经济学既涉及到资源配置的问题，也涉及到资源的利用问题，因此，需要综合运用两种方法来进行研究。微观经济学以单个经济单位为考察对象，研究单个经济单位的经济行为以及相应的经济变量的单项数值如何决定。它主要研究的是市场经济中价格机制的运行问题。拍卖经济学主要是微观经济学。宏观经济学是以整个国民经济活动为考察对象，研究社会总体经济问题以及相应的经济变量的总量是如何决定及其相互关系。它主要研究的是一国经济资源的利用现状怎样影响着国民经济总体，用什么手段来改善经济资源的利用，实现潜在的国民收入和经济的稳定增长。微观经济学和宏观经济学是互为前提、彼此补充的。

我看网络拍卖

这几年,关于拍卖的问题,我讲了不少,但是唯独没敢对网络拍卖发表过任何看法,因为我始终认为现在我国谈网络拍卖可能还不到时候。尽管网络拍卖充斥着网络,但是网络拍卖与我们讲的拍卖可能并不完全是一回事。《中国拍卖》不久前做了一个关于网络拍卖的专题,希望我发表一下看法,我思考再三,谈了几点粗浅的看法,提供出来,供大家批评。

网络正在改变着我们的生活,网络也正在改变着我们传统的法律观念。网络对传统法律理论提出的挑战远不止拍卖法这一个领域,比如网络对传统著作权法律理论提出的挑战就十分明显。同时网络拍卖引起的纠纷也层出不穷,我认为这一切都不能归罪于网络本身。就拍卖法而言,目前在网络拍卖面前显得束手无策是很正常的。

网络拍卖是否是"拍卖"?这样的问题恐怕只有在我们国家才会提出。我们的"拍卖"与西方的"拍卖"在概念上是不完全相同的。我们给"拍卖"赋予了法定的特殊含义。在西方经济学中,拍卖的含义非常广泛,包括我们讲的拍卖和招投标等,一切运用竞价方式进行的商业交易活动实际上都可以称为拍卖。有时候拍卖的含义甚至超越了商业的界限,比如政治竞选,也常常被看作是一种拍卖,可以运用拍卖理论来研究和分析。

在我国,有专门规范拍卖活动的拍卖法,拍卖法虽然将拍卖定义为"以公开竞价的方式,将特定的物品或者财产权利转让给最高应价者的买卖方式",但拍卖法同时又将其使用范围限定为"中华人民共和国境内拍卖企业进行的拍卖活动"。拍卖法经过十年的运行,现在在我国,人们已经习惯于将拍卖局限在这种法定的、狭义的含义中了。如果没有特别的说明,拍卖就应当是指由中华人民共和国境内拍卖企业进行的拍卖活动。从这个意义上讲,由非拍卖企业开展的"网络拍卖"当然不是"拍卖",其行为不应当适用拍卖法来规范,同时其交易结果也得不到拍卖法的承认和保护。

我个人认为,由非拍卖企业开展的"网络拍卖"本质上是买卖双方直接交易(拍卖是一种间接交易)在网络上的延伸。虽然不适用拍卖法,但是我们不能当然地认为其不合法或违法,而应当适用民法或合同法来规范。我国法律并不禁止财产的所有权人或处分权人自己通过竞价的方式来进行交易,自然通过网络采用竞价的方式来进行交易也不应当禁止。法律禁止的只是利用网络或打着竞价的"幌子"进行诈骗的行为。

对网络拍卖的认识还需要一个过程。对于网络,我认为拍卖企业目前的正确态度应当是积极研究、探索和充分利用这一先进的科技手段,通过自己高标准的规范化的服务来扩大和宣传法定的"拍卖",同时积累网络拍卖的经验,为将来国家出台规范网络拍卖的法律法规作好准备工作。

拍品价值与赢者诅咒

拍卖可以从不同的角度进行分类。根据拍品对竞买人的价值情况，可将拍卖分为私人价值拍卖、公共价值拍卖和相关价值拍卖。在私人价值拍卖中，每个竞买人都确切地知道物品对他的价值，虽然他们也可能会估计拍品对其他竞买人的价值，但只要其他竞买人的出价行为不能帮助他形成自己对物品的估价，那么不管竞买人如何对拍品估价，拍卖结果都是大体相同的。因此，私人价值拍卖也被称为"私人估价拍卖"。在共同价值拍卖中，拍品对于每个竞买人的价值都是相同的，但这个价值是不确定的，不同的竞买人根据自己的私人信息分别形成各自对拍品的估价。所有的竞买人都试图估计拍品的真实价值，所以，如果某个竞买人悄悄地得知了其他竞买人的估价，那么他就会据此调整自己对被拍卖物品的估价。相关价值拍卖是一个范围更广的概念。在相关价值拍卖里，不同竞买人对物品的估价是相关的，但被拍卖物品对各个竞买人的价值可能是不同的。我们在拍卖实践中观察到的拍卖大都是相关价值拍卖。作为拍卖师，应懂得如何了解竞买人的普遍心理，在拍品确定之后，应根据拍品的不同种类，有针对性地选择最适用的拍卖方式进行，才能收到最好的拍卖效果。

在共同价值拍卖中，拍品对于每个竞买人的实际价值都是相同的，但是由于每个竞买人掌握的关于拍品信息的不同，导致每个竞买人对拍品的估价可能是不一样的。所有的竞买人都试图估计拍品的真实价值，如果某个竞买人悄悄地得知了其他竞买人的估价，那么他就有可能调整自己对拍品的估价。由于主观估价与实际价值之间的误差，有时候会导致赢得拍品的竞买人实际上却亏了本的现象发生。我们将这种赢得拍卖却亏本的现象称为"赢者的诅咒"。

"赢者的诅咒"通常发生在公共价值拍卖中。假设有许多石油公司对特定的某块土地很感兴趣，想要购买该地块下的石油开采权。由于该地块下的石油储量是固定的，即对每位竞买人而言，其开采权的价值是相同的，也就是说这个拍卖属于"公共价值"拍卖。但是每个竞买人都无从知道确切的储量和开采价值，他们对该地块的估价可能是不同的，有的估价太高，有的则太低。结果，赢得拍卖的往往是估价最高的竞买人。如果赢者的出价高于这块土地的实际价值，该公司就会亏钱。

从理论上讲，如果所有的竞买人都是足够理性的，赢者的诅咒就不会发生，但是要在公共价值拍卖中理性地出价是很困难的。在相关价值拍卖中，由于受拍卖现场气氛的感染，竞买人也会不理智地竞价，导致赢者诅咒现象的发生。赢者诅咒的结果是竞买人不再相信拍卖制度。这就是我们为什么不主张"天价"拍卖的原因之一，作为一名优秀的拍卖师不应该将出现"天价拍卖"作为自己追求的目标。

拍卖人为什么要学一点
博弈论和信息论

我这里的"拍卖人"不是指拍卖法中的拍卖人，而是泛指从事拍卖职业的人。在新编的《拍卖经济学基础》一书中，我们特意安排了一节内容来介绍博弈论和信息论的基本知识。也许有人会问：我们学习拍卖，为什么还要了解博弈论和信息论呢？拍卖经济学与博弈论、信息论之间又有何联系呢？这里我将就这两个问题做一简要说明。这首先得从传统经济学理论的前提假设说起。

传统经济学是以价格制度为研究对象的，其理论建立在五大前提假设基础上。第一个前提假设是理性人假设，即人都是理性的。道理简单地说无非是人若无理性，其行为无规律可循，也就失去了研究的可能。理性的表现在于，人在追求利益最大化过程中无时无刻不在进行着的成本效益比较。第二个前提假设是完备信息假定，即人们对于市场具有完备信息。简单说来，就是你知道全部与你要做的经济决策有关的信息。第三个前提假设是同质假定，即市场上的行为主体、市场行为对象是完全一样的，没有任何差别。正因为毫无差别，所以研究需求就只研究一个代表性消费者即可，研究供给也只研究一个代表性厂商即可，而不考虑各个消费者之间、各个厂商之间可能的互动关系。第四个前提假设是所有资源完全自由流动。这里的"自由"意味着买卖完全自愿，要素流动不受政治约束、地理阻隔等因素的限制。第五个前提假设是成本收益的对等性假设，即在市场中，任何行为的收益与其付出的成本都是对等的。简单地说就是，无论你做出什么样的经济决定，你在享受好处的同时，必定付出代价，而你所付出的代价，必定与你的收益是相称的。

现代经济学正是在放宽上述假定条件下对经济行为进行研究的，或者说现代经济学的发展是对传统经济学假定条件的"反叛"的结果。其中信息经济学就是对第二个假设条件的反叛，对不完备信息的经济分析导致了信息经济学的产生。信息经济学主要研究在信息不完备情况下，价格机制失效会有哪些后果，人们的决策行为相应会有什么样的变化。博弈论是对第三个假设条件反叛的结果。第三个假设同样有违现实，因为真实世界中的经济行为主体，无论是自然人，还是组织，都是不可能完全同质的。他们不仅有不同的利益诉求，而且也掌握着不等的社会资源，从而有着不同的行动能力和影响力。各经济行为主体之间的经济行为会相互影响。这些相互有影响的主体是如何进行经济决策的？这就是博弈论试图回答的问题。

在现代市场经济活动中,无论是市场的参与者数量有限,还是信息的不对称,都是将大量存在的。因而,20世纪70年代以来,经济学家研究的重点从价格制度转向博弈论的研究,博弈论与信息论成为了现代经济学的基石。

拍卖理论就是博弈论与信息论发展的成果之一。拍卖活动本身就是一种博弈,同时,拍卖还是解决信息不对称的一种机制设计。因此,了解一些博弈论与信息论的基本知识,对于我们学习拍卖经济学是非常重要的。

拍卖规则的类型与经济功能

拍卖市场和拍卖规则是拍卖经济学的重要内容。从宏观上对拍卖市场的结构和市场运行规则的构成有较为全面的了解，领会拍卖规则对拍卖活动的重要意义，培养一种市场观念和规则意识对每个拍卖人而言都是非常重要的。拍卖经济学中讲的拍卖规则的含义与拍卖活动中通常意义上的拍卖规则的含义有些不同，我在这里就拍卖规则的类型及其经济功能问题做一简要介绍。

一、拍卖规则的含义和种类

这里的拍卖规则是拍卖市场规则的统称，是广义角度使用的一个概念，泛指拍卖活动应当遵守的从国家法律到拍卖机制等一切规则。各拍卖企业为举办某一场具体的拍卖会而制定拍卖规则是狭义上的拍卖规则。广义上的拍卖规则包含了协议上的拍卖规则。广义的拍卖规则根据其作用范围的不同，由大到小可以分为四个类型：

作用范围最大的是界定拍卖制度环境的规则。我国目前关于社会主义市场经济建设的法律规则和制度安排都是确立和影响拍卖制度环境的规则，尤其是与拍卖活动密切相关的民商事法律和经济法律等制度，对拍卖业的影响是非常巨大的，正是这些规则为我国拍卖发展提供了良好的制度环境，但是这些规则并不一定适用于每一场具体的拍卖会。

其次是给出拍卖制度安排的规则，主要包括拍卖法及与拍卖相关的法律、行政法规、规章、司法解释以及拍卖行业规范等。正是这些规则确立了拍卖活动中重要的具体制度，比如拍卖法确立了拍卖企业设立制度、指定公物拍卖制度、拍卖委托制度、拍卖公告制度、拍卖标的展示制度、拍卖佣金制度等。行政法规、规章确立的制度主要是对拍卖法确定的制度的必要补充。如商务部颁布的《拍卖管理办法》中关于拍卖企业设立分公司的条件规定就是对拍卖企业设立制度的进一步完善。拍卖行业协会通过制定各种行业规范，确立了一些行业自治和行业自律的制度安排。

再次是设定拍卖行为条件的规则，是拍卖当事人为了落实拍卖法等确立的拍卖制度而设立的规则。这一类规则又包括两种：一种是各拍卖企业为了保障具体的拍卖活动的顺利进行而制定的公司业务规定、拍卖规则或竞买须知等企业规则，这些规则具体规定了拍卖活动的组织程序和步骤；另一种是由拍卖当事人约定而产生的关于拍卖委托、竞买、成交等的协议，这些协议成为约束拍卖活动各方当事人行为的基本规则。

最后一类是确定拍卖均衡结果的规则。这个概念表面上看上去复杂，实际上并不难理解，它实际上指的就是拍卖人为具体拍卖标的设计的竞价规则，比如英格兰式拍卖（升价拍卖）、荷兰式拍卖（降价拍卖）、首价密封投标拍卖、次价密封投标拍卖等不同的竞价模式。在不同的竞价模式中，确定成交这一均衡结果的标准是不同的。

二、拍卖规则的经济功能

拍卖规则体现的实际上是各种各样的制度安排，因此应当具备一般制度所有的经济功能，这些经济功能大体上可以概括为四个方面：

第一是实现资源有效配置和提高经济效率的功能。拍卖是一种通过竞争手段配置资源的制度安排，通过拍卖方式可以将资源配置到最需要的领域，可以使资源得到最好的开发和利用，收到"物尽其用"的效果，避免资源的浪费。拍卖规则的实施遵循公开、公平、公正等原则，具有交易过程透明度高的特点，可以避免交易中的"暗箱操作"，这样的资源配置结果容易被社会接受，减少了纠纷和交易中的监督成本，提高了经济效率。

第二是规范交易行为和节约交易成本的功能。拍卖是一种通过竞价达成特殊买卖协议的过程，拍卖法等规则事实上起到了合同法的作用。合同是市场主体自由谈判达成的具有权利与义务内容的协议。由于一项合同成立的全过程可以细分为准备—谈判—签约—执行—监督—救济等多个环节，每个环节又都分别产生交易成本。合同法的经济实质是提供各种交易规范和标准术语，以便当事人在合同过程中有法可依，从而减少他们为达成交易规范和反复推敲合同条款所需的成本，降低在市场变化条件下的交易风险。拍卖法作为规范拍卖这种特殊买卖方式的法，本身就属于合同法中买卖合同法的一部分，因此它自然具有合同法提供交易规范和降低交易成本的功能。

第三是降低交易不确定性的功能。拍卖是一种解决价格不确定性的制度设计。由于卖方对其要出售的物或财产权利缺乏必要的评价信息，对其价格无法确定，如果通过普通的交易方式，卖方总担心卖亏了；而买方也由于缺乏对要买的物或财产权利的评价信息，无法确定买卖标的的真正价值，如果通过普通的交易方式，买方总担心买亏了。因此买卖双方需要花更多的成本去了解相关信息和进行协商，信息的不确定性无疑增加了交易的成本。拍卖这种制度安排就很好地解决了交易中的价格不确定问题。

最后是提供激励机制的功能。两个小孩儿为如何分配一个苹果而争吵时，父母们都知道一种公平地分配苹果的方法，即让一个小孩切苹果而让另外一个小孩先选择苹果。第二个小孩的优先选择权给第一个小孩施加激励，促使其尽可能公平地切苹果。这个"先切后选"的解决方法就是机制设计的一个简单例子。拍卖制度就是要解决资源配置中"机制设计"的问题。维克里是我们熟悉的"拍卖理论之父"，他之所以能获得诺贝尔经济学奖，就在于他发现了拍卖规则中蕴藏的激励机制。拍卖制度具有非常明显的激励机制，通过优化我们的拍卖规则，可以创新拍卖中的均衡模式，提高拍卖的激励程度，最终实现资源的良性配置，并使拍卖参与人实现自己的利益或效益最大化。

第四部分

拍卖师制度研究

第四部分

交际社会语言学

拍卖师资格是一种什么资格

关于拍卖师资格是什么的问题，我以前从来没有认真考虑过，因为我打心底里从没有认为这应该是一个问题。在教学中也从来没有把拍卖师资格的性质当作一个问题来讲。但是总有人不断地问我："拍卖师资格是一种什么性质的资格？""拍卖师资格与会计师资格、律师（司法）资格、公务员资格等有什么区别？""考取了拍卖师资格证书后可以不从事拍卖执业活动吗？"当这些问题反复被不同人多次提问过后，尤其是当我发现这些问题其实很难回答的时候，我开始意识到这确实是一个值得思考的问题。

从法律条文的字面含义来理解，拍卖师资格是一种拍卖专业技术人员的执业资格，是国家对专业技术人员实行执业资格制度的结果。商务部制定的《拍卖管理办法》第二十六条规定："国家对拍卖专业技术人员实行执业资格制度，获得拍卖师执业资格证书的人员，经注册后，方可主持拍卖活动。本办法所称拍卖师是指经全国统一考试合格，取得人事部、商务部联合用印的，由中国拍卖行业协会颁发的中华人民共和国拍卖师执业资格证书，并经注册登记的人员"。

根据上述规定，考试合格的人员取得的是"拍卖师执业资格证书"。但是根据拍卖法第十五条的规定，拍卖师应当具备的条件是：具有高等院校专科以上学历和拍卖专业知识；在拍卖企业工作两年以上；品行良好。被开除公职或者吊销拍卖师资格证书未满五年的，或者因故意犯罪受过刑事处罚的，不得担任拍卖师。第十六条规定：拍卖师资格考核，由拍卖行业协会统一组织。经考核合格的，由拍卖行业协会发给拍卖师资格证书。可见拍卖法只规定了"担任"拍卖师的条件，并且使用的概念是"拍卖师资格证书"，而不是"拍卖师执业资格证书"。这就会给人造成一种误解，即认为"考取"拍卖师资格与"担任"拍卖师是两个不同的概念。

在我国确实存在着考取一个资格与实施该资格相关的活动相分离的现象。比如考取了"公务员资格"并不等于"担任公务员"，考取了"司法资格证书"并不等于"担任法官、检察官、律师"。在很多情况下，考取资格仅仅是取得了从事某种社会活动的可能性，要想实际从事这种活动，还得要具备其他条件。比如，考取了"公务员资格"并不意味着就取得了公务员身份，只有在有关国家机关予以录用的情况下，才能真正成为一名公务员。通过了国家组织的司法考试，取得了司法资格证书，也不意味着就具有了法官、检察官或律师身份，也必须有司法机关依法录用或通过申请取得中华人民共和国律师执业资格证书时，才能成为真正的法官、检察官或律师。

　　资格许可一般属于行政许可。行政许可是指行政机关根据公民、法人或者其他组织等行政相对人的申请，经依法审查，准予其从事某种特定活动的行为。行政许可可以从不同的角度进行分类。其中一种分类将行政许可分为行为许可与资格许可。行为许可是行政机关根据相对人的申请，允许其从事某种活动，实施某种行为的许可形式。这种许可的目的是允许符合条件的相对人从事某种活动。如国土资源部门发放的采矿许可证，环保部门对企业发放的排污许可证等，就是行政机关对行政相对人从事某种行为的许可证明。资格许可是行政机关根据相对人的申请，通过考核程序核发一定的证明文书。资格许可主要存在于专业性、技术性较强的行业和领域，实际上是对任职及从业的一种标准限制。资格证书一般只是一种技术水平的证明，如教师资格证、会计资格证、司法资格证等。取得了资格证书只是具备了从事某种技术行为的前提条件，并不等于马上就能从事这种活动。资格许可的有效期限较稳定，在相对较长的时间内起到资格证明作用。

　　在我国，资格许可主要存在于专业性、技术性较强的行业和领域，实际上是对任职和从业的一种标准限制。其目的：一是保障行为人的利益，二是保护消费者的安全和权益。有时候，从事某种活动必须既要取得资格许可，还要取得行为许可才行。获得资格许可一般要经过专门的训练和考核才能取得，但并非所有取得资格的人都有从事某种活动的自由。如果要从事某一行为，还必须在获得资格许可的基础上再次申领行为许可证。如获得司法执业资格的人员要想从事律师活动，还必须向司法行政机关申请到律师执业证书才能够真正从事律师职业。

　　"拍卖师资格证书"或"拍卖师执业资格证书"仅仅是一种从事拍卖活动的"水平"资格证书呢，还是从事拍卖活动的"行为许可"证书呢？对这个问题存在不同的理解。我认为拍卖师资格证书兼有水平证明和行为许可两种作用。

　　拍卖师资格证书与公务员资格证书或司法执业资格证书是有所区别的：

　　第一，公务员资格证书和司法资格证书都只是一种知识或技术水平证明，取得公务员资格证书或司法执业资格证书后，要想成为公务员或法官等司法人员，还必须再申请一个行为许可。而取得拍卖师（执业）资格证书后，只要按规定办理注册手续即可以拍卖师身份主持拍卖活动。所以拍卖师资格证书兼有水平证明和行为许可的功能。

　　第二，公务员资格证书或司法资格证书取得后，在较长时期内不实际"执业"并不导致该资格证书的失效。而通过考试取得拍卖师资格后，必须在规定的时间内去办理注册手续，否则，该资格即行失效。根据《拍卖师执业资格制度暂行规定》第十四条规定：考试合格取得拍卖师执业资格的人员，须在三个月内到中国拍卖行业协会申请办理注册登记手续。逾期不办者，当年考试成绩作废。

　　第三，拍卖师资格的取得严格意义上讲，并不属于完全意义上的行政许可。《拍卖师执业资格制度暂行规定》第四条规定：中国拍卖行业协会负责制定拍卖师标准、管理办法，组织编写培训教材，报国内贸易部、人事部审核后，统一组织培训、考试、考核、颁发证书工作。（原）国内贸易部负责全国拍卖专业技术人员执业资格制度的组织实施工作，人事部负责进行监督、检查。第十二条规定：拍卖师执业资格考试合格者，经全国考试委员会办公室考核评议通过后，由中国拍卖行业协会颁发、（原）国内贸易部、人事部用印的拍卖师执业资格证书，该证书全国范围内有效。第十三条规定：中国拍卖行业协会为拍卖师执业资的注册管理机构,(原)国内贸易部、人事部对拍卖师执业资格的注册和使用情况有检查、监督的责任。可见,中国拍卖行业协会在拍卖师资格许可中扮演着重要的角色。

最后,拍卖师资格证书在取得的程序和条件上也与其他资格证书不同。取得拍卖师资格证书以"先行执业"为前提条件,报考拍卖师资格的人员必须首先取得"拍卖从业人员资格",在拍卖企业内实际执业满一年以上。而其他资格并无"先行执业"的要求。

总之,拍卖师资格是一种较为特殊的技术资格和执业资格,不能将它等同于水平证明的资格,也不能将之视为单纯的行为许可证书,它是一类两种功能兼备的技术人员执业资格证书。当然,我国目前的拍卖师执业资格制度并不完善,如何完善的问题我们将在以后在进行探讨。

公务员与拍卖师资格

由于种种原因，我国拍卖界曾经出现过具有公务员身份的拍卖师这种现象，现在可能也还有极少数具有公务员身份的拍卖师违法私下在拍卖企业"挂证"，导致社会上对拍卖师资格有一种错误认识，认为拍卖师资格是一种像会计资格、司法资格一样的普通资格，只要符合拍卖法规定条件的人都可以报考拍卖师资格，这种认识是错误的。对这个问题有必要进行一下专门分析。

一、哪些人是公务员

我国第十届全国人民代表大会常务委员会第十五次会议于2005年4月27日通过了《中华人民共和国公务员法》，该法第二条规定："本法所称公务员，是指依法履行公职、纳入国家行政编制、由国家财政负担工资福利的工作人员"。这就是说，只有同时符合依法履行公职、使用行政编制和国家财政负担工资福利这三个标准或条件的国家工作人员，才能成为国家公务员。

根据公务员法中有关公务员范围的界定和有关部门对公务员范围的司法解释，我国公务员法所界定的具体范围主要是以下七类机关中除工勤人员以外的工作人员：

1. 中国共产党机关的工作人员，包括：中央和地方各级党委、纪检委的领导人员；中央和地方各级党委工作部门的工作人员；中央和地方各级纪检机关内设机构的工作人员；街道、乡镇党委机关的工作人员。

2. 人大机关的工作人员，包括：各级人大常委会的领导人员；各级人大常委会工作机构的工作人员；各级人大专门委员会的办事机构的工作人员。

3. 行政机关的工作人员，包括：各级人民政府的组成人员；县级以上各级人民政府工作部门和派出机构的工作人员；乡镇人民政府机关的工作人员。

4. 政协机关的工作人员，包括：政协各级委员会的领导人员；政协各级委员会工作机构的工作人员；政协专门委员会的办事机构的工作人员。

5. 审判机关的工作人员，包括：最高人民法院、地方各级人民法院的法官、审判辅助人员和行政管理人员。

6. 检察机关的工作人员，包括：最高人民检察院、地方各级人民检察院的检察官、检察辅助人员和行政管理人员。

7. 民主党派（八个政党）机关的工作人员，包括：中央和地方各级委员会的领导人员；中央和地方各级委员会职能部门和办事机构的工作人员。

二、拍卖法对公务员报考拍卖师资格没有禁止性规定

拍卖法规定的担任拍卖师的条件非常简单，根据拍卖法第十五条的规定，拍卖师应当具备条件有：具有高等院校专科以上学历和拍卖专业知识；在拍卖企业工作两年以上；品行良好。被开除公职或者吊销拍卖师资格证书未满五年的，或者因故意犯罪受过刑事处罚的，不得担任拍卖师。

国家人事部和原国内贸易部制定的《拍卖师执业资格制度暂行规定》规定：凡中华人民共和国公民，遵纪守法并同时具备下列条件者，可申请参加拍卖师执业资格考试：

1. 思想健康，品行端正，具有敬业精神；
2. 身体状况良好；
3. 具有高等院校专科以上学历和拍卖专业知识；
4. 在拍卖企业工作两年以上；
5. 通过由国内贸易部组织的拍卖专业人员培训，并经所在拍卖企业推荐。

有下列情形之一者，不得申请参加拍卖师执业资格考试：

1. 不具有完全民事行为能力者；
2. 被开除公职未满五年以上者；
3. 因故意犯罪受过刑事处罚者；
4. 受吊销拍卖师执业资格证书处罚，自处罚决定之日起至申请报名之日止未满五年者。

可见，无论是拍卖法，还是《拍卖师执业资格制度暂行规定》，都没有禁止公务员报考拍卖师资格的规定。那么，公务员不能报考拍卖师资格的依据是什么呢？

三、公务员不能报考拍卖师资格的依据

公务员法明确规定了公务员应当履行的义务，其中第一项义务就是公务员要"模范遵守宪法和法律"，该法第五十三条还规定了公务员必须遵守纪律和不得为的行为，其中包括公务员不得"从事或者参与营利性活动，在企业或者其他营利性组织中兼任职务"。

2007年4月4日国务院第173次常务会议通过，并于2007年6月1日起施行的《行政机关公务员处分条例》第二十七条也明确规定："从事或者参与营利性活动，在企业或者其他营利性组织中兼任职务的，给予记过或者记大过处分；情节较重的，给予降级或者撤职处分；情节严重的，给予开除处分"。

中共中央也多次明令禁止公务员经商，严查公务员带薪下海。

中拍协2004年制定的《关于加强行业自律的若干规定》也明确禁止拍卖企业"聘用国家公务员作为专职、兼职人员或公司顾问"，禁止拍卖企业"以任何名义向国家公务员发放现金或物品"。此文出台后，各地方协会对既是公务员又拥有拍卖师资格的"双重身份"拍

卖师的情况进行过清查和妥善处理，吊销或暂时吊销了"双重身份"拍卖师的拍卖资格，并且规定，"双重身份"拍卖师即使主持了拍卖会，其拍卖行为也将被视为无效。

可见，目前我国公务员报考或担任拍卖师是违法的。

刑事犯罪与拍卖师资格问题

拍卖师的良好品行和操守则是其所在的企业乃至拍卖行业赖以生存和发展的重要道德基础。拍卖法在规定拍卖师的条件时，对拍卖师应当具备的良好品行和操守特别重视，将"品行良好"确立为担任拍卖师的一个重要的法定标准。而且特意对三种人作了专门的限制和禁止性规定，即"被开除公职或者吊销拍卖师资格证书未满五年的，或者因故意犯罪受过刑事处罚的，不得担任拍卖师。"《拍卖师执业资格制度暂行规定》则明确将"遵纪守法，并同时具备思想健康，品行端正，具有敬业精神"作为申请参加拍卖师执业资格考试的一个重要条件，而且明文规定"被开除公职未满五年以上者，因故意犯罪受过刑事处罚者，受吊销拍卖师执业资格证书处罚，自处罚决定之日起至申请报名之日止未满五年者，不得申请参加拍卖师执业资格考试"。所有这些规定足见良好的品行和操守对于拍卖师是多么的重要。

但是在实践中，往往会有一些人片面地理解了拍卖法关于"因故意犯罪受过刑事处罚的不得担任拍卖师"的这一禁止性规定。错误地认为，只要犯过罪，就不能担任拍卖师。正确理解拍卖法的这一禁止性规定，需要注意两个方面：

一、要区分故意犯罪与过失犯罪

因过失犯罪受到刑事处罚的人不在禁止之列。犯罪是指掌握国家政权的统治者和管理者，对于危害既定统治秩序和社会秩序而以法律的形式规定应处以刑罚的行为。我国刑法第十三条规定了犯罪的概念，明确了犯罪的定义，即一切危害社会的，依照法律应当受刑罚处罚的行为，都是犯罪；但是情节显著轻微危害不大的，不认为是犯罪。这一定义表明，我国刑法中的犯罪具有三个基本特征：第一，犯罪是危害社会的行为，即具有社会危害性。行为具有社会危害性是犯罪得以成立的最本质的、具有决定意义的特征。所谓社会危害性，就是指对国家和人民利益的危害；第二，犯罪是触犯刑法的行为，即具有刑事违法性。行为的社会危害性体现在法律上就是刑事违法性。所谓刑事违法性，就是指行为违反了刑法禁止性的规定，从而触犯了刑法；第三，犯罪是应受刑罚惩罚的行为，即具有刑事惩罚性。

犯罪可以从不同的角度进行各种各样的分类，依据犯罪人的心理状态，可以将犯罪分为故意犯罪和过失犯罪。

我国刑法第十四条规定:"明知自己的行为会发生危害社会的结果,并且希望或者放任这种结果发生,因而构成犯罪的,是故意犯罪。故意犯罪,应当负刑事责任"。这是刑法对故意犯罪的规定,故意犯罪是指已经预见到了自己的行为会造成危害社会的严重后果,仍然希望或者放任这样的行为的发生和结果的产生。因此故意犯罪体现出犯罪行为人主观恶性较大,根据该条规定,对于故意犯罪,都应当依法承担刑事责任。根据刑法规定,故意犯罪必须同时具备以下两个特征:一是行为人对自己的行为会发生危害社会的结果,必须是明知的。这种明知既包括明知必然会发生危害社会的结果,也包括明知可能会发生危害社会的结果;二是行为人必须是希望或者放任这种危害结果的发生。不论行为人明知的是危害结果必然发生,还是可能发生,只要希望或者放任这种危害结果的发生,就构成故意犯罪。希望危害结果发生和放任危害结果发生在程度上是有区别的,这种区别就是刑法上通常说的"直接故意"和"间接故意"。"直接故意"是指行为人明知自己的行为必然或者可能会发生危害社会的结果,而希望这种结果的发生。"间接故意"是指行为人明知自己的行为可能会发生危害社会的结果,而采取漠不关心,听之任之的放任态度,结果发不发生,都不违背行为人的意志。我国刑法没有直接使用"直接故意"和"间接故意"的概念,但在对故意犯罪的规定中,对这两种心理差别是作出规定的。区别"直接故意"和"间接故意"对判断行为人的主观恶性大小,决定量刑,具有一定意义。

刑法第十五条:"应当预见自己的行为可能发生危害社会的结果,因为疏忽大意而没有预见,或者已经预见而轻信能够避免,以致发生这种结果的,是过失犯罪。过失犯罪,法律有规定的才负刑事责任。"过失犯罪可分为疏忽大意的过失和过于自信的过失。因为疏忽大意而没有预见的过失是指行为人应当预见到自己的行为可能发生危害社会的结果,因为疏忽大意而没有预见,以致这种危害结果发生,如某甲挖坑蓄水,结果致一儿童溺水身亡,某甲应当预见自己的行为可能发生危害社会的结果,如果某甲在挖坑蓄水时同时设置了保护设施,即可避免事故的发生,但某甲因疏忽大意而没有预见,对儿童溺水身亡负有过失责任。过于自信的过失指行为人已经预见自己的行为会发生危害社会的结果,但轻信能够避免而发生,如某出租车经过无人看管的铁路道口,火车已鸣笛警告,驾驶员本应停车让火车过后在通过路口,但他自信能先于火车穿过路口,结果与火车发生碰撞,造成车上的乘客伤亡的结果。对于过失犯罪,刑法规定必须要由刑法明文规定是犯罪的,才承担刑事责任。这是因为过失犯罪与故意犯罪在主观恶性上明显不同,故意犯罪是希望或者放任危害结果的发生,而过失犯罪的行为人则是不希望危害结果的发生,只是由于主观上的疏忽大意或者过于自信而导致了结果的发生。因为对于过失犯罪,只有造成极其严重的危害后果,巨大的损失和严重的社会影响的,刑法才将其列为犯罪,规定了刑罚措施。这也正是拍卖法并不禁止过失犯罪者担任拍卖师的立法依据。

二、并不是构成故意犯罪的人都不能担任拍卖师

构成故意犯罪的人都不能担任拍卖师,还必须同时满足"受过刑事处罚"这一条件。司法实践中,并不是每一个故意犯罪的人都必然会受到刑事处罚。根据刑法的有关规定,故意犯罪是实施危害社会行为的人,主观上对其行为会发生危害社会的后果处于故意的心理状态,因而故意犯罪应当负刑事责任。"刑事责任"是指犯罪行为人实施刑事法律禁止的行为

所必须承担的法律后果。"刑事责任"和"受刑事处罚"是两个不同的概念，二者既有联系又有区别。"刑事责任"是犯罪行为人因其犯罪行为所需承担的责任，是"受刑事处罚"的前提条件，只有对负有刑事责任的人，才能施用刑罚；而"受刑事处罚"是承担刑事责任的结果，是人民法院对犯罪人进行惩罚和教育改造的手段，是预防犯罪人重新犯罪并警戒其他人犯罪的制裁措施。负有刑事责任的人在某些情况下不一定都受到刑罚处罚，比如具有法定可以免除处罚情节的，可以不处以刑罚。免除处罚是指对犯罪分子作有罪宣告，但免除其刑罚处罚。量刑是指人民法院对犯罪分子依法裁量决定刑罚的一种审判活动。通过量刑来决定是否对犯罪人判处刑罚和决定对犯罪人判处何种刑罚和多重的刑罚。量刑时要考虑许多因素，即量刑情节。比如犯罪手段、犯罪对象、犯罪结果、犯罪的时间、地点、犯罪的动机、犯罪后的态度、犯罪人的一贯表现等都是量刑时要酌定的情节。刑法中还规定了一些法定免除处罚的情节，比如，对犯罪情节显著轻微，危害不大的犯罪，或防卫过当、避险过当、没有造成损害的中止犯，从犯、被胁迫参加犯罪的胁从犯、犯罪后自首又有重大立功表现的罪犯等，都有可能免除刑事处罚。对于这些虽然有故意犯罪，但是却不需要接受刑事处罚的人，符合其他条件时是可以允许其报考拍卖师资格的。

另外，法律只禁止故意犯罪受过刑事处罚的人担任拍卖师，但是并不禁止他们从事其他与拍卖有关的合法活动，比如，依法申请成立拍卖企业，或成为拍卖企业内除拍卖师以外的其他工作人员，等等。

论拍卖师的权利与义务

关于"权利"究竟应该如何定义的问题,这是一个全世界都争论不休的问题,至今仍无定论。据说"权利"一词在古代汉语里很早就有了,但主要是一个带有贬义的词,所以很少用。19世纪中期,当美国一个叫丁韪良的学者在翻译《万国律例》时选择了"权利"这个古词来对译英文"rights"。从此以后,"权利"在中国逐渐成了一个褒义的、至少是中性的词并且被广泛使用。

我们在日常生活中,一般认为,只要自己认为是合理、正当的需求,就可以称之为"权利"。比如我们开会到中午时,我们会说"主持人,先吃饭吧,我们都饿了"。主持人一般会认为我们的要求是正当和合理的,因为人饿了要吃饭,这是一种权利。同样的道理,在我发言时,如果在座的哪位朋友没有听清,他完全可以要求说:"刘老师,你能重复一下你刚才讲的内容吗?我没有听清楚。"我也同样会认为这是各位的权利,因为这种要求是合理的和正当的。但是如果我在发言时,哪位站起来说:"刘老师,不想听你发言,请你给我们说段相声好吗?"我想在座的没有一位会这样做,因为大家都知道在这个场合,这种要求是不合理和不正当的,所以大家就不把这种要求看做是一种权利,而是一种刁难。但是正因只要自己认为是合理、正当的需求,就可以称之为"权利",所以权利这个词经常被滥用,并由此产生了很多的误解。《牛津法律便览》中就将"权利"这个词条直截了当地解释为"一个严重地使用不当和使用过度的词汇"。

关于如何界定"权利",我个人主张从三个方面入手来解决:一是要解决权利是什么的问题;二是要解决权利要什么的问题;三是要解决权利凭什么的问题。

一、我先来说说第一个问题,即权利是什么

目前关于权利界定的理论主要有资格说、自由说、意思说、利益说等多种学说。比较能被大家接受的观点是:权利主要包含五种要素,具备这五种要素之一的东西,一般就可以被看做是一种"权利"。我们也可以说权利具有五个方面的特征:

第一个要素是利益(interest),这种观点认为"权利是受到保护的利益,是为道德和法律所确证的利益"。就拍卖师而言,拍卖师作为一个劳动者所享有的劳动权是一种带有利益的权利,受到劳动法确认和保护。注意,并不是所有的利益都是"权利",只有受到保护

的、被法律或道德所承认的利益才是权利。拍卖师通过与竞买人恶意串通也可以获得利益，但是我们不认为"与竞买人恶意串通"是拍卖师的一种权利。因为这种行为法律和道德都不承认。

第二个要素是主张（claim）。这种观点认为权利表现为一种主张，一种具有正当性和合理性的要求。比如拍卖会上，当拍卖师以落槌的方式确认了买受人后，拍卖师可以要求买受人出示一下他的号牌，说："先生，请亮一下您的号牌"。我们一般都会认为"要求买受人出示一下竞买号牌"是拍卖师的一种权利。因为这种要求具有正当性和合理性。但是如果拍卖师说："先生，请您出示一下您的结婚证"。我们一般不会认为这是拍卖师的权利，因为这种要求明显属于无理要求。不要说结婚证，就是要求出示身份证恐怕也不妥当。

第三个要素是资格（entitlement）。这种观点认为权利首先表现为一种资格。拍卖法规定"拍卖活动应当由拍卖师主持"。这时我们就说，拍卖师有主持拍卖会的资格或拍卖师有主持拍卖会的权利。在这个意义上"权利"和"资格"是同意词。注意，我们这里所讲的"资格"与拍卖师资格证书的"资格"的含义不完全一致。资格有两种，一是道德资格，一是法律资格。拍卖师主持拍卖的权利是一种法律意义上的资格。拍卖师还有很多权利在法律上找不到明确的依据，而是表现为一种道德上的资格。比如，在拍卖会上，同一价位上如果有多名竞买人同时举牌时，拍卖师有权确认其中的一名竞买人应价的效力。例如，在350万的价位上有1、2、3、4、5、6、7、8、9、10个号位竞买人同时举牌应价，拍卖师可以从中任意挑选一位来确认，可以说"350万，8号"，这时10号竞买人不能说，"我和8号是同时举牌的，为什么确认他的，不确认我的呀？"。我想一般不会出现这样的质疑，虽然拍卖法没有作出明确的规定，但是从道德上讲，一旦我们认可了拍卖师对拍卖会的主持权，我们就同时承认了拍卖师有这样自由确认的资格。即拍卖师在主持拍卖时享有一种权利，这种权利就是"自由确认权"，这是道德赋予拍卖师的一种资格。

第四个要素是能力。这种观点认为权利是一种实际能力或可能性。这一特征要求，权利必须是能实现的。如果一个人不具备实现权利的能力，那么我们赋予他的权利事实等于没有。拍卖师所享有的权利必须是拍卖师自己或借助于国家法律等外力能够实现的。现在关于拍卖师的主持权的内容不是十分清楚，将来我们可能通过立法或制定行业规范等方式来明确拍卖师的主持权，但是我们一定要注意拍卖师权利的现实性，对于那些拍卖师无法实现的权利，我们即便是规定了，也没有意义。比如，拍卖师在主持拍卖会时，有要求竞买人遵守拍卖规则的权利，但是拍卖师不能有要求竞买人必须举牌应价的权利，或者将不遵守秩序的竞买人强行轰出拍卖会场的权利。因为这些权利是拍卖师无法实现的。

第五个要素是自由。这种观点认为，权利表现为各种各样的自由。只有权利主体可以按个人意志去行使或放弃该项权利，不受外来的干预或胁迫时，才是真正的权利。比如我国选举法规定，年满18周岁的公民有选举权和被选举权，这个选举权我可以行使，也可以放弃，这时我才真正享有选举权。如果有人强迫我必须去参加选举会并且不得放弃投票时，那我实际上就不享有选举权而成了投票的义务。所以说，权利在很大意义上是一种自由。但是这个特征不完全适用于对拍卖师权利的讨论。拍卖师有许多权利是一种自由，比如拍卖师作为一个劳动者时所享有的一些权利，同时是一种自由。但是就拍卖师的主持权而言，有些权利不一定是自由。法学上的研究表明，确实存在着一类权利，这类权利同时也是一种义务。比如行政法上的"职权"，对于行政机关来讲是必须行使，不得放弃的。拍卖师主持权在某种意义上讲是一种"职权"。比如,拍卖师按拍卖法规定,拍卖师有权以落槌的方式对最高应价给予确认。这是拍卖师的一种权利,但是这种权利同时也是一种义务,即拍卖师必须对最高应价给予确认。

以上就是我要讲的第一个问题,即权利是什么的问题。总结一下,权利可以是一种利益、一项请求、一种资格、一种能力,也可以是一种自由。

我们在讨论拍卖师的权利时,可以参照这些标准来进行分析。

二、第二个问题,我想讲一讲权利要什么

权利要什么?简单地讲,权利要"有关系"。这一点大家听起来可能觉得奇怪,其实一点也不怪。我们今天讨论的是拍卖师的权利。但是当我们讲拍卖师的权利时,实际上我们是将拍卖师放在一种社会关系中来谈这个问题的。离开了具体的社会关系,我们就无法解释清楚权利是什么。权利要放在具体社会关系中来讲才有意义。社会关系也是人与人的关系。当我们讲一个人的权利时,必须要联系到其他人才有意义。说我有财产权,实际上是指我以外的其他人负有不得侵犯我的财产的义务。当我们讲拍卖师的主持权的时候,实际上我们是在说有人负有服从拍卖师主持的义务。我们可以想一下鲁滨逊一个人生活在一个荒岛上时,对鲁滨逊而言实际上不存在任何权利,因为他与其他人不发生任何关系。他可以宣称他享有这样或那样的权利,但是这些宣称都是无意义的。所以我们说,必须把拍卖师放在具体的社会关系中来分析拍卖师享有的权利。

我们发现拍卖师一般会出现在四种重要的社会关系中,在这四种不同的社会关系中,拍卖师的身份是不同,享有的权利也不相同。

第一类权利是拍卖师作为公民应享有的权利。我国的宪法规定了公民的基本权利和义务,拍卖师作为一个公民,这些权利他都应该享有,但是这种权利不是我们今天要讨论的内容。

第二类权利是拍卖师作为一个劳动者应该享有的权利。拍卖师首先是一种职业,拍卖师的劳动权是将拍卖师放在拍卖师与拍卖企业的关系中所应有的一类权利。

虽然拍卖师作为劳动者应享有的权利不是本次研讨会讨论的主要内容,但是我个人觉得,对拍卖师劳动权的讨论也是非常必要的。拍卖师的劳动权也需要保护。

按照劳动法和相关法律法规的规定,劳动者应当享有的主要权利包括:平等就业的权利、选择职业的权利、取得劳动报酬的权利、休息休假的权利、获得劳动安全卫生保护的权利、接受职业技能培训的权利、享受社会保险和福利的权利、提请劳动争议处理的权利、依法组织和参加工会的权利、参与民主管理的权利、与用人单位平等协商的权利、依法解除劳动合同的权利、批评、检举和控告的权利、参加劳动竞赛的权利、提出合理化建议的权利、从事科学研究、技术革新、发明创造的权利等。

这些权利在现实中并不是都得到了保护。比如在拍卖师的变更注册单位的问题上,我听说就存在着拍卖企业刁难拍卖师的问题,有些企业甚至扣押了拍卖师的执业资格证书,甚至还有扣押拍卖师身份证的,这些行为都是违法的。据说有的企业不给拍卖师上社会保险,有的拍卖企业禁止拍卖师进修学习,个别企业还存在扣发工资的现象。所以,探讨拍卖师作为劳动者权益保障也具有现实意义。

第三类权利是拍卖师作为一个特殊的资格持有者应享有的权利。拍卖师指取得国家拍卖师执业资格证书的人。这一种资格有别于社会上的其他资格持有者，比如我是教师，我有教师资格证书，我还是律师，我有律师资格证书。那么持有相同资格的人有着共同的利益，他们会形成一个有别于其他职业的利益团体，我将这些利益团体称为"职业共同体"，那么在这个职业共同体中，每个成员应当享有哪些权利呢？

要想知道拍卖师作为一个职业共同体成员应当享有的条件，我们首先得明白，拍卖师在这种情况下处于何种社会关系之中。这个问题相对复杂一些：

这一类权利是相对于国家行政机关而言的。资格制度本质上国家实行的一种"行政许可"。当我说我有教师资格的时候，我享有教师权利的时候，我对应的主体应当是教育行政机关；当我说我有律师资格，我享有律师的权利时，我对应的主体是司法行政机关。当我们说拍卖师资格时，我们对应的应该是国家人事行政管理部门和商务行政管理机关。

但是拍卖法第十六条规定："拍卖师资格考核，由拍卖行业协会统一组织。经考核合格的，由拍卖行业协会发给拍卖师资格证书"。第十七条规定："拍卖行业协会是依法成立的社会团体法人，是拍卖业的自律性组织。拍卖行业协会依照本法并根据章程，对拍卖企业和拍卖师进行监督"。所以，拍卖师作为一个资格持有者所应有的权利和义务，应当主要是指拍卖师在与拍卖行业协会之间建立的基于拍卖资格管理而产生的权利和义务。中国拍卖行业协会成立以来，先后出台了《拍卖师资格考试管理办法》、《拍卖师注册管理规定》、《拍卖师注册管理补充规定》、《关于加强行业自律的若干规定》、《关于加强拍卖师监督管理的若干规定（暂行）》等一系列管理文件。但是，这些文件主要规定了拍卖师的执业纪律，对拍卖师在"执业管理"中应享有的权利没有系统的规定。

对拍卖师作为一个特殊资格持有者应当享有的权利缺乏系统的规定，我个人分析，这主要和我们对中国拍卖行业协会地位认识的局限性有一定的关系。依据拍卖法第17条规定："拍卖行业协会是拍卖业的自律性组织。拍卖行业协会依照本法并根据章程，对拍卖企业和拍卖师进行监督"。很清楚，中国拍卖行业协会是"拍卖业"的自律性组织，不仅仅是拍卖企业的自律性组织，拍卖行业协会不仅要依据拍卖法和章程对拍卖企业进行监督，而且要依据拍卖法和章程对拍卖师进行监督。从这个意义上讲，拍卖行业协会的成员应当包括拍卖企业和拍卖师两类成员，而不是仅限于拍卖企业会员。

目前我们拍卖行业协会无论是中拍协，还是地方拍协，主要是由拍卖企业会员组成的，没有或者很少将拍卖师个人作为个人会员。协会的章程也主要是规定了企业会员的权利和义务，而缺乏拍卖师个人会员权利和义务的规定。正是由于我们对拍卖行业协会性质和地位理解上的局限性，导致我们没有关于拍卖师在执业管理过程中应享有的权利的系统规定。

正如我们上面讲到的，拍卖企业和拍卖师是两种不同的主体，他们的利益有共同的一面，但是也有相对立的一面，比如在劳动关系中，他们就处于劳资对立的关系中，拍卖企业不能完全代表拍卖师的利益。这种状况导致的结果是：拍卖师的权利不明确，或者拍卖师的权利得不到很好的保护。

解决这一问题的办法有两个：一是修订现有的《拍卖协会章程》，增设拍卖师个人会员，并对拍卖师个人会员的权利和义务作出明确的规定。二是考虑到我国拍卖师这个利益群体的发展速度，在拍卖协会内部单独设立拍卖师专业委员会、或拍卖师分会，单独起草《拍卖师专业委员会章程》，然后召开全国拍卖师代表大会讨论并通过这个章程。在这个章程中，对拍卖师个人会员的权利、义务和执业纪律、奖惩措施等进行明确规定。这一点，律师协会和会计师协会等早有先例。

有一点我觉得应该注意，因为《拍卖师专业委员会章程》将来可能成为拍卖协会对拍卖师执业行为进行管理的重要依据，而且根据拍卖法第十六条规定："拍卖师资格考核是由拍卖行业协会统一考核颁发的"，因此，拍卖师个人会员资格不能实行"自愿"取得的原则，而应当实行"自动取得"原则，即一个人，在取得拍卖师执业资格的同时，就自动取得了会员资格。

刚才我们讲了，拍卖师作为一个特殊的资格持有者，在执业管理过程中应具有的权利和义务，是放在拍卖师与行业协会的管理与被管理关系中而言的，所以，在明确拍卖师的权利的同时，必须明确拍卖行业协会的职责，行业协会如何维护拍卖师合法权益的职责，同时要健全和完善拍卖师执业纪律处分的救济制度。拍卖行业协会根据拍卖法的规定，有权监督拍卖师的执业行为，对违法和违纪的拍卖师可以进行惩戒，但是对所有的管理权，尤其是惩戒权都应有相应的救济制度配套，比如，行政机关对我们有行政管理权，在我违法时对我有行政制裁的权利，但是同时我享申请行政复议或行政诉讼的救济权利，这样的制度设计才能约束管理者慎重对待和认真行使其手中的管理权，这种权力才不至于被滥用。因此，我个人认为，在拍卖师专业委员会内部还应设置相应的"纪律委员会"和"申述委员会"。以便更好地保护拍卖师的合法权益。

第四类权利，也是我们这次研讨会重点讨论的一类权利，是拍卖师作为法定的拍卖活动主持人应当享有的权利。我们还是首先要分析拍卖师在与谁发生社会关系中享有这种权利。处于社会关系另一端的不再单纯是拍卖企业、也不是拍卖行业协会，而是拍卖活动中的当事人和拍卖活动的其他参与人。

拍卖活动当事人包括：委托人、竞买人、买受人，注意，也应当包括拍卖人，因为拍卖人负有尊重拍卖师的主持权、维护拍卖师主持权和承认拍卖师主持结果的义务，因此，也应当包括拍卖人。

拍卖活动的其他参与人：指除了拍卖当事人以外，所有的参与到拍卖活动中来，与拍卖活动有一定关系的人。包括但不限于：当事人的代理人、拍卖活动的监拍人、公证人、拍卖企业参与拍卖活动的全体工作人员，以及所有在场的观众等，这些人都负有尊重和服从拍卖师现场主持权的义务。

在上述这些人中，最重要的是竞买人和买受人，因为我们发现，与拍卖师主持权相关的纠纷，绝大部分都是和竞买人或买受人相关的，少量的涉及到委托人。与其他人相关的纠纷较少。或者虽然有，也比较好处理。

这就是我想讲的第二个问题，即权利要什么的问题。

我来简单总结一下：讨论权利时，应当将权利放在某种社会关系中来讨论才有意义。讨论拍卖师的权利也是这样。拍卖师主要存在于四种社会关系中，相应地，拍卖师应当享有四个种类的权利：除了拍卖师作为公民应当享有的公民权外，其他三种比较重要的权利是：

1. 拍卖师在与拍卖企业发生的劳资关系中应当享有的劳动权；
2. 拍卖师在与拍卖行业协会发生的管理关系中应当享有的"会员权利"；
3. 拍卖师在与拍卖活动当事人和其他参与人的关系中应当享有的拍卖活动主持权。

三、下面我再说说第三个问题，即权利凭什么

我们前面讲了权利的五个要素，即权利可以是一种利益、一项请求、一种资格、一种能力，也可以是一种自由。但是一个人凭借什么说他有这种利益，有这个资格，又凭什么我们要满足他的这种请求或自由呢？这说明权利应该是有根据的，或者说，权利应当有来源。这是"权利理论"必须要回答的一个基本问题。关于权利的来源，政治学和法学上有一种大家都很熟悉的理论，那就是"天赋人权"理论，认为人的权利即"人权"是与生俱来的，是天赋的，生来就应该有。但是今天我们讨论的不是"人权"的问题，而是拍卖师的权利问题。用这种理论来回答拍卖师权利的来源问题显然是不合适的。我们不能说拍卖师的权利是天赋的。

但是回答拍卖师的权利从何而来这个问题是非常重要的。只有我们知道了拍卖师的权利从何而来，我们才能知道拍卖师现在有哪些权利，拍卖师还应该有哪些权利，如果应该有的权利现在还没有，我们就应设法去完善拍卖师权利的来源。如果我们把拍卖师的权利比做水，那么拍卖师权利的来源或依据就是水源。如果缺水了，我们首先应该做的就是如何去开发和建设我们的"水源"的问题。

按照一般的理论，权利的来源主要有三个：一是道德、二是习俗（习惯）、三是法律。相应的权利也可以分为三种，即道德权利、习俗权利和法律权利。道德权利由道德原理来支持，法律权利由法律制度来规定，习俗权利则是以民俗、习惯、商业惯例或行业惯例为根据。我认为从这个角度分析拍卖师的权利和义务是比较恰当的。因为，行业惯例本身应该是拍卖师权利的一个主要来源。

由于时间关系，我下面从权利来源的角度重点分析一下拍卖师的拍卖主持权。

我认为拍卖师的主持权应当包含法律权利、道德权利和习惯权利三个方面。从这个意义上讲，我们在讨论拍卖师的拍卖主持权时，应该注意三点：

第一，我们不能指望法律会对拍卖师的主持权给予明确的规定，也不应该抱怨法律对拍卖师主持权规定的不够，因为法律一般只规定重要的权利。实际上拍卖法已经规定的非常清楚了，即拍卖法第十四条规定："拍卖活动由拍卖师主持"，这就赋予了拍卖师法定的拍卖主持权。另外，在拍卖主持权中，最重要的权利是确认拍卖成交的权利，即从众多的竞买人中确认买受人的权利，而这个关键性权利，拍卖法也明确规定由拍卖师行使，即拍卖法第五十一条："竞买人的最高应价经拍卖师落槌或者以其他公开表示买定的方式确认后，拍卖成交"。

第二，我们永远也不可能将拍卖师的主持权规定到没有遗漏的程度，因为拍卖师的主持权还必然包含一部分道德权利，而道德权利是一类缺乏明确性和肯定性的模糊权利，由于道德标准本身的可变性、不统一性和模糊性，拍卖师在主持拍卖活动中，享有哪些道德上的权利，是无法说得清楚的。道理很简单，比如，在今天这个研讨会上，会议主持人享有哪些道德上的权利呢？他有维持会场秩序的权利，这我们可以规定；他有指定谁先发言的权利，这个我们可以规定；他有限定发言者发言时间的权利，这个也可以规定下来。但是，他有坐着主持会议的权利吗？有站着主持会议的权利吗？这些权利从道德角度讲，当然有，但是我们有必要用一种文字的方式规定下来吗？我想一是没有必要，二是非常难。拍卖师在拍卖会现

场也会有很多类似的问题，这都涉及到拍卖师主持权中道德权利的部分。所以，我认为拍卖师拍卖主持权的内容存在着不确定性，这是一种正常的现象。如果非要规定下来，我认为，只要明确几项行为的原则即可。我们可以简单规定拍卖师根据拍卖会的实际情况，享有机动处理的权利，但行使机动处理权不得损害他人利益，不得有碍公序良俗，不得违反"三公一诚"的原则即可。

第三，通过制定和统一行业惯例的方式，也许是我们今后明确拍卖师拍卖主持权内容的主要方式和途径。拍卖是一种商业行为，关于拍卖师主持的权利以及拍卖师的主持规范问题，应当主要以商业或行业惯例的方式来体现。

我这里讲的行业惯例是广义上的行业惯例，相当于行规的意思，应当包括多种形式。比如：

1. 《拍卖师专业委员会章程》，我们可以将拍卖师主持权的一些具体权利作为拍卖师会员权利在章程中加以规定。

2. 中拍协还可以制定专门的《拍卖师主持技巧与规范》，专门对拍卖师的主持权进行规定。

3. 各拍卖企业可以在自己的《拍卖规则》中对特定拍卖会上，拍卖师享有的主持权进行明确。

等等。

这是我想说的第三个问题。即权利凭什么的问题，或者说是权利的来源问题。我简单总结一下这一问题的要点。

拍卖师的主持权由三部分组成，一是法定权利，二是道德权利，三是习惯权利。不能指望通过国家立法来明确拍卖师主持权的具体内容，拍卖师主持权中的道德权利是无法明确的。我们的主要任务应当是通过行业自身制定的行规来明确拍卖师主持权的具体内容。

四、关于拍卖师主持权的具体认识

我讲了这么多，也许有同志会说，我们来开会，目的就是想知道拍卖师的主持权究竟应当包括哪些内容，你前面讲了这么多，实际上没有回答我们最想知道的问题。下面我再耽误大家点时间来具体谈谈我对"拍卖师主持权的几点粗浅认识"：

（一）关于拍卖师主持权的性质

拍卖师的主持权是一种什么权利？是像音乐会上的指挥权？还是足球场上的裁判权？更像法庭上法官的司法权？还是更像交通警察的执法权？他的权利是羁束性的，还是可以自由裁量的？他的权利是建议式的，还是命令式的？他是在行使自己的权利？还是在代行拍卖人的权利？

从去年开始，我和王凤海老师、田涛老师等就在考虑并讨论这些问题。但始终没有一个统一明确的认识。我是一个外行，不是拍卖师，只在电视上看过大家主持的拍卖会，这次我来参加这个研讨会，也主要是想听听工作在拍卖第一线的拍卖师们的看法，主要是来学习的。我在这里先谈谈我个人的看法，一个外行的看法，说的不一定对，希望大家多批评指正。

不管我们把拍卖师的权利比做什么样的权利，我觉得都可以找到一两点理由，为什么呢？我发现无论是音乐会上的指挥权，还是足球场上的裁判权；也无论是法庭上法官的司法权，还是交通警察的交通执法权，实际上也没有一个明确的文件规定这些人应该有什么具体的权利，但是我们对这些人的权利并不抱怀疑，为什么呢？因为尽管外在表现形式各不相同，但是他们有一个共同的特征，那就是这些人实际上都在执行某种"规则"，他们的行为都不是随心所欲的，而是按照一定的"规矩"在行使，音乐指挥是按照乐谱来指挥的；足球裁判按照比赛规则来裁判的；法官是按照法律规定来审判案件的；交警是按照交通法规来管理的。每个人都有"规矩"。实际上这些人的权利不是不受质疑的，当他们不守"规矩"的时候，我们就会对他们的行为提出质疑，比如当裁判"吹黑哨"的时候，当法官徇私枉法的时候，当警察违法行政的时候，他们同样也会遭到指责，甚至也会被起诉。

从这个角度来说，个人认为，拍卖师的主持权不管他包含那些具体的权利内容，这种权利整体上应当是一种"执行权"，应当是一种执行某种"规则"或"规矩"的权利。所以，问题的关键可能不在于是否要明确拍卖师主持权本身的内容，而应当明确的是"规则或规矩的具体内容"，如果"规则或规矩"明确了，那么，拍卖师拍卖主持权可能就容易明确了。

我建议将明确拍卖师主持权的问题转移到明确拍卖师应"执行的规则或规矩"方面来。我这里想强调的是，拍卖师的主持权不是一般的权利，这种执行权同时表现为一种必须认真行使或谨慎履行的义务。因此，无论以何种方式来规定拍卖师的主持权，都不应是单纯规定拍卖师的权利。直截了当地、用明确肯定的方式来规定拍卖师有这权那权，他人必须服从，这样做是不妥当的。对拍卖师权利的规定必须要服从我们的根本目的，要讲究技巧。我们明确拍卖师的权利的根本目的是什么？不是使拍卖师感到自己的权利很大，而是为了更好地规范拍卖师的主持行为，使为了减少拍卖纠纷，使为了提高拍卖师的整体主持水平和拍卖企业的整体服务水平。因此，应当从规范拍卖师主持行为这个角度间接地明确拍卖师主持权的具体内容。

既然我们将拍卖师的主持权归结为一种"执行权"，那么我们就必须弄清楚，拍卖师在执行什么？我认为，拍卖师在主持拍卖会时，要执行的"规则或规矩"主要有：一是拍卖法的规定；二是拍卖行业的行规；三是拍卖公司具体的拍卖规则。

我们发现，拍卖师在主持中引起的纠纷，主要有两种情况：

一种是有规矩，我们的拍卖师没有"按规矩办事"，比如在一场存在优先购买权人的司法强制执行的拍卖活动中，明明最高人民法院的司法解释和拍卖公司自己的拍卖规则都规定，拍卖师在落槌前应当询问优先购买权人是否行使其优先购买权，但是我们的拍卖师偏偏忘了询问，落槌后才意识到自己错了，这时想纠正，但是买受人又不干了，结果引起了纠纷。这就属于"不按规矩"办事这一类；

另一种情况是无"规矩可循"导致的纠纷。比如在一次，拍卖会中，拍卖师喊380万第一次、380万第二次，略一停顿后落槌，但是没有喊"380万"第三次。结果另一个竞买人提出了异议。拍卖师说他是按照三声报价的行规来主持拍卖的，自己的主持行为没有问题。竞买人说：你说是按照三声报价的行规来主持的，拿你们的行规来我看看，结果拍卖协会的规范中找不到关于三声报价这一行规的明确规定，拍卖企业的拍卖规则中也没有规定三声报价。后来竞买人承认了三声报价是行规的这一说法，但是又说就算三声报价是行规，可是你却只报了两声就落了槌,你没有喊第三声呀?这个纠纷就属于"规矩不明"所导致的纠纷。我们行业一般认为"三声报价"是行业惯例,但是一方面找不到明确的规定,另一方面,"三声报价"究竟如何执行,也缺乏统一的认识和规定。

一般而言,由这种"规矩不明"导致的纠纷比由于拍卖师"不按规矩办事"导致的纠纷更难解决。因此,我还是要再强调一下我个人的观点,即明确"规则和规矩"比明确权利本身更为重要和迫切。

(二)拍卖师主持权的具体内容

关于拍卖师主持权的具体内容,我在去年编写《拍卖法案例分析》时就试图进行一下系统的整理,但是由于素材有限,没有敢在教材中展开来分析,当时我的结论是:拍卖法赋予了拍卖师在拍卖活动中的主持权。但是对于主持权应当包含哪些内容并无明确规定。拍卖实践中,人们对拍卖师主持权的内容在理解上存在差异,导致不少拍卖纠纷的发生。因此关于拍卖师主持权的内容是一个值得我们研究的重要课题。一般认为,这种主持权表现为在拍卖实施时:拍卖师有宣布拍卖开始、结束、中止的权利;宣布变更的权利;落槌成交或者撤回拍卖标的的权利;决定是否用落槌或其他方式表示成交的权利;决定拍卖实施中标的物拍卖顺序的权利;还有主动纠正自己主持中出现的错误等权利,等等。

并且专门安排了一节内容论述了"拍卖师纠正自己失误的权利",做了这样的评论:本场拍卖师存在操作失误,可以报请中国拍卖行业协会拍卖师管理委员会对拍卖师的操作失误进行处罚,但其行为并不存在恶意串通,因此并不影响拍卖的结果,拍卖的结果仍然是有效的。这就好比在足球赛中,裁判员个人的失误,并不影响比赛的结果,但应当对裁决员的失误给予必要的处罚。在当前的拍卖中,拍卖师采用手工操作,其个体差异十分显著,我们应当要求拍卖师少犯错误,甚至不犯错误,但同样要给拍卖师改正错误的机会,只要拍卖师变更原拍卖结果的行为不违反拍卖法公开、公正、公平和诚实信用的原则,其改正错误的行为就应当得到支持。本案例中的拍卖师在拍卖中意识到自己的失误,并且及时道歉,加以更正,主动消除不良影响的做法是正确的。

教材出版后,有不少同志曾就这个问题和我交换过意见,尤其是认为我讲的"拍卖时有纠正自己失误的权利"这一认识,对拍卖师很有利,所以,不少人也支持我的观点。

但是这一年多来,我也一直在思考,尤其是通过和王凤海老师、田涛老师的讨论中,我逐渐意识到,我当时的结论是非常肤浅的。当时仅仅认识到应当明确拍卖师的主持权,没有像今天这样,认识到明确拍卖师的主持权实际上是要明确拍卖师应当"执行的规则和规矩"的问题,拍卖师的主持权同时也是一种不得推卸,而且应当认真履行的义务和责任,明确拍卖师的主持权的根本目的是要严格规范拍卖师的主持行为,进而更好地维护拍卖当事人和参与人的利益。

从这一点来讲,我个人认为我今天的认识比去年写教材时的认识是明显提高了。所以,拍卖师有没有纠正自己失误的权利,要具体问题具体分析。拍卖师的失误如果仅是道德权利上的失误,及时纠正没有人会较真;如果是习惯权利或者法律权利方面的失误,拍卖师首先应当征得拍卖当事人的谅解。但是如果这些失误是发生在落槌之后的,这时再纠正,恐怕就有难度了。因此,还是那句老话,明确拍卖师的主持权,其目的应当在于规范拍卖师的主持行为，使我们的拍卖师少犯错误，不犯错误，最好是无法犯错误。

我这个外行，占用了大家这么多的时间，讲了许多外行话，不当之处，请大家批评指正，谢谢！

（本文是在 2007 年北海理论研讨会上的发言稿）

肯定有哪个地方不对劲儿了

拥有管理国家资源权力的某个部又在举办"××拍卖主持人资格"培训班了。和以往一样,又有朋友向我咨询,问他已经有了拍卖师资格证书了,是否还有必要去参加这种培训班和取得这样一个"××拍卖主持人资格"证书?我这次没有敢像以前那样明确的回答:"不用参加,你拥有拍卖师资格就行了,那种培训班是骗钱的,那种证书也不合法"。我只是找了借口,说:"对不起,我正在开会,过会儿我再联系你"。

这次之所以没有像以前那样回答,是因为我发现,这些向我咨询的人得到我的回答后,百分之百都会再去咨询别人,最后几乎百分之百都会去参加这种培训班,去取得那种"××拍卖主持人资格"证书(当然是要花不少钱的)。

我虽然没有回答他的问题,但是我脑海中却联想到一种场景。我想到,我博士毕业了,联系了中央财经大学当老师,我参加了中央财经大学的招聘面试。下面是我联想到的面试场景:

面试领导:你有高校教师资格证书吗?

我回答:有,我在读博士之前,已经就是某高校教师,而且根据国家高等教育法的规定考取了高校教师资格证书。

面试领导:我们学校有金融学院、法学院、财政学院……20多个学院,你想到我们学校从事哪种教学工作呢?

我回答:我学的是法律,希望到贵校从事法律教学。

面试领导:光有高校教师资格证书还不行,如果你想到我们学校工作,你还必须参加我们学校组织的"中央财经大学法学教师资格"培训班,并取得"中央财经大学法学教师资格证书"后才有资格去给学生教法律,而且我们的培训班是收费的,你愿意吗?

我非常希望到中央财经大学这样的名校工作,就说:好的,我愿意。

于是我交了培训费,参加了培训班,听了些无关紧要但又不敢不听的课程,并顺利取得了"中央财经大学法学教师资格证书"。

我被分配到中央财经大学法学院。我很高兴地到法学院报到。法学院领导接见了我,与我进行谈话,下面是我们的谈话内容:

院领导:刘老师,欢迎你到我们法学院工作。我们法学院有法理学教研室、宪法与行政法教研室、民法教研室、刑法教研室……8个教研室,你想到哪个教研室工作呢?

我说：我喜欢研究拍卖法，拍卖法应该属于民法的范畴，您看能否把我分配到民法教研室工作？

院领导：好吧，为了发挥你的专业特长，我们同意将你分配到民法教研室工作，但是你必须参加我们法学院组织的"中央财经大学法学院民法教师资格培训班"，取得"中央财经大学法学院民法教师资格证书"，当然这种培训班是需要收费的，你同意吗？

我想我确实喜欢研究和教授拍卖法，为了能得到这个职位，那就再参加一回培训吧。于是我交了培训费，上了培训班，听了些无关紧要但又不敢不听的课程，最后顺利拿到了"中央财经大学法学院民法教师资格证书"。

我顺利地被分配到了民法教研室。我高兴地到民法教研室报到。民法教研室主任约我谈话，下面是我们的谈话内容：

主任：刘老师，欢迎您到我们民法教研室工作，我们民法教研室负责开设的课程主要有民法总论、物权法、债权法、侵权行为法、合同法……20门课程，您希望讲授哪一门课程呢？

我说：我希望讲授拍卖法，因为我喜欢研究拍卖法，而且保证能讲好。

主任：对不起，我们现在还没有专门开设拍卖法这一门课程，我们的拍卖法目前是作为合同法的一个专题进行讲授的，你如果愿意，就将你分配到合同法教学小组，再由组长具体给你安排讲拍卖法专题，可以吗？

我赶紧回答：可以，可以。

主任：不过，在将您分配到合同法教学小组之前，按照我们教研室的统一要求，您还必须先参加我们教研室举办的"中央财经大学法学院民法教研室合同法专业教师资格培训班"，取得"中央财经大学法学院民法教研室合同法专业教师资格证书"才行，当然我们这个培训班是收费的，不过收费并不高，就是个培训教师的课酬和资格证书的工本费。您同意吗？

我犹豫了一下，最后还是同意了。

于是我交了培训费，上了培训班，听了些无关紧要但又不敢不听的课程，最后顺利拿到了"中央财经大学法学院民法教研室合同法专业教师资格证书"。

我终于被分配到了合同法教学小组。小组长与我谈话，下面是我们的谈话内容：

小组长：刘老师，欢迎您到我们合同法教学小组来工作，按理说，您是专门研究拍卖法的，您的水平我们都知道，但是我们都是学法律的，办事总得讲个程序，希望您配合一下我们的工作。我们特地为您举办了一个"中央财经大学法学院民法教研室合同法教学小组拍卖法专题教师培训班"，主要是走个程序，对您来讲，取得个"中央财经大学法学院民法教研室合同法教学小组拍卖法专题教师资格证书"那简直就是小菜一碟，培训费就是个意思。如果您同意的话，我们明天就正式开班。

我茫然了……

我考取的高校教师资格证书究竟算什么呢？

我越想越觉得后怕。

衷心感谢中央财经大学在我被录用时除了要求高校教师资格证书外（其实很多年轻教师是录用后才考取的高校教师资格），并没有像我上面浮想的那样为难我。但是，现在我教过的不少拍卖师却遇到了类似我上面联想的情景。他们考取了拍卖师资格，可是有关部门还要逼着他们去考取五花八门的拍卖资格证书,否则就不能主持相关标的的拍卖。我觉得,肯定有哪个地方不对劲儿了。

究竟哪儿出了问题呢?

仅以此文作为对向我咨询的朋友以及今后将要向我咨询同样问题的朋友的一种答复。

评拍卖师"保密及不竞争协议"

夫妻双方闹离婚，双方签订"离婚协议"。协议约定，甲方可以同意和乙方离婚，但条件是乙方离婚后两年内不得再嫁他人。理由是在共同生活期间，乙方了解到了甲方的"隐私"，另外，乙方在两年内再嫁任何人，都可能在感情上构成是对甲方的竞争。为了保证协议的履行，甲方扣押乙方的身份证和离婚证等有效证件直至协议期满。

这样的离婚协议是我个人杜撰的，文学作品中是否存在我不得而知，但在现实生活中恐怕是不会存在，因为人人都知道这种协议是违法的强盗协议。开开玩笑可以，不会有人真正去签订这样的协议，即使签订了也不会有人去认真履行。

但是类似这样的协议在拍卖界却是真实存在的。某些拍卖公司为了防止拍卖师泄露自己的所谓"商业秘密"，在和拍卖师签订劳动合同时，同时要求与拍卖师签订所谓的"保密及不竞争协议"，约定拍卖师在任何时候不以任何形式泄露与甲方业务有关的任何事项的商业秘密或信息。拍卖师如果主动终止与拍卖公司的劳动合同，则拍卖师在离职后两年或三年不得再在其他拍卖企业担任拍卖师或从事与本公司有直接竞争的商业活动。拍卖企业扣押拍卖师的拍卖师资格证书和身份证作为担保，如果拍卖师"违约"，则拍卖公司将不再为拍卖师办理年检注册手续，并吊销拍卖师的资格证书。在这两年内，拍卖公司对拍卖师遵守协议和保守秘密的行为不给予任何补偿。

我国的法律是允许用人单位和劳动者签订保密协议或竞业限制协议的。劳动法第二十二条规定："劳动合同当事人可以在劳动合同中约定保守用人单位商业秘密的有关事项"。新出台的劳动合同法第二十三条也规定："用人单位与劳动者可以在劳动合同中约定保守用人单位的商业秘密和与知识产权相关的事项。"

但是，由于竞业限制的实施客观上限制了劳动者的就业权，进而影响了劳动者的生存权。因此采取这种限制措施必须非常慎重。为了保护劳动者的合法权益，各国法律对竞业限制都进行了必要的限制。一方面，竞业限制的范围不是所有的劳动者。劳动合同法第二十四条规定："竞业限制的人员限于用人单位的高级管理人员、高级技术人员和其他知悉用人单位商业秘密的人员。竞业限制的范围、地域、期限由用人单位与劳动者约定，竞业限制的约定不得违反法律、法规的规定。"另一方面，竞业限制必须给予补偿。劳动合同法第二十三条规定："对负有保密义务的劳动者，用人单位可以在劳动合同或者保密协议中与劳动者约定竞业限制条款，并约定在解除或者终止劳动合同后，在竞业限制期限内按月给予劳动者经济补偿。"这是竞业限制生效的条件和劳动者遵守竞业限制义务的前提。如果没有约定补偿，或用人单位未按照约定在劳动合同终止或者解除时向劳动者支付竞业限制经济补偿的，竞业限制条款无效或失效。

我个人认为，拍卖界存在的类似上文中提到的"保密及不竞争协议"是无效的：

第一，不能通过竞业限制协议限制拍卖师到其他拍卖公司担任拍卖师。因为拍卖师是一种身份权，是一种职业。身份权是不能受竞业限制的。就像离婚后不能限制另娶再嫁一样，因为婚姻权是一种人身自由权。

第二，不能通过扣押相关证件来保证协议的履行。劳动合同法第九条规定："用人单位招用劳动者，不得扣押劳动者的居民身份证和其他证件，不得要求劳动者提供担保或者以其他名义向劳动者收取财物。"拍卖师资格是国家授予拍卖师的一种行政许可，只有国家有权注销或吊销，企业没有拍卖师资格管理权。就比如公司聘请了一个司机，合同约定，该司机解除劳动合同后两年内不得再到其他单位当司机，为了保证合同的履行扣押司机的驾驶证，或者公司聘请了一个会计，合同约定，该会计解除劳动合同后两年内不得到其他单位从事会计工作，并扣押其会计资格证书作为担保。如果违约，就吊销其驾驶证和会计师证。这些做法都是非常荒唐的。

第三，竞业禁止必须给予劳动者以经济补偿。这是法定的义务。一方面约定拍卖师不得再到其他公司从事拍卖业务；另一方面又不给任何经济补偿。这种情况下让我们的拍卖师如何生活呢？黄世仁在世恐怕也不敢签这样的协议吧。

《中华人民共和国劳动合同法》已经生效实施了，我们拍卖业应当认真学习一下这部法律。另外，在拍卖师权利的保障方面，我们确实还有很多工作要做。希望拍卖界能够把拍卖师权利保护的问题当作一个重要的问题来对待，这样我们才能实现真正的和谐。

再论拍卖师权利的保护

近日有拍卖师咨询称：他是某拍卖公司的注册拍卖师，由于当年与拍卖公司老总的个人关系甚好，因此从未签订过书面的劳动合同。去年公司更换了老总，由于种种原因，他想转到其他拍卖公司工作，没想到公司坚决不同意为他盖章签字，也不给他发放任何劳动报酬。他被迫于今年春节后提起劳动仲裁，要求裁决解除双方事实上的劳动合同关系并给他补发劳动报酬。劳动仲裁部门对双方进行了调解，拍卖公司当庭答应同意解除双方的劳动合同，并同意为他盖章签字，而拍卖师则同意放弃劳动报酬的要求。于是仲裁书裁决解除双方的劳动合同关系。但是仲裁书生效后，拍卖公司仍然拒绝为他签字盖章。他感到十分沮丧，咨询问：凭劳动仲裁书可否办理变更注册手续。

这个问题涉及到劳动仲裁书在拍卖师流动中的法律效力和作用问题。

我国的法律法规和拍卖行业自律规定历来都不禁止拍卖师合法流动，而且对拍卖师流动的程序作了明确规定。宪法规定公民有劳动权，劳动法规定了劳动者有自由择业的权利。拍卖师合法流动是行使其劳动权的具体体现。中拍协《关于加强行业自律的若干规定》第十三条规定："拍卖企业不得违反中国拍卖行业协会《关于加强拍卖师监督管理的若干规定（暂行）》，限制国家注册拍卖师正常合理流动。"《关于加强拍卖师监督管理的若干规定（暂行）》第九条规定："拍卖师变更注册单位的，应填写拍卖师变更注册单位审批表，与中华人民共和国拍卖师执业资格证书原件一并交到中国拍卖行业协会办理注册单位变更手续。"

为了进一步明确拍卖师办理注册变更手续的程序，中拍协2005年下发了关于印发《拍卖师注册管理补充规定》的通知（中拍协字〔2005〕第34号），该通知明确指出：中国拍卖行业协会于2002年8月颁发的《关于加强拍卖师监督管理的若干规定》（暂行）（中拍协字〔2002〕第19号文件），对拍卖师的注册管理做了原则规定。根据三年来实施中遇到的拍卖师工作调动和变更注册单位方面的问题，拟定了《拍卖师注册管理补充规定》，已经中国拍卖行业协会三届一次常务理事会审议通过，现予以颁布，请遵照执行。

《拍卖师注册管理补充规定》于2006年1月1日起执行。该规定明确：允许拍卖师在全国范围内依法、合理、有序调动。拍卖师申请变更注册单位，遵照以下程序：

1. 拍卖师应首先向所在拍卖企业提出要求调动申请，并填写拍卖师变更注册单位审批表一式两份。

2. 调出、调入拍卖企业在审批表上签署意见后，报企业所在地地方拍协审核。未设立地方拍协的，直接报中国拍卖行业协会。拍卖师调入拟组建拍卖企业的，审批表上报时须附当地工商行政管理部门的企业名称预先核准通知书复印件。

3. 地方拍协在审批表上签署意见时，区别以下情况：

（1）拍卖师在本省（自治区、直辖市）范围内调动的，由所在地方拍协签署意见。

（2）拍卖师跨省（自治区、直辖市）调动的，须依次由调出、调入拍卖企业双方所在地地方拍协签署意见。

（3）调出、调入拍卖企业对拍卖师调动无异议的，地方拍协接到审批表后，在5个工作日内签署意见。有异议的，须说明理由。

（4）拍卖企业对拍卖师调动有异议的，由拍卖企业所在地地方拍协进行协调后，于十个工作日内，在审批表上签署同意或不同意调动的意见，并附书面材料。

4. 申请人将地方拍协签署意见后的审批表及拍卖师执业资格证书原件一并报中拍协。

5. 中拍协收到审批表及拍卖师执业资格证书后，应在7个工作日内对符合调动条件的给予办理变更手续；对不符合调动条件或需进一步调查核实的，应向申请人说明理由。

6. 拍卖师注册变更的情况将及时通过中拍网公示。

这里有三点值得我们注意：

第一，拍卖企业不同意拍卖师调动的意见，并不必然成为阻止拍卖师调动的条件。是否允许拍卖师调动，由地方拍协提出意见后，报中拍协核准。

第二，无论拍卖企业是否同意拍卖师调动，都应当在审批表上签署意见（同意或不同意），而不能拒绝签字盖章。

第三，之所以要由拍卖企业在审批表上签署意见，其真正的原因是要明确拍卖师是否与拍卖企业解除了劳动合同关系，而不是授予拍卖企业一种"单方的和绝对的否决权"。

正确理解上述第三点尤为重要。根据商务部《拍卖管理办法》第二十七条规定："拍卖师只能在一个拍卖企业，注册执业"。这要求拍卖师要调动到另外一个拍卖企业，建立一个新的劳动关系的前提条件是，拍卖师必须首先解除与原单位的劳动关系。而在拍卖实践中，我们的一些拍卖企业往往错误的理解了自己的"签署意见"权，认为自己拥有了对拍卖师调动的"生杀大权"，并因此理直气壮地故意刁难"不听话"的拍卖师。这是非常错误的。

如果我们能明白上述第三点的真正含义在于强调拍卖师调动的一个前提是解除与原单位的劳动关系，那么我们就不难明白"解除劳动关系的劳动仲裁书"的法律效力和作用了。很显然，如果拍卖企业拒绝在审批表上签署意见，从公平的角度而言，就应当视为其放弃了表达"不同意见"的权利。从仲裁书生效时起，拍卖师与企业的劳动关系已经解除，劳动法的效力远远高于拍卖行业的自律性规范。在这种情况下，拍卖协会为拍卖师办理变更注册的手续是完全正当的和合法的。

这是一起典型的拍卖公司违反劳动法，侵犯拍卖师合法劳动权益的案件。

拍卖公司故意刁难拍卖师，无理限制拍卖师合法流动的案件时有发生。虽然在实践中也存在着个别拍卖师不守合同、擅自悔约、频繁跳槽等给拍卖企业造成不良影响和经济损失的现象，但是相比较而言，还是拍卖企业妨碍拍卖师合法流动的案件更为突出，与拍卖企业相比，拍卖师整体上还是个弱势群体。

拍卖师的权利保障问题应该是个值得我们大家给予更多关注的问题。在拍卖业发展的初期，由于拍卖师队伍很小，资格十分稀缺，加上拍卖业利润可观，拍卖师的权利保障问题没有引起行业重视。随着拍卖师队伍的不断扩大和拍卖利润的逐渐平均化，拍卖师与拍卖企业之间的纠纷也不断涌现，如何保障拍卖师这一群体的合法权益问题开始提上了日程。现在我国拍卖师队伍已达近万人，但是到目前为止还不存在一个真正意义上维护拍卖师合法权益的专门组织。很难想象一个近万人的职业共同体，他们有着共同的利益诉求，但却没有任何一个自治机构（工会、协会、那怕简单形式的联谊会）来反映他们的要求和维护他们的合法权益。以至于在自身的合法权益遭到侵犯时，我们的拍卖师（们）处于求告无门的尴尬境地。可喜的是这个问题已经引起了中拍协和广大拍卖师的关注，在去年北海会议上已经专门讨论了拍卖师的权利和义务问题，其中也涉及到了拍卖师的权利保障问题。尽快成立全国性的拍卖师自治团体已成了行业一致的呼声和心愿。但愿在大家的努力下，能寻求到一个拍卖师与拍卖企业和谐相处，共同发展的权利保障机制。

论拍卖师的作用

目前由于拍卖师在拍卖主持中操作不规范导致不少纠纷发生，也由于个别拍卖师行为不检点而影响到拍卖企业乃至行业的形象，因此，对拍卖师的执业行为进行规范成为近期或者今后一个时期行业工作的重点。拍卖师执业行为规范的标准也在加紧讨论和制定中。在这样一个大的背景下，拍卖师的作用再次被提及，"拍卖师是拍卖的核心或灵魂"这样的观点遭到质疑。要求对拍卖师的作用进行重新认识和评价的呼声比较高。比较一致的观点认为，以往拍卖师的作用被高估了，拍卖师只不过是拍卖企业的一个普通成员，与其他成员只存在分工的不同，一场拍卖的成功是拍卖企业集体努力的结果，拍卖师只不过是拍卖工作的执行者而已，以往存在着"神化拍卖师"的倾向，应当让拍卖师回归到本应有的正常地位。

我同意拍卖师是拍卖企业的工作人员这样的观点，也同意成功的拍卖是集体努力的成果，但是我觉得不应当将拍卖师等同于拍卖企业一般的工作人员，另外不应当"神化拍卖师"并不等于不要"宣传拍卖师"。目前对拍卖师在拍卖中的作用有"轻视化"的倾向，这种倾向的存在已经有一些年头了，正是存在着轻视拍卖师的错误认识，才使得拍卖师这个独特的群体的合法权益长期得不到较好的保护，我这里所讲的保护是指一种"有组织的保护"，即拍卖师这个职业共同体没有得到整体上的承认和对待，这种倾向应当引起我们的足够重视。

应当正确看待和评价拍卖师在拍卖中的地位和作用，包括拍卖师在拍卖行业发展中的地位和作用。

我认为，拍卖师虽然是拍卖企业的一员，但是拍卖师在一场成功的拍卖中，所起的作用不是其他企业成员能够比拟的。我们不应"神化拍卖师"，但也不能将拍卖师简单地等同于拍卖活动的普通"执行者"，拍卖师在拍卖活动中应当起得是"锦上添花"的作用，在拍卖行业的发展中应当占有"骨干"的地位，即便说成是"核心"地位也不为过分。

当然我的这种评价是基于拍卖师本身具有"合格的、优秀的"前提条件而言的。一个优秀的拍卖师，其在拍卖场上的表现对一场拍卖会有着重要的影响（不规范的、表演式的主持除外，因为这不应当是拍卖的常态）。他（她）的作用就像一个电视节目的"主持人"所起的作用。诚然，每一个电视节目都离不开全体节目组成人员的共同努力，但是如果没有一个优秀的节目主持人，策划的再好的节目，其效果也会大打折扣。大家想一想，哪一档优秀的电视节目能离开一个优秀的节目主持人呢？拍卖的道理也一样，成功的拍卖会肯定是拍卖企业集体劳动的成果，但是，一个优秀的拍卖师必然会使拍卖会"锦上添花"。

我认为，正确的提法应当是"拍卖师不要神化自己"，因为"锦上添花"实际上是给每个拍卖师提出了一个明确的、高难度的要求和标准，如果拍卖师作不到"锦上添花"，那拍卖师应当从自身来找原因，应当苦练本领。但是这些都不能说明拍卖师不重要。

另外，我认为，我们不但不应当轻视拍卖师，而且应当大力宣传我们的拍卖师，要明白这样一个道理：拍卖企业宣传自己的拍卖师，就是在宣传拍卖企业自己，优秀的拍卖师是拍卖企业最好的名片；拍卖行业宣传自己的拍卖师，就是在宣传行业自身，杰出的拍卖师是拍卖行业最好的广告。

从经济学角度讲，宣传自己的拍卖师要优于宣传企业，因为宣传拍卖师的方法是具体的、灵活的、生动的、多种多样的，比通过商业广告或公益广告宣传拍卖企业的成本会更低、效果会更好。拍卖行业的宣传也存在同样的问题。我们为什么现在要强调规范拍卖师的执业行为呢？不就是因为拍卖师的不当执业行为影响到了企业的信誉和行业的声誉，妨碍了拍卖行业的健康发展吗。这恰恰说明，拍卖师是拍卖企业和拍卖行业的"代表"，是社会认识拍卖企业和拍卖行的"窗口"和"直接渠道"。因此，要尊重我们的拍卖师，要爱护我们的拍卖师，要大力宣传我们的拍卖师。

当然，前提条件是我们的拍卖师朋友们都要努力去争当优秀的拍卖师，而不要"夜郎自大"和"神化自己"。

论拍卖师职业共同体的"才"与"德"

最近在研究拍卖业面临的刑事风险问题时，越来越感觉到"德才兼备"对拍卖师的重要性，这是我写此文的出发点。

中国拍卖业的发展需要一个由一大批德才兼备的拍卖师构成的职业共同体。作为一个有别于其他职业的独立的共同体，这个共同体的成员应当是受过专门的专业训练，具有娴熟的技能与职业伦理的拍卖师。那么构成这样一个职业共同体的成员的"才"与"德"的内容是什么呢？本文想就这个问题闲言碎语几句，谈一点粗浅看法。当然，我在这里可能只是初步提出一个研究的纲要，抛砖引玉，感兴趣的同仁们可以一起来做更深的探讨。

拍卖师职业共同体的形成，是拍卖师职业素养统一的过程。我认为拍卖师职业素养至少应当包括：职业语言、职业思维、职业知识、职业技术、职业道德和职业信仰六个方面。这六个方面职业素养的统一，塑造了一个统一的拍卖师共同体。其中前四个方面构成拍卖师职业的技能，即我们通常所说的"才"；后两个方面构成拍卖师职业的伦理，即我们通常所谓"德"。

一、拍卖师的"才"

（一）拍卖师的职业语言

任何职业均拥有自己的职业话语体系。这些话语由专业词汇构成，形成专业领域，进而形成专业屏障。拍卖师的职业语言是一种特殊的语言，其中的术语由两部分组成，一是来自法律法规规定的术语，一是来自拍卖行业习惯中的术语。

（二）拍卖师的职业思维

思维是借助语言所进行的理性认识过程。思维是职业技能中的决定性因素。拍卖是一种独特的买卖活动，拍卖师即不是买家，也不是卖家，拍卖师虽然在从事"买卖"活动，但是他应当具有不同于卖家和卖家的专业思维。是否具有这种思维，是衡量一个拍卖师思维判断力的是否理智与成熟的重要标志。

（三）拍卖师的职业知识

拍卖职业的知识是一种专业知识，它主要由两部分构成，一部分为拍卖活动所共有的知识,比如关于拍卖程序的知识;另一部分来自社会各个方面的与某类或某个拍卖活动有关的综合知识,比如艺术品拍卖师应当掌握一定程度的艺术品的知识,地方拍卖师可能需要掌握一些有用的地方方言知识等等。

(四)拍卖职业的技术

拍卖职业的技术是一种专门化的技术,它不仅限于拍卖会的主持技术。一个拍卖师是否是一个优秀的拍卖师,其拍卖技术水平可能是一个重要的因素。拍卖技术的范围非常广泛,比如它可能包含了对拍卖职业知识和拍卖职业思维的运用技术。独特娴熟的拍卖技术是形成拍卖师个人拍卖风格的基础。

二、拍卖师的"德"

拍卖师职业有别于其他社会职业,它首先要求从业人员应当具备良好的道德品质。我们将这些品德方面的要求统称为职业伦理。伦理是人类社会生活关系之规范、原理、规则的总称,其基础建立于各个人的良心、社会之舆论以及习惯。各种职业因其性质、内容与社会期待的不同,存在着各种职业的伦理。例如教师、医生、律师、法官等,都有其职业伦理,而拍卖师职业也不例外。拍卖师职业伦理是指拍卖师在其职业实践中必须遵守的一系列道德准则。如果没有拍卖师职业伦理,那么拍卖师纯粹技术性的功能就会受到威胁。通过职业伦理来抑制职业技能中显示出来的非道德性成分,使之控制在最低程度;另外通过职业伦理还能够保障其职业技术理性中的道义性得以彰显。最近几年,一些拍卖师,甚至是很有"才"的拍卖师,被行政司法部门的重大腐败案件牵连,这当然有多方面的社会原因,但是,违背拍卖师的职业伦理,在职业技能中掺入非道德性成分,放松对自身职业道德的要求,恐怕也是一个主要原因。

比职业道德更高的境界是职业信仰。在拍卖师职业伦理方面,还应包括职业信仰。在拍卖师职业形成过程中也形成了一种职业信仰,它成为拍卖师职业共同的精神追求。我在2004年贵阳理论研讨会上,就提出要将拍卖人分为三个层次,最低层次是职业层次的拍卖人,中等层次是行业层次的拍卖人,最高层次是事业层次的拍卖人。职业层次的拍卖人将拍卖当作一份养家糊口的"工作",只要认真工作,遵纪守法就算合格了。行业层次的拍卖人心中不再局限于将拍卖当作一份简单的工作,眼光不再局限于自己或自己的企业,而是具有了一定的行业意识,能够认识到拍卖业是一个整体,并且在行动中,兼顾本人或本企业的利益与行业整体的利益,比如不为了一己私利去与同行搞恶性竞争。事业层次的拍卖人将拍卖业当作自己毕生奋斗的事业来追求,他的眼光可能已经超越了行业的范畴,比如想把中国的拍卖做成世界上最好的拍卖,比如在文物艺术品拍卖中注重通过拍卖来维护祖国的荣誉和尊严等等。

正像党不要求每个共产党员都成为雷锋,但却要求每个共产党员都应具有共产主义信仰一样,我们也不能要求每个拍卖师都达到事业层次,但是我们应要求拍卖师都对自己的职业抱有信仰。如果一个拍卖师对自己的职业不抱任何信仰,那么他在关键时刻可能就不容易守住自己职业的道德底线。实践中,栽了跟头的拍卖师大多是缺乏职业信仰的拍卖师。

我们需要有才华的拍卖师,但我们更需要德才兼备的拍卖师,而且不是几个德才兼备的拍卖师,我们需要这样一个共同体。

论拍卖职业共同体的标志与基本制度

共同体的含义非常广泛，现实中有政治共同体、经济共同体、文化共同体以及由兴趣爱好相同的一群人组成的各色各样的共同体。如果从职业角度出发，可以有各种职业共同体，拍卖职业共同体就是其中的一种。

一、拍卖职业共同体的含义

我在"论拍卖师职业共同体的'才'与'德'"一文中提及到"拍卖师职业共同体"的概念。其实，拍卖师职业共同体属于更大范围的拍卖职业共同体，当然拍卖师职业共同体应当是拍卖职业共同体中的核心组成部分。除了拍卖师外，拍卖职业共同体还应当包括拍卖经营者、管理者、其他拍卖从业人员以及从事拍卖学术研究的人员。所有这些人被"拍卖"连接在了一起，共同构成一个有别于其他职业的相对稳定的群体，即拍卖职业共同体。

并不是所有参与拍卖活动的主体都是拍卖职业共同体的成员，那些只是偶尔参加拍卖活动的主体不属于拍卖职业共同体，正如诉讼中的原告、被告不属于法律职业共同体一样，拍卖活动中的委托人、竞买人也不应属于拍卖职业共同体。道理很简单，因为这些人虽然参与拍卖活动，但是其与拍卖这个职业无关。

拍卖共同体的成员也不见得都要参与具体的拍卖活动。拍卖职业共同体是由拍卖实践者、拍卖学术人员和拍卖辅助人员共同构成的一个职业群体。这三者一方面具有拍卖职业共同体的"基本资质"，有同一性的一面；另一方面又具有各自相对独立的活动特点。其中从事拍卖学术研究者不一定参加拍卖具体活动，但是他们的作用绝不是可有可无的。

二、拍卖职业共同体形成的标志

至少有四个要素可以作为衡量一国拍卖职业共同体是否形成的标志，它们分别是体系化的拍卖职业技能、行之有效的拍卖职业伦理、健全的拍卖职业自治组织和完善的拍卖职业准入制度。如果具备这四个标志，就说明该国的拍卖职业共同体已经形成并走向成熟了。

（一）体系化的拍卖职业技能

拍卖职业技能主要应当来源于拍卖职业教育，没有发达的拍卖教育就没有真正意义上的拍卖职业的形成。那种"学徒式"的拍卖教育是无法适应现代拍卖业的发展和要求的，因为现代拍卖业发展要求的知识不再是零散的，而是统一的；不是零星的，而应当是系统的。拍卖业做的好的国家，其拍卖教育也是非常先进的。有些国家的拍卖教育是由国家组织的，有些则是由行业组织的，还有些是由著名的拍卖企业组织的。但无论那一种形式的拍卖教育，其所提供给拍卖职业的是系统的而不是零星的知识，是统一的而不是相互冲突的学问。这是拍卖职业技能统一的前提。所以对于从事拍卖职业的人来说，职业技能是通过正规的专业学习与系统训练而养成的，它以系统而统一的知识为基础，并在职业实践中不间断地培训、学习和进取。形成系统化职业技能是拍卖职业共同体形成的标志或走向成熟的前提条件。

（二）行之有效的拍卖职业伦理

拍卖职业共同体必须具备本职业特有的伦理。拍卖职业内部传承着职业伦理，所有的拍卖人都实践着这种职业伦理。拍卖职业伦理有别于大众伦理和其他职业伦理，因为它受拍卖活动规律的制约，受拍卖职业技能的影响。拍卖职业伦理成为共同体内部的职业习惯、行为方式、信仰，从而维系着这个共同体的成员，克服因职业技术理性所带来的职业弊端，并提升共同体的社会地位和声誉。

（三）健全的拍卖职业自治组织

作为一个行业，拍卖业应当具有相当大的自主性或自治性，因为拍卖业具有自己独特的行业利益，为了能使这个行业的利益要求得到最大限度的反映，这个行业对外就得"用同一个声音"说话，这个行业就必须有自己的"代言人"或"代言组织"，行业协会不仅是对内起自律规范的组织，而且主要应该承担对外为行业争取最大利益的职能。这个（些）自治组织的健全程度直接影响着拍卖业的发展和行业在社会分工中的地位。

（四）完善的拍卖职业准入制度

拍卖业必须是一个开放的领域，但是这并不意味着谁都可以随便进出这个领域，尤其是这个职业的核心成员（拍卖师）必须实行严格的职业准入制度。这是这个职业区别于其他职业的主要标志。从事拍卖职业应当受到认真考查，获得许可证，取得资格。拍卖师与医生职业、律师职业、教师职业一样，未经专门训练，未掌握特殊的技能与伦理的人不得进入这个职业的殿堂。所以需要设定职业准入制度以检测申请者的素养。

三、拍卖职业共同体的基本制度

拍卖职业共同体的有效运转需要一系列制度的设计来支持，这些制度可以统称为拍卖职业制度，包括关于拍卖职业培养、考试、培训、资质、待遇、惩戒等一系列基本制度。

（一）拍卖职业教育制度

拍卖职业教育制度，即拍卖职业的培养制度，它并不限于拍卖师的培养和教育制度。它既是一国教育制度的组成部分，又是职业制度的构成要素之一。拍卖教育是指在一个有目的、有计划、有组织的场所和制度中培养拍卖职业者的一种专门性高层次的教育活动。拍卖教育不仅具有一般教育的属性,还具有一些特殊性。没有拍卖教育就没有真正意义上的拍卖职业,拍卖职业共同体的形成是以拍卖教育为前提的。拍卖教育提供的系统的拍卖学问为拍卖职业技能和职业伦理奠定了专业基础。我国目前还没有形成规模化的拍卖教育,这是我国目前"拍卖人才荒"的主要原因,这一局面严重制约着我国拍卖业的发展。

(二) 拍卖职业考试与培训制度

我国目前已经初步形成了以拍卖师资格考试为主的拍卖职业考试和培训制度。而且在短短的10年时间内培养出上万人的拍卖从业人员和近万人的拍卖师队伍。虽然培训教育由于时间关系,不能给予拍卖从业者系统的拍卖知识,但是这种制度对于培养统一的拍卖意识和共同体意识起到了不可估量的作用。但是考试制度所起的作用是有限的。一个人虽然经过短期培训并通过拍卖师资格统一考试,但并不等于说他/她在拍卖职业的技能与伦理方面均已能够胜任实际工作。现在培训制度也在逐步完善,比如拍卖师继续教育的实施,对于拍卖师队伍知识的更新起到了很大作用。

(三) 拍卖职业任职制度

拍卖职业任职制度包括多个方面,比如国家对报考拍卖师的条件的限制,本质上就是一种任职制度。不过我这里想说的主要是拍卖职业的等级制度。我国现在还没有实行拍卖师分级或技术职务任职制度。拍卖师相互之间没有技术上的区别,大家都一样,这样的制度不利于拍卖师提高技能,在某种意义上讲,差别是进步的动力。应当适时实行拍卖师分级制度,一来便于管理,二来有利于拍卖师队伍整体水平的提高。

(四) 拍卖师的身份保障与薪酬制度

现在我国已经初步建立了拍卖师纪律惩戒制度,但是权利和义务是对等的,有了纪律惩戒制度,就应当有相应的权益保障机制相配套。根据自然公正原则的要求,"任何人不得为自己的法官",但同时又要求"任何人的诉求都要被听取"。也就是说在一个决定可能影响到一个人的利益或权益时,必须给他陈述或辩解的机会,并充分听取他本人的意见,比如一个拍卖师的资格将要被吊销时,就必须给他陈诉申辩的机会,并给他寻求救济的途径。因此,在建立纪律惩戒制度的同时,应当建立相应的"听证"或"申诉"制度,以保障被处分者的合法权益。

不但拍卖职业人的身份要得到保障,拍卖职业者的其他待遇也应有制度保障。目前我国的拍卖师在"劳资"关系中可以说在很大程度上处于弱势地位。我国现在的拍卖行业协会主要以企业会员为成员,个人成员较少,也还没有单独的拍卖师协会或工会,拍卖师没有自己的"职业代言者",这种状况不利于维护拍卖职业者的合法权益。

上述基本制度都是亟待建立或完善的。

第五部分

拍卖教育研究

拍卖法案例教学与拍卖法案例分析方法

法学案例教学最早出现在19世纪70年代的美国,为哈佛大学法学院院长克里斯托夫·兰德尔所创立。这种教学法的目标是充分发挥学生的学习积极性和主动性,促进学生养成独立思考的习惯,使其在应用法律过程中,较好地掌握法学理论和法律知识。这种教学方法在美国各大学法学院得到迅速推广,在西方其他各国也受到普遍重视。一直以来,我国法学教育都是以讲授法为主,注重法学理论的灌输,学生主要通过课堂和书本接受法学理论,缺少将法学原理与现实社会实践之间进行联系的训练。这种"填鸭式"教学虽然能够系统完整地传授知识,但学生不敢提出质疑,只能被动地接受和记忆。而案例教学法通常是通过对典型案例的解剖分析,有针对性地进行研究讨论,从个别到一般,从具体到抽象,在实际案例中进一步学习理解和掌握课程原理、原则的一种教学方法。实践证明,案例教学法在提高分析和解决实际问题的能力等方面确实很有成效。它可以使死的规则变成活的法律,可以使被动的接受变成主动的探寻,可以使死记硬背变成理解与操作。克里斯托夫·兰德尔曾指出:"如果你阅读了大量的案例,特别是判决正确的判例,真理就出现在你的面前。"案例教学法以其突出的实践性成功地解决了法学教育中理论与实践相结合的问题。

拍卖法案例教学作为法学教育的一个组成部分,像其他法学案例教学一样具有多种功能:

第一,拍卖法案例教学具有帮助我们形象地学习运用理论的功能。学习理论的一个重要目的是用于指导实践,但不少人总觉得理论远水救不了近火,不如学一些具体方法来得实用。因此在拍卖实践中,凭经验、凭感觉行事的情况并不少见,最终影响了拍卖人员的业务水平和自身素质的提高。产生这种现象有主客观各方面的原因,但理论与实际相脱离的学习方式也是影响学习效果的一个重要因素。而拍卖案例是沟通理论与实践的桥梁,拍卖案例教学在很大程度上可以弥补那种单纯为理论而学理论的学习方式的不足,把理论学习与拍卖实践紧密地结合起来。通过一般的理论教学,我们对许多理论观点耳熟能详,但这并不一定表明已经真正了解和掌握了。运用案例教学法可以提供正反案例和由简单到复杂的案例,从而使学生获得有关拍卖实际的形象逼真的表象,丰富和加深学生对抽象拍卖理论的理解。拍卖案例具有典型、形象、直观等特点,给人以身临其境的感觉,易于学习、理解,通过案例教学能加强学生的感知印象,有利于学生将拍卖知识内化为拍卖信念和能力。

第二,拍卖法案例教学具有系统总结经验的功能。有经验的拍卖师谈起自己的拍卖经历,都有不少成功的事例和体会,但往往局限于具体的做法,知其然而不知其所以然。拍卖案例教学是对实践的反思,从实践中选择适当的案例进行描述和分析,可以更清楚地认识有些做法为什么取得了成功,有些为什么效果不够理想。通过反思,从案例中提炼并明确有效的行为模式及其法律理论依据,从而更有效地指导今后的实践。从这个意义上讲,不断总结案例是拍卖师梳理记录自己拍卖生涯的一种很好的形式。在日常的拍卖实践中,有许多值得思考、研究或回味的人和事,以案例的形式加以记录和总结将会具有独特的保存和研究价值。

第三,拍卖法案例教学具有示范功能和完善立法的功能。拍卖法虽是一个较小的部门法,拍卖业目前在我国也只是一个较小的行业,但是"这一洼水照样可以折射出五光十色的大千世界",拍卖事实上是一门精深的学问,需要长期研习。最有实践价值和生命力的拍卖法律问题,归根结底来自于拍卖实务中,来自于具体的案件中。成功的案例本身就是一个样板,不成功的案例也是一面镜子,对于拍卖师处理同样或同类案件,不仅可以提供重要参考,而且可以起到示范作用。从更深的层次上讲,拍卖案例研究是通过具体的有典型意义的案例进行法理分析、从中发现拍卖法立法的成功与不足,进而针对法律漏洞寻求填补方法,并通过对案例的整理来寻求拍卖立法的不断完善。

第四,拍卖法案例教学有助于培养学生的系统思维能力。系统思维是现代社会中一种非常重要的思维方法,是按照系统科学的观点和理论,把研究对象视为系统,来解决认识和实践中的各种问题的思维方式。系统思维要求把研究对象看做一个整体,全面地把握和控制对象,综合地探索系统中各要素的相互作用和变化规律,以便有效地认识和解决问题。在拍卖案例分析中,由于选择的综合性拍卖案例都是以一个事件整体出现的,因此,要求学生应具有宏观的把握能力。在分析问题时,不能只从某一方面单一地考虑问题,而要多方面、多角度、深层次地考虑问题;在分析过程中,还要注意事件的各个要素之间的相互作用、内部因素和外部因素的相互影响等。因此,拍卖案例分析过程实际上是一种系统思维的训练过程,对培养和提高学生的系统思维能力很有帮助。

最后,拍卖法案例教学还有助于培养学生独立地发现问题、分析问题和解决问题的能力。拍卖案例往往会给学生展示一个复杂多变的背景或环境,向学生提供一系列情节和事件,有的直观明确,有的隐晦模糊,处理起来常因问题不同而方法各异,即使对同一问题,也可采取不同方法而获得成功。这就能给学生一个极好的锻炼能力的机会:即透过错综复杂的表面现象,发现问题的实质。拍卖案例教学非常重视理论联系实际,要求学生在复杂的实践中认真分析事实,准确适用法律,做出正确的判断。因此,拍卖案例教学会帮助学生将大量的感性体验升华到理性认识高度,从而不断提高学生的理论水平和实际能力。

长期以来,在拍卖界缺乏统一的拍卖共同体意识,不存在行业共同认可的行之有效的法律行为模式。对待具体的拍卖案例缺乏一套规范严谨的分析方法,每个人都根据自己的实践背景、思维模式来处理问题,在拍卖实践中各自为政,凭经验办事,导致了许多不必要的拍卖纠纷。司法界由于缺乏统一的处理拍卖纠纷的思维方法和拍卖法理论,也往往导致不同的法院对相同的案件作出不同的判决。拍卖理论界也由于缺乏统一的分析方法作为共同的对话基础,导致在讨论问题时语境上的差异和沟通上的隔阂,并最终影响了拍卖人才的培养。因此,探讨正确严谨的拍卖法律思维方式,掌握拍卖案例分析的基本方法,对于培养合格的拍卖人才具有十分重要的意义。

拍卖分析方法必须具有一定规范性。一方面，它应该是一个统一的方法，可以反复适用于不同的案例，而不是每一个案例就有一种方法；另一方面，它并非是每个人自我设计或自我构思的方法，而是经过拍卖实践检验得到行业普遍认可的行之有效的分析方法。按照这样的标准和要求，我们认为拍卖案例分析的方法可以分为一般分析方法和具体分析方法两类。

方法在古希腊语中有"通向正确的道路"之意。从某种意义上讲，方法比知识更为重要，因为方法是获取知识的重要手段。法律形式推理中的演绎推理是拍卖案例分析的一般方法，适用于所有拍卖案例分析。推理通常是指人们逻辑思维的一种活动，即从一个或几个已知的判断（前提）得出一个未知的判断（结论）。这种思维活动在法律领域中的运用就泛称为法律推理（legal reasoning）。在实际生活中，法律推理的适用范围非常广泛。最常见的法律推理是法官在审理案件的时候所进行的一系列推理活动。"以事实为根据，以法律为准绳"是我国法律适用的一个基本原则。事实和法律就是法官在审理案件进行法律推理时的两个已知的判断（前提），法官必须根据这两个前提才能作出判断或裁定（结论）。由于案件都是已经发生的过去的事件，有时作为判决前提的事实本身不清楚或充满疑点，有待论证。法官必须以现有的证据为前提对过去发生的事件作出判断（结论），这就需要进行法律推理。有时作为判决前提的法律不清楚，需要论证、推理，或者没有明确的、能对号入座的法律规范，或者是几个法律条款相互矛盾，需要通过法律推理加以解决。还有时候，作为判决前提的事实和法律纠缠在一起，对事实的确定有赖于对法律的选择，对法律的选择又有赖于对事实的确认。这时就更需要运用法律推理来加以解决。不仅法官审理案件需要进行法律推理，公民在依法从事自己的工作时，律师在为当事人提供法律服务时，立法者在决定是否通过某项法律草案时，拍卖师在处理拍卖中的涉法事务时，等等，都会运用到法律推理。拍卖案例分析的过程就是一个法律推理的过程。

形式推理一般有三种形式：演绎推理、归纳推理和类比推理。在英美等实行判例法制度的国家的司法中，法律推理往往采用归纳推理。我国是以制定法为主要法律渊源的国家，不存在判例法。因此在适用法律的过程中，法律推理的主要形式是演绎推理。演绎推理的方式即我们通常讲的三段论的推理方式，即从一个共同概念联系着的两个性质的判断（大前提和小前提）出发，推论出另一个性质的判断（结论）。我国司法实践中的法律推理就是一个演绎过程，采取三段论模式：大前提是"找法"，即寻找应当适用的法律规范；小前提是确定案件事实；最后以法律为依据，以事实为准绳，将抽象规范适用于具体案件，得出结论，即判决意见。拍卖法案例分析也要遵循这样的逻辑思维结构。在拍卖法案例分析中，存在的问题无非是三个方面：有时候，拍卖法案例的事实是清楚的，需要寻找正确的法律规范，即大前提；有时候，要适用的法律是明确的，需要确定具体的拍卖事实，即寻找小前提；还有的时候，适用的法律和拍卖事实都是清楚的，需要寻找出解决问题的方案，即推理的结论。正是由于拍卖法案例分析的逻辑思维与司法过程中的逻辑思维是一致的，所以司法裁判中所采用的分析方法，即形式逻辑三段论的分析方法，同样是拍卖法案例分析的基本分析方法。除了一般的演绎推理方式外，还有一些侧重于用来确定法律规范大前提或拍卖事实小前提的具体分析方法，比如法律关系分析法和请求权基础分析法等。

拍卖法案例的概念、特征与基本分类

英文 case 一词，汉语一般翻译为"案例"，此外，还翻译为"个案"、"个例"、"实例"、"事例"等。关于案例的定义，目前中外学者尚无普遍公认的、权威的结论。一般认为，案例是对现实生活中某一具体现象的客观描述。在西方，医学界于 19 世纪开始运用案例，意思是"典型而有价值的病例"。19 世纪以后，案例教学逐渐运用于法学界和管理学界。

拍卖案例具有广义和狭义两种含义。广义的拍卖案例是指在拍卖活动中发生的带有一定典型性、具有一定借鉴意义的客观事件。包括拍卖公关案例、拍卖策划案例、拍卖营销案例、拍卖法案例等等。这些案例可以是对成功经验的总结，也可以是对失败教训的汲取，但是一般都应当具有可供借鉴的意义。狭义上的拍卖案例仅指在拍卖实践中发生的带有一定典型性、具有一定借鉴意义的涉法事件，即拍卖法案例。拍卖师资格考试中的拍卖案例就是狭义上的拍卖案例。

拍卖法案例具有如下几个方面的特征：

第一，拍卖法案例是与拍卖实践相关的，在拍卖过程中发生的客观的事件。任何一个社会实践领域都会发生具有一定代表性、对本领域有一定借鉴意义的案例，但是只有与拍卖活动相关的案例才可能成为拍卖法案例。拍卖法案例可以发生在拍卖活动的各个环节，包括拍卖活动的准备环节、实施环节、以及拍卖活动结束后的配套环节中。不能将拍卖案例仅仅理解为拍卖会实施中发生的案例。拍卖法案例应当是已经发生过的客观存在的事实。还没有发生的，仍然处于未及实施的拍卖方案、计划等不是拍卖案例。

第二，拍卖法案例是拍卖实践中发生的具有法律意义的客观事件。拍卖活动具有非常复杂的内容，包含着多种多样错综复杂的社会关系。这其中有些活动只是一般意义上的社会活动，不由法律调整，也不具有法律意义。比如单纯的拍卖公关案例、拍卖策划案例、拍卖营销案例等，这些案例如果没有引起参与人之间的法律权利和义务关系，就只是单纯的拍卖实务案例；而有些活动是由法律规范调整的，能够产生法律效力或导致法律后果的活动。只有那些涉法的，具有法律意义的客观事件才可能成为拍卖案例。总之，拍卖案例是指具有法律意义的涉法案例。

第三，拍卖法案例是拍卖实践中发生的具有典型性和一定指导意义的客观事件。拍卖案例是拍卖过程中发生的涉法事件，但并不是所有的涉法事件都可以成为案例。一个事件要成为拍卖案例，必须具备两个基本条件：一是在事件中必须要包含有一个或多个疑难问题，没有问题在内的事件一般不能称为案例；二是这个事件在拍卖领域应该具有一定的典型性和代表性，通过这个事件可以给人带来许多思考，为应对遇到同样或类似事件提供借鉴。

拍卖案例可以从不同的角度、按照不同的标准进行分类。

第一，按照拍卖法律关系的要素，可以将拍卖案例分为：关于拍卖主体的案例、关于拍卖客体案例和关于拍卖内容的案例。这种分类的界限有时很难划的清楚。因为任何一个拍卖案例涉及的拍卖法律关系都会同时包含主体、客体和内容三个要素，缺一不可。考试中的拍卖案例也大多是综合性的。

第二，按照拍卖标的或对象的不同，可以将拍卖案例分为房地产拍卖案例、机动车拍卖案例、文物与艺术品拍卖案例、无形资产拍卖案例等。这种分类是一种最常见的分类。随着拍卖业的发展和拍卖分工的细化，这种分类的内容会越来越丰富。

第三，按照拍卖案例本身的性质，可以将拍卖案例分为描述性案例和分析性案例。描述性案例与分析性案例两者最主要的区别在于其功能不同。描述性案例一般只是把事件的经过原原本本地描述出来，通过阅读这样的案例，可以了解有关情况，弄懂理论原则，掌握专业知识，加深对原理的认识；而分析性案例除了具有描述性案例的功能和特点外，还包含着可供分析讨论的问题，通过学习这些案例，除可了解情况，掌握拍卖原理外，还能锻炼观察问题和分析问题的能力。考试中的案例主要是分析性案例。

第四，按照拍卖案例的内容，可以将拍卖案例分为专题性案例和综合性案例。专题性案例一般是指仅涉及到某一方面法律案例或者仅仅涉及到拍卖活动中某一环节的拍卖案例。比如关于拍品鉴定的案例、关于标的评估的案例、关于竞买人登记的案例等。综合性案例则是同时涉及到许多方面的问题，需要同时适用多种法律来进行分析的拍卖案例。比如一个房地产拍卖的案例，可能同时涉及到委托问题、拍品的权属问题、评估问题、保留价问题、拍卖实施环节的合法性问题、拍卖活动的法律效力问题等。综合性案例也可能是同时涉及到程序和实体两方面的问题的案例，需要同时运用程序法和实体法来进行分析。

第五，按照拍卖活动的程序，可以将拍卖案例分为拍卖准备阶段的案例、拍卖实施阶段的案例和拍卖实施后的案例。其中，拍卖准备阶段的案例还可以进一步分为拍卖委托案例、拍卖公告案例、拍品展示案例、拍品评估案例、竞买人登记案例等。这种分类的意义在于明确拍卖法律关系当事人在拍卖各个阶段的地位，确定各方在拍卖不同阶段的权利和义务，可以有的放矢，提高分析效率。

第六，根据案例提供的借鉴意义的不同，可以将拍卖案例分为提供成功经验的案例和对失败教训进行总结的案例。失败是成功之母，就案例本身而言，成功的案例与失败的案例没有借鉴价值高低之分。无论是成功的案例还是失败的案例，对拍卖实践的指导意义都是一样的，都可能成为考试中的案例。

第七，根据拍卖案例涉法范围的不同，可以将拍卖案例分为拍卖法律总则案例与拍卖法律分则案例。凡是涉及到拍卖活动共同适用的法律规范的案例，为拍卖总则案例。比如关于拍卖人资格的案例、关于拍卖中恶意串通的法律责任的案例等；凡是只涉及到拍卖法律体系中某一特定领域的案例，为分则案例。比如关于公物拍卖中竞买人资格的案例，关于房地产拍卖中标的物过户登记方面的案例等。

第八，根据拍卖中拍卖人与委托人的关系以及拍卖目的，可以将拍卖案例分为普通拍卖案例与强制执行拍卖案例。在普通拍卖案例中，委托人与拍卖人之间是一种纯私法性质的契约关系，拍卖的目的在于实现拍品的价值和权利转移；而在强制执行拍卖中，委托人与拍卖人之间的关系还有公法性质，拍卖的目的在于拍卖人通过实施拍卖协助人民法院完成强制执行任务。

拍卖法案例与其他相关案例有密切联系，明确他们之间的区别有助于我们进一步理解拍卖法案例的特征。

第一，拍卖法案例与拍卖实务案例。拍卖实务的含义非常广泛，可以说拍卖人所从事的一切与拍卖相关的事务都属于拍卖实务。为了取得拍卖业务所进行的企业宣传、公关活动，为了完成拍卖任务而进行的拍卖策划、营销活动，为了举行拍卖会而进行的组织、管理活动，为了解决拍卖中产生的纠纷而进行的谈判、诉讼活动等，都属于拍卖实务。我们一般所讲的拍卖实务主要是指围绕着拍卖业务而开展的一系列活动。这些活动如果具有一定的借鉴意义，都可以成为拍卖实务案例。这其中，成功的拍卖公关案例、完美的拍卖策划与营销案例、典型的拍卖实施案例等都是拍卖界津津乐道的事件，具有较大的指导意义。考试中的拍卖案例是拍卖实务案例的一种，是丰富多样化的拍卖实务案例的一个重要组成部分。一个拍卖案例首先应当是一个拍卖实务案例，但是并非每个拍卖实务案例都是拍卖案例，只有涉法的、具有法律意义的实务案例才是拍卖案例。拍卖实务是产生拍卖案例的源泉。

第二，拍卖法案例与一般法律案例。法律案例是指所有的具有法律意义的客观事件。一个国家可以根据一定的原则和标准将本国全部现行有效的法律规范划分为不同的法律部门。我国法学界一般根据法律规范调整的社会关系的种类不同和法律调整机制的不同，将法律规范分为宪法、行政法、民商法、经济法、刑法、诉讼程序法、军事法、劳动及社会保障法、环境法等法律部门。相应地法律案例可以分为宪法案例、行政法案例、民商法案例、刑法案例、劳动及社会保障法案例、环境法案例等部门法案例。其中民商法又可以分为民法和商法两个次部门法。民法是指调整平等主体的公民之间、法人之间、公民和法人之间财产关系和人身关系的法律规范的总称。商法是指调整商事法律关系主体和商业活动的法律规范的总称。民法和商法又分别包含一系列单行的法律法规。民法主要包括：民法通则、物权法、合同法、民事侵权行为法、知识产权法、婚姻家庭法、继承法等；商法主要包括：公司法、票据法、保险法、担保法、期货交易法、海商法、破产法、贸易法等。所有涉及到这些法律规范的法律案例都属于民法商法案例。拍卖法作为一种规范特殊买卖方式的法律，从其发挥的法律功能角度而言，其核心内容应当属于民商法中合同法的一个内容。当然，拍卖活动所涉及的法律规范并不限于民商法中的合同法，比如关于拍卖人的资格的取得就涉及到公司法，拍卖标的可能涉及到房地产等经济法，拍卖活动中的法律责任可能会涉及到行政法甚至刑法。但是总体上讲，拍卖法属于民商法这个大法律部门中的一个分支。拍卖案例是法律案例的一种，主要属于民商法案例的范畴。

第三，拍卖法案例与司法判例。司法判例，顾名思义，与司法案例并没有大的差别。但是作为法律术语的判例，却是和判例法一脉相承的，表示"遵循先例"的司法原则。在普通法系国家，判例往往和判例法表示同一意义，其意义在于根据传统，法院以前的判决，尤其是上级法院以前的判决，下级法院在审理案件时应当作为一种规范和原则予以遵守。即法院遇到与以前类似的案件时，必须遵循以前判决中适用的原则和规则。判例对以后处理类似案件具有拘束力，法官的判决本身具有了立法的意义，成为普通法系国家的一个重要的法律渊源。我国不实行判例法制度，而是实行成文法制度。我国习惯上把法院已处理的案件叫做司法案例，而不称为司法判例。当我们使用司法判例这个概念时，实际上是指经法院审理的司法案例，即审判机关对于具体案件作出的判决。从理论上讲，法院所作的具体判决对今后审理同类案件并不具有法律约束力。但这并非说司法案例没有任何意义，有句法律谚语称"经验比知识更重要"。司法案例特别是最高人民法院公布的司法案例，作为法院审理案件的参考，具有重要价值，有利于贯彻同样情况同样对待的法律平等原则，提高办案效率。自1985年起，最高人民法院创办发行最高人民法院公报，开始以公报的方式公开发布案例，这些案例都是经最高人民法院审判委员会讨论通过的有重大影响的、具有典型意义和一定指导作用的最高人民法院裁决文书。虽然我国没有明确宣布最高人民法院所发布的司法案例对各级人民法院的裁判具有先例约束力。但是，由于上诉制度的存在、最高人民法院所具有的权威性和案例创制发布过程的严肃性，最高人民法院发布的案例事实上已被赋予了和最高人民法院司法解释同等的司法权威，对各级人民法院的审判工作产生了事实上的先例约束力。考试中的拍卖案例与司法判例有所区别，并不是所有的拍卖案例都是由人民法院作出的司法判决。拍卖实践中发生的具有法律意义的事件并不必然会进入司法审判程序。需要通过诉讼方式来解决的拍卖纠纷毕竟是少数的。即使那些没有进入司法诉讼程序，但确实具有典型意义的涉法事件也可以成为考试中的拍卖案例。拍卖案例与司法判例又存在着密切的联系。拍卖案例中的典型性案例有很大一部分来源于我国各级人民法院在处理拍卖纠纷过程中作出的具体判决，尤其是由最高人民法院发布的涉及到拍卖问题的司法案例，对于规范拍卖实践具有重大的指导意义，应当特别引起我们的关注和研究。

拍卖师资格考试案例分析的典型特征

通过对几年来的案例考试的分析，发现案例分析是有一些特征和规律的。下面我们结合具体案例对这些特征分别进行简要归纳。

一、因法设案，依据充分

关于拍卖师资格考试中"案例分析"一科中"案例"的含义和范围，我们是经历了一个认识过程的。也存在过一些争论。这就是我在《拍卖法案例分析教程》中为什么要安排"导论"这一章内容的理由。

拍卖案例具有广义和狭义两种含义。广义的拍卖案例是指在拍卖活动中发生的带有一定典型性、具有一定借鉴意义的客观事件。包括拍卖公关案例、拍卖策划案例、拍卖营销案例、拍卖法案例等等。这些案例可以是对成功经验的总结，也可以是对失败教训的汲取，但是一般都应当具有可供借鉴的意义。

狭义上的拍卖案例仅指在拍卖实践中发生的带有一定典型性、具有一定借鉴意义的涉法事件，即拍卖法案例。拍卖师资格考试中的拍卖案例就是狭义上的拍卖案例。

通过教材中的"导论"，我们准确界定了"拍卖师资格考试"中"拍卖案例"的含义和范围，明确了考试中的拍卖案例是拍卖实践中发生的具有法律意义案例，拍卖案例是指具有法律意义的涉法案例。

弄明白了"案例"的含义和范围，我们也就明白了考试的核心。"拍卖案例分析"考什么？不是考"案例"，而是考"法律"。这就是我们进一步认识到了"案例分析"的第一个命题特征，即"因法设案"。考试中的案例必须有充分的法律依据才行，否则，命题者就无法制作"考试答案"。命题必须紧紧围绕着法律的相关规定来进行，不能脱离法律条文的内容来随便考一些与法律毫不相干的案例。

我们来看 17 期案例分析考试中的一道题目：某拍卖行接受委托拍卖一套二手房。由拍卖师李某负责竞买人的登记工作，并主持拍卖。李某知道他的朋友某甲正想购买一套条件相同的二手房，便及时通知了某甲登记参加竞买。为了帮助某甲竞买成功，李某与某甲协商后又安排某甲的亲戚某乙和某丙一起登记参加竞买，并约定在拍卖时两人均不举牌，并私下将该标的的保留价告诉了某甲。因为害怕事后被人发现，拍卖师李某在拍卖前称病请假，拍卖行临时决定由具备拍卖从业人员资格,并且刚刚参加完拍卖师资格考试的王某主持拍卖。某甲通过拍卖以保留价竞得该套房产。问:拍卖师李某的行为违反了我国法律、行政法规或行业规范的什么规定?可能承担何种法律责任?应该由哪一部门来追究?拍卖行安排王某主持拍卖是否合法?为什么?

这样的事情在拍卖实践中是否发生过?也许发生过,也许没有发生过。对于命题者来讲,发生或没发生并不重要,重要的是如果这种事情发生,有没有明确的法律规范予以调整或处理。如果有明确的法律规定,就可以成为考试对象。如果现实中发生过,就在真实的案例基础上加工,如果现实中没有发生过,就自己"创造",只要有明确的法律规定作为评分依据即可。

拍卖师李某的行为究竟违反了什么规定呢?中国拍卖行业协会《关于加强拍卖师监督管理的若干规定》(暂行)第十三条规定:"拍卖师不得与拍卖活动当事人恶意串通,操纵价格,损害其他当事人的利益";拍卖法第三十七条规定:"竞买人之间、竞买人与拍卖人之间不得恶意串通,损害他人利益"。拍卖师李某的行为可能承担何种法律责任呢?中国拍卖行业协会《关于加强拍卖师监督管理的若干规定》(暂行)第二十二条第四款规定:违反本规定第十三条,与拍卖活动当事人恶意串通、操纵价格,损害其他当事人利益的,吊销其中华人民共和国拍卖师执业资格证书。由哪一部门来追究李某的责任呢?中国拍卖行业协会《关于加强拍卖师监督管理的若干规定》(暂行)第三条第二款规定:"中国拍卖行业协会是拍卖师执业行为的监督管理机构"。拍卖行安排王某主持拍卖是否合法?为什么?本次拍卖中,拍卖行安排王某主持拍卖不合法。我国拍卖法第十四条规定"拍卖活动应当由拍卖师主持",本案中的王某虽然具有拍卖从业人员资格,并且刚刚参加完拍卖师资格考试,但是在主持拍卖时并不具有拍卖师资格,拍卖行安排王某主持拍卖是违法的。

可见,考试中的每一个问题都是有法律依据的。命题的第一个规律或特征就是"因法设案"。实际上是先有了这些法律或法规的规定,才有了这个案例,而不是先有了这个案例才有了这些规定。所以,考试中的案例比起实践中的案例来讲要容易得多。大家完全可以相信,考试中每一个案例涉及的知识点或法律法规肯定是你复习过的,只要能明白它究竟是考什么的,理清解题思路,一般并不难回答。

我们再来看另外一个案例,这是18期考试中的一个案例。当然人物的名字是我改编的,目的是为了好记。这个案例也比较典型地反映了"因法设案"的这一命题规律。刘备准备移居海外,将自己拥有的一辆奔驰牌轿车委托 A 拍卖行进行拍卖,并要求 A 拍卖行对自己的身份保密。A 拍卖行接受委托后将该拍卖事务转委托给当地名气较大的 B 拍卖行进行,就如何分配拍卖后的利益与 B 拍卖行达成了协议,并将车辆、与车辆相的关资料以及与刘备签订的委托手续等一并移交给了 B 拍卖行。B 拍卖行于 2005 年 3 月 5 日发布公告,宣布 3 月 13 日前为展示期间,3 月 13 日上午 9 时举行拍卖。3 月 12 日晚上,B 拍卖行的工作人员张飞私自驾驶该车参加朋友的宴会,在酒后驾驶返回的途中将该车撞坏。张飞连夜对该车进行了紧急修理,但是未敢将此事向 B 拍卖行领导汇报。3 月 13 日拍卖如期举行。竞买人关羽竞得该车辆,当场签署了成交确认书并付清了全部的成交价款和佣金。关羽在启动该车准备离开时,该车突然起火,关羽来不及反应,轿车撞在墙上,车辆报废,关羽左腿被撞骨折。事后关羽得知张飞曾在拍卖前夜对该车进行过紧急修理,于是起诉 B 拍卖行,要求确认拍卖无效,退还购车款和佣金,并赔偿其全部损失。B 拍卖行辩称:自己的拍卖行为完全合法，对张飞私自驾车外出的情况并不知情，因此只同意退还收取的购车款和佣金，不同意赔偿，赔偿问题关羽应当向张飞个人主张。刘备得知情况后，也向法院起诉，要求A拍卖行赔偿车辆损失。A拍卖行辩称：转委托B拍卖行拍卖是为了能拍卖出一个更好的价格，这对委托人也是有利的，自己并无过错，至于车辆损毁则完全是B拍卖行的责任，刘备应当起诉B拍卖行。问题：A拍卖行的哪些行为违法或违规，请列举并说明理由。B拍卖行的哪些行为违法或违规，请列举并说明理由。

在此案例中A拍卖行的违法或违规行为主要表现在：第一，A拍卖行接受委托后，将拍卖标的转委托给B拍卖行进行拍卖的行为是违法的。我国拍卖法第二十条规定，拍卖人接受委托后，未经委托人同意，不得委托其他拍卖人拍卖。案例中，A拍卖行接受委托后，将拍卖标的转委托给B拍卖行并未取得委托人刘备的同意，因此是违法的。第二，A拍卖行将与委托人刘备签署的委托手续转交给B拍卖行的行为违法。我国拍卖法第二十一条规定，委托人、买受人要求对其身份保密的，拍卖人应当为其保密。案例中，A拍卖行在未征得委托人刘备同意的情况下，擅自将与刘备签署的委托手续转交给B拍卖行的行为违反了拍卖法关于保密义务的规定，因此是违法的。在此案例中B拍卖行的违法或违规行为主要表现为：第一，B拍卖行对拍卖的物品保管不善的行为是违法的。我国拍卖法第十九条规定，拍卖人对委托人交付拍卖的物品负有保管义务。案例中，B拍卖行的工作人员在拍卖前将拍卖的车辆私自开出并造成损坏的结果实际上是B拍卖行没有对拍卖物品尽到保管义务所导致的，因此，B拍卖行未尽妥善保管义务的不作为是违法的。第二，B拍卖行在拍卖前没有将拍卖标的的真实情况告知竞买人的行为是违法的。我国拍卖法第十八条规定，拍卖人有权要求委托人说明拍卖标的的来源和瑕疵。拍卖人应当向竞买人说明拍卖标的的瑕疵。案例中，B拍卖行表面上虽然对张飞私自驾车外出和对车辆进行紧急修理的情况不知情，但是如果管理严密，车辆就不会在拍卖前受损，或虽然受损拍卖行也应知情，因此，B拍卖行未能将车辆实际情况在拍卖前告知竞买人的不作为也是违法的。

这个案例也较为典型地体现了因法设案的命题特征。现在我们可以以"案例分析"考试中命题的步骤做一个简要的总结：第一步，确定法律法规（先确定考哪一部法律）；第二步，确定具体法条（再确定考哪些法律条文）；第三步：确定关联法律（为了增加案例的难度，一个案例中可能要同时涉及到几个不同的法律，通常是相关的几个法律）；第四步：创设案件情节，设置干扰因素（如果有现成的案例就可能用现成的案例，或在已有案例基础上改编）；第五步：设计分析的问题。这五个步骤中，前三个是"因法"，后两个是"设案"。

针对这样的命题特征，我们应当采取与命题相反的解题思路。命题者是"因法设案"，考生要完成的任务就应当是"凭案找法"。案例分析的解题过程首先是一个找法的过程。是司法工作中"以事实为根据，以法律为准绳"这一原则的集中反映。案例本身就是"事实"，需要你去找"法律准绳"并运用"法律准绳"来分析问题。考生通常反映"案例分析"难，难在哪里呢？我想首先是难在你找不到要考试的"法律准绳"，其次难在你找不准具体的"法律准绳"。如果你能明白一道案例分析题要考查的"法律依据"，那你就至少完成了一半任务了，剩下的就是如何组织语言的问题了。

上述两个案例还反映了案例分析的一般解题思路，即如何组织和安排语言的问题：第一步是亮明观点；第二步是写出法律依据；第三步是结合案情进行分析；最后是强调结论。拿我们刚才讲的第二个案例的第一问来验证一下：问题是：A 拍卖行的哪些行为违法或违规，请列举并说明理由。解题思路和步骤是：A 拍卖行接受委托后，将拍卖标的转委托给 B 拍卖行进行拍卖的行为是违法的（亮明观点）。我国拍卖法第二十条规定，拍卖人接受委托后，未经委托人同意，不得委托其他拍卖人拍卖（写出法律依据）。案例中，A 拍卖行接受委托后，将拍卖标的转委托给 B 拍卖行并未取得委托人刘备的同意（结合案情进行分析）。因此是违法的（强调结论）。

这种解题思路对于综合性案例分析是非常适用的，这就是为什么 17 期辅导会收到显著效果的一个主要原因，因为在 17 期之前，没有人来总结简单又适用的解题方法。这也是 17 期以后，不少人过于迷信和依赖方法的一个重要原因。但是现在情况有了变化，这样的方法对于"单项选择和多项选择"的案例分析就不适用，选择题主要考的是对基础知识的掌握程度。因此，我们就必须要总结新的解题方法。这是我要讲的案例分析考题的第一个特征。

二、重点突出，紧扣拍卖

考试中的拍卖案例是指涉法的拍卖案例，这一点现在是非常清楚了。但是拍卖师资格考试毕竟不同与律师、法官、检察官等资格的司法考试，拍卖师资格考试中的"法律"本身也是有特征的。拍卖师资格考试中的案例都是紧扣"拍卖"的案例，而考试的重点是这些案例所涉及到的法律。

这个问题归结到一点就是考试的"涉法范围"问题。在这个方面，案例分析试题具有另外一个非常显著的特征，即考试的重点是非常突出的，考试的范围（涉法范围）是以拍卖法为主的。考试命题的基本原则非常清楚，即要求考试要"以拍卖法为主，强调知识点的综合性"。这就需要我们正确地理解拍卖法。

对于拍卖法的含义也有狭义上和广义上的两种理解：狭义上的拍卖法又称形式意义上的拍卖法，是指国家颁布的关于调整拍卖活动的专门性法律文件，即《中华人民共和国拍卖法》，是一部非常小的部门法，统共只有 69 条，有些法律规定是很难出现在案例分析中的，如总则的内容，附则的内容，是不好出题的。如果去掉总则 5 条和附则 3 条，充其量不过 60 条左右，而这其中还有些条文也不具有可考性，比如一些纯粹定义性的条款。因此真正符合命题条件的条文不会超过 30 条。广义上的拍卖法又称实质意义上的拍卖法，是调整拍卖活动中产生的各种社会关系的法律规范的总称。除了拍卖法外，还包括散见于其他实体法和程序法中的有关拍卖的规定，以及最高人民法院发布的关于规范拍卖活动的司法解释。此外，还应包括行业主管部门制定的规章和行业协会在法律授权或主管部门委托下制定的具有法律效力的自律性规定。拍卖案例分析考试中，拍卖案例所涉法律指的是广义上的拍卖法。

广义上的拍卖法指所有与拍卖有关的法律法规。我在编写教材时，提出一个概念，即"拍卖法律体系"的概念，以拍卖法为核心，将与拍卖活动相关的法律法规进行系统归纳，使之形成一个完整的法律体系。我们现在已经作了一个基础性工作，将拍卖相关法律法规从原来的《拍卖通论》中独立出来，单独成书，这就是大家手中拿到的《拍卖相关法律与规则》。《拍卖相关法律与规则》中包含四个部分，除了第四部分"附录"外，其他三个部分就是拍卖案例分析命题的涉法范围。《拍卖相关法律与规则》中所收录的法律法规很多，但是通过分析近年来的试卷不难发现，考试的范围主要还是集中在狭义的拍卖法上。

比如第17期考试中，五个案例共计涉及到24个主要考点，其中：拍卖法（狭义）共14处，占总考点的59%（14/24）；所考条文占拍卖法的条文总数的21%，（14/69）具体条文包括：拍卖法第九条指定公物拍卖的规定；拍卖法十三条设立文物拍卖企业的条件；拍卖法十四条拍卖师的主持权；拍卖法第十八条拍卖人有权要求委托人说明拍卖标的的来源和瑕疵；拍卖法第十九条拍卖人对委托人交付拍卖的物品负有保管义务；拍卖法第二十条拍卖人接受委托后，未经委托人同意，不得委托其他拍卖人拍卖；拍卖法第二十一条委托人、买受人要求对其身份保密的，拍卖人应当为其保密；拍卖法二十三条拍卖人不得在自己组织的拍卖活动中拍卖自己的物品或者财产权利；拍卖法第二十五条委托人的含义；拍卖法第二十九条，委托人撤回拍卖标的的，应当向拍卖人支付约定的费用；未作约定的，应当向拍卖人支付为拍卖支出的合理费用；拍卖法第三十二条竞买人的含义；拍卖法第三十七条恶意串通的表现形式；拍卖法第五十一条拍卖成交的条件。拍卖法第六十五条恶意串通的法律责任。

再比如第18期的考试中，五个案例共涉及五类法律，主要考点共计19处。其中拍卖法（狭义）考点共8处，约占考点总数的42%，（8/19），约占拍卖法条文总数12%，（8/69）。具体条文是：拍卖法第十五条拍卖师应具备的条件；拍卖法第二十三条规定，法律、行政法规对拍卖标的的买卖条件有规定的，竞买人应当具备规定的条件；拍卖法第三十九条第二款"拍卖标的再行拍卖的，原买受人应当支付第一次拍卖中本人及委托人应当支付的佣金。再行拍卖的价款低于原拍卖价款的，原买受人应当补足差额"；拍卖法第四十八条："拍卖人应当在拍卖前展示拍卖标的，并提供查看拍卖标的的条件及有关资料。拍卖标的的展示时间不得少于两日"；拍卖法第五十五条"拍卖标的需要依法办理证照变更、产权过户手续的，委托人、买受人应当持拍卖人出具的成交证明和有关材料，向有关行政管理机关办理手续"的规定，在买受人付清成交价款的情况下，委托人应当协助买受人办理产权过户手续；拍卖法第五十六条第三款"拍卖未成交的，拍卖人可以向委托人收取约定的费用；未作约定的，可以向委托人收取为拍卖支出的合理费用"；拍卖法第五十七条拍卖未成交的，适用本法第五十六条第三款的规定；拍卖法第六十六条违反佣金比例的规定收取佣金的处罚规定。

第19期考试结束后，我又对案例分析试卷的考点进行了具体的分析和统计，结果是19期考试由于增加了选择类题型，使考点增加至40个左右，其中涉及到拍卖法（狭义）的考点约为30个，即全部考点的75%左右，涉及到拍卖法的条文占拍卖法条文总数的50%。

通过上述分析，我们可以发现，拍卖师资格考试中的案例分析考题的第二个特征，这就是"重点突出，紧扣拍卖"，尤其是狭义上的拍卖法占的比例相当高。因此拍卖法仍然是今年考试的重点中的重点。当然了，在复习时有两点值得我们注意：

第一，考试中虽然以拍卖法为主，但是与拍卖相关的其他法律法规也不应忽视。因为案例分析的命题原则是"以拍案法为主，注重考试的综合性"。拍卖行业虽小，拍卖活动涉及到的领域非常广泛。仅就拍卖的对象而言，就涉及到有形的房地产、艺术品、机动车，无形的股权、知识产权以及其他财产权利。如果忽略与这些拍卖对象相关的法律法规，命题是不可想象的。因此，在同一案例中，可能同时要考查几个不同的法律内容。比如17期考试中，《关于加强拍卖师监督管理的若干规定》（暂行）共4处，占总考点的17%（4/24）。具体条文是：（1）第十三条"拍卖师不得与拍卖活动当事人恶意串通，操纵价格，损害其他当事人的利益"；（2）第十七条拍卖师不得以个人名义为非本人注册的拍卖企业主持拍卖的规定；（3）第二十一条暂停执业一年的处罚规定；（4）第二十二条吊销拍卖师执业资格证书。

在第 18 期考试中,《拍卖师执业资格制度暂行规定》共有 3 处,占考点总数的 16%。具体条文是:(1)第九条关于报考拍卖师资格的条件;(2)第十条第三项被开除公职未满五年以上者,不得申请参加拍卖师执业资格考试;(3)第十四条考试合格取得拍卖师执业资格的人员,须在三个月内到中国拍卖行业协会申请办理注册登记手续。逾期不办者,当年考试成绩作废。此外担保法和民法通则以及合同法等也都有考点。

第二,从 2007 年开始,考试有了一个新的趋势,就是考点越来越模糊。以往对拍卖法条文的考查一般是直截了当的,我们能够清楚地说出一个案例考查的具体是拍卖法的哪一个条文。但是从 19 期开始,对拍卖法条文的考查开始由直接转向了间接,你可以看出某个案例是在考查拍卖法,但是你却无法说出具体的条文。这种倾向尤其在选择型题目中较为明显。因为传统的解题思路是先找出并写出具体的法律条文,然后用法律条文来分析案情。但是在单项选择或多项选择案例分析题型中,不要求你写出具体条文,只要求你在 4 个选项中作出你的选择,这种情况下,正确的理解法律条文的真正含义和精神可能要比你单纯的背诵法律条文要重要的多。你背下了法律原文,但是如果你不能正确理解条文的含义,那么你照样会选错。去年考试完后,不止一个考生问:我把拍卖法都背下来了,甚至可以倒着背下来了,为什么我还是不会做题呢?我想可能就是由于这个原因导致的。因此我在此要提醒大家,正确理解法律条文是最重要的。题型变了,我们的复习方法和解题思路也要变才行。

三、兼顾新法,反映热点

第三个特征是"兼顾新法,反映热点"。从以往的考试来看,新出台的法律法规往往会成为考试的重点。《拍卖管理办法》和《最高人民法院关于民事执行中查封扣押冻结财产的若干规定》都是 2005 年 1 月刚刚生效的。但是在 2005 年 10 月份的第 17 期考试中,这两个新法律都出了考题,而且所占比例还不小。

其中《拍卖管理办法》共 2 处,占总考点的 8%,具体条文是:(1)第四十条规定,有下列情形之一的,拍卖人在拍卖前应当中止拍卖。(2)第二十七条拍卖师不得以个人名义为非本人注册的拍卖企业主持拍卖的规定。

《关于人民法院民事执行中拍卖、变卖财产的规定》共 2 处,0 占总考点的 8%(2/24),具体条文是:(1)第二十条,在拍卖开始前,人民法院应当撤回拍卖委托的情形。(2)第三十二条的规定,拍卖未成交或者非因拍卖机构的原因撤回拍卖委托的,拍卖机构为本次拍卖已经支出的合理费用,应当由被执行人负担。

在 2006 年第 18 期考试中,有一个案例专门考了《抵税财物拍卖变卖试行办法》。这个办法是 2005 年 7 月刚出台的,在 2006 年刚刚收录到我们的《拍卖相关法律与规则》中,当时没有人注意到这个新的法律文件。因此 18 期考试成绩比 17 期低,也与这个案例有关。这个案例后来经改编后收录到我们的教材中了(见第三章案例五)。我们来看看这个案例。某县国税局准备对一批依法扣押充抵税款的香烟进行拍卖,国税局委托具备省政府指定拍卖资格的东方拍卖公司进行拍卖。由烟草专卖部门对该批香烟进行了质量鉴定,并比照市场价确定该批香烟的价格为 38 万元。国税局和东方拍卖公司协商后将保留价确定为 37 万元。第一次拍卖中的最高应价仅为 21 万元。东方拍卖公司认为保留价定得太高是导致不成交的主要原因。国税局经与东方拍卖公司协商后将保留价调整为 24 万元,并举行了第二次拍卖。最终竞买人甲公司以 25 万元竞得该批香烟。竞买人乙公司向有关部门举报称：本次拍卖的标的物属于"公物"，在拍卖前应当由依法设立并具有相应资质的评估鉴定机构进行质量鉴定和价格评估，本次拍卖没有经过评估程序，因此，本次拍卖无效。问题：本次拍卖未经评估，而是比照市场价确定了拍卖标的的价格，这种做法是否合法？为什么？在充抵税款的烟草专卖品的拍卖中，我国法律、行政法规对拍卖人和竞买人的资格有何特别规定。两次保留价的确定是否合法？请说明理由。本次拍卖是否有效？说明理由。

　　本次拍卖未经评估，而是比照市场价确定了拍卖标的的价值，这种做法是合法的。根据《抵税财物拍卖、变卖试行办法》第十一条的规定："抵税财物除有市场价或其价格依照通常方法可以确定的外，应当委托依法设立并具有相应资质的评估鉴定机构进行质量鉴定和价格评估，并将鉴定结果通知被执行人"。香烟是一种常见的商品，一般都具有市场价格，完全可以依据市场价格来确定其价格，因此本案中未经评估的做法并无不当，是合法的。我国拍卖法第九条规定："充抵税款的物品，按照国务院规定应当委托拍卖的，由财产所在地的省、自治区、直辖市的人民政府和设区的市的人民政府指定的拍卖人进行拍卖"。《抵税财物拍卖、变卖试行办法》第十条也规定："拍卖由财产所在地的省、自治区、直辖市的人民政府和设区的市的人民政府指定的拍卖人进行拍卖"。我国拍卖法第二十三条规定，法律、行政法规对拍卖标的的买卖条件有规定的，竞买人应当具备规定的条件。《中华人民共和国烟草专卖法实施条例》第五十一条规定，人民法院和行政机关依法没收的烟草专卖品以及充抵罚金、罚款和税款的烟草专卖品，按照国家有关规定进行拍卖的，竞买人应当持有烟草专卖批发企业许可证。两次保留价的确定都不合法。《抵税财物拍卖、变卖试行办法》第十一条规定："拍卖抵税财物应当确定保留价，由税务机关与被执行人协商确定，协商不成的，由税务机关参照市场价、出厂价或者评估价确定"。本案例中，税务机关与拍卖人协商确定保留价的方式是不合法的。《抵税财物拍卖、变卖试行办法》第十八条规定："经过流拍再次拍卖的，保留价不应低于前次拍卖保留价的 2/3"。本案例中，第二次保留价 24 万元低于前次保留价 37 万元的 2/3，因此不合法。本次拍卖无效。因为本次拍卖存在多处违法。第一，保留价的确定是违法的，应当由税务机关与被执行人协商确定，而不是由税务机关与拍卖人协商确定；第二，确定保留价低于法定的标准。经过流拍再次拍卖的，保留价不应低于前次拍卖保留价的 2/3。本案例中，第二次保留价 24 万元低于前次保留价 37 万元的 2/3，因此不合法；第三，第一次拍卖流拍后，税务机关应当与被执行人协商同意，可以将抵税财物进行变卖；被执行人不同意变卖的，应当进行第二次拍卖。本案中，税务部门未经与被执行人协商的程序，决定第二次拍卖的行为是违法的。

　　在拍卖师资格考试中，不仅要兼顾新出台的法律法规，而且社会发展和行业发展中的热点问题也往往会成为命题的对象。在去年第 19 期的考试中，没有出现关于新法律的考题，不是命题者不想考新法律，而是去年没有可供命题的新法律。虽然去年国家出台的新法律不少，但是我们前边讲过，拍卖师资格的考试必须紧扣拍卖，对于与拍卖毫不相干或联系不紧密的新法律，是无法命题的。19 期与拍卖相关的新法律主要有两个：一个是 3 月份出台的物权法，另一个是新修订的企业破产法。但是这两个法律去年都没有命题，这一点我们在 19 期的考前辅导中是预见到的，理由主要有两个：一个是物权法 2007 年 10 月 1 日才开始生效，而 10 月 1 日之前，拍卖师考试的命题工作早已结束了，因此考物权法的可能性不大。二是从去年开始，我们的考试有了考试大纲，考试大纲是确定考试范围的一个依据，而考试大纲中并没有将物权法和企业破产法列入，我们的教材和《拍卖相关法律与规则》中也没有收录这两个法律。因此，考的可能性不大。19 期虽然没有考新的法律，但是考了行业发展中的几个热点问题，比如拍卖企业设立分公司的问题、外资设立拍卖企业的问题、拍卖师的刑事犯罪问题等等。18 期还考了外国公民报考我国拍卖师资格的问题等等。这些都是我国拍卖业发展中面临的热点问题。

四、注重加工，不疑不难

每年考生都会问一个同样的问题，即什么样的案例可能成为考试中的案例？拍卖实践中的疑难案件是否会成为考试中的案例？

可以肯定地讲现实中的案例不管它容易还是疑难，都不会直接成为考试中的案例。因为考试中的案例有自己的特征，即都是人为加工的结果。为什么要加工呢？因为考试是有目的性的，考题必须要符合考试的目的，因此就必须有可靠性，这就要求必然要有一个加工过程，这个过程就叫"命题"。考试中的案例是命题人员经过自己的思维，按照法律的规定创造出来的。有的可能参考现实生活中的案例，但并不完全相同，因为命题人员必须通过加工使题目具有"可考性"；有的案例则纯粹是命题人员自己造出来的，现实生活中很难发生。

案例分析题一般由两部分构成，不论是传统的综合性案例分析，还是 19 期开始增加的选择型案例分析，都不例外。一部分是题干，就是我们平常讲的案情；另一部分是问题，就是考试中要求考生回答或通过分析做出选择的部分。刚才我们已经讲过了，案情的设定遵循因法设案的规律，一般是从法条到案例，大部分案例是为了考试而人为制造出来的，是首先确定要考哪一个或哪几个法律条文，然后再依据这些法律条文来设定案情，而不是相反。真正考试中的案例不但与拍卖实践中的真实案例有区别，与我们教材中的案例也是有区别的。教材中的案例很大一部分是真实的案例，是先有案例，然后再找法律依据，按照法律规定来分析案例。而考试中的案例是命题人员经过自己的思维，按照法律的规定加工出来的，一般都具有明确的"考试"目的，考题必须具有较强的"可靠性"。

对案例进行加工的过程主要包括这样一些内容：

第一，语言文字的加工，即通过加工使案例变得更为简洁，以便减少考试中的"阅读量"，为考生节省宝贵的时间。从历年的考题可以看出，真正的考试案例的语言是非常简洁的，没有一个字是多余的，包括标点符号，都是有其特定"含义的"，字里行间都在传递考试信息，而考生应当找的"法律准绳"就藏在这些细微的信息中。考生在考试时，一定要认真阅读给定的材料，不要放过任何一点蛛丝马迹。我们来看看 19 期的一个案例：长城拍卖公司成立于 2003 年，注册资本 5000 万元。出于开展业务的需要，长城拍卖公司计划成立一家分公司。下列关于长城拍卖公司成立分公司必须具备的一个条件的表述，正确的是哪一个？A. 长城拍卖公司应当最近三年连续盈利，其上年拍卖成交额超过 5000 万元人民币；B. 长城拍卖公司应当最近两年连续盈利，其上年拍卖成交额达到 5000 万元人民币；C. 长城拍卖公司应当最近两年连续盈利，其上年拍卖成交额超过 5000 万元人民币；D. 长城拍卖公司上年拍卖成交额达到 2 亿元人民币。这是案例分析的第一道选择题。考点是拍卖企业设立分公司的条件。对于这个题你首先要明白它考的考点属于哪一个大的法律。然后要确定是哪一个或哪一些法条。大家先不要急着看书，每个人先做一遍，然后我们再来分析，看你做的对不对，如果错了，要明白为什么错了。

哪一个法律规定了拍卖企业设立分公司的条件呢？商务部《拍卖管理办法》，那一条做了具体规定的呢？《拍卖管理办法》第11条，请大家参见《拍卖相关法律与规则》第11页。这个案例考查的考点是如何正确理解《拍卖管理办法》第11条中的第六项的含义。选项A的错误在于"最近三年连续盈利"，是"两年"不是"三年"，"三年"的要求是"经营拍卖业务三年以上。注意这个信息考题在"案情"是告诉过我们的，不过不是直接，而是间接"披露"的，因为案情告诉我们长城拍卖公司成立于2003年。随意每一个字包括每一个数字都不是多余的，更不是随便安排的，都有它要传达的信息。根据我统计的结果，选A的考生占13.7%。刚才有谁选了A？选项B的错误在于"其上年拍卖成交额达到5000万元人民币"；这里将法条中的"超过"偷换成了"达到"，可见考试有多么的细。不少同志只记住了"5000"万这个数字，没有留意5000万的前提是什么。选B的考生也是13.7%；选项D的错误和B的错误是一样的，将"成交额超过2亿元人民币"偷换成了"成交额达到2亿元人民币"。选D的考生占了7.8%。正确的答案应该是选项C。这是去年的第一道案例题，从试卷"由易到难"的规律来看，这对于命题者来讲，应该认为这是最容易的一道题目。正确率是C64.7%。

关于这一条的规定，考前辅导时不少学员就有疑问，说这里给了两个自相矛盾的规定，一方面要求"上年拍卖成交额超过5000万元人民币"，另一方面又要求"上年拍卖成交额超过2亿元人民币"；是不是印刷错误啊？我说，你不要只看文字，你再仔细看看这个条文的标点符号，这一个条文有两句话，中间用的不是逗号，而是分号，为什么要用分号呢？经过这一解释，大家恍然大悟。我举这个例子想告诉大家，考试的案例都是经过加工的，加工的第一项任务就是要使语言简洁。

加工的第二项任务是设定案例的情节。案例的情节包括两类：一类是传递正面信息的情节，即引导你作出正确判断的情节，大部分属于这种情况；另一类是传递反面信息的情节，即命题者故意安排的干扰信息，我们俗称"圈套"和"陷阱"。注意我们的拍卖师资格考试不纯粹是一个"资格考试"或"水平考试"，不象考驾驶执照，只要符合条件的，都让通过。拍卖师资格考试带有很强的"选拔性"，所以考试必须能将考生分出个"三六九等"来，通过设定干扰信息使考生的成绩拉开距离，便于国家选拔。所以考试中经常会出现"声东击西"的情况，我们来看18期的一个案例：某拍卖公司是享有"公物"拍卖资格的企业。接受当地工商行政管理部门的委托，拍卖一批在执法中没收的蔬菜种子。同时接受当地税务部门的委托，拍卖税务机关扣留用以抵税的一套房产。还接受人民法院的委托，拍卖一起免予起诉案件中不予返还的两件追回物品。拍卖会于2006年5月10日举行。经过拍卖，工商行政管理部门委托拍卖的蔬菜种子虽有两名竞买人登记参加竞买，但是由于考虑到季节问题，两人在拍卖会上都没有举牌。税务部门委托拍卖的一套房产以150万元由竞买人张某竞得。人民法院委托拍卖的两件追回物品，其中一件以360万元由竞买人李某竞得，另一件最高应价未达保留价。拍卖会结束后，拍卖公司要求工商行政管理部门承担拍卖公司为此次拍卖"蔬菜种子"所付出的合理费用3200元；拍卖公司依据与房产买受人张某的约定，向张某收取拍卖佣金9万元；拍卖公司依据与买受人李某的约定，向李某收取拍卖佣金18万元。并要求人民法院支付拍卖公司为未拍出的另一件追回物品所付出的合理费用2000元。……人民法院认为，根据最高人民法院的相关司法解释，在人民法院委托的拍卖中，拍卖成交价超过 200 万元至 1000 万元的部分，拍卖机构向买受人收取的佣金不得超过 3%，拍卖公司向李某收取 18 万元的佣金显然超过了这个标准，是违法的。另外，拍卖公司为拍卖未成交的另一件追回物品所付出的合理费用，应当由免予起诉案件中的当事人承担。问题：人民法院的观点是否成立？为什么？

这个案例考完后引起很大的反映，一个反映是考生认为考的太细了，根据最高人民法院关于人民法院民事执行中拍卖、变卖财产的规定第 32 条，民事强制执行拍卖中的收费从 0.5% 到 5% 分了五个档次，这么细谁能记得住呀？另一个反映是拍卖界的行业管理部门提出了异议，认为最高人民法院自行通过出台司法解释来限定拍卖人向买受人收取佣金的标准，这本身就是不合法，这一规定我们拍卖界从来都不承认，正在积极努力与最高人民法院协商要变更或取消这一规定，在我们正式的拍卖师资格考试中怎么能考这一内容呢？这有可能起到负面导向作用。我认真看过 18 期的参考答案和评分标准后，认为这道题出的非常有水平。这是一道典型的"声东击西"的案例，表面上好象要考最高人民法院司法解释关于强制执行收费的标准，实际上这道题与该收费标准毫无关系，它的真正考核点是"公物拍卖"的范围。

人民法院的观点不能成立。《最高人民法院关于人民法院民事执行中拍卖、变卖财产的规定》规定：拍卖成交的，拍卖机构可以按照下列比例向买受人收取佣金，其中"超过 200 万元至 1000 万元的部分，不得超过 3%"，"拍卖未成交的……，拍卖机构为本次拍卖已经支出的合理费用，应当由被执行人负担"。但是，这一司法解释仅适用于人民法院民事执行中的拍卖活动。本案例中的拍卖不属于人民法院民事执行中的拍卖委托，而属于拍卖法第 9 条规定的指定拍卖。因此，人民法院的观点不能成立。拍卖公司向买受人李某收取 18 万佣金，没有超过成交价的 5%，是合法的。另外，免予起诉案件中的当事人也不是民事执行中的被执行人，因此，拍卖公司为拍卖未成交的另一件追回物品所付出的合理费用，应当由委托人人民法院承担。

这就是加工的重要性。因此，考试中的案例与拍卖现实中的案例是有区别的。都是经过认真加工的案例。现实中的疑难案件大家要关注，因为这有可能成为考试案例的素材，但是从来没有出现过照搬现实案例的情况。考试中的案例绝对不会是现实中的疑难案件，经过加工的题目必然具有一个特征，即不再是疑难案件。即便以现实中的疑难案件为原形，也要进行加工，使案例本身不再具有疑难性。考生不会做并不是考题疑难，而是考生的基本知识掌握的不够扎实。所以在案例分析考试中，注重基础知识是非常重要的，在案例分析这一科的复习中，没有任何捷径可走，只能踏踏实实地看书、思考和总结。很多考生在我的博客上留言，询问为什么案例分析考试总是通不过的原因，对于这样的咨询，我一般是不回复的，不是我不想回复，而是我不知道该怎样去回复，因为我手中也没有"灵丹妙药"。考试本身确实不能算难，最少算不上偏题和怪题，是否通过主要还是要靠自己。

五、题型稳定，偏重能力

案例分析的题型稳定这样的结论在以往的辅导中是不敢讲的，定多将案例分析的题型在逐年地趋于稳定。我们可以讲案例分析的题型已经基本稳定了，因为我们从 2007 开始有了考试大纲，明确了考试的范围。2008 年的考试大纲增加了一项内容，即要明确告诉考生每一门考试科目试卷的题型结构和分值分配。所以拍卖师资格考试越来越规范了。

从 20 期的考试大纲来看，案例分析题型与 19 期的题型保持一致，还是由单项选择题、多项选择题、综合案例题三种大的题型构成，但是题目数量和分值可能有所调整，单项选择题由去年的 10 个调整为 15 个，分值由每小题 3 分调整为每小题 2 分，总分值保持 30 分不变；多项选择题仍由 5 道案例组成，每小题分值由去年的 4 分调整为 3 分，总分值由 20 分调整为 15 分。另外可能由 3~4 道综合案例分析，总分值为 55 分，比去年提高了 5 分。

在考试题型走向稳定的同时，案例分析考试也越来越注重对考生分析问题和解决问题的能力进行考查了。按照拍卖师资格考试的要求，考生都应当是有一定拍卖从业经验的人员，因此结合拍卖实践来考查实际能力历来是案例分析考试的一种重要目标，但是由于以往考试不够规范，这一要求的体现不是太明显。从 19 期开始，能力考查成为了考试的一个重要特征。我们以 19 期的考题为例来说明这个问题。

2007 年考试中分值最大的一道案例分析题考了考生的"合同审查"能力。原题如下：

白云拍卖公司成立于 2001 年，注册资本为 800 万元。下面是该公司与委托人高大鹏签订的一份委托拍卖合同。请仔细审查该合同的内容，指出其中存在的问题，并说明理由。

委托拍卖合同

委托人：高大鹏　住××市学府路 38 号，联系电话：××××××

拍卖人：白云拍卖公司

注册地：××市丰收路 123 号吉祥大厦 201 室

法定代表人：常宁　　联系电话：××××××

根据《中华人民共和国合同法》、《中华人民共和国拍卖法》和其他有关法规，双方经协商一致，签订本合同：

第一条　委托人愿将位于本市幸福路 21 号面积 56 平方米的两间门面房、祖传唐三彩骆驼一对、当代某著名画家创作的山水画一幅、"奔驰"牌小轿车一辆委托拍卖人依法公开拍卖。

第二条　拍卖方式为有底价（保留价）拍卖。

第三条　拍卖人应于 2007 年 8 月 8 日之前完成对本合同载明的拍卖标的的拍卖。

第四条　委托人的权利和义务：

1. 委托人应保证对拍卖标的物拥有无争议的处分权，保证委托拍卖的标的物上不存在抵押或质押。委托人应向拍卖人提供拍卖标的的有关证明文件和资料。

2. 在委托拍卖期间，委托人不得擅自将拍卖标的再行委托其他拍卖人进行拍卖。

3. 委托人有权亲自或委托其代理人到拍卖会现场观看，但不得参与竞买，也不得委托他人代为竞买本合同所列各拍卖标的。

4. 在本合同签订后，委托人应当将上述标的中除门面房外的其他标的物交拍卖人保管，以便进行标的物展示。

第五条　拍卖人的权利和义务：

1. 拍卖人应保证自己是依法成立的拍卖企业，并在本合同签订后，将企业的营业执照副本复印件交委托人一份。

2. 本合同签订后，拍卖人应依法发布拍卖公告，制定出适合本次拍卖活动的策划实施方案，做好招商宣传及竞买人的登记工作。

3. 拍卖人有权依据市场情况确定拍卖标的物的保留价。保留价确定后，拍卖人不得擅自变更，也不得低于保留价拍卖本合同委托的标的。

4. 拍卖人在拍卖开始前有确切证据证明委托人对拍卖标的不享有所有权或处分权的，有权终止本合同。

5. 拍卖人应对委托人的身份和拍卖标的物的保留价进行保密，不得向他人泄露。

6. 拍卖人对委托人移交的标的物负有保管责任，因拍卖人的过错造成标的物损失的，由拍卖人负赔偿责任。

第六条 佣金和费用的承担：

1. 本合同签订后，委托人应向拍卖人预付受理费 2000 元，用于对拍卖物进行估价、保管、运输、公告等项费用开支，由拍卖人按实际开支在拍卖会结束后多退少补。

2. 拍卖成交后，委托人应向拍卖人支付拍卖佣金。拍卖佣金为成交价款的 15%，由拍卖人从拍卖成交价款中一次性扣除。

3. 拍卖会前因委托人原因撤销拍卖标的、中止或终止拍卖时，委托人应支付拍卖人因拍卖活动所实际发生的费用。

第七条 拍卖标的物交付：

拍卖标的经拍卖成交的，由拍卖人将标的物实物移交给买受人，需要办理产权变更手续的，由拍卖人负责办理。

第八条 价款的支付方式及期限：

拍卖结束后，拍卖人应在交割之日起 5 日内，将扣除拍卖佣金和相关费用后剩余的拍卖成交款转交给委托人。

第九条 违约责任：

本合同一经签订，双方均须严格遵守，任何一方违反本合同约定给对方造成损失的，应向对方承担违约责任，违约责任的大小以违约行为给对方造成的损失为限。

第十条 其他约定：

1. 对需要征税的拍卖物，由委托人交付税金；经税务机关同意，税金可以从拍卖所得价款中扣除。拍卖成交后，拍卖人应按成交价金额开给竞买人发票或符合税务机关规定的收据。

2. 拍卖人保证在每个标的物的保留价价位上有竞买人应价，如竞买人的应价没有达到保留价，则将该拍品按保留价拍归拍卖人所有。

3. 双方在履行合同过程中发生的争议，应通过协商解决；协商不成的，可向人民法院提起诉讼。

4. 本合同自双方签字之日起生效。一式四份，双方各执两份，具有同等效力。

委托人：高大鹏　　　　　　　　　拍卖人：白云拍卖公司
代理人：　　　　　　　　　　　　法定代表人：常宁
签字日期：2007 年 8 月 2 日　　　签字日期：2007 年 8 月 2 日

祖传唐三彩骆驼可能属于文物，白云拍卖公司不具备拍卖文物的资格，应该在鉴定后再确定是否接受该标的的拍卖委托。该委托合同于 2007 年 8 月 2 日生效，但是却约定拍卖人 2007 年 8 月 8 日之前对本合同所载明的拍卖标的进行拍卖。这个时间太短，不够法定的 7

日公告期。根据拍卖法的规定，委托拍卖合同中，应当注明拍卖的时间和地点，该协议中缺乏对拍卖地点的约定。拍卖法规定，保留价由委托人确定，并应在委托拍卖合同中载明委托人提出的保留价。本委托拍卖合同中约定由拍卖人依据市场情况确定拍卖标的物的保留价不妥。根据拍卖法的规定，拍卖成交后，拍卖标的需要依法办理证照变更、产权过户手续的，委托人、买受人应当持拍卖人出具的成交证明和有关材料，向有关行政管理机关办理手续。因此，本合同中约定"需要办理产权变更手续的，由拍卖人负责办理"，是错误的。在我国，拍卖人是提供拍卖服务的中介法人，拍卖人及其工作人员不得以竞买人的身份参与自己组织的拍卖活动，并不得委托他人代为竞买。因此合同中，关于"如竞买人的应价没有达到保留价，则将该拍品按保留价拍归拍卖人所有"是违法的。竞买人在拍卖会上是否应价是竞买人的权利，竞买人可以应价，也可以不应价，拍卖人不能保证竞买人一定要在某个价位上应价，因此，合同中关于"拍卖人保证在每个标的物的保留价价位上有竞买人应价"是违法的。

拍卖师资格考试注重对实际能力的考查，这一趋势和特征不仅体现在《案例分析》这一科中，拍卖技巧考试是考实际操作能力的，这一点自不用多说。从 20 期开始，《拍卖经济学基础》的题型也将有重大改革，其中一个改革趋势就是要偏重对考生实际能力的考核。根据《拍卖经济学基础考试大纲》的规定，20 期取消了原来的名词解释、填空、判断等传统的考记忆力的题型，试卷将由单项选择、多项选择、简答题、论述题和综合能力题构成，尤其是新增加了"综合能力题"，其目的就是要加重对考生分析和解决问题的能力的考核。这是我要讲的第五个特征。

六、避免争议，追求通说

案例分析的考试重点是拍卖法以及与拍卖联系比较紧密的一些法律。但是拍卖是一个非常新兴的行业，拍卖法颁布也才 10 年多，拍卖业还不成熟，对拍卖理论研究还非常肤浅，而且研究人员也非常稀缺。因此实践中，对于拍案和拍卖法都还存在许多争论，有许多问题到今天为止仍没有定论。因此，在考试命题问题上，就必须有所选择，选择那些没有争议的或认识一致的问题来考试。我在写《拍卖法案例分析教程》时，将关于拍卖法的争议分为了三种类型，对不同的类型的争议采取了不同的方式对待。

第一类争议是认识错误造成的争议，这些争议实际上可以用现有理论解释清楚，我就通过分析点评尽量予以澄清和解释，这类争议事实上已经不是争议了。可以纳入考试的范围。比如拍卖的竞价条件问题，即一个竞买人是否可以拍卖的问题。

第二类是拍卖界有争议，但是没有本质上的争议，对于这类争议，我在写教材时就采用了拍卖界的通说为准。比如落槌的同时又有人应价，拍卖是否成交的问题。这类争议问题是可以考试的，只不过要以拍卖界大多数人的"通说"为评分标准。

第三类争议是由于立法上缺陷造成的争议。这类争议在拍卖法修订前无法解决。这样的问题就在教材中点出，或者仅作为每章节后的思考题供大家思考。如拍卖师主持权的具体内容，强制执行中人民法院的地位，强制拍卖中的佣金比例等。这一类争议不会成为考试对象，或者仅作为"干扰信息"来使用。

七、全面考查，不漏细节

考题的第七个特征是"全面考查，不漏细节"。刚才我们讲 20 期的第一个单项选择题时，大家可能已经感觉到了案例分析考试是非常细致的，细到连标点符号都不放过的程度了。除了考试注重细节外，考试还是非常全面的。可以说案例分析考试就法律条文的意义上讲，不存在所谓的重点法条问题。尤其是拍卖法，可以说每一个法条都可能考试，而且重复考试的几率很高。所以我们在考前辅导中从来都不划考试重点。

八、紧扣大纲，教材为核

如何理解这一特征呢。去年我就特别强调了一个问题，即我们现在有了教材，但大家一定要正确对待和使用教材，因为从案例的角度讲，考试是可能超出教材的。以往当我提醒大家考试会超出教材时，好多学员不能理解。问：既然有了教材，为什么考试还有可能超出教材呢？对于这些疑问我今天在这里说明一下。我说的考试会超出教材是指：考试的案例不一定是教材中的原案例；考试涉及到的法条范围比教材大。因为案例教材与一般的理论教材不同，内容总是有限的，它不可能穷尽所有案例。

首先，考试案例会超出教材案例。作为案例分析的教材，所选择的案例只能是典型案例，数量总是有限的，不可能囊括所有的拍卖案例。考试涉及到的知识点应该是教材中的内容，但是考试的案例本身不可能采用教材中的原案例，而是命题人员选择和加工的考试案例。考试案例与教材案例是有区别的。教材选择的案例有所侧重，按照原有的编写规划，这本教材共设计了 24 个章节，除了现有的 12 个章节对反映拍卖共性的问题运用案例进行分析外，还有 12 个章节是按照不同拍卖标的物进行的案例分析，比如文物艺术品、机动车、房产、土地、证券、无形资产等。在编写的过程中，考虑到时间的紧迫以及教材作为考试用书的篇幅，决定选择其中总论的部分章节作为考试教材的内容。因此，教材中选择的案例侧重于拍卖共性的案例，拍卖个性的案例，即各种不同拍卖标的的案例数量较少。但是涉及不同标的的拍卖知识也是要考的，虽然占的比重较小，但是不能忽略。

其次，考试涉及的法律法规会超出教材的范围。教材中每个案例后都附有相关法律法规，但是这只是与典型案例有关的法律法规，数量毕竟是有限的，关于法律法规的范围，大家在复习时要以《拍卖相关法律与规则》为主，当然教材中所附的法律法规应当是复习重点。教材中每一章都由多个案例构成，每个案例实际上包含五个部分：分别是典型案例、基本问题、要点提示、分析点评和相关链接。去年有不少同志问过这样一个问题：书中内容这么多，哪些才是复习重点呢？考试答题的时候，是否也要像书中的案例那样写很多才行呀？这一点请大家认真看一下"导论"中第四部分，即"教程的体例安排"，这里将五部分的不同作用都作了简要介绍。"典型案例"的主要作用在于直观形象地再现理论知识和法律规定在拍卖实践中的多样化反映。"基本问题"是依据典型案例，结合考试大纲对掌握知识程度的要求归纳出来的，是通过学习案例本身必须要掌握的核心知识。"要点提示"是对基本问题的提示性解答，其主要作用在于引导大家学习和掌握拍卖法案例分析的基本思路和方法。在考试答题时，考生回答问题至少要达到这个程度。"分析点评"是对案例所涉及理论和知识的详细分析和扩充，是运用拍卖法基本原理和知识对相关问题的归纳、总结和对不同观点的分析点评。这是每个知识单元中最重要的内容，其范围不限于典型案例所直观反映的知识内容。为了帮助大家准确把握分析点评所涉知识的范围，一般在正式分析点评之前，我会用一句话对每个典型案例所涉及的知识点进行简要归纳。所以，这句归纳的话很重要。

考虑到拍卖活动涉及的法律规范非常广泛，为了帮助大家有针对性地掌握除了拍卖法以外的其他法律中与拍卖活动密切相关的法律规定，我在每个知识单元中特意安排了"相关链接"这样一个内容，其主要作用是对案例及分析点评中涉及的具体法律条文和知识背景的汇集。这部分原来叫法条链接，考虑到涉及的问题不仅仅是法律问题，还有行业惯例，链接的也不限于法律条文，所以改为相关链接。这也提醒大家，考试案例的分析依据除了法律法规外，还有可能涉及到行业规范。答题时至少要回答到要点提示的程度，但考试所涉及到的知识范围不会局限于"要点提示"这么小的范围，大家要认真掌握每一个案例中"分析点评"所涉及的知识和理论。同时，考试所涉及到的法律规定也不限于教材中的"相关链接"部分，而应当以《拍卖相关法律与规则》为主。

从近年考试情况来看，考试涉及到的知识点、解题方法、思路和原理主要还是教材中的内容，所以考试是以教材为"核心"的。但需要强调的是，教材中所收录的"典型案例"一般不会是考试案例，至少不会是考试案例的原题。大家一定要明白教材中典型案例的作用，要活学活用，不要死记典型案例的案件情节和人物故事，而要重点掌握典型案例所反映的拍卖法原理、知识和分析问题解决问题的方法。

附：拍卖师资格考试案例分析选择题参考样题

一、单项选择题

分析给定的具体案例，每小题有 A、B、C 和 D 四个选项，其中只有一个选项最符合题意，请将最符合题意的选项填写在题后括号中。

1. 长城拍卖公司成立于 2003 年，注册资本 5000 万元。出于开展业务的需要，长城拍卖公司计划成立一家分公司。下列关于长城拍卖公司成立分公司必须具备的一个条件的表述，正确的是(   )。
   A. 长城拍卖公司应当最近三年连续盈利，其上年拍卖成交额超过 5000 万元
   B. 长城拍卖公司应当最近两年连续盈利，其上年拍卖成交额达到 5000 万元
   C. 长城拍卖公司应当最近两年连续盈利，其上年拍卖成交额超过 5000 万元
   D. 长城拍卖公司上年拍卖成交额达到 2 亿元

2. 长城拍卖公司成功举办了 2007 年度秋季拍卖会，本场拍卖会上的拍品很多。下列选项中，不属于拍卖法规定的"指定公物拍卖"的是(   )。
   A. 工商行政管理部门委托的对两台依法没收的录像机的拍卖
   B. 某国有企业破产清算组委托的对该国有企业破产财产的拍卖
   C. 海关部门委托的对三辆依法查扣的走私轿车的拍卖
   D. 人民法院委托的对一套冲抵罚金的住宅房产的拍卖

3. 假定赵某是长城拍卖公司的法定代表人,且是长城拍卖公司唯一的注册拍卖师。若赵某因故意犯罪被判处有期徒刑一年。下列说法中能够成立的是(　　)。

A. 商务主管部门应当收回长城拍卖公司的拍卖经营批准证书

B. 赵某的《中华人民共和国拍卖师执业资格证书》应当被吊销

C. 因为长城拍卖公司唯一的注册拍卖师被判处有期徒刑,因此长城拍卖公司在没有补充注册拍卖师之前不得再从事拍卖活动

D. 因为长城拍卖公司的法定代表人被判处有期徒刑,因此工商管理部门应吊销长城拍卖公司的营业执照

4. 在长城拍卖公司举办的一次拍卖中,委托人刘某在拍卖会前书面通知长城拍卖公司终止对其委托的标的的拍卖,但是没有说明任何理由。在这种情况下,长城拍卖公司所采取的下列各项措施中,正确的是(　　)。

A. 长城拍卖公司先行宣布中止拍卖,同时要求委托人刘某说明正当理由,根据刘某的理由再决定是否终止拍卖

B. 长城拍卖公司认为委托人刘某没有说明正当理由,况且已经发布了拍卖公告,因此决定按照拍卖公告确定的日期进行拍卖

C. 长城拍卖公司在接到委托人刘某的通知后,直接宣布终止拍卖,不要求委托人刘某说明理由,也不征求竞买人的意见

D. 长城公司征求了竞买人的意见,绝大多数竞买人不同意终止拍卖,因此,长城拍卖公司决定按原计划进行拍卖

5. 长城拍卖公司接受人民法院的委托,拍卖民事强制执行案中被执行人的两辆轿车、一栋办公楼和一批服装。人民法院要求长城拍卖公司为此举行一场专场拍卖会。长城拍卖公司决定将这些拍品发布在同一拍卖公告中。下列关于长城拍卖公司发布的本次拍卖公告的认识,正确的是(　　)。

A. 长城拍卖公司发布的本次拍卖公告应当属于合同要约

B. 长城拍卖公司应当在拍卖15日前发布本次拍卖公告

C. 长城拍卖公司必须在人民法院指定的媒体上发布本次拍卖公告

D. 长城拍卖公司必须在本次拍卖公告中注明拍卖标的的评估价格

6. 在长城拍卖公司举办的一场拍卖会上,共有机动车、房产、机械设备和商标使用权四个标的。拍卖活动结束后,经他人举报和工商行政管理部门调查核实,认定该场拍卖会上存在恶意串通问题。下列关于恶意串通及其法律后果的表述,正确的是(　　)。

A. 只要有一个标的在拍卖中发生了恶意串通,则整场拍卖会均无效

B. 若只有一个标的在拍卖中发生了恶意串通,则该标的的拍卖必然无效,但不影响其他标的的拍卖效力

C. 即使有一个标的在拍卖中发生了恶意串通,该标的的拍卖也不必然无效

D. 无论竞买人参与了哪一标的的拍卖中的恶意串通,都应对其处以本场拍卖会中最高应价10%以上30%以下的罚款

7. 在长城拍卖公司组织的一次拍卖会上,发现拍卖标的中有一个标的疑似公安机关通报协查的赃物,在这种情况下,长城拍卖公司应采取的恰当措施是(　　)。

A. 宣布终止该标的的拍卖,将该标的退还给委托人

B. 宣布中止该标的的拍卖，并通知委托人进行核实

C. 宣布终止该标的的拍卖，并立即向所在地公安机关报告

D. 宣布中止该标的的拍卖，并立即向所在地公安机关报告

8. 周鹏程与长城拍卖公司协商，委托长城拍卖公司拍卖其父母去世后遗留下的一处房产。在协商的过程中，长城拍卖公司得知周鹏程还有一个弟弟周万里现在定居在国外。长城拍卖公司的法律顾问认为，周万里对该房产也享有继承权。下列关于委托拍卖该处房产的表述，正确的是（　　）。

A. 该房产属于共有财产，共有财产属于法律禁止流通的物，不得委托拍卖

B. 在遗产分割前，继承人不享有所有权或处分权，继承人无权委托拍卖

C. 周鹏程享有继承权，有权委托拍卖，但应征得其他共有权人的同意

D. 周鹏程有权单独委托拍卖，但应将拍卖所得与其他共有权人一起分配

9. 长城拍卖公司接受吴某的委托，拍卖一辆二手汽车。竞买人郑某竞得后发现该汽车存在质量瑕疵，要求长城拍卖公司赔偿。下列关于本案的表述，不正确的是（　　）。

A. 委托人吴某在委托拍卖时有义务向拍卖公司说明拍卖标的的来源和瑕疵

B. 长城拍卖公司在拍卖前有义务向所有竞买人说明拍卖标的的来源和瑕疵

C. 如属于委托人责任，拍卖公司在向郑某进行赔偿后，有权向吴某追偿

D. 如拍卖公司对存在的瑕疵未予声明，则郑某要求赔偿的诉讼时效为一年

10. 某外商看好中国拍卖市场，与长城拍卖公司协商，双方合作准备在中国成立一家中外合资拍卖企业。下列关于外商投资拍卖企业的表述，正确的是（　　）。

A. 在我国，外商投资拍卖企业的经营年限最长不超过30年

B. 已经批准成立的外商投资拍卖企业，也可以依法成立分公司

C. 中外合资拍卖企业属于中国法人，经营范围与内资企业没有区别

D. 设立外商投资企业，除了要向省级商务部门申请颁发拍卖经营批准证书外，还应向商务部申请颁发外商投资企业批准证书

11. 西江月拍卖公司与公民甲签订了《委托拍卖合同》，拍卖甲所有的一套私人住宅。下列关于甲与西江月拍卖公司之间法律关系的表述，正确的是（　　）。

A. 公民甲与西江月拍卖公司之间是委托人与被委托人的关系

B. 公民甲与西江月拍卖公司之间是被代理人与代理人的关系

C. 公民甲与西江月拍卖公司之间是委托人与行纪人的关系

D. 公民甲与西江月拍卖公司之间是卖方与买方代理人的关系

12. 甲2008年4月3日在拍卖会上竞得的一辆小轿车，当场签署了成交确认书。甲按照约定于4月10日付清了全部的成交价款和佣金，4月12日从拍卖委托人处将该车提走，并于4月15日办理了机动车变更登记手续。下列关于甲取得该机动车物权的表述，正确的是（　　）。

A. 甲自2008年4月3日签署成交确认书时取得该车的所有权

B. 甲自2008年4月10日付清成交价款和佣金时取得该车的所有权

C. 甲自2008年4月12日从委托人处将该车提走时取得该车的所有权

D. 甲自2008年4月15日办理完毕变更登记手续时取得该车的所有权

13. 甲、乙、丙、丁四人合伙购买了一辆价值40万元的汽车经营货物运输，其中甲出资16万元、乙出资4万元、丙出资8.4万元、丁出资11.6万元。四人约定按出资比例对该

共有财产享有权益,但是对处分该共有财产的条件无约定。假设有合伙人要求通过拍卖来处分该共有财产。下列关于拍卖公司接受该委托应当满足的条件的表述,正确的是( )。

A. 只有全体共有权人一致同意,拍卖公司才能接受委托
B. 只要甲和乙同意拍卖,无论丙和丁是否反对,拍卖公司都可以接受委托
C. 无论甲持何态度,只要乙丙丁三人同意拍卖,拍卖公司就可以接受委托
D. 无论丁持何态度,只要甲乙丙三人同意拍卖,拍卖公司就可以接受委托

14. 沁园春拍卖公司接受委托人甲的委托组织拍卖一套设备。该公司的注册拍卖师乙收受贿赂并私下将该标的的保留价泄露给了竞买人丙。丙在拍卖会现场通过恐吓手段迫使其他竞买人不敢应价,自己则以保留价 30 万元竞买成功。之后丙私下又以 50 万元的高价将该标的卖出,使委托人甲的利益受到重大损失。经举报,该次拍卖活动被工商行政管理部门查处。下列关于该次拍卖活动的表述,正确的是( )。

A. 拍卖师乙的行为可能导致其《中华人民共和国拍卖师执业资格》被吊销
B. 拍卖公司构成恶意串通,工商部门可以对其罚款的最高限额为 9 万元
C. 拍卖公司不构成恶意串通,但拍卖师乙的行为构成恶意串通,并导致本次拍卖无效
D. 竞买人丙的行为构成恶意串通,工商管理部门可以对竞买人丙处最低 5 万元的罚款

15. 红烂漫拍卖公司接受人民法院民事强制执行程序中的委托举行拍卖会。买受人甲事后拒绝支付成交价款。人民法院裁定重新拍卖。两次拍卖价款的差价、费用损失和原拍卖佣金合计为 2630 元。关于这 2630 元的处理措施,正确的是( )。

A. 人民法院可以直接从甲预交的保证金中扣除,扣除后保证金有剩余的,剩余部分归红烂漫拍卖公司所有
B. 人民法院可以直接从甲预交的保证金中扣除,扣除后保证金有剩余的,剩余部分归被执行人所有
C. 如果买受人甲没有预交保证金,人民法院可以责令甲承担这 2630 元,拒不承担的,由人民法院强制执行
D. 如果买受人甲没有预交保证金,人民法院可以责令甲承担这 2630 元,拒不承担的,由红烂漫拍卖公司起诉甲,向其追偿

16. 满江红拍卖公司接受委托人甲的拍卖委托,拍卖登记在甲名下的一套房产。第三人乙拿出法院的一份生效判决书对此次拍卖的标的提出异议,称判决书已将拍卖房产判归其所有。在下列给定的条件中,表述正确的选项是( )。

A. 如果乙在拍卖会前提出该异议,则满江红拍卖公司应当宣布中止该标的的拍卖
B. 如果乙在拍卖会上提出该异议,则满江红拍卖公司应当宣布终止该标的的拍卖
C. 如果乙在拍卖成交后提出该异议,则买受人已依法善意取得该房产,乙无权要求返还,只能向委托人甲主张赔偿其损失
D. 如果乙在拍卖成交后提出该异议,则该次拍卖无效,因为自判决书生效之日起乙已经取得该房产的所有权,甲无权委托拍卖

17. 桃花源拍卖公司第一次接受人民法院的委托,拍卖民事强制执行案中被执行人的一些动产。拍卖公司内部对拍卖程序的理解发生了分析。甲认为应当先办理竞买人登记手续,然后由竞买人向委托法院预交保证金;乙认为应当先向法院预交保证金,对于没有向法院预交保证金的人,拍卖公司不能为其办理竞买登记手续;丙认为如果第一次拍卖流拍,人民法

院应先进行抵债程序，抵债不成的，才可以进行第二次拍卖；丁认为第一次拍卖如果流拍，人民法院应先进行第二次拍卖，第二次拍卖再流拍时，才能进行抵债程序。对于这些观点的判断，下列选项中正确的是(　　)。

　　A. 甲和丁的观点都是正确的　　　　B. 乙和丁的观点都是错误的
　　C. 甲和丙的观点都是错误的　　　　D. 乙和丙的观点都是正确的

　　18. 某企业因欠债其财产被人民采取了保全措施并强制执行。人民法院委托南国拍卖公司进行拍卖。在拍卖会前，同一人民法院受理了该企业的破产申请。下列关于人民法院和拍卖公司所采取的措施的表述，正确的是(　　)。

　　A. 人民法院应解除对该企业财产的保全措施，并中止对该企业的执行程序
　　B. 人民法院应当裁定终止执行，并及时通知南国拍卖公司和当事人
　　C. 南国拍卖公司收到法院的通知后应当立即宣布终止拍卖，并通知竞买人
　　D. 终止拍卖事由消失后，需要再行拍卖的，法院应通知拍卖公司恢复拍卖

　　19. 高云拍卖公司接受委托拍卖某商场积压的一批过季服装。共有甲、乙、丙三个人登记竞买。拍卖会举行时，只有竞买人甲到场，乙和丙都放弃了竞买。拍卖师以保留价起拍，竞买人甲举牌应价，拍卖师三声报价后落槌。竞买人甲当场与拍卖公司签订了成交确认书。下列关于本次拍卖活动的表述，正确的是(　　)。

　　A. 本次拍卖有三个竞买人登记竞买，符合拍卖的竞价条件，乙和丙没有到场并不影响本次拍卖的合法效力
　　B. 本次拍卖会虽然只有一个竞买人参加，但是竞买人甲的应价达到了保留价，拍卖结果是合法有效的
　　C. 本次拍卖不合法，应由中国拍卖行业协会给予高云拍卖公司通报批评并取消其企业资质的处分
　　D. 本次拍卖属于"不经拍卖竞价程序处分拍卖标的"的违法行为，应由商务主管部门对高云拍卖公司进行行政处罚

　　20. 鲲鹏拍卖公司接受工商行政管理部门的委托举行拍卖会。鲲鹏拍卖公司的注册拍卖师们对本次拍卖活动的性质有不同的认识。下列是他们的几种观点，其中正确的是(　　)。

　　A. 工商行政管理部门作为指定公物拍卖的委托人时，不承担任何拍卖费用
　　B. 并不是工商行政管理部门委托的拍卖都需要由政府指定的拍卖人来进行
　　C. 工商行政管理机关是国家行政机关，其委托的拍卖都属于指定公物拍卖
　　D. 如工商行政管理部门委托拍卖的标的是国有资产，则属于指定公物拍卖

　　21. 山东某拍卖公司接受河北一家企业的委托，拍卖该企业在河北的一处办公楼，委托拍卖合同约定拍卖会在山东举行。下列关于本次拍卖公告的表述，不正确的是(　　)。

　　A. 拍卖公司应当于拍卖日 7 日前发布拍卖公告
　　B. 拍卖公司应在标的所在地和拍卖会举行地两地的媒体上都发布拍卖公告
　　C. 拍卖公司只能在商务主管部门指定的发行量较大的报纸上发布拍卖公告
　　D. 本次拍卖不是强制执行中的拍卖，拍卖公司不必提前 15 天发布拍卖公告

　　22. 天际拍卖公司举行了一场拍卖会。拍卖会结束后，有人举报称：买受人甲是受天际拍卖公司注册拍卖是乙的委托，为乙代为竞买的。经有关部门调查，该举报的情况属实，甲和乙对举报事实也都予以承认。下列是有关部门对这一事件做出的处理措施，其中正确的是

( )。

　　A. 商务主管部门对天际拍卖公司给予警告

　　B. 工商行政管理部门对拍卖师乙处以拍卖佣金一倍的罚款

　　C. 工商行政管理部门对天际拍卖公司处以拍卖佣金三倍的罚款

　　D. 工商行政管理部门对天际拍卖公司处以该标的最高应价40%的罚款

　　23. 工商行政管理部门在一次执法检查中，发现万木拍卖公司的拍卖档案资料保管非常混乱，于是责令万木拍卖公司限期改正，并要求其尽快建立健全拍卖档案保管制度。下列关于拍卖档案资料保存的表述，正确的是( )。

　　A. 拍卖笔录的保管期限，自拍卖活动结束之日起计算，不得超过5年

　　B. 拍卖笔录的保管期限，自拍卖活动结束之日起计算，不得少于5年

　　C. 与拍卖经营活动有关的完整账簿的保管期限，自拍卖委托合同签订之日起计算，不得少于5年

　　D. 与拍卖经营活动有关的完整账簿的保管期限，自拍卖委托合同终止之日起计算，不得少于5年

　　24. 赵某是云海拍卖公司的法定代表人，且是该拍卖公司唯一的注册拍卖师。上个月赵某因故意犯罪被判处有期徒刑一年。下列说法中能够成立的是( )。

　　A. 商务主管部门应当收回云海拍卖公司的拍卖经营批准证书

　　B. 赵某的中华人民共和国拍卖师执业资格证书应当被吊销

　　C. 因为云海拍卖公司的法定代表人被判处有期徒刑，因此工商管理部门应吊销该公司的营业执照

　　D. 因为云海拍卖公司唯一的注册拍卖师被判处有期徒刑，因此该公司在没有补充注册拍卖师之前不得再从事拍卖活动

　　25. 正松拍卖公司最近正在积极准备成立一家分公司。下列关于正松拍卖公司成立分公司的程序及法律责任的表述，不正确的是( )。

　　A. 正松拍卖公司应当先经本公司或分公司所在地市级商务主管部门审查后，报省级商务主管部门核准并颁发拍卖经营批准证书

　　B. 正松拍卖公司在向省级商务主管部门申请核准和换发拍卖经营批准证书之后，才能向工商行政管理机关申请变更注册登记项目

　　C. 正松拍卖公司的分公司自领取拍卖经营批准证书之日起，6个月内未领取营业执照的，其拍卖经营批准证书将被商务主管部门吊销

　　D. 正松拍卖公司的分公司成立后6个月未开业，或开业后连续6个月无正当理由未举办拍卖会或没有营业纳税证明的，由有关部门依法吊销其营业执照

二、多项选择题

　　分析给定的具体案例，每小题有 A、B、C 和 D 四个选项，其中有两个或两个以上的选项符合题意，请将符合题意的选项填写在括号中。

　　26. 蓝天拍卖公司接受人民法院的委托，对被执行人的财产进行拍卖。人民法院依法通

知了享有优先购买权的人到场。下列关于本场拍卖中优先购买权的表述，不正确的有（　　）。

　　A. 如果享有优先购买权的人未能到场，则视为其放弃优先购买权

　　B. 在拍卖过程中，有最高应价时，若优先购买权人表示以该最高价买受，则应将标的拍归该优先购买权人，其他竞买人无权再做出更高的应价

　　C. 在拍卖过程中，若有顺序不同的多个优先购买权人同时表示买受的，应由优先购买权人通过抽签的方式来确定买受人

　　D. 在拍卖过程中，若有顺序相同的多个优先购买权人同时表示买受的，应由优先购买权人通过竞价的方式来确定买受人

　　27. 张某是蓝天拍卖公司的注册拍卖师。下列关于张拍卖师在主持拍卖会时享有的法律权利和应尽的法律义务的表述，不正确的有（　　）。

　　A. 张拍卖师应当在拍卖前宣布拍卖规则和注意事项

　　B. 拍卖标的有保留价的，张拍卖师应当在拍卖前予以说明

　　C. 竞买人的最高应价未达到保留价时，张拍卖师应当宣布停止拍卖会

　　D. 拍卖成交后，张拍卖师应当在拍卖成交确认书上签名

　　28. 蓝天拍卖公司新招聘来几名拍卖从业人员。王拍卖师作为蓝天拍卖公司中资格较老的拍卖师，经常给该公司的拍卖从业人员讲解拍卖师在执业中应注意的问题。下列是王拍卖师的一些观点，其中错误的有（　　）。

　　A. 拍卖师只能在一个拍卖企业注册执业，不得变更执业注册单位

　　B. 拍卖师除了在自己注册的拍卖企业工作外，不得在其他企业兼职

　　C. 拍卖师不得以自己的名义参加自己注册的拍卖企业组织的拍卖活动

　　D. 拍卖师不得将中华人民共和国拍卖师执业资格证书借予他人使用

　　29. 蓝天拍卖公司的注册资本为 3000 万元人民币。公司现在计划涉足文物拍卖领域。下列关于蓝天拍卖公司取得文物拍卖资格应具备的条件的表述，不正确的有（　　）。

　　A. 蓝天拍卖公司应当有三名以上注册拍卖师

　　B. 蓝天拍卖公司应当再增加 1000 万的注册资本

　　C. 蓝天拍卖公司应当取得省级文物行政主管部门颁发的文物拍卖许可证

　　D. 蓝天公司应有五名以上取得中级文物专业技术职务的文物拍卖专业人员

　　30. 蓝天拍卖公司的会计小宋也想考取拍卖师资格。小宋 2002 年大学本科毕业后分配到某国有企业做财务工作。2004 年 6 月，司法机关以挪用资金罪判处小宋有期徒刑一年。同年 12 月，司法机关经过复查认为小宋的案件是个"错案"，遂宣告小宋无罪，并对小宋进行了国家赔偿。小宋于 2005 年 1 月应聘到蓝天拍卖公司做会计。关于小宋能否报名参加拍卖师资格考试，有不同的看法。下列几种观点中，正确的有（　　）。

　　A. 不能报名参加拍卖师资格考试，他属于"因故意犯罪受过刑事处罚者"

　　B. 可以报名参加拍卖师资格考试，但他必须首先取得拍卖从业人员资格

　　C. 不能报名参加拍卖师资格考试，自他被宣告无罪之日算起还不满 5 年

　　D. 小宋不属于"因故意犯罪受过刑事处罚者"，在其他条件符合的情况下可以报名参加拍卖师资格考试

　　31. 青竹拍卖公司在一次拍卖活动中，为了保证拍卖活动的顺利进行和拍卖成功，采取

了一系列措施。请分析该公司所采取的下列措施中，正当的措施有（　　）。

A. 为了吸引更多的竞买人参加竞买，青竹拍卖公司除了发布拍卖公告外，还在媒体上做了大量的商业广告，对此次拍卖进行了广泛的宣传

B. 为了防止拍卖中可能出现的竞买人之间的恶意串通，青竹拍卖公司在拍卖会上将竞价方式由升价式拍卖调整为降价式拍卖

C. 为了保证拍卖活动满足法定的竞价条件，青竹拍卖公司向经常参加拍卖会的一些老客户发出邀请函，建议他们报名参加竞买

D. 为了维护未能到场的竞买人的合法权益，青竹拍卖公司安排本公司的工作人员作为他们的竞买人代理人，以竞买人的名义参加竞买

32. 红楼拍卖公司是一家新成立的拍卖企业，它最近开展的拍卖活动中，有很多做法引起了人们的议论。请分析红楼拍卖公司所从事的下列拍卖活动中，哪些不属于法律禁止的行为（　　）。

A. 红楼拍卖公司先行购买了几处二手房，装修后，在自己和另外一家拍卖企业联合举办的拍卖会上进行了拍卖

B. 红楼拍卖公司将自己拥有的几辆二手机动车委托另外一家拍卖公司进行了拍卖

C. 红楼拍卖公司自己组织的一场拍卖活动中，接受了本公司职工的委托，拍卖了该职工拥有的几件家具

D. 红楼拍卖公司持有正大房地产公司40%的股份，在红楼拍卖公司组织的一场拍卖会上，允许正大房地产公司作为竞买人参加了该拍卖活动

33. 五云山拍卖公司接受人民法院的委托，拍卖民事强制执行中某上市公司的国有股权。由于对上市公司股权拍卖的法律规定不太熟悉，于是向某律师事务所进行咨询。下面是接待律师的一些观点，其中正确的有（　　）。

A. 拍卖公司应当于拍卖日前10天依法发布拍卖公告

B. 拍卖上市公司的国有股权，至少应有三名以上的竞买人

C. 上市公司国有股权拍卖的保留价，应当按照评估值确定

D. 流拍后，再次拍卖的保留价不得低于前次保留价的80%

34. 在一次拍卖中，三河源拍卖公司向每位竞买人收取了3万元竞买保证金。竞买人甲以12万元竞买成功，并与拍卖公司签订了拍卖成交确认书。下列关于竞买保证金的表述，正确的有（　　）。

A. 如果拍卖公司与甲对竞买成功后竞买保证金的用途没有约定，则竞买成功后，买受人甲的3万元保证金可以冲抵成交价款

B. 如果拍卖公司与甲约定竞买成功后将竞买保证金全额转为履约保证金，则在买受人甲违约的情况下，履约保证金将起到违约金的作用

C. 如果拍卖公司与甲约定竞买成功后将竞买保证金全额转为定金，则拍卖成交后，在拍卖公司违约的情况下，买受人甲有权要求拍卖公司返还6万元

D. 如果拍卖公司与甲约定竞买成功后将竞买保证金全额转为定金，则拍卖成交后，在买受人甲违约的情况下，拍卖公司有权不退还甲的3万元

35. 九鼎拍卖公司是一家专门经营文物拍卖的企业。由于市场竞争加剧，为了巩固和提高自己的市场地位，九鼎拍卖公司采取了一系列新的举措。在九鼎拍卖公司采取的下列几项

措施中，不合法的有( )。

A. 为了扩大标的来源，派专人到国外广泛征集文物拍卖标的

B. 设立文物商店，征得委托人同意后，对流拍的文物进行宣传和代销

C. 高薪聘请参加文物拍卖标的审核的专家张某为本公司的首席拍卖顾问，并由张某免费向社会公众做了几场普及文物知识的讲座

D. 为了确保拍卖标的的真实性，申请文物行政部门为本公司拍卖的文物标的出具了真伪鉴别证明，深得竞买人的赞赏

参考答案：

1. C	2. B	3. B	4. C	5. B	6. C	7. D
8. C	9. B	10. B	11. A	12. C	13. D	14. A
15. C	16. A	17. B	18. A	19. C	20. B	21. C
22. C	23. D	24. B	25. C	26. BCD	27. BCD	28. ABC
29. ABCD	30. BD	31. ABC	32. BCD	33. AC	34. AB	35. BCD

拍卖教学中的典型案例及其分析

【案例1】某拍卖公司是一家注册资本200万元的小型拍卖企业,最近出现了亏损。为了扭转亏损的局面,该公司采取了三项新措施:一是看好了文物拍卖市场,举办了两场文物拍卖;二是通过低价买断的方式买进物品,然后公司自己再通过拍卖方式回收资金并获取佣金以外的利润;三是私下与在另一家拍卖公司执业的当地著名拍卖师关某个人签订协议,让关某来帮助主持了几场拍卖会,以此扩大该公司的影响。后经他人举报,该公司的行为被有关部门查处。

本案例涉及的主要问题是:拍卖公司采取的三项新措施是否合法,如何认定拍卖师关某行为的违法性和他可能面临的处罚或处分。

结合案情简要分析如下:

首先,该拍卖公司采取的第一项新措施不合法。按照我国拍卖法的要求,拍卖企业经营文物拍卖的,应具有1000万元以上的注册资本、具备文物拍卖专业知识的人员。另外按照文物保护法的要求,还需要取得国务院文物行政部门颁发的文物拍卖许可证。案例中的拍卖公司只是一个具有200万元注册资本的小型拍卖企业,既不具备文物拍卖专业知识的人员,也没有取得国务院文物行政部门颁发的文物拍卖许可证,因此,该公司从事文物拍卖的行为是违法的。

其次,该拍卖公司采取的第二项新措施不合法。按照我国拍卖法的规定,拍卖人不得在自己组织的拍卖活动中拍卖自己的物品或者财产权利。拍卖公司通过低价买断取得拍品,实质上等于将拍品变成拍卖公司自己所有的财产。在这种情况下,拍卖公司的拍卖行为属于在自己组织的拍卖活动中拍卖自己所有的物品的行为,这违反了我国拍卖法关于拍卖人不得在自己组织的拍卖活动中拍卖自己的物品或者财产权利的规定,因此是违法的。

再次,该拍卖公司采取的第三项新措施也不合法。该拍卖公司如果想让关某为其主持拍卖活动,应当与关某注册执业的拍卖公司协商并签订协议,而不应私下直接与拍卖师关某签订协议。

最后,关某身为某文物拍卖公司的注册拍卖师,为其他拍卖公司主持拍卖会,且两公司之间并无协议,其行为违反了《关于加强拍卖师监督管理的若干规定(暂行)》第十七条和《拍卖管理办法》第二十七条关于拍卖师不得以个人名义为非本人注册的拍卖企业主持拍卖的规定。关某违法为其他拍卖公司主持拍卖会的行为,按照《关于加强拍卖师监督管理的若干规定（暂行）》第二十一条的规定，可能面临被中国拍卖行业协会处以暂停执业一年的处罚。

【案例2】 某拍卖行接受委托拍卖一套二手房。办理了委托手续后，拍卖行指定由经验丰富的拍卖师李某负责竞买人的登记工作，并主持拍卖。李某知道他的朋友某甲正想购买一套条件相同的二手房，便及时通知了某甲登记参加竞买。为了帮助某甲竞买成功，李某与某甲协商后又安排某甲的亲戚某乙和某丙一起登记参加竞买，并约定在拍卖时两人均不举牌。同时李某以种种理由拒绝其他竞买人的登记，并私下将该标的的保留价告诉了某甲。因为害怕事后被人发现，拍卖师李某在拍卖前称病请假，拍卖行临时决定由具备拍卖从业人员资格，在拍卖行已工作多年，并且刚刚参加完拍卖师资格考试的王某主持拍卖。某甲通过拍卖以保留价竞得该套房产。

本案例涉及的主要问题是：拍卖师李某和竞买人某甲的行为属于何种性质的行为？拍卖师李某的行为违反了我国法律、行政法规或行业规范的什么规定？可能承担何种法律责任？应该由哪一部门来追究？竞买人某甲的行为违反了我国法律、行政法规的什么规定？可能承担何种法律责任？应该由哪一部门来追究？拍卖行安排王某主持拍卖是否合法？

结合案情简要分析如下：

首先，本次拍卖中，拍卖师李某和某甲的行为属于拍卖人与竞买人之间恶意串通的违法行为。从本案来看，李某和某甲之间有恶意串通的行为表现，李某与某甲故意串通，安排某甲的亲戚某乙和某丙参加竞买，约定某乙和某丙在拍卖现场不举牌，向竞买人泄露拍卖标的的保留价，并利用工作便利拒绝其他竞买人登记等这些都是典型的恶意串通行为；李某和某甲恶意串通给委托人造成了损失，正是由于两人的恶意串通行为才导致某甲以保留价竞得拍卖标的，该成交价不能正确反映该标的的真实价格，给委托人造成损失。因此，拍卖师李某和某甲的行为属于恶意串通的违法行为。

其次，拍卖师李某的行为违反了中国拍卖行业协会《关于加强拍卖师监督管理的若干规定（暂行）》第十三条"拍卖师不得与拍卖活动当事人恶意串通，操纵价格，损害其他当事人的利益"的规定；同时也违反了我国拍卖法第三十七条"竞买人之间、竞买人与拍卖人之间不得恶意串通，损害他人利益"的规定。根据中国拍卖行业协会《关于加强拍卖师监督管理的若干规定（暂行）》第二十二条的规定，拍卖师李某的行为可能受到吊销其拍卖师执业资格证书的处分；应当由中国拍卖行业协会来追究拍卖师李某的法律责任。

再次，竞买人某甲的行为违反了我国拍卖法第三十七条"竞买人之间、竞买人与拍卖人之间不得恶意串通，损害他人利益"的规定；根据我国拍卖法第六十五条的规定，某甲应当依法承担赔偿责任，并可能受到最高应价10%以上30%以下罚款的行政处罚；某甲的行为应当由工商行政管理部门来追究。

最后，本次拍卖中，拍卖行安排王某主持拍卖不合法。我国拍卖法第十四条规定"拍卖活动应当由拍卖师主持"，本案中的王某虽然在拍卖行工作多年，具有拍卖从业人员资格，并且刚刚参加完拍卖师资格考试，但是在主持拍卖时并不具有拍卖师资格，拍卖行安排王某主持拍卖是违法的。

【案例3】 2005年5月，某拍卖公司接受当地中级人民法院的委托，对法院依法查封的被执行人胜利工贸公司的一处商业用房进行拍卖。由于宣传得力，咨询报名的人很多，其中相当多的人都办理了竞买登记手续。公告期间，被执行人胜利工贸公司称其正在与申请执人协商，有可能达成执行和解，要求拍卖公司中止拍卖。拍卖公司答复："我公司是受中级人民法院的委托进行拍卖的，没有法院的通知，我公司无权单方面中止拍卖。"拍卖前一天，中级人民法院以执行当事人已达成了执行和解协议，不需要继续拍卖被查封的财产为由，要求撤回拍卖委托。随后拍卖公司为中级人民法院办理了撤回拍卖委托的手续，但是要求收取拍卖公司为此次拍卖所支出的合理费用人民币4000元。中级人民法院认为该费用应当由被执行人胜利工贸公司承担。但胜利工贸公司拒绝向拍卖公司支付该费用，理由是：胜利工贸公司不是本次拍卖的委托人，与拍卖公司之间没有任何关系，既然拍卖是人民法院委托的，撤回拍卖委托也是由人民法院决定的，拍卖公司为本次拍卖支出的费用应当由人民法院承担。

本案例涉及的主要问题是：拍卖公司拒绝被执行人胜利工贸公司要求中止拍卖的理由是否成立？拍卖人在何种情况下可以在拍卖前单方中止拍卖？人民法院在什么情况下可以撤回拍卖委托？本次拍卖中人民法院撤回拍卖委托是否合法？为什么？拍卖公司在本次拍卖中支出的合理费用应该由谁来承担？请说明理由。

结合案情简要分析如下：

首先，案例中拍卖公司拒绝被执行人胜利工贸公司要求中止拍卖的理由成立。根据2005年1月1日起实行的《拍卖管理办法》第四十条规定，有下列情形之一的，拍卖人在拍卖前应当中止拍卖：（1）没有竞买人参加拍卖的；（2）第三人对拍卖标的所有权或处分权有争议并当场提供有效证明的；（3）委托人在拍卖会前以正当理由书面通知拍卖企业中止拍卖的；（4）发生意外事件致使拍卖活动暂时不能进行的；（5）出现其他依法应当中止的情形的。

其次，根据最高人民法院《关于人民法院民事执行中拍卖、变卖财产的规定》第二十条，在拍卖开始前，有下列情形之一的，人民法院应当撤回拍卖委托：（1）据以执行的生效法律文书被撤销的；（2）申请执行人及其他执行债权人撤回执行申请的；（3）被执行人全部履行了法律文书确定的金钱债务的；（4）当事人达成了执行和解协议，不需要拍卖财产的；（5）案外人对拍卖财产提出确有理由的异议的；（6）拍卖机构与竞买人恶意串通的；（7）其他应当撤回拍卖委托的情形。本次拍卖中，人民法院撤回拍卖委托是合法的。因为按照最高人民法院《关于人民法院民事执行中拍卖、变卖财产的规定》第20条的规定，当事人在拍卖开始前达成执行和解协议，不需要拍卖财产的，人民法院应当撤回拍卖委托。本次拍卖中，被执行人胜利工贸公司与申请执行人之间在拍卖前一天达成了执行和解协议，不需要再进行拍卖，因此，人民法院撤回拍卖委托是合法的。

最后，拍卖公司在此次拍卖中支出的合理费用应当由被执行人胜利工贸公司承担。根据我国拍卖法第二十九条的规定，委托人撤回拍卖标的的，应当向拍卖人支付约定的费用；未作约定的，应当向拍卖人支付为拍卖支出的合理费用。按照最高人民法院《关于人民法院民事执行中拍卖、变卖财产的规定》第三十二条的规定，拍卖未成交或者非因拍卖机构的原因撤回拍卖委托的，拍卖机构为本次拍卖已经支出的合理费用，应当由被执行人负担。本次拍卖属于人民法院在强制执行中委托的拍卖，而且是非因拍卖机构的原因撤回拍卖委托的，被执行人是胜利工贸公司，因此，应当由胜利工贸公司来承担。

【案例4】某拍卖公司接受法院委托，对一家加油站的设备及土地使用权进行拍卖。甄某和贾某持光明汽车运输公司的营业执照复印件、授权委托书和个人身份证明前来登记。拍卖公司以光明汽车运输公司的名义为其办理了竞买登记手续，发放了8号竞买号牌，并由甄某在竞买登记单上签了字。拍卖公司按照法定程序进行了公告、展示，并对拍卖标的进行了详细的说明。贾某持8号牌参加了拍卖会，经过多轮竞价，最终以75万元竞得该标的，贾某现场签署了成交确认书。到了付款期限，光明汽车运输公司拒绝交付成交价款，理由有四：第一，该拍卖标的属于特种行业使用设备，应当由政府指定的拍卖机构来拍卖，本次拍卖的拍卖人不是政府指定的，拍卖违法；第二，竞买登记单上的签字人是甄某，而成交确认书上的签字人是贾某，两者不一致，拍卖无效；第三，本案中的被执行人也作为竞买人参加了竞买，被执行人是该加油站设备的产权人和土地的使用权人，自然也应算做此次拍卖的委托人，拍卖公司允许被执行人参加竞买是违法的；第四，本次拍卖中，在拍卖师落槌的同时，持10号竞买牌的竞买人曾举牌报价80万元，8号牌75万元的报价不是最高应价，拍卖应当继续进行，因此拍卖并未成交。

本案涉及的主要问题是：光明汽车运输公司的第一个理由是否成立？竞买登记单与成交确认书上的签字人不一致，是否影响本次拍卖的效力？拍卖公司允许被执行人参加竞买是否合法？在拍卖师落槌的同时，又有竞买人举牌，本次拍卖是否成交？为什么？

结合案情简要分析如下：

首先，光明汽车运输公司的第一个理由不能成立。按照我国拍卖法的规定，国家行政机关依法没收的物品，充抵税款、罚款的物品和其他物品，按照国务院规定应当委托拍卖的，由财产所在地的省、自治区、直辖市的人民政府和设区的市的人民政府指定的拍卖人进行拍卖。拍卖由人民法院依法没收的物品，充抵罚金、罚款的物品以及无法返还的追回物品，适用前款规定。可见，在我国只有公物拍卖才需要由政府指定的拍卖人进行，司法强制拍卖不属于公物拍卖的范畴，无需由政府指定的拍卖人进行拍卖。本案例中的拍卖属于司法强制执行中的拍卖，而不属于公物拍卖，不需要由政府指定的拍卖人来拍卖。因此光明汽车运输公司的第一个理由不能成立。

其次，竞头登记单与成交确认单上的签字人不一致，不影响本次拍卖的效力。我国拍卖法规定，竞买人是指参加竞购拍卖标的的公民、法人或者其他组织。在拍卖活动中，竞买人可以自己参加竞买，也可以委托其代理人参加竞买。根据我国民法的相关规定，代理人在代理权限范围内所做行为的法律后果应当由被代理人承担。本次拍卖中甄某和贾某都是光明汽车运输公司合法的代理人，在拍卖活动中，无论谁在登记文件上和成交确认书上签字，其法律后果都应由被代理人光明汽车运输公司承担。在拍卖活动中，拍卖师是认牌不认人。无论是甄某还是贾某持8号牌参加拍卖活动，都代表了竞买登记人光明汽车运输公司的利益，8号竞买牌的行为应当由光明汽车运输公司负责。

再次，拍卖公司允许被执行人参加竞买是合法的。我国拍卖法规定，委托人是指委托拍卖人拍卖物品或者财产权利的公民、法人或者其他组织。委托人不得参与竞买，也不得委托他人代为竞买。本案例是人民法院在强制执行中的委托拍卖，虽然被执行人是该加油站设备的产权人和土地的使用权人，但是已经丧失了对拍卖标的的处置权。真正的拍卖委托人是人民法院而不是被执行人，因此被执行人并非以委托人的身份参加竞买，而是以普通的竞买人的身份参加竞买的，拍卖公司允许被执行人参加竞买是合法的。

最后，本次拍卖中，虽然在拍卖师落槌的同时，又有竞买人举牌，但是并不影响本次拍卖成交的效力。我国拍卖法规定，拍卖活动应当由拍卖师主持；竞买人的最高应价经拍卖师落槌或者以其他公开表示买定的方式确认后，拍卖成交；拍卖成交后，买受人和拍卖人应当签署成交确认书。根据这些规定，在拍卖师落槌的同时，又有竞买人举牌，这种情况下，只要没有其他相反证据证明最后一次举牌的行为发生在落槌之前，拍卖师现场认定不再继续竞价并无不妥。本案例中，拍卖师落槌的行为即表明拍卖成交。另外，贾某现场签署了成交确认书的行为再次以书面形式对拍卖成交的事实予以了确认。因此就本案例而言，拍卖已成交。

【案例5】刘备准备移居海外，将自己拥有的一辆奔驰牌轿车委托A拍卖行进行拍卖，并要求A拍卖行对自己的身份保密。A拍卖行接受委托后将该拍卖事务转委托给当地名气较大的B拍卖行进行，就如何分配拍卖后的利益与B拍卖行达成了协议，并将车辆、与车辆相关资料以及与刘备签订的委托手续等一并移交给了B拍卖行。B拍卖行于2005年3月5日发布公告，宣布3月13日前为展示期间，3月13日上午9时举行拍卖。3月12日晚上，B拍卖行的工作人员张飞私自驾驶该车参加朋友的宴会，在酒后驾驶返回的途中将该车撞坏。张飞连夜对该车进行了紧急修理，但是未敢将此事向B拍卖行领导汇报。3月13日拍卖如期举行。竞买人关羽竞得该车辆，当场签署了成交确认书并付清了全部的成交价款和佣金。关羽在启动该车准备离开时，该车突然起火，关羽来不及反应，轿车撞在墙上，车辆报废，关羽左腿被撞骨折。事后关羽得知张飞曾在拍卖前夜对该车进行过紧急修理，于是起诉B拍卖行，要求确认拍卖无效，退还购车款和佣金，并赔偿其全部损失。B拍卖行辩称：自己的拍卖行为完全合法，对张飞私自驾车外出的情况并不知情，因此只同意退还收取的购车款和佣金，不同意赔偿，赔偿问题关羽应当向张飞个人主张。刘备得知情况后，也向法院起诉，要求A拍卖行赔偿车辆损失。A拍卖行辩称：转委托B拍卖行拍卖是为了能拍卖出一个更好的价格，这对委托人也是有利的，自己并无过错，至于车辆损毁则完全是B拍卖行的责任，刘备应当起诉B拍卖行。

本案涉及的主要问题是：两家拍卖行各有哪些行为违法或违规？本次拍卖是否有效？应该如何划分本案例中的民事责任？

具体分析请参见本书第五部分中"拍卖师资格考试案例分析的典型特征"一文中的引用的例2。

【案例6】有三个人想报考2006年度拍卖师执业资格。一是2005年大学本科毕业的李建华。由于就业形势不好，毕业后他一直没有找到合适的工作。听说拍卖师前途很好，于是想报名参加考试。但他的一位拍卖师朋友说他不够报考的条件。李建华很纳闷：我都大学本科毕业了，怎么还不够条件呢？二是英国公民罗伯特。他本人毕业于北京语言大学，酷爱中国文化，毕业后进入北京一家拍卖公司做翻译工作，同时学习中国艺术品鉴赏。罗伯特的理想是成为一名中国拍卖师，有的朋友说外国公民可以报考，有的朋友说外国公民不能报考，但是都拿不出相关的法律规定。三是张良。他原是一名国家公务员，2002年1月被原工作单位开除了公职。张良在报考时被告知不具备报考资格，理由是他被开除公职还未满5年。张良辩解说：拍卖法只是禁止被开除公职未满5年的人"担任"拍卖师，但是并没有禁止被开除公职未满5年的人"报考"拍卖师。我现在只是报名参加考试，取得资格后我可以先不办理注册手续，也不主持拍卖活动，等到满5年后，我再办理正式注册手续。"报考"拍卖师和"担任"拍卖师是两个完全不同的概念，我咋就不能报考呢？

本案例涉及的主要问题是：李建华如果想报考拍卖师执业资格，还需要具备哪些条件？

外国公民能不能报考中华人民共和国拍卖师执业资格？张良的辩解理由是否成立？

结合案情简要分析如下：

首先，李建华如果想报考拍卖师执业资格，还需要具备的条件包括：思想健康，品行端正，具有敬业精神；身体状况良好；具有拍卖专业知识；在拍卖企业工作两年以上；通过由国内贸易部组织的拍卖专业人员培训，取得拍卖从业人员资格证书满一年；经所在拍卖企业推荐。

其次，目前外国公民还不能报考我国拍卖师执业资格。《拍卖师执业资格制度暂行规定》第九条规定："凡中华人民共和国公民，遵纪守法并同时具备下列条件者，可申请参加拍卖师执业资格考试"。明确规定了中华人民共和国公民报考拍卖师资格的条件，但是并未规定外国公民报考的条件，该规定不适用于外国公民。我国目前还缺乏外国公民报考我国拍卖师资格的法律规定。

最后，张良的理由不能成立。在我国，"拍卖师资格"是一种执业资格。根据《拍卖师执业资格制度暂行规定》第十四条的规定："考试合格取得拍卖师执业资格的人员，须在三个月内到中国拍卖行业协会申请办理注册登记手续。逾期不办者，当年考试成绩作废"。可见在我国取得拍卖师执业资格后，必须注册执业。不存在取得拍卖师执业资格后不"担任"拍卖师的问题。根据《拍卖师执业资格制度暂行规定》第十条第三项明确规定："被开除公职未满五年以上者，不得申请参加拍卖师执业资格考试"。张良被开除公职还未满五年，不具备报考我国拍卖师执业资格的条件，因此，他的辩解理由是不成立的。

【案例7】 某拍卖公司是享有"公物"拍卖资格的企业。接受当地工商行政管理部门的委托，拍卖一批在执法中没收的蔬菜种子。同时接受当地税务部门的委托，拍卖税务机关扣留用以抵税的一套房产。还接受人民法院的委托，拍卖一起免予起诉案件中不予返还的两件追回物品。鉴于上述委托的标的物都属于拍卖法规定的指定拍卖物，因此该公司决定举办一次专场拍卖会。拍卖公司依法进行了拍卖公告，并作了充分的招商准备，为此付出了不少费用。专场拍卖会于2006年5月10日举行。经过拍卖，工商行政管理部门委托拍卖的蔬菜种子虽有两名竞买人登记参加竞买，但是由于考虑到季节问题，两人在拍卖会上都没有举牌。税务部门委托拍卖的一套房产以150万元由竞买人张某竞得。人民法院委托该拍卖的两件追回物品，其中一件以360万元由竞买人李某竞得，另一件最高应价未达保留价。拍卖会结束后，拍卖公司向工商行政管理部门去函，要求工商行政管理部门承担拍卖公司为此次拍卖"蔬菜种子"所付出的合理费用3200元；拍卖公司依据与房产买受人张某的约定，向张某收取拍卖佣金9万元；拍卖公司依据与买受人李某的约定，向李某收取拍卖佣金18万元。并向人民法院去函，要求支付拍卖公司为未拍出的另一件追回物品所付出的合理费用2000元。工商行政管理部门回函称：此次拍卖属于"公物"拍卖，拍卖公司只能向买受人单方收取佣金，工商行政管理部门是国家财政拨款的执法机关，拍卖变现将全部上缴国库，工商行政管理部门无权从拍卖中获得任何好处，何况拍卖并没有成功，拍卖公司向工商行政管理部门收取费用是错误的。因此，拒绝支付。税务部门认为，在"公物"拍卖中，拍卖人无权与买受人约定佣金比例，只能按照法律规定收取不超过5%的佣金。拍卖公司向买受人张某收取了9万元佣金，超过了法定的5%，是违法行为。据此，税务部门对拍卖公司作出了罚款2万元的处罚决定。人民法院认为，根据最高人民法院的相关司法解释，在人民法院委托的拍卖中，拍卖成交价超过200万元至1000万元的部分，拍卖机构向买受人收取的佣金不得超过3%，拍卖公司向李某收取18万元的佣金显然超过了这个标准，是违法的。另外，拍卖公司为拍卖未成交的另一件追回物品所付出的合理费用，应当由免予起诉案件中的当事人承担。

本案例涉及的主要问题是：工商行政管理部门和人民法院的观点是否成立？拍卖公司向张某收取9万元佣金以及税务部门对拍卖公司作出罚款2万元的处罚是否合法？

结合案情简要分析如下：

首先，工商行政管理部门的观点不能成立。拍卖法第五十六条第三款规定："拍卖未成交的，拍卖人可以向委托人收取约定的费用；未作约定的，可以向委托人收取为拍卖支出的合理费用"。第五十七条规定："拍卖本法第九条规定的物品成交的，拍卖人可以向买受人收取不超过拍卖成交价5%的佣金。收取佣金的比例按照同拍卖成交价成反比的原则确定。拍卖未成交的，适用本法第五十六条第三款的规定。"本次拍卖中，蔬菜种子没有拍卖成交，因此，工商行政管理部门的观点不能成立，应当依法承担拍卖公司为此次蔬菜种子拍卖付出的合理费用。

其次，人民法院的观点也不能成立。《最高人民法院关于人民法院民事执行中拍卖、变卖财产的规定》第三十二条规定：拍卖成交的，拍卖机构可以按照下列比例向买受人收取佣金，其中"超过200万元至1000万元的部分，不得超过3%"，"拍卖未成交的……，拍卖机构为本次拍卖已经支出的合理费用，应当由被执行人负担"。但是，这一司法解释仅适用于人民法院民事执行中的拍卖活动。而本案例中的拍卖不属于人民法院民事执行中的拍卖委托，而属于拍卖法第九条规定的指定拍卖，即"拍卖由人民法院依法没收的物品，充抵罚金、罚款的物品以及无法返还的追回物品"的拍卖。因此，人民法院的观点不能成立。拍卖公司向买受人李某收取18万元佣金，没有超过成交价的5%，是合法的。另外，免予起诉案件中的当事人也不是民事执行中的被执行人，因此，拍卖公司为拍卖未成交的另一件追回物品所付出的合理费用，应当由委托人人民法院承担。

最后，拍卖公司向买受人张某收取9万元佣金的行为不合法。拍卖法第五十七条规定："拍卖本法第九条规定的物品成交的，拍卖人可以向买受人收取不超过拍卖成交价百分之五的佣金。收取佣金的比例按照同拍卖成交价成反比的原则确定"。买受人张某以150万元竞得拍卖房产，拍卖公司向买受人张某收取的佣金最高不应超过成交价的5%，即75000元，拍卖公司向买受人张某收取了9万元的佣金，显然超出了法定的标准。税务部门对拍卖公司作出罚款处罚的行为是错误的。拍卖法第六十六条规定："违反本法第四章第四节关于佣金比例的规定收取佣金的，拍卖人应当将超收部分返还委托人、买受人。物价管理部门可以对拍卖人处拍卖佣金一倍以上五倍以下的罚款"。即便拍卖公司向买受人张某收取佣金的行为违法，有权作出罚款处罚的行政主体应当是物价管理部门，而不是税务部门。因此，税务部门对拍卖公司作出罚款处罚的行为是错误的。

【案例8】某县国税局准备对被执行人的一批依法扣押充抵税款的香烟进行拍卖，国税局委托具备省政府指定拍卖资格的东方拍卖公司进行拍卖。由烟草专卖部门对该批香烟进行了质量鉴定，并比照市场价确定该批香烟的价格为38万元。国税局和东方拍卖公司协商后将保留价确定为37万元。第一次拍卖中的最高应价仅为21万元。东方拍卖公司认为保留价定得太高是导致不成交的主要原因。国税局经与东方拍卖公司协商后将保留价调整为24万元，并举行了第二次拍卖。最终竞买人A公司以25万元竞得该批香烟。竞买人B公司向有关部门举报称：本次拍卖的标的物属于"公物"，在拍卖前应当由依法设立并具有相应资质的评估鉴定机构进行质量鉴定和价格评估，本次拍卖没有经过评估程序，因此，本次拍卖无效。

本案涉及的主要问题是：本次拍卖未经评估，而是比照市场价确定了拍卖标的的价格，这种做法是否合法？在充抵税款的烟草专卖品的拍卖中，我国法律、行政法规对拍卖人和竞买人的资格有何特别规定。两次保留价的确定是否合法？本次拍卖是否有效？

结合案情做简要分析如下：

首先，本次拍卖未经评估，而是比照市场价确定了拍卖标的的价值，这种做法是合法的。根据国家税务总局发布的《抵税财物拍卖、变卖试行办法》第十一条的规定："抵税财物除有市场价或其价格依照通常方法可以确定的外，应当委托依法设立并具有相应资质的评估鉴定机构进行质量鉴定和价格评估，并将鉴定结果通知被执行人"。香烟是一种常见的商品，一般都具有市场价格，完全可以依据市场价格来确定其价格，因此本案中未经评估的做法并无不当，是合法的。

其次，我国拍卖法第九条规定："充抵税款的物品，按照国务院规定应当委托拍卖的，由财产所在地的省、自治区、直辖市的人民政府和设区的市的人民政府指定的拍卖人进行拍卖"。国家税务总局《抵税财物拍卖、变卖试行办法》第十条也规定："拍卖由财产所在地的省、自治区、直辖市的人民政府和设区的市的人民政府指定的拍卖人进行拍卖"。我国拍卖法第二十三条规定，法律、行政法规对拍卖标的的买卖条件有规定的，竞买人应当具备规定的条件。按照我国法律规定，拍卖烟草专卖品的拍卖企业必须具备拍卖烟草专卖品的资格。《中华人民共和国烟草专卖法实施条例》第五十一条规定，人民法院和行政机关依法没收的烟草专卖品以及充抵罚金、罚款和税款的烟草专卖品，按照国家有关规定进行拍卖的，竞买人应当持有烟草专卖批发企业许可证。

再次，两次保留价的确定都不合法。国家税务总局《抵税财物拍卖、变卖试行办法》第十一条规定："拍卖抵税财物应当确定保留价，由税务机关与被执行人协商确定，协商不成的，由税务机关参照市场价、出厂价或者评估价确定"。本案例中，税务机关与拍卖人协商确定保留价的方式是不合法的。国家税务总局《抵税财物拍卖、变卖试行办法》第十八条规定："经过流拍再次拍卖的，保留价不应低于前次拍卖保留价的2/3"。本案例中，第二次保留价24万元低于前次保留价37万元的2/3，因此不合法。

最后，本次拍卖无效。因为本次拍卖存在多处违法。第一，保留价的确定是违法的，应当由税务机关与被执行人协商确定，而不是由税务机关与拍卖人协商确定；第二，确定保留价低于法定的标准。经过流拍再次拍卖的，保留价不应低于前次拍卖保留价的2/3。本案例中，第二次保留价24万元低于前次保留价37万元的2/3，因此不合法；第三，第一次拍卖流拍后，税务机关应当与被执行人协商同意，可以将抵税财物进行变卖；被执行人不同意变卖的，应当进行第二次拍卖。本案中，税务部门未经与被执行人协商的程序，决定第二次拍卖的行为是违法的。

【案例9】某拍卖公司接受委托，拍卖委托人个人拥有的一处房产，拍卖佣金为成交价的5%，保留价为100万元。拍卖公司向每位竞买人收取了竞买保证金30万元。竞买协议书中约定：佣金为成交价的5%，竞买成功后，保证金自动转为定金。如果买受人违约，则定金不予退还，如果拍卖人违约，则双倍返还定金。拍卖会上，竞买人马某和龙某两人频频举牌应价。经过激烈竞价，最后马某以 120 万元竞得该标的，当场与拍卖公司签订了拍卖成交确认书。后来马某自觉成交价太高，未按约定支付成交价款和佣金。拍卖公司在征得委托人同意的情况下，按照第一次委托拍卖合同约定的条件进行了第二次拍卖，龙某以 100 万元竞得，支付了全部成交价款和佣金后，拍卖公司向龙某出具了成交证明和相关材料。拍卖公司在扣除 5 万元的佣金后，将剩余价款 95 万元交给了委托人。委托人认为拍卖公司还应当支付两次拍卖价款之间的差额 20 万元。拍卖公司则认为差额部分当由第一次拍卖中的买受人马某补足，委托人应当向马某主张。这期间，买受人龙某要求委托人协助办理产权过户手续，委托人以拍卖公司未付清成交价款为由，拒绝办理。龙某无奈，将拍卖公司和委托人列为共同被告，向法院起诉，要求两被告为其办理竞得房产的产权过户手续。委托人则以拍卖公司为被告向法院起诉，要求拍卖公司支付两次拍卖价款的差额 20 万元。拍卖公司也以马某为被告向法院起诉，要求马某支付第一次拍卖中其本人和委托人应当支付的佣金 12 万元和两次拍卖价款的差额 20 万元。

本案涉及到的主要问题是：委托人要求拍卖公司支付两次拍卖价款差额 20 万元的诉讼请求是否成立？委托人拒绝协助买受人龙某办理产权过户的理由是否成立？拍卖公司起诉马某的诉讼请求是否成立？马某交给拍卖公司的 30 万元竞买保证金应该如何处理。

具体分析参见本书第二部分中"保证金应优先用于弥补拍卖人的损失"一文。

【案例10】某拍卖行接受法院委托拍卖被执行人的一处房产。该房产评估价为 120 万元。拍卖公司经与双方当事人协商一致，将保留价确定为 95 万元。拍卖公司认为当地的《大山晚报》影响较大，于是决定在该报上发布拍卖公告。2006 年 6 月 12 日至 18 日在该报上连续一周发布拍卖公告，公告中确定的拍卖日期为 2006 年 6 月 30 日上午 10 时，标的展示时间为 2006 年 6 月 25 日至 28 日每日上午 9 时至 11 时。公告同时要求竞买人在报名时向拍卖行预交保证金 5 万元。申请执行人和被执行人都要求参加竞买，但是都声称经济困难，要求免交保证金。考虑到他们的理由属实，拍卖公司就同意了他们的要求。

本案例涉及的问题是：本案例中拍卖公司存在哪些违法或不当行为。

结合案情简要分析如下：

第一，拍卖公司自行确定保留价的行为违法。根据《最高人民法院关于人民法院民事执行中拍卖、变卖财产的规定》第八条第一款的规定"拍卖保留价由人民法院参照评估价确定"。因此，拍卖公司自行确定保留价的行为是违法的。

第二，拍卖公司确定的保留价数额违法。根据《最高人民法院关于人民法院民事执行中拍卖、变卖财产的规定》第八条第二款的规定"人民法院确定的保留价，第一次拍卖时，不得低于评估价或者市价的百分之八十"。本次拍卖标的的评估价是 120 万元，其最低的保留价不得低于 96 万元。拍卖公司确定保留价 95 万元低于评估价的 80%，也是违法的。

第三，拍卖公司自行确定保证金的行为和数额违法。根据《最高人民法院关于人民法院民事执行中拍卖、变卖财产的规定》第十三条的规定"保证金的数额由人民法院确定，但不得低于评估价或者市价的百分之五"。本案例中，拍卖公司自行确定保证金数额的行为违法，而且拍卖公司自行确定保证金数额为 5 万元，低于评估价的 5%，也是违法的。

第四，拍卖公司自行直接收取保证金的方式不当。根据《最高人民法院关于人民法院民事执行中拍卖、变卖财产的规定》第十三条的规定"拍卖不动产、其他财产权或者价值较高的动产的，竞买人应当于拍卖前向人民法院预交保证金"。拍卖公司在没有取得人民法院授权的情况下，直接收取保证金的行为属不当行为。

第五，拍卖公司自行确定拍卖公告的范围及媒体的行为违法。根据《最高人民法院关于人民法院民事执行中拍卖、变卖财产的规定》第十二条的规定："拍卖公告的范围及媒体由当事人双方协商确定；协商不成的，由人民法院确定。拍卖财产具有专业属性的，应当同时在专业性报纸上进行公告"。本案例中拍卖公司未经当事人双方协商确定或由人民法院确定，自行决定拍卖公告的范围及媒体的行为违法。

第六，拍卖公司发布拍卖公告的方式不当。根据《最高人民法院关于人民法院民事执行中拍卖、变卖财产的规定》第十一条的规定："拍卖应当先期公告。拍卖动产的，应当在拍卖七日前公告；拍卖不动产或者其他财产权的，应当在拍卖十五日前公告"。拍卖公司连续一周发布拍卖公告，虽然从第一次公告日计算，公告日期符合法律要求，但是若按最后一日公告的时间计算，公告日期不满 15 日。这属于不当行为，可能给拍卖公司带来不必要的纠纷。

第七，拍卖公司展示拍卖标的的方式不当。拍卖法第四十八条规定："拍卖人应当在拍卖前展示拍卖标的，并提供查看拍卖标的的条件及有关资料。拍卖标的的展示时间不得少于两日"。拍卖公司公告中确定的标的展示时间表面上看虽然有 4 日，但是由于每天只展示 2 个小时，总共展示时间不过 8 小时。这种做法不规范，容易引起不必要的纠纷。

第八，拍卖公司允许被执行人参加竞买的行为违法。根据《最高人民法院关于人民法院民事执行中拍卖、变卖财产的规定》第十五条规定"被执行人可以参加竞买"，但是第十三条规定"应当预交保证金而未交纳的，不得参加竞买"。本案例中，被执行人应当预交保证金而未交纳，拍卖公司允许其参加竞买的行为违法。

【案例 11】韩某系光大公司的法定代表人，该公司为五位自然人组成的有限责任公司。看到某拍卖公司发布的拍卖公告后，韩某到拍卖公司来咨询竞买事宜。拍卖公司工作人员为其讲清了办理手续的有关事项，并发放了《拍卖规则》、《拍卖须知》等材料。次日，韩某带着自己的身份证前来，以个人名义填写了竞买人登记表，并用光大公司的支票通过转账方式将保证金转到拍卖公司账户，拍卖公司为韩某开具了保证金收据。在拍卖会即将开始前，拍卖行收到委托人要求暂时中止拍卖的书面通知。拍卖公司审核后认为中止的理由成立。当拍卖公司宣布这一消息后，引起了一些竞买人的不满。外地来的竞买人赵某指出，这是对竞买人的一种欺诈行为，损害了其合法权益，于是向拍卖公司提出赔偿因此给他造成的差旅费等经济损失 4500 元的要求。竞买人魏某则提出：下次拍卖该标的时，不允许其他新的竞买人参加竞买，否则，要起诉拍卖公司。拍卖公司解释说：根据法律规定，委托人在拍卖开始前可以要求中止拍卖。拍卖人对中止拍卖并无过错，竞买人参加竞买是自愿的，因中止拍卖给竞买人造成的经济损失应由竞买人自行承担。法律还规定，拍卖人应当于拍卖前先期发布拍卖公告。在下次委托人通知恢复拍卖时，拍卖公司必须再次进行公告，才能举行拍卖。再次公告，就有可能出现新的竞买人，拍卖人无权拒绝新的竞买人参加竞买。一个月后，拍卖会恢复举行，韩某竞得该标的，当场在成交确认书上签了名。但是由于委托人的原因，拍卖标的始终无法交付。光大公司以"韩某是光大公司的法定代表人，用公司支票交纳保证金，其竞买行为系公司行为"为由向法院起诉拍卖公司，要求拍卖公司退还保证金并承担违约责任。

本案涉及的主要问题是：拍卖公司认为"因中止拍卖给竞买人造成的经济损失应由竞

买人自行承担"的观点是否成立？拍卖公司认为"委托人通知恢复拍卖时，拍卖公司必须再次进行公告，才能举行公开拍卖"的观点是否成立？请以拍卖公司的名义，就光大公司的起诉，写出答辩要点和理由。

结合案情简要分析如下：

首先，拍卖公司认为"因中止拍卖给竞买人造成的经济损失应由竞买人自行承担"的观点不能成立。根据《拍卖管理办法》第五十四条第二款的规定"委托人提出中止或者终止拍卖，给拍卖企业或者竞买人造成损失的，应当依法给予赔偿"。本案例中，因委托人中止拍卖给竞买人造成的经济损失应当由委托人给予赔偿，而不是由竞买人自行承担。因此，拍卖公司的观点不能成立。

其次，拍卖公司认为"委托人通知恢复拍卖时，拍卖公司必须再次进行公告，才能举行拍卖"的观点不能成立。根据《拍卖管理办法》第四十条的规定"委托人在拍卖会前以正当理由书面通知拍卖企业中止拍卖的，应当中止拍卖"，"中止拍卖由拍卖企业宣布。中止拍卖的事由消失后，应恢复拍卖"。中止拍卖后再行恢复拍卖的，拍卖应当继续进行，原来已经完成的拍卖行为继续有效。拍卖人无须再次进行公告，也不应擅自接纳新的竞买人。如果原有竞买人都同意再次发布公告，拍卖人也可以再次公告，并允许新的竞买人报名参加。本案例中，拍卖公司认为"委托人通知恢复拍卖时，拍卖公司必须再次进行公告，才能举行拍卖的观点不能成立。

最后，本案中，韩某的竞买行为系个人行为，不是法人行为，光大公司不具备诉讼主体资格，答辩理由如下：（1）我国《民法通则》第三十八条规定："依照法律或者法人组织章程规定，代表法人行使职权的负责人，是法人的法定代表人"。法定代表人对外代表法人，但是并非法定代表人实施的一切行为都是法人的行为。法定代表人的行为是个人行为还是法人行为主要从两个方面来判断：一是看其行为是否是以法人的名义进行的行为；二是看其行为是否是在为执行法人的"职权"。（2）就本次拍卖而言，韩某出示个人的身份证明，以个人的名义登记为竞买人，以个人的名义交纳了保证金，领取了个人名义的收据，以个人的名义参加了拍卖会，以个人名义签署了拍卖成交确认书。整个拍卖过程都不是以"法人"的名义进行的"职权"行为。因此，韩某是一个自然人竞买人。（3）拍卖实践和现实生活中经常发生用他人的支票交款的情况，但是支票本身不能表明履行义务的主体。本次拍卖中，拍卖公司收取了"光大公司"名义的支票后，给韩某个人开具了收款凭据，因此，交纳保证金的主体应当是韩某个人，仅以"公司的支票"这一点就将公司认定为竞买人，显然是错误的和违背常理的。

【案例 12】 某拍卖公司于 2004 年 8 月 1 日在工商行政管理部门申请登记，并领取了营业执照，注册资本 450 万元。公司虽然只有两名取得拍卖业从业资格的人员和一名注册拍卖师，但是由于大家工作积极，公司业绩很好，年检合格并且连续盈利。现在公司计划设立一个分公司，但是对设立分公司的条件不太清楚，因此向有关专家请教。假设你是专家，请问：该公司还应为设立分公司做哪些准备工作？假设该公司具备了设立分公司的条件，申请设立分公司时应当准备哪些材料？按照怎样的程序设立？

结合案情简要分析如下：

首先，该公司目前存在的不足和应做的准备工作主要有：（1）企业的注册资本应不少于 500 万元人民币且全部缴清，该公司的注册资本只有 450 万元，应当将注册资本增加到不少于500万元；（2）拍卖企业对每个分公司，需拨付不少于100万元人民币的资金或实物。该公司应当做好拨付资金或实物的准备；（3）分公司应有两名以上取得拍卖业从业资格的人员，并有与主营业务密切联系的行业从业资格的专职或兼职人员。该公司目前仅有两名取得拍卖业从业资格的人员和一名是拍卖师，应当做好人员方面的准备工作；（4）分公司应有固定的办公场所。该公司应为成立的分公司做好办公场地的准备；（5）拍卖企业应经营拍卖业务三年以上，最近两年连续盈利，其上年拍卖成交额超过5000万元人民币；或者上年拍卖成交额超过2亿元人民币。该公司经营拍卖业务还不足三年，应等待经营拍卖业务满三年后再申请，并且要努力使公司业绩达到法定的标准。其次，拍卖企业设立分公司需要准备的材料包括：（1）拟设立分公司的申请报告；（2）企业法人营业执照副本（复印件）；（3）最近两年经会计师事务所审计的年度财务会计报表；（4）拟任分公司负责人简历及有效身份证明；（5）拟聘任的拍卖师执业资格证书及从业人员的相关资质证明；（6）固定办公场所的产权证明或租用合同。拍卖企业设立分公司的程序是：（1）应当先经企业或分公司所在地市级商务主管部门审查后，报省级商务主管部门核准并颁发拍卖经营批准证书。（2）申请人持拍卖经营批准证书向所在地工商行政管理机关办理登记手续。

【案例13】《中国拍卖》编辑部最近收到一封读者来信：编辑同志，我有一处房产，市值30万元以上。前段时间，我委托一家拍卖公司拍卖该房产。经与拍卖公司协商，从保留价30万元开始起拍，加价幅度每次不少于1万元。当时我想，只要有人竞价，卖30多万元是很容易的。因另有商务，我没参加拍卖会，全权委托拍卖公司处理。但出乎我意料的是，拍卖公司告诉我拍卖成交价仅为30万元。原来，因宣传力度不够，只有一个人报名竞买我的房产，而拍卖公司仍然举办了拍卖会。这个唯一的竞买人在起拍价上举了一次牌，就被拍卖公司确认成交。我提出，只有一个竞买人不该举行拍卖会，本次拍卖应当无效。拍卖公司却称：根据商务部的《拍卖管理办法》第四十条的规定，"没有竞买人参加拍卖的"，"应当中止拍卖"。因此，只要有竞买人，即使只有一个竞买人也可举行拍卖会并依法成交。请问：只有一个竞买人能举行拍卖会吗？我该怎么办？

请利用与拍卖相关法律知识，以《中国拍卖》编辑部的名义给该读者回一封信。要求：（1）观点正确，有明确的法律依据。（2）对本次拍卖进行正确的分析点评。（3）告知读者解决问题的正确方法和途径。

结合案情对分析要点简要总结如下：

首先要表明"只有一个竞买人举行拍卖会违法"或"只有一个竞买人不该举行拍卖会"的观点。正确分析涉及到的法律和行业规范文件主要有：

第一，拍卖法第三条规定："拍卖是指以公开竞价的形式，将特定物品或者财产权利转让给最高应价者的买卖方式"。该规定中的"公开"，系指向拍卖的程序应当公开；该规定中的"竞价"，系指拍卖中应当具备价格竞争的条件，即竞买人以独立竞价的形式参与价格竞争。"公开"和"竞价"是拍卖区别于其他买卖行为的要件。竞价表示两个以上的竞买人向卖方提出要约表示，该要约表示以价格的竞争为条件，同时不排除价格相等的时间优先。竞价可以分为"独立竞价"和"集中竞价"，拍卖属于独立竞价。举办拍卖会应当满足《拍卖法》规定的"竞价"条件。

第二，中华人民共和国工商行政管理局《拍卖监督管理暂行办法》第十条第（一）款规定："不经拍卖竞价程序处分拍卖标的"将被视为拍卖企业与竞买人之间的恶意串通行为。这个规定也要求应当具备竞价的条件，才可以举行拍卖活动，否则将引起由于竞买人数不够而导致的拍卖纠纷，甚至引起诉讼。

第三，商务部《拍卖管理办法》第四十条"没有竞买人参加拍卖的""应当中止拍卖"的规定，指向为只有具备了拍卖法规定的竞价条件时，拍卖会才能举行。竞价的方法可以由竞买人直接到场，也可以通过其他方式参与，但必须满足竞价的形式要件。将办法第四十条的表述理解为"只要有一个竞买人就可以举行拍卖会"忽略了竞价条件，是没有根据的。

第四，中国拍卖行业协会给长沙市拍卖行关于《一个竞买人能否举办拍卖会》的复函中也指出：将《拍卖管理办法》第四十条理解为"只有一个竞买人也可以进行拍卖"是错误的，该理解忽略了竞价条件。因此，"在仅有一个竞买人的情况下，应当中止拍卖"。另外还要能指出：拍卖公司明知只有一个竞买人，却仍然拍卖房产，不符合法定的拍卖竞价程序，该拍卖行为无效。可以要求拍卖公司自行纠正自己的违法行为，如果拍卖公司不自行纠正，可以起诉拍卖公司，请求法院确认拍卖无效，判令拍卖公司赔偿造成的经济损失。

【案例14】黄某委托蓝月亮拍卖公司拍卖一处私有房产和几件红木家具，并出示了房屋归其所有的产权证明。2005年8月16日，蓝月亮拍卖公司按照程序进行了拍卖。经过多轮竞价，最终房产由竞买人程某以45万元竞得，几件红木家具则由竞买人秦某以21万元竞得。秦某于拍卖成交当日即付清了拍卖价款和佣金，并取走了竞得的红木家具。根据约定，买受人程某应当于2005年8月31日前付清全部成交价款，并于2005年9月30日前办理完房产的过户手续。程某如期履行了付款义务。然而，在2005年9月1日，当地政府发布了拆迁公告，程某竞得的房屋被列入了拆迁范围之内，产权过户无法办理了。程某以拍卖标的物存在尚未告知的瑕疵为由，要求拍卖公司退还房款和佣金，并赔偿因此给其造成的一切经济损失。魏某于2005年9月5日找到蓝月亮拍卖公司，称被拍卖公司拍卖的几件红木家具是其出国前委托黄某代为保管的，从未授权黄某对家具进行处分，要求拍卖公司宣告红木家具的拍卖无效，并设法将家具追回。

本案涉及的主要问题是：如果魏某所述属实，按照拍卖法的规定，委托人黄某应当承担何种责任；如果蓝月亮拍卖公司明知委托人黄某对拍卖的红木家具不享有处分权，则蓝月亮拍卖公司应当承担何种法律责任；关于房屋的拍卖是否有效；买受人要求蓝月亮拍卖公司赔偿其经济损失的理由是否成立。

结合案情简要分析如下：

首先，如果魏某所述属实，按照拍卖法的规定，委托人黄某应当承担赔偿魏某经济损失的民事责任。其次，如果蓝月亮拍卖公司明知委托人黄某对拍卖的红木家具不具有处分权，则蓝月亮拍卖公司应当承担连带赔偿责任。再次，本案中关于房屋的拍卖是有效的，因为本次拍卖无论程序还是实体都是合法的。即拍卖主体合法、拍卖程序也合法。最后，买受人程某要求蓝月亮拍卖公司赔偿其经济损失的理由不能成立。因为房屋面临拆迁的情况，按照法律的规定，属于不可抗力，而不属于标的物的瑕疵。因此，拍卖公司没有义务也不可能告知房产将被拆迁的情况，对此拍卖公司也不应承担任何责任，本次拍卖应属合法有效。根据拍卖法的规定，只有在拍卖人没有尽到瑕疵告知的义务时，买受人才可以向拍卖人要求赔偿，在本案中由于不存在拍卖物品的瑕疵，因此，拍卖公司无须向程某承担赔偿责任。

【案例15】张某、王某和李某三人于2004年成立了一家有限责任公司，注册资本30万元，主要从事文化咨询。张某因故欲转让其持有的该有限责任公司的股权，王某和李某均表示不愿购买。张某现委托红太阳拍卖公司对其股权进行拍卖。共有甲、乙、丙三个竞买人报名参加竞买，红太阳拍卖公司向每个竞买人收取了保证金3万元，并约定拍卖成交后，如买受人违约则保证金不予退还。经过拍卖，竞买人甲以10万元的最高应价竞买成功，签署了拍卖成交确认书，并约定于2007年4月10日前付清全部成交价款和拍卖佣金。2007年4月5日，甲要求红太阳拍卖公司变更拍卖成交确认书，将买受人变更为甲担任法定代表人的一家有限责任公司，并保证由该公司于4月10前负责付清拍卖成交价款和拍卖佣金，红太阳拍卖公司表示无法变更拍卖成交确认书。约定的付款期限届满后，甲没有按期支付拍卖价款和佣金，经过红太阳拍卖公司多次催要后，甲仍坚持变更拍卖成交确认书，否则拒绝履行付款义务。红太阳拍卖公司内部紧急协商后，决定对该标的进行第二次拍卖。并于2007年4月25日通知第一次拍卖中的竞买人乙和丙到场。对乙和丙讲明在乙和丙之间再次举行拍卖的原由，承诺如果乙、丙的应价达到或超过上次拍卖中甲的最高应价10万元，则免收买受人的拍卖佣金。经过乙、丙两人的现场竞价，丙以10万元竞买成功，并与红太阳拍卖公司签订了拍卖成交确认书。事后，委托人张某在红太阳拍卖公司同意免收委托方的拍卖佣金的条件下，对红太阳拍卖公司举行第二次拍卖的行为给予了追认。甲得知情况后，向人民法院起诉，主张第一次拍卖无效，并请求法院判令红太阳拍卖公司退还其保证金3万元。主要理由是：本次拍卖的标的是股权，拍卖公告应当在拍卖日前10天在《中国证券报》、《证券时报》或者在《上海证券报》上进行公告。而红太阳拍卖公司只是在拍卖日7日前在当地的报纸上进行了公告，因此拍卖程序违法，拍卖无效，红太阳拍卖公司应当退还收取的保证金。

　　本案涉及的主要问题是：红太阳拍卖公司拒绝为买受人甲变更拍卖成交确认书的做法是否正确；第一次拍卖的结果是否有效，买受人甲主张第一次拍卖无效的理由是否成立；红太阳拍卖公司组织的第二次拍卖是否有效。

　　结合案情简要分析如下：

　　首先，红太阳拍卖公司拒绝为买受人甲变更拍卖成交确认书的做法是正确的。因为拍卖是一种通过公开竞价的形式，将特定的物品或者财产权利转让给最高应价者的买卖方式。拍卖具有特殊的程序，只有报名参加竞买的竞买人才能通过竞买成为买受人，与拍卖人签订拍卖成交确认书，其他人不能成为拍卖中的买受人。甲担任法定代表人的有限责任公司不是本次拍卖活动中的竞买人，无权与拍卖人签订拍卖成交确认书。

　　其次，第一次拍卖结果有效。买受人甲主张无效的理由不能成立。根据《最高人民法院关于冻结、拍卖上市公司国有股和社会法人股若干问题的规定》，只有在人民法院委托的对上市公司国有股和社会法人股进行的拍卖中，才应在拍卖日前10天在《中国证券报》、《证券时报》或者在《上海证券报》上进行公告。而本次拍卖的股权不属于人民法院委托的上市公司国有股和社会法人股进行的拍卖，对红太阳拍卖公司只须按照拍卖法的规定，在拍卖日7日前在当地的报纸上进行公告即可，拍卖程序合法，拍卖有效。

　　最后，红太阳拍卖公司组织的第二次拍卖无效。理由是，（1）第二次拍卖属于一次新的拍卖，不是第一次拍卖的延续，拍卖人应当征得委托人的同意，与委托人重新签订委托拍卖合同，并依法重新发布拍卖公告并举行拍卖会。红太阳拍卖公司虽然事后取得了委托人的认可，但是其没有依法发布拍卖公告，因此程序违法；（2）第二次拍卖中，红太阳拍卖公司免收了委托人和买受人的拍卖佣金，这事实上属于零佣金拍卖，是一种不正当竞争行为，是违法的。

【案例16】甲和乙是双胞胎，长相酷似。甲是大河拍卖公司唯一的国家注册拍卖师，乙是该公司的拍卖从业人员，计划明年参加拍卖师资格考试。甲因故要出国半年，在甲出国前，大河拍卖公司与甲协商，由乙使用甲的拍卖师执业资格证书，冒充甲主持拍卖活动，甲表示同意。在甲出国期间，乙冒充甲代表大河拍卖公司在外地主持了三场拍卖会。

本案涉及的主要问题是：大河拍卖公司的行为及拍卖师甲的行为各自属于何种性质；大河拍卖公司的行为可能受到工商行政管理部门的何种处罚；大河拍卖公司的行为可能受到哪一级商务主管部门的何种处罚；商务主管部门对拍卖师甲的行为应当采取何种处理措施；拍卖师甲的行为可能受到哪一部门的何种处分。

结合案情简要分析如下：

首先，大河拍卖公司的行为属于"雇佣其他人员充任拍卖师主持拍卖活动"；或"雇佣非拍卖师主持拍卖活动"（《拍卖管理办法》第十三条第3项；《拍卖监督管理暂行办法》第七条第7项）。拍卖师甲的行为属于"将《中华人民共和国拍卖师执业资格证书》借予他人使用"；或"将《中华人民共和国拍卖师执业资格证书》借予他人主持拍卖会（《拍卖管理办法》第二十七条；《关于加强拍卖师监督管理的若干规定》暂行第十八条）。

其次，根据《拍卖监督管理暂行办法》第十七条规定，工商行政管理机关可能对大河拍卖公司"视情节轻重予以警告，处以非法所得额3倍以下的罚款，但最高不超过3万元，没有非法所得的，处以1万元以下的罚款"。根据《拍卖管理办法》第五十条的规定，应当由省级商务主管部门对大河拍卖公司视情节轻重给予警告，并处非法所得额一倍以上的罚款，但最高不超过3万元；没有非法所得的，处1万元以下的罚款。

再次，根据《拍卖管理办法》第四十七条的规定，对于拍卖师甲的行为，省级商务主管部门可将其违法事实及处理建议通告中国拍卖行业协会。

最后，根据《关于加强拍卖师监督管理的若干规定》（暂行）第二十四条的规定，中国拍卖行业协会可以视情节轻重，对拍卖师甲给予暂停执业一年或吊销中华人民共和国拍卖师执业资格证书的处分。

【案例17】中原商城与四季春拍卖公司签订委托拍卖合同，拍卖中原商城所有的库房三间和一批积压货物。共有甲、乙等12个竞买人登记参加竞买。甲以32万元竞得库房三间，乙以68500元竞得全部的积压货物。甲和乙都当场与四季春拍卖公司签定了拍卖成交确认书。到了约定付款期，买受人甲付清了全部的成交价款和拍卖佣金，四季春拍卖公司为甲出具了成交证明和有关材料，并将扣除拍卖佣金后的剩余款项转交给了中原商城。买受人乙以资金暂时困难为由要求延期付款，四季春拍卖公司经与中原商城协商后，同意给乙延期10天，如到期乙仍不能履行付款义务，则对积压货物再行拍卖。期满后乙仍无力付款，于是中原商城委托四季春拍卖公司对积压货物再次进行了拍卖，结果流拍了。四季春拍卖公司为第二次拍卖共支出费用4881元。买受人甲在办理产权过户时被告知，由于中原商城欠银行200万元贷款未还，被银行起诉，该库房已于上周被法院查封，现在正在强制执行，房产过户已不可能。甲在与拍卖公司和中原商城协商无果的情况下，将拍卖公司和中原商城起诉到法院，要求解除拍卖合同，判令拍卖公司和中原商城退还已付的成交价款和拍卖佣金，并赔偿其损失。拍卖公司答辩称：根据拍卖法的规定，委托人和买受人应当持拍卖人出具的成交证明和有关材料办理产权过户手续，拍卖公司没有为买受人办理产权过户的义务。拍卖佣金是我公司付出中介服务应得的报酬,我公司已经为买受人出具了成交证明材料和有关材料,完成了我公司的义务,拍卖成交合同中也没有约定我公司有退还拍卖佣金的义务,因此甲无权主张退还拍卖佣金;我公司所收的成交价款已按约定转交给了委托人中原商城,未能办理产权过户的责任在委托人,甲不应向我公司主张退还成交价款和赔偿损失。中原商城答辩称:房产无法过户是事实,但是甲混淆了不同的法律关系。甲与拍卖公司签订成交确认书后便成立了买卖合同关系,该买卖合同仅在甲与拍卖公司之间发生法律效力,对中原商城没有约束力。中原商城与甲之间没有合同关系,甲无权直接起诉中原商城,也无权直接要求中原商城承担违约责任或赔偿责任。积压货物再次拍卖流拍一月后,原买受人乙找到四季春拍卖公司,说已经筹集到全部的款项,要求拍卖公司继续履行原拍卖成交合同,拍卖公司拒绝。乙直接找到中原商城,要求履行原合同。中原商城收了乙68500元货款后,将积压货物全部交付给乙。拍卖公司找到乙,要求乙按照拍卖法的规定,承担第一次拍卖中,乙和中原商城应付的拍卖佣金。同时找到中原商城,要求中原商城承担拍卖公司为第二次拍卖支出的费用。乙只同意承担自己一方的拍卖佣金,认为中原商城一方的拍卖佣金,拍卖公司应向中原商城主张。中原商城则认为第二次拍卖是乙的违约行为导致的,因此给拍卖公司造成的损失,拍卖公司应当向乙主张。

本案涉及的主要问题是:四季春拍卖公司针对甲的答辩理由是否成立;中原商城针对甲的答辩理由是否成立;拍卖公司应当向谁主张第一次拍卖积压货物的拍卖佣金,乙的观点是否成立;拍卖公司应当向谁主张为第二次拍卖积压货物所支出的费用;如何看待中原商城与乙之间直接进行的交货与付款行为。

结合案情简要分析如下:

第一,四季春拍卖公司针对的答辩理由不能成立。根据拍卖法第四十条的规定,买受人未能按照约定取得拍卖标的的,有权要求拍卖人或者委托人承担违约责任。拍卖公司与甲之间存在合法的拍卖合同关系,在该合同无法履行的情况下,甲有权向拍卖公司主张退还拍卖佣金,并有权要求拍卖公司退还其已经交纳的成交价款并赔偿其损失。

第二,中原商城针对甲的答辩理由不成立。根据拍卖法第四十条的规定,买受人未能按照约定取得拍卖标的的,有权要求拍卖人或者委托人承担违约责任。根据拍卖管理办法第五十四条规定:拍卖成交后,委托人没有协助买受人依法办理产权过户手续,造成买受人或拍卖企业损失的,委托人应当给予赔偿。因此,买受人甲有权直接起诉委托人中原商城,并向其主张承担违约责任或赔偿责任。

第三,拍卖公司应当向原买受人乙主张第一次拍卖积压货物的拍卖佣金。根据拍卖法第三十九条规定:拍卖标的再行拍卖的,原买受人应当支付第一次拍卖中本人及委托人应当支付的佣金。乙的观点不能成立,因为再行拍卖时,原拍卖合同已经解除。乙向中原商城付款的行为不属于对原合同的履行。

第四,拍卖公司应当向中原商城主张为第二次拍卖积压货物所支出的合理费用。根据拍卖法第五十六条的规定:拍卖未成交的,拍卖人可以向委托人收取约定的费用,未作约定的,可以向委托人收取为拍卖支出的合理费用。

第五,中原商城与乙之间直接进行的交货与付款行为属于他们之间的一次新的事实上的买卖合同关系。与第一拍卖的合同无关,不属于对第一次拍卖成交合同的履行。因为第一次拍卖成交合同已经解除了。

【案例 18】某高校拍卖研究中心法律咨询部研究人员收到一封咨询信，内容如下。请仔细阅读该信件内容，在假定信件内容属实的基础上，运用拍卖及与拍卖相关的法律知识，以拍卖研究中心的名义写一封回信，对提出的问题进行解答。

拍卖研究中心负责同志：您好！最近我遇到一个拍卖案件，希望向您们请教，请在百忙中给予回复，不胜感激！事情是这样的：

我是个生意人，2006 年购买了一套 148 平方米的商品房。这是我们全家 4 口人（我和我的妻子、儿子以及年迈的老母亲）唯一的一套住房。2007 年我以该房做抵押，向当地工商银行贷款 120 万元，用于做生意。期限为 2 年。后来生意亏了本，欠了某公司 39 万元货款。今年 1 月，该公司向法院起诉我还钱，胜诉后申请强制执行，执行法院于今年 4 月查封了我的房子。今年 5 月执行法院在未通知我的情况下，指定一家评估机构对我的房子进行了评估，评估值为 118 万元，随后又指定了一家拍案公司对我的房子进行拍卖，并将保留价确定为 115 万元。我认为评估价和保留价比银行贷款还低，这不公平，因此要求法院停止拍卖我的房子，但是申请执行人坚决要求拍卖，于是执行法院决定继续拍卖我的房子，并书面通知工商银行于拍卖日到场参加。今年 5 月 28 日，拍卖公司对我的房子进行了拍卖，执行法院向每位竞买人收取了 8 万元保证金。在工商银行缺席的情况下，我的房子以 136 万元拍卖给了张某，超过了保留价 18 万元。6 月 15 日法院从张某的成交价款中扣除了 123 万用于偿还工商银行的贷款和利息，其余 13 万元给了被执行人，但是法院认为我还应继续偿还被执行人剩余的 26 万元。今年 6 月 29 日执行法院将我的房子裁定给了买受人张某，为张某办理了产权过户手续，并限我在一个月内主动腾空房屋。期满后，由于我没有主动腾空房屋，执行法院便裁定对我进行强制执行，强制我们全家迁出。但是我们全家连租房的钱都没有，根本无法自行解决居住问题。现在全家只好分别暂时寄住在亲戚家里。

我有几个问题不明白，需要向您们请教：第一，我对我的房子依法享有所有权，为什么法院不经我的同意就可以拍卖我的房子？第二，我的房子已经抵押给了银行，在拍卖房子时，抵押贷款期限还不到期，我认为法院在这种情况下无权拍卖我的房子。即使有权拍卖，拍卖款也应当先用来偿还我对被执行人的欠款，而不是银行的贷款。再说了，拍卖时工商银行也没有派人参加拍卖会，说明银行已放弃了权利。不知道我这样理解是否正确？第三，被拍卖的房子是我们全家唯一的住房，现在中央一再提倡建设"和谐社会"，难道在强制执行和拍卖我已经依法设定抵押的房子时，法律就可以不考虑我们家人的死活吗？第四，请帮我分析一下在这个案件中，还存在哪些不合法的执行措施？谢谢！期盼早日回复。

结合案情与相关法律规定，将回信要点总结如下：

来函收悉。现运用相关法律，结合您提供的事实，对您咨询的问题答复如下：

第一，您的第一个观点是不正确的。在民事强制执行中，法院有权不经您的同意拍卖您的房子。因为在这种情况下，您虽然拥有房子的所有权，但是您已丧失了对房子的处分权，处分权由执行法院行使。

第二，您的第二个观点是不正确的。根据《最高人民法院关于人民法院民事执行中拍卖、变卖财产的规定》第三十一条，"拍卖财产上原有的担保物权及其他优先受偿权，因拍卖而消灭。拍卖所得价款，应当先清偿担保物权人及其他优先受偿人的债权"。根据《最高人民法院关于人民法院民事执行中拍卖、变卖财产的规定》第十四条的规定，"优先购买权人经通知未到场的，视为放弃优先购买权"。工商银行没有参加拍卖会，只是丧失了优先购买权,并未丧失其债权。因此,在房产抵押不到期的情况下,法院拍卖您的房子,并将拍卖所得优先偿还银行的贷款是正确的。

第三,法律在对已经依法设定抵押的被执行人及其所抚养家属居住的房屋进行拍卖时,有明确的妥善安排的规定。并非不管被执行人及其抚养家属的死活。根据《最高人民法院关于人民法院执行设定抵押的房屋的规定》第二条规定:"人民法院对已经依法设定抵押的被执行人及其所抚养家属居住的房屋,在裁定拍卖、变卖或者抵债后,应当给予被执行人六个月的宽限期","在此期限内,人民法院不得强制被执行人及其所抚养的家属迁出该房屋"。根据《最高人民法院关于人民法院执行设定抵押的房屋的规定》第三条规定,"强制迁出时,被执行人无法自行解决居住问题的,经人民法院审查属实,可以由申请执行人为被执行人及其所抚养的家属提供临时住房"。

第四,本案中,不合法的执行程序主要表现在:(1)法院直接指定评估机构的做法不合法。根据《最高人民法院关于人民法院民事执行中拍卖、变卖财产的规定》第五条,应当先由当事人协商确定评估机构,协商不成的,才能由法院指定。(2)法院直接指定拍卖机构的做法不合法。根据《最高人民法院关于人民法院民事执行中拍卖、变卖财产的规定》第七条,应当先由当事人协商确定评估机构,协商不成的,才能由法院指定。(3)法院没有重新确定保留价的行为不合法。根据《最高人民法院关于人民法院民事执行中拍卖、变卖财产的规定》第九条,保留价确定后,依据本次保留价计算,拍卖所得价款在清偿优先债权和强制执行费用后无剩余可能的,应当在实施拍卖前将有关情况通知申请执行人。申请执行人于收到通知后五日内申请继续拍卖的,人民法院应当准许,但应当重新确定保留价;重新确定的保留价应当大于该优先债权及强制执行费用的总额。(4)法院只给了被执行人一个月宽限期,期满后强制其迁出的做法是错误的。根据《最高人民法院关于人民法院执行设定抵押的房屋的规定》第二条规定:"人民法院对已经依法设定抵押的被执行人及其所抚养家属居住的房屋,在裁定拍卖、变卖或者抵债后,应当给予被执行人六个月的宽限期","在此期限内,人民法院不得强制被执行人及其所抚养的家属迁出该房屋"。(5)法院在强制被执行人迁出后,没有对其采取适当的安置措施,也是不合法的。根据《最高人民法院关于人民法院执行设定抵押的房屋的规定》第三条规定,"强制迁出时,被执行人无法自行解决居住问题的,经人民法院审查属实,可以由申请执行人为被执行人及其所抚养的家属提供临时住房"。

《拍卖法案例分析教程》编者后记

2005年冬,中国拍卖行业协会诚邀了行业内外的专家、学者组成了《拍卖法案例分析教程》编审委员会,决心用一年的时间完成该书的创作,结束长期以来拍卖师资格考试中"拍卖法案例分析"这一考试科目无正规指导教材的历史,同时满足高校拍卖专业教学的教材需要,并为拍卖实践中越来越多的拍卖纠纷的解决提供理论指导。我这个拍卖界的"外行"被指定承担该书的主撰任务,在感谢协会领导对我的信任之余,也深感时日之紧迫、困难之重重和责任之重大。

在该书的创作过程中,首先遇到的困难是第一手资料的匮乏。中国拍卖行业协会为案例的征集工作付出了很大的努力,培训部、法律咨询委员会和理论信息部无私地提供了大量鲜活的拍卖案例。正是他们的大力支持,节省了我们大量的征集案例的时间和精力,才得以使该书的创作能够按时完成。

我国系统的拍卖法教材和拍卖法案例教学经验几乎为零,由于没有先例可循,教程体例的选择和确定成为该书创作过程中遇到的又一个难题。中国拍卖行业协会郭长安顾问以及李金池、杜双娟和李卫东等领导在关心该书创作的同时,还亲自参加了编审委员会的研讨,提出了许多有益的意见和建议。中国人民大学法学院龙翼飞教授和中国政法大学商学院孙选中教授所提的借鉴性建议,对最终确定该书科学严谨的编写体例起到了关键性的作用。

拍卖法在实施过程中,有很多问题仍然存在着较大分歧,即便是拍卖行业内部在认识上也极不统一,但是作为拍卖师资格考试的教材,却无法回避这些问题。教材除了对已有定论的观点进行总结外,还必须要澄清一些模糊的认识,并尽可能地缩小行业内外的分歧。清华大学法学院田涛教授和中国拍卖行业协会王凤海副秘书长在解决诸多疑难理论问题方面发挥了应有的理论权威作用。这里需要特别感谢全国人大法工委的陈佳林处长。作为当年参与起草拍卖法的专家,他多次参加了编审委员会的研讨,正是他的积极参与,才保证了该书对拍卖法立法原意和精神的正确理解和运用。

该书在创作过程中,曾九易其稿。第九稿完成后,书稿曾作为中央财经大学法学院首届拍卖法研究生班的教材进行了试用。以关海亮先生为代表的首届拍卖法研究生班的同学们都是来自拍卖实践第一线的拍卖界的精英。他们在课堂上对每个典型案例的热烈讨论甚至面红耳赤的争论场面,至今都使我难以忘怀。正是他们的集体参与弥补了我这个"外行"的缺陷,使得该书的专业质量有了保障。

在该书的创作过程中，中国拍卖行业协会张延华会长给予了极大的关心和支持，这正是我们整个编审委员会能保持始终如一的工作热情的一个重要原因。

该书的完成填补了我国拍卖领域乃至我国法制研究领域的多个空白，也可能占据了几个第一，但是这也正好表明了她的稚嫩和不完善。我们用这个邮箱真诚地期待您的批评和建议：lawyerlsz@yahoo.com.cn。让我们一起使她在不久的将来变得更加完美吧！

2006 年 11 月 25 日

《拍卖经济学基础》编者后记

编写一本《拍卖经济学》的想法最早产生于 2006 年春，当时我正在负责中央财经大学首届拍卖法研究生班的筹划工作，其中涉及到研究生班的课程设置问题。《拍卖经济学》被安排为研究生班的必修课之一。我首先想到的是去找一本现成的《拍卖经济学》教材来讲授，拍卖理论是现代西方经济学研究的前沿和热点问题，即便国内没有专门的教材，国外总归会有的吧。但是当我查阅了几乎全部能够查到的中外与经济学有关的教材或著作后却发现，根本就不存在这样一本现成的教科书。国内由于拍卖教育和拍卖理论研究的滞后性，目前对拍卖理论的研究主要限于对西方拍卖理论的介绍，与中国拍卖实践是脱节的。在国外，关于拍卖理论的研究很火爆，但是拍卖理论仅仅是作为经济学的一个分支来研究的，虽然存在"拍卖经济学"这一称谓，但很少有人将拍卖经济学当作一门独立的学科，自然也就不存在专门的教科书了。因此，自己动手完成一部《拍卖经济学》对于我来讲，实在是无奈的选择。但是既然选择了，就必须把它做好。

最早参与和我讨论这一计划的是汤炎非先生和关海亮先生。他们一位是经济领域的专家、一位是管理领域的专家，而且都是专门从事拍卖实务的人士，他们的加盟大大增强了我的信心。我们先后起草和讨论了五稿写作大纲，我记得有一次我们一直讨论到凌晨 3 点多钟，却始终没有倦意。虽然对于《拍卖经济学》究竟应当包括哪些内容以及如何架构的问题没有形成统一的意见，但是有一点我们达成了高度一致的共识，那就是：我们的《拍卖经济学》决不能写成单纯西方拍卖理论的翻版，必须与中国拍卖实践相结合，必须具有中国经济学理论特色，并且必须能够回答并解决中国拍卖业所面临的实际问题。

与中央财经大学李相宏老师的讨论深化了我对《拍卖经济学》价值目标的认识。我们为什么要学拍卖经济学？学习的意义何在？这是我们必须首先回答的问题。"利益最大化"是经济学研究的核心问题之一，拍卖经济学的目标之一就是要解决如何实现拍卖利益最大化的问题。但是拍卖利益最大化不是竭泽而渔的最大化或损人利己的最大化，而是在公平交易规则约束下兼顾各方利益的最大化。只有这样定位，才真正有利于拍卖业实现持续稳定的发展。

2007 年春，《拍卖经济学》被中国拍卖行业协会正式纳入了我国拍卖师资格考试指导教材系列。这进一步加深了我们对创作该书重要性的认识，并相应地做了两方面的调整：一是考虑到参加拍卖师资格考试人员的知识结构和接受能力，将书名最终调整为《拍卖经济学基础》，突出了知识的基础性和实用性；二是吸纳中国拍卖行业协会的欧阳树英女士和李卫东先生参加到我们的创作队伍中来。欧阳树英女士和李卫东先生本身是经济学领域的专家，既有丰富的行业管理经验，又掌握大量关于我国拍卖业发展的第一手资料和数据。他们的加入对本书结构的完善和内容的丰富以及该书理论指导水平的提高起了重要作用。

季涛先生的加盟丰富了教材关于"拍卖市场营销理论"的内容。季涛先生是拍卖界著名的营销与策划专家，在这方面出版过专门的论著，他的参与和贡献使得一般营销理论如何与我国拍卖企业的实际有机结合的问题得到迎刃而解。

本书在创作过程中，遇到不少难题，其中一个难题是如何将深奥的拍卖理论通俗化的问题。拍卖理论中涉及复杂的博弈论知识。西安交通大学郝渊晓教授在博弈论的通俗化和拍卖合谋问题的研究方面为本书做出了重要贡献。此外，拍卖理论涉及到许多抽象的数学公式，这对缺乏函数知识的读者来说是个难题。中央财经大学周战强博士应邀参加了本书部分内容的写作，在将复杂的函数公式文字化方面为我们提供了很大帮助，在此对周博士表示感谢。

该书的创作完成是与张延华会长及中国拍卖行业协会的领导和支持分不开的。张延华会长非常关心本书的创作，并对本书寄予了厚望。中国拍卖行业协会顾问郭长安先生对本书的创作倾注了大量的时间和精力，李金池副秘书长和王凤海副秘书长多次参加本书创作的研讨，对本书创作框架的确定提出了很多有益的建议。刘曦女士作为编委会联络秘书，为本书的创作付出了很大精力。本书的顺利出版也得益于中国财政经济出版社编辑人员的辛勤劳动，在此一并表示感谢！

本书是全体编撰成员集体创作的成果，在创作过程中，由于多次讨论，反复修改，已经很难准确分清每位创作者的具体章节内容。下面仅是一个大概的创作分工：

关海亮：第六章；郝渊晓：第二章、第四章；季涛：第八章；刘双舟：第一章、第二章、第三章、第七章；李卫东：第二章；李相红：第二章、第三章；欧阳树英：第七章、第九章；汤炎非：第五章；周战强：第三章。

全书由刘双舟负责统稿。

天鹅初生，其形也丑，其貌也陋。《拍卖经济学基础》作为对我国拍卖经济学理论体系初步探索的产物，就像一只刚刚出生的"丑小鸭"，由于缺乏可资借鉴的参照物，加上创作时间仓促，在各个方面都难免存在缺陷。这个"丑小鸭"能否成长为一只美丽的天鹅，还有赖于大家的批评指正。请将您的宝贵意见反馈到 lawyerlsz@yahoo.com.cn，我们将不胜感激。

2007 年 11 月 30 日

在拍卖研究中心成立仪式上的答谢辞

尊敬的各位领导、老师、朋友们、同学们：

大家好！今天是我们首届拍卖法研究生班的毕业典礼和拍卖研究中心成立的大喜日子。此时此刻我非常地激动。为了使这次讲话不语无伦次，我特意带了这个稿子。

我是一个拍卖的外行，但是却在两年前冒失地办了一个拍卖法研究生班，今天竟然还不知天高地厚地倡议成立了一个拍卖研究中心。不是我个人的胆子大，而是有许多前辈、老师、领导和朋友始终在支持和鼓励着我。就拿这次拍卖研究中心成立来讲，我怀着忐忑不安的心情邀请的所有专家们，包括要务缠身的龙翼飞院长和孙选中院长在内，没有一个人推托，更不用说拒绝。范干平、郑鑫尧、郑晓星、李兰欣等老师，虽然不能到场来参加我们的仪式，但是也都纷纷打来电话对我们中心的成立表示祝贺。所以我清楚地知道，我不是在孤军奋战，我拥有坚强的后盾。

我们的研究生班从2006年成立到现在已经过了两年了。这两年也正是我们拍卖研究中心酝酿成立的两年。回想我们走过的这两年中，有许多的事值得我们去回忆，有许多的人值得我们去深深地感激！

首先，我要感谢王凤海老师、田涛老师、范干平老师、郑鑫尧、郑晓星老师、龙翼飞老师、孙选中老师、寇勤老师、袁国良等老师。他们是拍卖行业的开拓者，正是他们为我们开创了这一片充满生机活力的研究领域。也正是他们把我这个外行带领到了这个新的领域并使我领略到了这个领域的迷人之处。尤其要感谢王凤海老师，他为我们拍卖研究生班的创立和发展以及拍卖研究中心的成立倾注了大量心血。

其次，我要感谢毕研挺老师、季涛老师、汤炎非老师、乔志敏老师、李鸿年老师、欧树英老师、于洪伟老师、赵晋山老师、朗建国老师、李晋老师、黄震老师、许冰梅老师、尹飞老师、高秦伟老师等。感谢他们在百忙之中，抽出时间来给我们拍卖研究生班授课。尤其要感谢的是毕研挺老师，他专程从山东赶到北京来为我们的拍卖研究生班义务授课，我们的学员都很感动。

再次，我要感谢霍玉芬老师、李永红老师、耿利航老师、周松平老师、赵勇老师、李相红等老师。他们在这两年中都分别以不同的形式对我个人的工作和我们拍卖研究生班给予了N多的关怀和支持。而且我们之间也因为拍卖这一共同感兴趣的话题结下了深厚的友谊。

我要感谢中央财经大学法学院给我们提供了一个研究拍卖的良好平台。尤其要感谢我们的老院长甘功仁教授，这位仁慈的长者。正是他在任期内大力支持我创办了我们的拍卖法研究生班，而且在两年中始终如一地给予了我们的拍卖法研究生班以极大的关心。作为法学院学术委员会主任，这次他又力主我们尽快成立拍卖研究中心，并亲自来担任我们的顾问，使我们深受感动。

在此，我还要感谢一位特殊的嘉宾，这就是中国政法大学的刘金国教授。刘教授是我的硕士生导师，他率直的为人和务实的理论研究作风深深地影响了我对研究领域和研究方法的选择。他经常语重心长地教导我：不能就理论研究理论，理论研究必须要和实践相结合，我们的理论必须要能解决实际问题，尤其是在中国研究理论，必须要能解决中国的实际问题，否则我们的理论价值就值得怀疑。我想我选择拍卖这一与实践紧密联系的领域来研究，是与导师的教诲分不开的。实践证明，这种务实的理论研究是切实的和可行的。

我还要感谢我的40位特殊的朋友，这就是我们拍卖法研究生班的全体学员，在和他们相处的两年中，我真正理解了什么是"教学相长"，正是他们的积极参与，才使我这个外行顺利完成了《拍卖法案例分析教程》和《拍卖经济学基础》两本教材的主编工作。我们之间的关系也经历了从师生到朋友的发展。现在中心成立了，他们成了中心的研究员，我们除了师生关系和朋友关系外，现在还是同事关系。他们才是拍卖业真正的主人和我国拍卖业未来的希望。

最后，我要感谢我们这个伟大的时代！我们都是幸运儿，赶上了祖国快速复兴和走向强大的好时候。正是这个伟大的时代为我们提供了施展才华和抱负的大舞台，我们都应当好好珍惜。

在此我还想对我们的拍卖研究生班的同学们多说两句。对于我们拍卖研究生班而言，我们的口号是"目标高于学位"。我们相聚在中央财经大学，除了取得学位外，还有比学位更重要和更远大的目标。我们的心中应当时刻装着我国拍卖业的未来和伟大祖国明天辉煌的目标。毕业不是我们努力的结束，而是一个新的起点。为了更高的目标，我们还需要继续地和不断地去努力。

尊敬的各位领导、老师、朋友、同学们，我们能取得今天的一点点成就，全赖大家的支持和鼓励。今天我们的拍卖研究中心成立了，今后的工作会更艰巨，更富挑战性，还需要大家一如既往的支持和鼓励。

再次对大家的理解、帮助和支持表示深深地感谢！

2008年5月31日

后　　记

　　自2002年到中央财经大学工作以来，也许是受了学校经济学气氛较浓的影响，我在法学院开设了"法律经济学"这门课程。实话说，当时自己对这一新学科并不太了解，教学过程其实是一个自学的过程。偶然的机会，应邀给考拍卖师资格的学员讲授了拍卖法，发现拍卖这种现象最集中地体现了法学和经济学两种学科的结合，是法律经济学理论应用的最佳领域，渐渐地喜欢上了这个行业。

　　这些年在拍卖行业里最大的收获是结交了大批拍卖实务界的朋友，在交往过程中，受他们的鼓励和影响，我从一个外行的角度，对这个行业存在的一些问题进行了些不成熟的思考，有了些心得，陆陆续续写了些肤浅的文章。

　　2009年初，我到美国做访问学者。在此期间，利用空闲研读了一些有关美国拍卖业的文献资料，对美国拍卖业有了一个初步的了解，觉得美国拍卖业有许多值得我们学习的地方，有必要对中美两国的拍卖制度进行一些比较研究。出于比较的需要，我对自己这几年学习和研究中国拍卖的心得进行了梳理和总结，发现竟然有了几十万字的规模，而且大致形成了一个体系。于是想，如果能将这些研究心得作为一个界碑整理出版，也许是件有意义的事。

　　在我学习和研究拍卖的这几年，有太多的人需要感谢了。为此，我特意在本书中收录了三篇特殊的文章，即《〈拍卖法案例分析教程〉编者后记》、《〈拍卖经济学基础〉编者后记》和《在拍卖研究中心成立仪式上的答谢辞》，以此来对所有关心、支持和鼓励过我的朋友们表示衷心地感谢。其中，特别要感谢将我带入拍卖领域的引路人王凤海先生和拍卖理论启蒙老师范干平先生，感谢他们在百忙中为本书作序。这些年，我的家人对我的研究给予了非常多的理解和支持，他们不但是我每篇文章的第一读者，而其还承担了书稿整理过程中繁重的校对工作，没有他们的理解和支持，就不会有今天这本书。

　　中国财政经济出版社陆广德主任对本书的出版给予了大力支持，编辑李冰先生和其他工作人员为本书的出版付出了辛勤的劳动，在此一并表示衷心地感谢。

　　本书算不上什么理论研究成果，书中的观点也只是我这个外行的一家之言。正如本书的副标题"盘点与探索"想要表达的含义那样，出版本书的目的只是想为自己做进一步研究确立一个界碑，并为大家提供一个批评的靶子而已。希望大家批评指正。

作　者
2009年4月10日于美国香槟小镇